Veröffentlichungen aus dem DFG-Schwerpunktprogramm
Theorie politischer Institutionen

Ergebnisse eines Forschungsprojektes der
Arbeitsstelle Transatlantische Außen- und Sicherheitspolitik
an der Freien Universität Berlin

Helga Haftendorn/Otto Keck (Hrsg.)

Kooperation jenseits von Hegemonie und Bedrohung

Sicherheitsinstitutionen in den internationalen Beziehungen

Nomos Verlagsgesellschaft
Baden-Baden

Die Deutsche Bibliothek – CIP-Einheitsaufnahme

Kooperation jenseits von Hegemonie und Bedrohung :
Sicherheitsinstitutionen in den internationalen Beziehungen ; [Ergebnisse eines Forschungsprojektes der Arbeitsstelle Transatlantische Außen- und Sicherheitspolititk an der Freien Universität Berlin] / Helga Haftendorn/Otto Keck (Hrsg.). – 1. Aufl. – Baden-Baden : Nomos Verl.-Ges., 1997
   (Veröffentlichungen aus dem DFG-Schwerpunktprogramm Theorie politischer Institutionen)
   ISBN 3-7890-4861-5

1. Auflage 1997
© Nomos Verlagsgesellschaft, Baden-Baden 1997. Printed in Germany. Alle Rechte, auch die des Nachdrucks von Auszügen, der photomechanischen Wiedergabe und der Übersetzung, vorbehalten. Gedruckt auf alterungsbeständigem Papier.

Inhalt

Vorwort 7

Abkürzungsverzeichnis 9

Sicherheitsinstitutionen in den internationalen Beziehungen.
Eine Einführung 11
Helga Haftendorn

Der Beitrag rationaler Theorieansätze zur Analyse von Sicherheitsinstitutionen 35
Otto Keck

Von der KSZE zur OSZE: Überleben in der Nische kooperativer Sicherheit 57
Ingo Peters

Der Wandel der NATO nach dem Ende des Ost-West-Konfliktes 101
Olaf Theiler

Die Westeuropäische Union nach ihrer Aufwertung:
Zahnloser Tiger oder Zentrum eines Netzwerks von Institutionen? 137
Peter Barschdorff

Die Europäische Integration als Sicherheitsinstitution 165
Michael Kreft

Nukleare Nichtverbreitung als Aktionsfeld von NATO und GASP 191
Henning Riecke

Bedingungen institutioneller Leistungsfähigkeit am Beispiel
des Konfliktes im ehemaligen Jugoslawien 233
Vera Klauer

Sicherheitsinstitutionen im Wandel des internationalen Systems 253
Otto Keck

Autoren 271

Vorwort

Der vorliegende Band befaßt sich mit der Bedeutung von Sicherheitsinstitutionen in der internationalen Politik der Gegenwart. Dabei konzentrieren wir uns auf die wichtigsten europäisch-atlantischen Institutionen wie NATO, WEU, OSZE und EU. Zunächst interessiert uns, wie sich diese nach dem Ende des Ost-West-Konfliktes in Anpassung an die neuen Strukturen des internationalen Systems gewandelt haben und wodurch ihre Fähigkeit zum Wandel bedingt ist. Wir werden außerdem auf den Zusammenhang zwischen den Interessen und Präferenzen der beteiligten Staaten, den Funktionen und der Wirkung der verschiedenen Institutionen eingehen. Mit der Klärung dieser Zusammenhänge hoffen wir, einen Beitrag zur Fortentwicklung der Theorie von Sicherheitsinstitutionen zu leisten. Vielleicht können unsere Forschungsergebnisse auch einige Anregungen für die praktische Politik liefern. Die gewonnenen Erkenntnisse über die Anpassungsfähigkeit von Sicherheitsinstitutionen könnten für die gegenwärtige Diskussion über die Zukunft von OSZE, NATO, WEU und EU/GASP hilfreich sein, da sie den Blick auf die Frage lenken, welche Veränderungen in ihrem institutionellen Instrumentarium erforderlich sind, damit sie ihre Aufgaben in einer gewandelten internationalen Situation auch in Zukunft angemessen erfüllen können.

Mit dieser Fragestellung ordnet sich der Band logisch ein in zwei andere, an der Arbeitsstelle Transatlantische Außen- und Sicherheitspolitik der Freien Universität durchgeführte Forschungsprojekte: zum einen schließt es an eine Reihe von Untersuchungen von Otto Keck zum rationalen Institutionalismus an, bei denen es galt, grundlegende Einsichten der auf der Spieltheorie beruhenden Theorie sozialer Institutionen für die Theorie internationaler Institutionen fruchtbar zu machen. Zum anderen besteht ein enger inhaltlicher und methodischer Zusammenhang zu einem gemeinsam mit Wissenschaftlerinnen und Wissenschaftlern des Center for International Affairs an der Harvard Universität in Cambridge, USA, bearbeiteten Forschungsvorhaben, bei dem in einem deutsch-amerikanischen Forschungsverbund die Anwendbarkeit des im wesentlichen von Robert O. Keohane entwickelten „Neoliberalen Institutionalismus" auf historische und gegenwärtige Sicherheitsinstitutionen geprüft werden soll. Von dem engen Verbund dieser drei Projekte haben auch die Autoren des vorliegendes Bandes profitiert. Dieser ist insofern eine Gemeinschaftsarbeit, als alle Beiträge mehrfach in gemeinsamen Arbeitssitzungen diskutiert, kritisiert und ergänzt wurden. Die Herausgeber sind allen Autoren, ferner Herrn Dr. Christopher Daase, sehr dankbar, daß sie sich die Zeit für diese Diskussion genommen haben und bereit waren, ihre Beiträge mehrfach zu überarbeiten. Davon hat der vorliegende Band außerordentlich profitiert.

Die Herausgeber sind auch den Mitarbeitern der Arbeitsstelle Transatlantische Außen- und Sicherheitspolitik zu großem Dank verpflichtet. Christina Moritz hat sich der mühevollen Aufgabe unterzogen, das Format der Beiträge zu standardisieren und die Korrekturen in das Endmanuskript zu übertragen; Heidi Strecker sowie Vehpi Safak haben Korrektur gelesen, und Henning Riecke hat - neben vielen anderen Pflichten - den Endausdruck hergestellt. Ihnen allen sei herzlich gedankt!

Das Projekt hätte nicht ohne die finanzielle Unterstützung der Deutschen Forschungsgemeinschaft durchgeführt werden können, die dieses im Rahmen ihres Schwerpunktprogramms „Theorie politischer Institutionen" gefördert hat. Neben den Gutachtern der DFG gilt unser Dank den Kollegen im Schwerpunkt, mit denen Fragen aus der Theorie politischer Institutionen auf mehreren Kolloquien intensiv diskutiert wurden, insbesondere auch Gerhard Göhler und Thomas Ellwein, die Nachsicht und Verständnis für ein „exotisches" Projekt aufgebracht haben, das den Begriff der politischen Institutionen sehr weit spannte und mit für die Politikwissenschaft unüblichen theoretischen Methoden arbeitete.

Wie jede wissenschaftliche Publikation ist auch dieser Band ein Zwischenergebnis, das einen spezifischen Diskussionsstand wiedergibt. Seine „findings" haben von dem Diskurs in den verschiedenen Diskussionszusammenhängen profitiert; seine Unzulänglichkeiten sind jedoch allein den Autoren und den Herausgebern anzulasten.

Berlin, im April 1997 *Helga Haftendorn und Otto Keck*

Abkürzungsverzeichnis

ABC	Atomare, biologische und chemische Waffen	EPZ	Europäische Politische Zusammenarbeit
AHB	Ausschuß Hoher Beamter (KSZE)	ESDI	Europäische Sicherheits- und Verteidigungsidentität
AMF	Allied Command Europe Mobile Force (NATO)	EU	Europäische Union
		EuGH	Europäischer Gerichtshof
ARRC	Allied Command Europe Rapid Reaction Corps (NATO)	EURATOM	Europäische Atomgemeinschaft
AV	Amtierender Vorsitzender (K/OSZE)	EUV	Vertrag über die Europäische Union
C³I	Command, Control, Communication, Intelligence	EVG	Europäische Verteidigungsgemeinschaft
		EWG	Europäische Wirtschaftsgemeinschaft
CJTF	Combined Joint Task Force (NATO/WEU)	EWS	Europäisches Währungssystem
CNAD	Conference of National Armaments Directors (NATO)	FAWEU	Forces Answerable to WEU (NATO)
COCOM	Coordinating Committee on Export Controls	GA	Gemeinsame Aktion (GASP)
CONUC	Comité Nucléaire (GASP)	GASP	Gemeinsame Außen- und Sicherheitspolitik
COREU	Telexnetz (GASP)	IAEO	Internationale Atomenergieorganisation
DCI	Defense Counterproliferation Initiative	IEPG	Independent European Programme Group (NATO)
DGP	(Senior) Defense Group on Proliferation (NATO)		
DPC	Defence Planning Committee (NATO)	IFOR	Implementation Force
		INF	Intermediate Nuclear Forces
EAD	Extended Air Defence	IRF	Immediate Reaction Force (NATO)
EEA	Einheitliche Europäische Akte		
EGKS	Europäische Gemeinschaft für Kohle und Stahl	KA	Konsultativausschuß (OSZE)
EPG	Europäische Politische Gemeinschaft	KSZE	Konferenz für Sicherheit und Zusammenarbeit in Europa

KVAE	Konferenz über Vertrauens- und Sicherheitsbildende Maßnahmen und Abrüstung in Europa	NWS	Nuklearwaffenstaaten
		NNWS	Nichtnuklearwaffenstaaten
		OSZE	Organisation für Sicherheit und Zusammenarbeit in Europa
KVZ	Konfliktverhütungszentrum (KSZE/OSZE)		
		PfP	Partnership for Peace
MBFR	Mutual Balanced Force Reductions	RRC	Rapid Reaction Corps (NATO)
MBV	Modifizierter Brüsseler Vertrag	SACEUR	Supreme Allied Commander Europe (NATO)
MC	Military Committee (NATO)	SALT	Strategic Arms Limitation Talks
MEADS	Medium Extended Air Defense System	SGP	Senior Political-Military Group on Proliferation (NATO)
MLF	Multilateral Force		
MND-C	Multi-National Division - Central (NATO)	SHAPE	Supreme Headquarter Allied Powers in Europe (NATO)
MND-S	Multi-National Division - South (NATO)	SKS	System kollektiver Sicherheit
MOE	Mittelosteuropäisch		
MSC	Major Subordinate Commands (NATO)	START	Strategic Arms Reduction Talks
N+N	Neutral und Nichtpaktgebunden	TMD	Theater Missile Defence
		UNO	United Nations Organization
NACC	North Atlantic Cooperation Council		
		UNPROFOR	United Nations Protection Force
NADC	NATO Air Defence Committee		
		VKSE	Verhandlungen über Konventionelle Streitkräfte in Europa
NATO	North Atlantic Treaty Organization		
NCARC	NATO Conventional Armaments Committee	VVSBM	Verhandlungen über Vertrauens- und Sicherheitsbildende Maßnahmen
NPG	Nukleare Planungsgruppe (NATO)		
		WEAG	Western European Armaments Group (WEU)
NPWG	Nuclear Planning Working Group (NATO)	WEU	Westeuropäische Union
NVV	Nichtverbreitungsvertrag	WVO	Warschauer Vertragsorganisation

Sicherheitsinstitutionen in den internationalen Beziehungen. Eine Einführung

Helga Haftendorn[1]

Der vorliegende Band befaßt sich mit der Bedeutung von Sicherheitsinstitutionen in der internationalen Politik der Gegenwart. Wir bezeichnen Institutionen[2] dann als „Sicherheitsinstitutionen", wenn sie im Problemfeld „Sicherheit" Wirkungen entfalten. Dabei konzentrieren wir uns auf die wichtigsten europäisch-atlantischen Institutionen wie NATO, WEU, OSZE und EU. Zunächst interessiert uns, wie sich diese nach dem Ende des Ost-West-Konfliktes in Anpassung an die neuen Strukturen des internationalen Systems gewandelt haben und wodurch ihre Fähigkeit zum Wandel bedingt ist. Wir werden außerdem auf den Zusammenhang zwischen den Interessen und Präferenzen der beteiligten Staaten, den Funktionen der verschiedenen Institutionen und ihrer Wirkung eingehen. Besondere Bedeutung messen wir der Frage zu, ob und wie Institutionen die Außenpolitik ihrer Mitglieder beeinflussen. Mit der Klärung dieser Zusammenhänge hoffen wir, einen Beitrag zur Fortentwicklung der Theorie von Sicherheitsinstitutionen leisten zu können.

Nach dem Ende des Kalten Krieges haben ernst zu nehmende Wissenschaftler wie John Mearsheimer, Stephen Walt und Kenneth Waltz[3] einen Bedeutungsverlust der bestehenden europäisch-atlantischen Sicherheitsinstitutionen und eine Rückkehr zu primär national-staatlicher Politik vorausgesagt. Sie hielten sogar einen Zerfall der NATO für wahrscheinlich, also desjenigen Bündnisses, mit dem der Westen seit Ende der vierziger Jahre auf den Aufstieg der Sowjetunion zur Weltmacht und auf die von ihr ausgehende militärische Gefahr reagiert hat. In der Tat mögen Allianzen wie Dinosaurier erscheinen, deren Zeit abgelaufen ist. Für das Atlantische Bündnis scheint dies jedoch nicht zuzutreffen. Obwohl sich Westeuropa heute keiner akuten militärischen Bedrohung mehr gegenüber sieht, beobachten wir keine Schwächung der NATO. Im Gegenteil, mit dem Einsatz in Bosnien übernimmt diese eine neue Funktion. Sie besteht darin, den in Dayton vereinbarten Friedensprozeß[4] mit militärischen Mitteln abzusichern. Bei dieser Mission koope-

---

1 Die Verfasserin dankt Peter Barschdorff, Christopher Daase und Otto Keck für viele hilfreiche Anregungen bei der Abfassung dieses Beitrages. Sie hat darüber hinaus in hohem Maße von den Diskussionen auf dem ATASP-CFIA Workshop on Security Institutions profitiert, der vom 18.-20.5.1996 in Berlin stattfand.
2 Zur Definition von *Institutionen* im allgemeinen und von *Sicherheitsinstitutionen* im besonderen vgl. unten, S. 16f.
3 Vgl. John J. *Mearsheimer*, Back to the Future. Instability in Europe After the Cold War, in: International Security, Bd. 15, Nr. 1 (Sommer 1990), S. 5-56; Stephen M. *Walt*, Alliances in Theory and Practice. What Lies Ahead? In: Journal of International Affairs, Bd. 43, Nr. 1 (Sommer/Herbst 1989), S. 1-17; Kenneth N. *Waltz*, The Emerging Structure of International Politics, in: International Security, Bd. 18, Nr. 2 (Herbst 1993), S. 44-79.
4 Zum Friedensabkommen, das am 21.11.1995 zwischen Bosnien-Herzegowina, Kroatien und Jugoslawien im amerikanischen Dayton, Ohio, vereinbart wurde und mit dem die militärischen Auseinandersetzungen im ehemaligen Jugoslawien beendet werden sollten, vgl. Allgemeines Rahmenübereinkommen für den Frieden in Bosnien-Herzegowina, in: Internationale Politik, Bd. 51 (1996), Nr. 1, S. 80-93.

riert die NATO eng mit Rußland, dem bisherigen Gegner. Andere ehemalige Mitglieder des Warschauer Paktes bemühen sich intensiv um eine Aufnahme in das Bündnis. Alle diese Entwicklungen lassen sich nicht als Bedeutungsverlust der NATO interpretieren. Sie ist vielmehr dabei, sich durch einen Wandel sowohl ihrer Funktionen als auch ihrer Form den geänderten internationalen Rahmenbedingungen anzupassen. Dies legt die Annahme nahe, daß weder die Existenz einer Bedrohung noch eine prekäre Gleichgewichtssituation eine Voraussetzung für die Dauerhaftigkeit von Sicherheitsorganisationen ist, wie die *Neorealisten* behaupten, sondern daß diese noch weitere Funktionen ausüben, die bisher nicht genügend beachtet worden sind, und daß sie eine hohe Fähigkeit zum Wandel besitzen.

1. Bedeutung von internationalen Institutionen

Mit der These, daß in der internationalen Politik „Kooperation jenseits von Hegemonie und Bedrohung" möglich sei, wie der Titel des Bandes programmatisch heißt, stellen wir zwei Annahmen im Standardwissen unserer Disziplin in Frage. Die eine besagt, daß Staaten nur dann dauerhaft miteinander kooperieren, wenn eine militärische Bedrohung besteht, d. h. wenn sie zur Abwendung einer äußeren Gefahr zur Kooperation gezwungen werden. Die zweite Annahme geht davon aus, daß die Zusammenarbeit durch die Existenz eines Hegemons bzw. einer Führungsmacht wesentlich erleichtert wird und daß sie nur so lange Bestand hat, wie der Hegemon seinen Einfluß geltend macht. Diese Annahmen werden von der *Realistischen Schule*[5] vertreten. Nach ihrer Auffassung sind internationale Institutionen Epiphänomene der Macht, die nur insoweit eine Wirkung entfalten, als die Autorität eines Hegemons dahinter steht.

In Auseinandersetzung mit dem Neorealismus wurde von Autoren wie Robert Keohane[6] die These aufgestellt, daß Staaten dann zusammenarbeiten, wenn sie auf diese Weise die Kosten ihrer Politik reduzieren können. Die Kooperation werde wesentlich erleichtert, wenn Staaten dabei auf internationale Institutionen zurückgreifen können. Institu-

---

5   Innerhalb der *Realistischen Schule* unterscheidet man zwischen dem klassischen 'Realismus', wie er vor allem von Hans J. *Morgenthau* (Hauptwerk: Macht und Frieden. Grundlegung einer Theorie der internationalen Politik. Gütersloh: Bertelsmann 1963) vertreten wurde, und dem 'Neorealismus' oder 'strukturellen Realismus', der im wesentlichen von Kenneth N. *Waltz* (Hauptwerk: Theory of International Politics. Reading, MA, u. a.: Addison-Wesley 1979) entwickelt wurde. Während Morgenthau davon ausgeht, daß Macht und Interesse das Verhalten der Staaten prägen, sieht Waltz in der anarchischen Struktur des internationalen Systems sowie den Machtpotentialen seiner Einheiten die wesentlichen Bedingungsfaktoren der internationalen Politik. Mearsheimer und Walt haben diese Annahmen dann auf Bündnissysteme der Gegenwart angewandt; vgl. John J. *Mearsheimer*, Back to the Future. The False Promise of International Institutions, in: International Security, Bd. 19, Nr. 3 (Winter 1994/95), S. 5-49; Stephen M. *Walt*, The Origins of Alliances. Ithaca, NY: Cornell University Press 1987.

6   Vgl. Robert O. *Keohane*, Neoliberal Institutionalism. A Perspective on World Politics, in: International Institutions and State Power. Essays in International Relations Theory. Boulder, CO, u. a.: Westview 1989, S. 1-20; Robert O. *Keohane*/Celeste A. *Wallander*, An Institutional Approach to Alliance Theory. The Center for International Affairs, Harvard University: Working Paper, Nr. 95-2 (1995).

tionen werden als Regelsysteme verstanden, die das Verhalten der Mitgliedstaaten beeinflussen. Durch sie wird die zwischen den Staaten bestehende Konkurrenz durch kooperative Interaktionsmuster ergänzt bzw. ersetzt. In dieser Theorierichtung, die als *Neoliberaler Institutionalismus*[7] bekannt wurde, spielen Institutionen eine wichtige Rolle.

Bisher haben sich vor allem die Vertreter der Realistischen Schule in den Internationalen Beziehungen mit Sicherheitsinstitutionen befaßt, und zwar besonders mit einer spezifischen Form, den Militärbündnissen. Sie gehen davon aus, daß das internationale System ein Selbsthilfesystem ist, in dem das Machtpotential eines Staates dessen außenpolitisches Verhalten prägt. Angesichts des Fehlens eines internationalen Gewaltmonopols sind die Staaten gezwungen, ihre Interessen in Konkurrenz mit denjenigen anderer Staaten durchzusetzen. Vor allem müssen sie selbst für die Gewährleistung ihrer Sicherheit sorgen. Als Beispiel für das Verhalten von Staaten als rationale, auf Nutzenmaximierung bedachte Akteure wird häufig auf die Erkenntnisse der Spieltheorie[8] verwiesen. Eine bekannte Konkurrenzsituation ist das 'Gefangenendilemma'. Auf die internationale Politik übertragen, besagt es, daß ein Staat zur Durchsetzung seiner Interessen in der Regel eine Strategie wählen wird, mit der er verhindern kann, daß ein konkurrierender Staat auf seine Kosten Gewinne realisiert. Er tut dies, obwohl er auch die Möglichkeit hätte, eine kooperative Strategie zu wählen, die beiden Staaten größere Vorteile verspräche. Diese Situation hat Robert Jervis, unter Rückgriff auf eine von John Herz 1950 entwickelte Denkfigur,[9] als 'Sicherheitsdilemma'[10] beschrieben. Danach suchen Staaten ihre Sicherheit vor allem durch Rüstung zu gewährleisten. Da derartige Bemühungen jedoch von anderen Staaten als Gefährdung ihrer Sicherheit angesehen werden, rüsten diese ebenfalls auf. Das Ergebnis sind sich gegenseitig aufschaukelnde Rüstungswettläufe, wie sie für den Kalten Krieg - aber nicht nur diesen - kennzeichnend waren. Militärbündnisse dienen aus der Sicht der Neorealisten dazu, für die Durchsetzung eigener Ziele und Interessen Bündnispartner auf Zeit zu gewinnen und die Machtposition eines Konkurrenten durch die Bildung von Gegenmacht auszubalancieren.[11]

---

7 Die neoliberale Institutionentheorie ist in Auseinandersetzung mit dem Neorealismus Waltz'scher Prägung entwickelt worden. Keohane greift in seinen Arbeiten außerdem Ergebnisse der politischen Ökonomie auf, während die deutsche Institutionentheorie vor allem an die Arbeiten von Max *Weber* (Wirtschaft und Gesellschaft. Tübingen: Mohr 1972, 5. Aufl.) sowie Helmut *Schelsky* (Zur Theorie der Institution. Düsseldorf: Bertelsmann Universitätsverlag 1970) anknüpft. Darauf aufbauend, definiert Gerhard *Göhler* „politische Institutionen als Regelsysteme der Herstellung und Durchführung verbindlicher, gesamtgesellschaftlicher Entscheidungen." Vgl. Politische Institutionen und ihr Kontext. Begriffliche und konzeptionelle Überlegungen zur Theorie politischer Institutionen, in: *ders.* (Hrsg.), Die Eigenart der Institutionen. Zum Profil politischer Institutionentheorie. Baden-Baden: Nomos 1994, S. 22.
8 Vgl. Duncan *Snidal*, The Game Theory of International Politics, in: Kenneth A. Oye (Hrsg.), Cooperation Under Anarchy. Princeton: Princeton University Press 1986, S. 25-57; George W. *Downs*/David M. *Rocke*/Randolph M. *Siverson*, Arms Races and Cooperation, ebd., S. 118-146.
9 Vgl. John H. *Herz*, Idealistischer Internationalismus und das Sicherheitsdilemma, in: *ders.*, Staatenwelt und Weltpolitik. Hamburg: Hoffmann und Campe 1974, S. 39-54.
10 Vgl. Robert *Jervis*, Cooperation Under the Security Dilemma, in: World Politics, Bd. 30, Nr. 2 (Januar 1978), S. 167-214.
11 Vgl. Glenn H. *Snyder*, Alliance Theory. A Neorealist First Cut, in: Journal of International Affairs, Bd. 44, Nr. 1 (Frühling 1990), S. 103-123; ferner *ders.*, The Security Dilemma in Alliance Politics, in: World Politics, Bd. 36, Nr. 4 (Juli 1984), S. 461-495.

Auch die *Institutionalisten* gehen davon aus, daß Staaten rational handeln. Sie setzen jedoch an der Beobachtung an, daß es auch bei problematischen Handlungsinterdependenzen,[12] d. h. bei konfligierenden und konkurrierenden Interessen, unter bestimmten Bedingungen zur Kooperation kommen kann. Diese setzt jedoch Informationen über das Verhalten der Gegenseite voraus. So hat z. B. Robert Axelrod gezeigt, daß Staaten dann kooperieren können, ohne entscheidende Nachteile befürchten zu müssen, wenn sie annehmen, daß sie voraussichtlich auch in Zukunft miteinander interagieren werden.[13] Institutionalisten weisen in diesem Zusammenhang auf die Bedeutung von internationalen Institutionen für das Zustandekommen von Kooperation hin. Diese erleichtern den Austausch von Informationen und ermöglichen eine Einschätzung der Interessen und Präferenzen der Partner. Auf diese Weise wird das Verhalten von Staaten berechenbarer gemacht und Kooperation erleichtert. Darüber hinaus sind Institutionen dauerhafte Regelwerke, die das Verhalten ihrer Mitglieder modifizieren, so daß kooperative an die Stelle von konfligierenden Handlungsmustern treten.

Ein Beispiel soll dies deutlich machen. Angesichts der sowjetischen Bedrohung hatten sich die Mitgliedstaaten des Atlantischen Bündnisses verpflichtet, eine bestimmte Anzahl von Streitkräften der NATO zu assignieren. Ende der sechziger Jahre sahen sich die Vereinigten Staaten mit dem Problem konfrontiert, daß ihre vorhandenen personellen und finanziellen Ressourcen nicht mehr ausreichten, um unter dem Druck der Tet-Offensive ihre Truppen in Vietnam in dem von den Militärs gewünschten Umfang zu verstärken. In dieser Situation lag es nahe, amerikanische Truppen aus der Bundesrepublik abzuziehen und nach Südostasien zu entsenden. Dies wäre jedoch nicht nur den von den USA übernommenen Verpflichtungen zuwidergelaufen, sondern hätte auch die Gefahr beinhaltet, daß andere NATO-Staaten - z. B. das unter einem hohen Haushaltsdefizit leidende Großbritannien - ihrem Beispiel gefolgt wären. Außerdem wurde in Washington befürchtet, daß Bonn aus Enttäuschung über das Verhalten seiner angelsächsischen Verbündeten nach dem Vorbild Charles de Gaulles seine Einbindung in das Bündnis lockern könnte. In dieser Situation griff die amerikanische Regierung auf die in der NATO bestehenden Konsultationsmechanismen zurück, um die Partner nicht vor vollendete Tatsachen zu stellen. Im Ergebnis zogen die USA wesentlich weniger Truppen ab als ursprünglich vorgesehen. Außerdem verzichteten die anderen NATO-Staaten nicht nur auf ähnliche Schritte, sondern gewährten auch den USA einen Ausgleich für die durch die Stationierung von Truppen in Europa verursachten Devisenabflüsse.[14]

Die drei wichtigsten Formen institutioneller Verregelung sind *Konventionen*[15], wie sie z. B. im Völkergewohnheitsrecht häufig sind; *Regime*[16], deren Zweck die Durchsetzung

---

12 Vgl. Otto *Keck*, Der neue Institutionalismus in der Theorie der Internationalen Politik, in: Politische Vierteljahresschrift, Bd. 32 (1991), Nr. 4, S. 635-653 (637); ferner *ders.*, Allianzen und ihre Institutionen im Wandel. Vorlage zum 5. Kolloquium des DFG-Schwerpunktprogramms „Theorie politischer Institutionen" vom 28.-30.10.1994, S. 3.
13 Vgl. Robert *Axelrod*, The Evolution of Cooperation. O.O. (New York): Basic Books 1984, S. 27-54.
14 Für eine detaillierte Beschreibung der Streitkräfte- und *Offset*-Verhandlungen vgl. Helga *Haftendorn*, Kernwaffen und die Glaubwürdigkeit der Allianz. Die NATO-Krise von 1966/67. Baden-Baden: Nomos 1994 (Nuclear History Program), S. 227-282.
15 Diese sind von formalisierten Konventionen im Sinne von multilateralen Verträgen zu unterschei-

von Normen und Prinzipien in einem bestimmten Sachbereich ist, z. B. der Schutz von Minderheiten oder die Erleichterung wirtschaftlicher Zusammenarbeit durch gemeinsame Zölle, und internationale *Organisationen*, die sich von Regimen und noch mehr von Konventionen durch einen hohen Verregelungsgrad unterscheiden. Von den Vereinten Nationen abgesehen, ist es meist nicht die Aufgabe internationaler Organisationen, den Gesamtkomplex der zwischenstaatlichen Beziehungen zu regeln, sondern sie beziehen sich auf eine bestimmte Region oder auf einen spezifischen Sachbereich. Im Mittelpunkt des vorliegenden Bandes stehen Sicherheitsinstitutionen, d. h. Organisationen, die im Problemfeld „Sicherheit" (das unten näher definiert wird) und die regional, d. h. im europäisch-atlantischen Raum, ihre Wirkungen entfalten.

Bisher wurden die Thesen über die Bedeutung von internationalen Institutionen vor allem auf dem Gebiet der Wirtschaft überprüft. Von Seiten der *Realisten* ist daher eingewandt worden, daß die Ergebnisse nicht auf Sicherheitsinstitutionen übertragbar seien. Im Problemfeld Sicherheit gehe es nicht primär um die Verteilung von Ressourcen, sondern, zumal im Nuklearzeitalter, um die zentrale Frage nach dem Überleben der Nation. Kein Staat werde bereit sein, das Risiko der eigenen Vernichtung einzugehen, um einen anderen Staat zu schützen. Es ist richtig, daß in bezug auf Sicherheitsinstitutionen besonders problematische Handlungsinterdependenzen angesprochen werden. Glücklicherweise sind während des Ost-West-Konfliktes weder NATO noch WEU derart auf die Probe gestellt worden, daß ihre Mitglieder mit ihrer Verpflichtung zum Beistand für einen in Gefahr geratenen Partner ihre Bereitschaft zur eigenen Vernichtung unter Beweis stellen mußten. Dennoch gab es verschiedene sehr kritische Situationen - zu denken wäre z. B. an die Berlin-Krise 1958-1961 - in denen die Allianz am Rande des nuklearen Abgrunds operierte. Dabei zeigte sich, daß gerade in Krisensituationen, wenn es galt, das Risiko einer nuklearen Vernichtung abzuwenden, - wie während der Kuba-Krise 1963 - die Bereitschaft der NATO-Partner zur Zusammenarbeit und damit die Fähigkeit zum gemeinsamen Handeln besonders hoch waren. Damit wird eine weitere Annahme der *Realisten* widerlegt, daß in derartigen Situationen ein hohes Risiko zur „defection" - 'Fahnenflucht' - seitens nicht unmittelbar betroffener Bündnispartner bestehe.[17] Eine Erklärung für den Zusammenhalt des westlichen Bündnisses könnte darin bestehen, daß seine Mitglieder damit rechneten, in der Zukunft selbst auf den Schutz des Bündnisses angewiesen zu sein, auch wenn sie in dem spezifischen Fall Vorteile aus einer neutralen Position gezogen hätten, eine andere, daß das Bündnis noch andere Funktionen erfüllte, die über den Schutz vor einer militärischen Bedrohung hinausgingen.

---

den, die ihrerseits Gegenstand des Völkerrechts - nicht des Völkergewohnheitsrechts - sind.
16 Vgl. dazu Stephen D. *Krasner* (Hrsg.), International Regimes. Ithaca und London: Cornell University Press 1983.
17 Vgl. *Snyder*, The Security Dilemma in Alliance Politics, S. 484, 491.

2. Entstehung und Funktion von Sicherheitsinstitutionen

Institutionen entstehen dann, wenn es darum geht, eine kollektive Bearbeitung von Kooperationsproblemen zu ermöglichen. Dabei lassen sich zwei Haupttypen unterscheiden. Bei einem *Kollaborationsproblem* handelt es sich um eine Situation, bei der die Akteure zwar an einer Zusammenarbeit interessiert sind, diese jedoch durch unterschiedliche politische Prioritäten erschwert wird, während im Fall eines *Koordinationsproblems* ihre Interessen weitgehend gleichgerichtet sind.[18]

Wie alle *Institutionen* haben Sicherheitsinstitutionen die (allgemeine) Funktion, das Verhalten ihrer Mitglieder durch geeignete Verhaltens- und Verfahrensregeln im Sinne von kooperativen Verhaltensweisen zu beeinflussen, und zwar in der Weise, daß es trotz konkurrierender Interessen über einen längeren Zeitraum hinweg zu einer Zusammenarbeit zwischen zwei oder mehreren Staaten kommt. Auch wenn es nicht um konkurrierende, sondern um parallele Interessen geht, können Staaten durch die Koordinierung ihrer Politik im Rahmen von Institutionen in der Regel bessere Gesamtergebnisse erzielen.

Sicherheitsinstitutionen haben außerdem die Aufgabe (oder spezifische Funktion), ihren Mitgliedstaaten eine Zusammenarbeit bei der Gewährleistung von Sicherheit - im Sinne des Schutzes ihrer territorialen Integrität, politischen Selbstbestimmung und wirtschaftlichen Wohlfahrt - gegen eine militärische Bedrohung zu erleichtern. Zur Zusammenarbeit kommt es dann, wenn entweder ein Staat nicht in der Lage ist, seine Sicherheit durch eigene Anstrengungen wirksam zu gewährleisten, oder wenn er meint, dies im Verein mit anderen Staaten mit geringeren Kosten und besseren Ergebnissen tun zu können. Entscheidend für die Bildung von Institutionen sind daher die Ziele und Interessen der beteiligten Staaten und die Art des Sicherheitsproblems. In der Regel haben Sicherheitsinstitutionen - neben ihrer Hauptfunktion, Sicherheit zu gewährleisten -, noch eine Vielzahl von anderen - expliziten und impliziten - Aufgaben zu erfüllen.[19] Manche sind gleichrangig, in anderen Fällen läßt sich zwischen Haupt- und Nebenfunktionen unterscheiden. Die NATO hatte stets die Aufgabe, nicht nur Sicherheit für Deutschland, sondern auch Sicherheit vor Deutschland zu gewährleisten. Bei anderen Aufgaben handelt es sich eher um Nebenfunktionen, wie z. B. diejenige, unter den Bündnismitgliedern für eine gleichmäßige Lastenverteilung zu sorgen oder die Rüstungsausgaben durch Koproduktion und Standardisierung zu verringern. Robert Keohane und Celeste Wallander haben darauf hingewiesen, daß vor allem eine Vielzahl von lösungsbedürftigen Problemen ebenso wie die Erwartung, daß diese von einiger Dauer sein werden, zur Bildung von Institutionen führen.[20]

---

18 Zu einer spieltheoretischen Typologie vgl. Lisa L. *Martin*, Interests, power, and multilateralism, in: International Organization, Bd. 46 (1992), Nr. 4, S. 765-792, ferner Otto *Keck*, Der Beitrag rationaler Theorieansätze zur Analyse von Sicherheitsinstitutionen, in diesem Band, S. 35-56.
19 Wallander und Keohane verwenden dafür den Begriff der „hybriden" Institution, wenn diese eine Vielzahl von Funktionen erfüllt. Vgl. Celeste A. *Wallander*/Robert O. *Keohane*, Why does NATO Persist? An Institutional Approach. Entwurf, März 1996, S. 20.
20 *Wallander* und *Keohane* sprechen in diesem Zusammenhang von „issue density" and „problem durability"; vgl. ebd., S. 9-13.

Neben den Interessen der beteiligten Staaten ist für die Entstehung von Sicherheitsinstitutionen die Machtverteilung zwischen ihnen von Bedeutung. Sie wird erleichtert, wenn die Initiative von einer anerkannten Führungsmacht ausgeht, die auch über die Mittel verfügt, sowohl einen großen Teil der Kosten zu tragen als auch die Instrumente für das Tätigwerden der Institution zur Verfügung zu stellen. So ist die Entstehung der NATO historisch ohne die starke Führungsrolle der USA nicht zu erklären. Aber, auch das haben entsprechende Forschungen gezeigt,[21] Regime und Institutionen können nach der Relativierung der Macht- und Einflußmöglichkeiten der einstigen Hegemonialmacht fortbestehen. Die Existenz eines Hegemons ist weder für die Entstehung noch für die Dauerhaftigkeit von Institutionen eine unabdingbare Voraussetzung. Sicherheitsinstitutionen werden vor allem dann Bestand haben, wenn das Sicherheitsproblem fortbesteht, zu dessen Bewältigung die Institution gegründet wurde, wenn sie ein differenziertes institutionelles Regelsystem besitzen und wenn sie über eine hohe Anpassungsfähigkeit an neue internationale Herausforderungen verfügen.[22]

Eine besondere Form von Sicherheitsinstitutionen sind Verteidigungsbündnisse oder *Allianzen*. Ihr Merkmal ist, daß sie eine Reaktion auf eine äußere Bedrohung darstellen und daß daher der Zusammenarbeit eine militärische Beistandszusage ebenso wie Verfahren zur Einlösung derselben zugrunde liegen. Ein klassisches Beispiel dafür ist das Atlantische Bündnis, zumindest während der Dauer des Kalten Krieges. Es ist bereits darauf hingewiesen worden, daß in diesem Fall besonders schwierige Kooperationsprobleme auftreten, da jedes Mitglied eines Bündnisses, das über Kernwaffen verfügt, bei einer militärischen Auseinandersetzung das Risiko der eigenen Vernichtung eingeht.

Andere Institutionen haben die Aufgabe, die Sicherheit ihrer Mitglieder dadurch zu erhöhen, daß ein potentieller Regelverletzer in die Normen und Prinzipien der Institution eingebunden wird. An die Stelle einer äußeren tritt dann eine interne Gefahr. Wir sprechen in der Regel dann von einem System kollektiver Sicherheit. Beispiele dafür sind die Vereinten Nationen, die sich vor allem mit dem Kapitel VII der UN-Charta das institutionelle Instrumentarium besitzt, um Sanktionsmaßnahmen gegen einen Mitgliedstaat zu ergreifen, der den internationalen Frieden gefährdet, wenn sie diese auch bisher nicht explizit angewandt haben. Die NATO wurde zwar vor allem als kollektives Verteidigungsbündnis gegründet; nach dem Beitritt der Bundesrepublik Deutschland erhielt sie die weitere Aufgabe, Sicherheit vor Deutschland zu gewährleisten. Damit wurde sie intern zu einem System kollektiver Sicherheit.

Es gibt noch eine weitere Kategorie von Sicherheitsinstitutionen. Es handelt sich dabei um Zusammenschlüsse, die ihren Mitgliedern eine Zusammenarbeit zur Abwehr einer eher unbestimmten Gefahr (die ihren Ursprung innerhalb oder außerhalb der Institution und der sie konstituierenden Staaten haben kann) oder, allgemeiner, die Koordinierung ihrer Sicherheitspolitik erleichtern oder überhaupt erst ermöglichen soll. Keohane-

---

21 Vgl. Robert O. *Keohane*, After Hegemony. Cooperation and Discord in the World Political Economy. Princeton: Princeton University Press 1984; ferner die verschiedenen Fallstudien in Volker *Rittberger* (Hrsg.), Regime Theory and International Relations. Oxford: Clarendon Press 1993.
22 Vgl. dazu unten, S. 28.

Wallander sprechen in diesem Fall von einer „security management institution"[23]. Dieser Begriff eignet sich vor allem für die Bezeichnung der OSZE. In dem Maße, wie in der NATO nach dem Ende des Ost-West-Konfliktes die Ausrichtung auf eine akute, externe Bedrohung abnimmt und ihre Mitglieder sich eher diffusen Gefährdungen ihrer Sicherheit gegenüber sehen, nimmt auch das Nordatlantische Bündnis Züge einer Institution an, deren Aufgabe nicht mehr in erster Linie Verteidigung und Abschreckung, sondern das gemeinsame Sicherheitsmanagement ist.

Mit der EU/GASP untersuchen wir schließlich eine Institution, deren Hauptfunktion nicht die Gewährleistung von Sicherheit, sondern die ökonomische und politische Zusammenarbeit ihrer Mitglieder ist. Bereits der Gründung der Europäischen Gemeinschaft für Kohle und Stahl lagen jedoch auch sicherheitspolitische Motive zugrunde, in Sonderheit der französische Wunsch, die kriegsrelevante Schwerindustrie des deutschen Nachbarn zu vergemeinschaften. In dem Maße, in dem ihre Mitglieder die Zusammenarbeit auf die gemeinsame Außenpolitik ausdehnten, erstreckte sich diese zunehmend auch auf Fragen der Sicherheitspolitik. Der Vertrag von Maastricht trägt dem Rechnung, indem der Wirtschafts- und Währungsunion eine gemeinsame Außen- und Sicherheitspolitik (wenngleich in weniger verregelter Form) an die Seite gestellt wird.

Faßt man den Begriff der Institution sehr weit, so fallen darunter auch traditionelle *Allianzen*, sogenannte „alignments" - d. h. nicht oder wenig institutionalisierte Bündnisse von geringer historischer Dauer.[24] Als Beispiele wären hier die Beistandszusagen Frankreichs und Großbritanniens an Polen von 1939 oder der Dreimächte-Pakt zwischen Deutschland, Italien und Japan von 1940 zu nennen. Derartige Verbindungen sollen in dem vorliegenden Band jedoch nicht behandelt werden, da uns hier der Zusammenhang von Funktion und Form und die Veränderungen über Zeit besonders interessieren.

Die spezifische Funktion von Sicherheitsinstitutionen, die Sicherheit ihrer Mitglieder gemeinsam zu gewährleisten, kann auf sehr unterschiedliche Art und Weise wahrgenommen werden, z. B. durch Verteidigung und Abschreckung, Konfliktregelung und Vertrauensbildung, Information und Politikkoordinierung. Die Regel ist ein Aufgabenmix. Die NATO diente neben der Abschreckung eines Angriffs des Warschauer Paktes und, sollte diese versagen, der Verteidigung gegen einen solchen, stets auch dazu, die internationale Einbindung und Kontrolle Deutschlands zu gewährleisten, die Bindung der USA an Westeuropa sicherzustellen und ein internationales Konfliktmanagement zu erleichtern. Die Europäische Union verfolgt mit der GASP das Ziel, die Außen- und Sicherheitspolitik ihrer Mitglieder zu koordinieren und damit zu optimieren. Gleichzeitig hoffen die Mitgliedstaaten, auf diese Weise das Gewicht Europas in der Welt stärker zur Geltung bringen zu können. Die KSZE/OSZE hat einen Bedeutungswandel von der Entschärfung der militärischen und ideologischen Konfrontation während des Ost-West-Konfliktes zur Entwicklung eines Instrumentariums zur friedlichen Beilegung von Streitfällen und zur Stärkung der demokratischen Institutionen ihrer Mitglieder durchgemacht.

---

23 *Wallander/Keohane*, Why does NATO Persist? S. 7.
24 Vgl. ebd.

3. Die Form von Sicherheitsinstitutionen

Da die verschiedenen Institutionen sehr unterschiedliche Formen haben, gehen wir davon aus, daß ein Zusammenhang zwischen der Struktur des Kooperationsproblems, das den Ausgangspunkt für die Gründung der Institution bildet, und den spezifischen Funktionen einer Institution einerseits, sowie ihrer Form andererseits besteht. Dieser Zusammenhang ist jedoch im einzelnen zu klären, vor allem, ob die allgemeine oder die spezifische Funktion die Form einer Institution stärker prägt.

Unter der *Form* verstehen wir die Gesamtheit der institutionellen Merkmale einer Institution.[25] In ihr spiegelt sich das Kooperationsproblem wieder. Die Merkmale müssen daher so beschaffen sein, daß die prozeduralen Voraussetzungen für eine Zusammenarbeit von Staaten trotz teilweise konfligierender Interessen gegeben sind. Zunächst muß die betreffende Institution alle diejenigen Staaten als Mitglieder umfassen, auf deren Zusammenarbeit es im Hinblick auf die Lösung des Kooperationsproblems ankommt. Entsprechend wird die geographische Verteilung und die Anzahl ihrer Mitglieder variieren. Die Sicherheitsinstitutionen der europäisch-atlantischen Region haben sehr unterschiedliche Formen. Die KSZE/OSZE ist eine multilaterale Organisation mit vielen Mitgliedern und komplexen Funktionen und benötigt daher ein spezifizierteres Regelsystem von institutionalisierten Willensbildungs- und Entscheidungsprozessen als ein wenig verregelter bilateraler Vertrag wie z. B. der 'Elysée-Vertrag' von 1963 zwischen der Bundesrepublik und Frankreich.

Für die Lösung des Kooperationsproblems ist auch die *interne Machtverteilung* von großer Bedeutung. Ist diese sehr ungleich, wie z. B. innerhalb der NATO oder der OSZE, so werden differenzierte Organisationsstrukturen erforderlich sein. Mit einem spezifizierten institutionellen Instrumentarium soll sichergestellt werden, daß weder der Handlungsspielraum der Führungsmacht noch derjenige der übrigen Mitglieder so stark eingeschränkt wird, daß für einen Partner die Kosten der Bündnismitgliedschaft deren Nutzen überwiegen. Auch bei einer institutionalistischen Betrachtungsweise darf die Gefahr nicht außer Acht gelassen werden, daß die Kooperation dann gefährdet werden kann, wenn ein Mitglied sich von der Führungsmacht im Stich gelassen glaubt oder aber gegen seinen Willen in einen internationalen Konflikt verwickelt zu werden fürchtet.[26]

Die Voraussetzung für das Funktionieren von Institutionen sind vereinbarte *Regeln*. *Verfahrensregeln* beziehen sich auf die Art der Entscheidungsfindung und Beschlußfassung; *Verhaltensregeln* auf die Normen und Wertvorstellungen, an denen sich das Handeln der Mitglieder einer Institution orientiert. Entsprechende Regeln sind meist in

---

25   In der Frage der Normen, Regeln und Entscheidungsverfahren nimmt die Institutionentheorie Erkenntnisse auf, die von der Regimeforschung erarbeitet wurden; *Krasner* definiert internationale Regime als „principles, norms, rules, and decision-making procedures around which actor expectations converge in a given issue-area" (International Regimes, S. 1). Für einen Überblick vgl. auch Harald *Müller*, Die Chance der Kooperation. Regime in den internationalen Beziehungen. Darmstadt: Wissenschaftliche Buchgesellschaft 1993.
26   *Snyder* spricht von „abandonment" und „entrapment"; vgl. The Security Dilemma in Alliance Politics.

der Gründungscharta, in der Satzung oder in darauf bezogenen Beschlüssen enthalten. Dabei ist von Bedeutung, in welchem Maße die Mitgliedstaaten Autorität oder Souveränitätsrechte an die Institution abgeben, ob Beschlüsse einstimmig oder mit Mehrheit getroffen werden, ob diese oder ihre Vorbereitung delegiert werden können, und ob die Institution über die Fähigkeit verfügt, ihre Einhaltung zu überwachen und die Nichteinhaltung zu sanktionieren. Zu diesem Zweck verfügt jede Institution über eine Reihe von *Organen*, in denen Entscheidungen vorbereitet, getroffen und umgesetzt werden. Hinzu kommt noch eine Vielzahl von über Zeit entstandenen funktionalen Einrichtungen und Prozessen. In den meisten Institutionen haben sich Konsultationsformen herausgebildet, die in keiner Geschäftsordnung enthalten sind, z. B. die *'trilaterals'* im Rahmen der NATO, die 'Korrespondentengruppe' der KSZE oder die *'Presidential Consultations'* auf der NVV-Überprüfungskonferenz. Eine interessante Frage ist, wovon es abhängt, daß eine Institution über in hohem Maße spezifizierte Regeln verfügt, während eine andere mit einem Minimum von einfachen Verfahrensvorschriften auskommt.

Unsere Vermutung ist, daß der Grad der Spezifität von Regeln außer von der Komplexität des Kooperationsproblems und der internen Machtverteilung von den spezifischen Funktionen der Institution abhängt. Unterschiedliche Funktionen erfordern jeweils andere Entscheidungsverfahren. Ein militärisches Bündnis wie die NATO wird z. B. Abschreckung und Verteidigung nur dann glaubwürdig gewährleisten können, wenn seine innere Kohärenz hoch ist. Dies setzt voraus, daß es über differenzierte Entscheidungsverfahren verfügt, die seiner internen Machtstruktur ebenso wie der Risikoverteilung Rechnung tragen. Eine Institution, die sich weitgehend auf Empfehlungen an ihre Mitglieder beschränkt wie die WEU, wird dagegen weniger spezifizierte Verfahrensregeln benötigen. Es wäre jedoch ein Fehlschluß anzunehmen, daß Sicherheitsinstitutionen stärker verregelt sein müssen als andere Institutionen. Wichtiger könnte der Grad der Übertragung von Autorität bzw. Souveränität sein, d. h. das Ausmaß, in dem ihre Mitglieder der Organisation gegenüber partiell auf staatliche Souveränität verzichtet haben. Die Regeln der EU sind in der Tat in den Bereichen am spezifischsten, in denen, wie in der Wirtschaftspolitik, die Mitgliedstaaten ihr nationale Kompetenzen abgetreten und sie zum supranationalen Handeln befähigt haben. Im Bereich der GASP, bei dem es im wesentlichen um Politikkoordinierung, aber (noch?) nicht um Gemeinschaftshandeln geht, sind trotz der Sicherheitsrelevanz dieses Bereichs die Regeln weit weniger komplex.

Obwohl wir davon ausgehen, daß ein Zusammenhang zwischen Funktion und Form besteht, unterstellen wir keine direkte Kausalität im Sinne von „form follows function",[27] wie diese von den *Funktionalisten* angenommen wird. Wenn wir z. B. die Entwicklung der Europäischen Union betrachten, dann stellen wir fest, daß die EU mit dem Vertrag von Maastricht neue Aufgaben auf dem Gebiet der Außen- und Sicherheitspolitik über-

---

27 Vgl. David *Mitrany*, A Working Peace System. Chicago: Quadrangle Books 1966, S. 70. Diese Überlegungen hat Mitrany erstmals 1933 entwickelt, vgl. The Progress of International Government. New Haven: Princeton University Press 1933. Für das Verhältnis von Funktionalismus und Föderalismus vgl. auch *ders.*, The Prospect of Integration. Federal or Functional? In: A. J. R. Groom/Paul Taylor (Hrsg.), Functionalism. Theory and Practice in International Relations. London: University of London Press 1975, S. 53-78.

nommen hat, ohne daß gleichzeitig ein Prozeß der Verregelung eingesetzt hat. Zugleich sind auch neue Formen geschaffen worden (z. B. ein Ausschuß der Regionen), deren Funktion nur in sehr allgemeiner Weise bestimmt wurde und deren Effektivität bisher gering ist. Ähnlich ist es mit der WEU. Ihre Form hat sich seit Mitte der fünfziger Jahre nur wenig verändert, obwohl sich ihre Funktion immer wieder gewandelt hat. Es muß daher im einzelnen empirisch geklärt werden, in welchem Verhältnis Funktion und Form zueinander stehen.

Für die *Verhaltensregeln* sind *Normen* und *Wertvorstellungen* von Belang. *Verhaltensregeln* (oder Grundsätze) sind operationalisierbare Vorschriften für das Kooperationsverhalten der Mitgliedstaaten, die sich an gemeinsamen Wertvorstellungen orientieren. Ein Beispiel ist die Beilegung von internationalen Streitigkeiten mit friedlichen Mitteln, zu der sich die Mitglieder der Vereinten Nationen mit ihrem Beitritt zur UNO verpflichtet haben und für die die UN-Charta entsprechende Verfahrensregeln enthält. Diese orientieren sich dabei an dem normativen Ziel der Gewährleistung von Frieden und Sicherheit, der Gleichberechtigung und der Selbstbestimmung der Völker. Die Bindung einer Institution und ihrer Beschlüsse an übergeordnete Grundsätze verleiht dieser aus der Sicht der Mitgliedstaaten und deren Bevölkerung ein Maß an Legitimation, welches eine wesentlich höhere Bindungswirkung als eine reine Interessendefinition entfaltet. Diese Wirkung kann auch mittelbar erfolgen, indem eine Aktion durch ein übergeordnetes Gremium sanktioniert wird. So bezieht der Einsatz der Bundeswehr im Bosnien-Konflikt seine Legitimität aus der Bindung an ein UN-Mandat, d. h. an den Auftrag einer Institution, deren Recht zur Intervention zum Ziel der Friedenssicherung allgemein anerkannt ist. Mit dem Hinweis auf übergeordnete Verhaltensnormen sind Risiken und Kosten, z. B. die Gefahr der Verwicklung in einen militärischen Konflikt oder Einschränkungen des nationalen Handlungsspielraums, leichter zu rechtfertigen als mit dem Hinweis auf vertragliche Verpflichtungen. Dabei bleibt freilich offen, ob es sich bei der Berufung auf derartige Normen nur um unverbindliche Absichtserklärungen oder um Handlungsanleitungen handelt.

Es ist nicht immer leicht, zwischen deklaratorischen und operativen Aussagen zu unterscheiden. In dem einen Fall hat die Berufung auf übergeordnete Werte vor allem legitimatorischen Charakter, d. h. sie soll die innenpolitische Unterstützung sicherstellen. Die Präambel des Nordatlantik-Vertrages[28] mit der Bekräftigung „der Grundsätze der Demokratie, der Freiheit der Person und der Herrschaft des Rechts" ist ein solches Beispiel. Die gleichen Aussagen können aber auch dahingehend interpretiert werden, daß es sich um normative Zielvorgaben handelt, welche sich die Staaten verpflichten anzustreben. Der letzte Satz dieser Präambel, in dem die Mitglieder ihre Entschlossenheit bekräftigen, „ihre Bemühungen für die gemeinsame Verteidigung und für die Erhaltung des Friedens und der Sicherheit zu vereinigen", ist dann eine operationalisierbare Verhaltensregel.

---

28 Nordatlantikvertrag (Washingtoner Vertrag) vom 4.4.1949, in: NATO-Handbuch, Brüssel: NATO Presse- und Informationsdienst 1995, S. 249-252. Für den deklaratorischen Charakter dieser Präambel spricht, daß das von dem Diktator Salazar regierte Portugal, das für die USA wegen seiner strategischen Lage wichtig war, zu den Gründungsmitgliedern zählte.

Die Bindung an gemeinsam geteilte Wertvorstellungen prägt nicht nur das Verhalten der Akteure, sondern diese wirken auch wieder auf die Institution zurück und beeinflussen ihren Zusammenhalt und ihre Leistungsfähigkeit. Das Atlantische Bündnis ist zu Recht als „Sicherheitsgemeinschaft" (Karl Deutsch[29]), d. h. als Wertegemeinschaft, bezeichnet worden. Das System gemeinsamer Werte macht nicht nur die Handlungen der Partner berechenbarer, sondern gibt ihnen ein zusätzliches Motiv, an der Zusammenarbeit festzuhalten. Dadurch wird internen Krisen und Konflikten die Schärfe genommen und ihre Bedeutung als Kooperationshindernis verringert. Institutionen tragen auch dazu bei, die Interessenparallelität und die Wertorientierungen ihrer Mitglieder zu verstärken und sie dauerhaft zu machen. So hat die Westbindung der Bundesrepublik ohne Zweifel dazu beigetragen, die Demokratie bei uns fester zu verankern. Ähnliche Erwartungen richten sich an die Aufnahme mittel-osteuropäischer Staaten in die Europäische Union und in die NATO.

Um ihre Aufgaben zu erfüllen, verfügt jede Institution über eine Reihe von *Instrumenten*. Dabei ist es sinnvoll, zwischen denjenigen zu unterscheiden, die sich auf die Erfüllung ihrer internen Kooperations- und Koordinierungsfunktion beziehen und jene, mit denen eine Institution nach außen hin tätig wird. Im Vordergrund der internen Aufgaben stehen der Austausch von Informationen, der Abbau von Unsicherheit über die Interessen und Präferenzen der Mitglieder sowie die Einübung in kooperative Verhaltensweisen. Der Lerneffekt sollte nicht unterschätzt werden, der sich aus der Erfahrung erfolgreicher Kooperation ergibt und der die Mitglieder einer Institution in die Lage versetzt, auch in Krisensituationen an der eingespielten Zusammenarbeit festzuhalten.[30] Die primär auf Interaktion mit anderen Mitgliedern des internationalen Systems gerichteten Instrumente reichen von der Verabschiedung von Resolutionen, in der eine Institution (bzw. ihre Mitgliedstaaten) ihre Auffassung zu einem bestimmten Problem darlegt oder die Mitglieder der Staatengemeinschaft zur Einhaltung getroffener Vereinbarungen auffordert, über die Vereinbarung von konkreten Projekten, z. B. die Überwachung eines Abrüstungsabkommens, bis zum Einsatz von finanziellen Ressourcen und militärischen Machtmitteln. Die Aktivitäten von EU, OSZE, WEU und NATO im Konflikt im ehemaligen Jugoslawien bieten hierfür vielfältige Beispiele.

In dem Schaubild werden die vermuteten Zusammenhänge zwischen den Bedingungsfaktoren der Entstehung einer Sicherheitsinstitution und ihrer Form dargestellt. Im einzelnen unterscheiden wir zwischen der Mitgliedschaft (global oder regional, bilateral oder multilateral), der internen Machtverteilung (hegemonial oder partnerschaftlich), den Verfahrensregeln (Übertragung von Autorität bzw. Souveränität sowie Entscheidungsverfahren), den Verhaltensregeln (Prinzipien und Normen) und den Instrumenten (Empfehlungen, Beschlüsse, Aktionen). Unter der Form einer Institution subsumieren

---

29 Vgl. Karl W. *Deutsch*/Sidney A. *Burell*/Robert A. *Kann,* Political Community and the North Atlantic Area: International Organization in the Light of Historical Experience. Princeton: Princeton University Press 1957.
30 Vgl. dazu Ernst B. *Haas*, When Knowledge is Power. Three Models of Change in International Organizations. Berkeley u. a.: University of California Press 1990 (insbes. Kap. 2, International Organizations: Adapters or Learners?).

wir also ihre verschiedenen institutionellen Merkmale bzw. ihr institutionelles Instrumentarium[31] ebenso wie ihre nach außen wirksamen Instrumente. Aus dem Schaubild geht allerdings nicht hervor, ob die Institution gering oder hoch verregelt ist und ob diese Regeln sehr allgemein oder sehr spezifisch sind und welches die Gründe für diese Unterschiede sind.

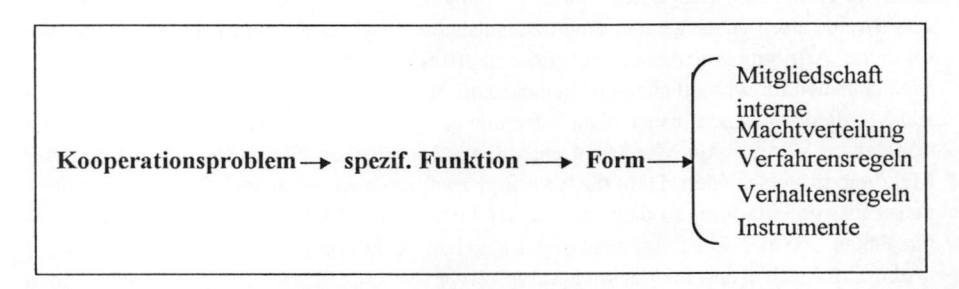

Kooperationsproblem → spezif. Funktion → Form → { Mitgliedschaft, interne Machtverteilung, Verfahrensregeln, Verhaltensregeln, Instrumente }

Schaubild 1: Der Zusammenhang von Kooperationsproblem, Funktion und Form

4. Wirkung von Sicherheitsinstitutionen

Bei der Wirkung von Sicherheitsinstitutionen lassen sich zwei Dimensionen unterscheiden. Die eine umfaßt den institutionellen *Output*, d. h. die Ergebnisse des formalen Entscheidungsprozesses, die andere deren *Outcome*, d. h. die Wirkungen ihres Handelns (oder Nichthandelns) und deren Rückwirkung auf die Mitgliedstaaten. Wie wir oben gesehen haben, gründen Staaten Sicherheitsinstitutionen (bzw. treten diesen bei), weil sie von ihnen eine Kooperation mit anderen Partnern bei der Erfüllung sicherheitspolitischer Herausforderungen erwarten. Eine Institution ist dann besonders erfolgreich, wenn es ihr gelingt, das spezifische Sicherheitsproblem, dessen Bewältigung ihr übertragen wurde, zu lösen oder es so zu transformieren, daß es keine akute Gefahr mehr für die Sicherheit ihrer Mitglieder darstellt. Die Wirkung einer Institution besteht also einmal in ihrer institutionellen Leistung, d. h. der Art und Weise, wie sie die ihr übertragenen Aufgaben (oder spezifischen Funktionen) bewältigt, und zum anderen darin, in welchem Ausmaß sie die allgemeine Funktion aller Institutionen erfüllt und ihre Mitglieder dauerhaft zur Zusammenarbeit veranlaßt.

Das Atlantische Bündnis wurde gegründet, um durch eine angemessene Verteidigungsfähigkeit sowie eine darauf bezogene Militärstrategie und -politik einen Angriff des Warschauer Paktes abzuschrecken. Die Europäische Union hat sich mit der GASP die Möglichkeit geschaffen, die Außen- und Sicherheitspolitik ihrer Mitgliedstaaten zu koordinieren. Während die NATO in der Lage war, in Europa den Frieden zu sichern, ist die EU noch weit von ihrem Ziel entfernt, gegenüber anderen Staaten und Staatengrup-

---

31 Wir benutzen im folgenden die Begriffe „Form", „institutionelle Merkmale" und „institutionelles Instrumentarium" synonym.

pen mit einer Stimme sprechen zu können. Wie läßt sich erklären, daß die NATO die ihr übertragene Aufgabe angemessen erfüllen konnte, während die GASP der EU bisher nur geringe Wirkungen entfaltet hat? Wovon hängt die Effektivität einer Institution ab? Eine Erklärung könnte darin bestehen, daß die NATO wesentlich stärker verregelt ist als die GASP. Auch stellen wir signifikante Unterschiede in den Formen der Institutionalisierung fest. Die Hauptdifferenz besteht darin, daß die NATO-Mitglieder mit der Unterstellung von Streitkräften einen gemeinsamen Befehlshaber (SACEUR) dem Bündnis einige wesentliche Attribute staatlicher Autorität übertragen haben, während sich die GASP-Mechanismen im wesentlichen auf gemeinsame Konsultationsverfahren beschränken. Die EU-Mitglieder machen bisher nicht oder nur in Fragen von untergeordneter Bedeutung von der im Vertrag von Maastricht enthaltenen Möglichkeit Gebrauch, mit qualifizierter Mehrheit zu entscheiden. Die OSZE verfügt zwar über ein hoch spezifiziertes institutionelles Instrumentarium, zu dem mit der n-1 Formel die Möglichkeit gehört, in bestimmten Fällen von der Einstimmigkeitsregel abgehen zu können,[32] ohne daß sie jedoch auf große Erfolge bei der Friedenssicherung verweisen kann. Dies zwingt uns dazu, noch andere Erklärungsfaktoren heranzuziehen. Wir vermuten, daß eine Untersuchung der Ziele und Interessen der Mitgliedstaaten, insbesondere ihrer Präferenzstrukturen, ebenso wie die innenpolitischen Anforderungen weitere Erklärungen bieten könnten. Dieser Frage wird in den Fallstudien dieses Bandes nachgegangen. Wir nehmen ferner an, daß sich Unterschiede in der Leistungsfähigkeit von Institutionen möglicherweise auch mit der Wirkung von Ideen und kulturellen Faktoren erklären lassen. Anders ist z. B. das unterschiedliche Verhalten der NATO und der ASEAN im Umgang mit Regelverletzern nur schwer verständlich. Diese Annahme kann allerdings in dem vorliegenden Band nicht überprüft werden, da wir nur Sicherheitsinstitutionen untersuchen, deren Mitglieder im wesentlichen einer gemeinsamen politischen Wertegemeinschaft angehören.[33]

Die zweite Dimension der Wirkung von Sicherheitsinstitutionen betrifft die Rückwirkung auf das Kooperationsverhalten der Mitgliedstaaten. Durch die Mitarbeit in einer Sicherheitsinstitution können sich ihre Präferenzstrukturen verändern. Die Wirkung bezieht sich nicht nur auf die Veränderung von Zielen und Interessen, sondern auch auf die Innenpolitik; möglicherweise auch auf die politische Kultur. Die breite Unterstützung, welche die Ziele des Atlantischen Bündnisses in der deutschen Öffentlichkeit erfahren, und deren Internalisierung durch die politischen Eliten der Bundesrepublik sind dafür ein einschlägiges Beispiel. Aber auch die Machtverteilung zwischen den Mitgliedern einer Institution kann sich verändern, da die Verhaltensregeln die außenpolitischen Optionen der Staaten einzuschränken oder zu erweitern vermögen. Ein anschauliches Beispiel dafür ist das Verhalten der USA in der *Offset*-Krise oder die Entwicklung der Bonner Vierer-Gruppe von einem Instrument zur Kontrolle Deutschlands zu einem Gremium, das der Bundesrepublik eine bevorzugte Stellung im Bündnis gewährte.[34] Die Wirkung

---

32 So bei Maßnahmen gegen einen Staat, der die Grundregeln der KSZE-Schlußakte von 1975, wie z. B. das militärische Gewaltverbot oder die Gewährleistung der Menschenrechte, mißachtet. Vgl. Kap. IV, Ziff. 16 des Prager Dokuments über die weitere Entwicklung der KSZE-Institutionen und Strukturen, in: Bulletin der Bundesregierung, Nr. 12 (4.2.1992), S. 83-86 (84).
33 Für die OSZE trifft dies allerdings nur begrenzt zu.
34 Vgl. *Haftendorn*, Kernwaffen und die Glaubwürdigkeit der Allianz, S. 227-282; ferner *dies.*, Das

von internationalen Institutionen auf das Verhalten der Mitgliedstaaten ist deshalb besonders wichtig, weil Institutionen nur in ganz seltenen Fällen direkt auf Nichtmitglieder Einfluß nehmen können - und zwar nur dann, wenn die Souveränitätsverzichte ihrer Mitglieder sie zu eigenständigem Handeln befähigen. Hier wäre an die EU auf dem Gebiet des Gemeinsamen Agrarmarktes oder in der Außenhandelspolitik zu denken. In der Regel haben wir es jedoch mit indirekten Wirkungen zu tun, da Institutionen namens und im Auftrag ihrer Mitglieder handeln. Dies trifft besonders für Sicherheitsinstitutionen zu. Dennoch haben Institutionen auch direkte Wirkungen auf das internationale System, und zwar, indem sie die internationalen Beziehungen verregeln.

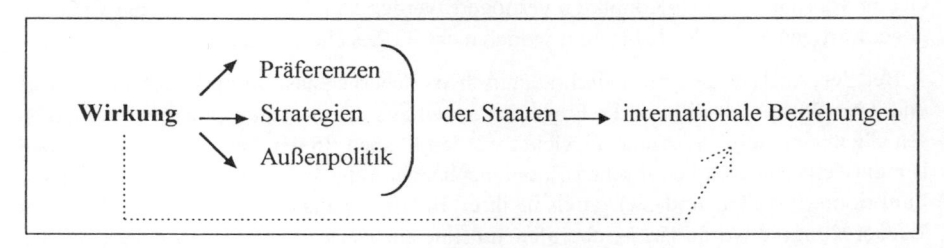

Wirkung ⟶ Präferenzen / Strategien / Außenpolitik } der Staaten ⟶ internationale Beziehungen

Schaubild 2: Die Wirkung von Sicherheitsinstitutionen

Die Wirkung von Sicherheitsinstitutionen auf staatliche Außenpolitik und auf die internationalen Beziehungen ist bisher wenig erforscht worden. Sie läuft der Annahme der *Realisten* zuwider, daß Allianzen primär Instrumente von Machtpolitik seien, aber keine von den Zielen und Interessen der Staaten unabhängige Wirkung entfalten. Die Erkenntnis, daß sie aber diesen Einfluß haben, ist von außerordentlicher wissenschaftlicher und politischer Bedeutung. Es dürfte unstrittig sein, daß die positiven Erfahrungen, welche Deutschland mit der Mitgliedschaft im Atlantischen Bündnis und in der Europäischen Integration gemacht hat, dieses davor bewahrt haben, nach dem Ende des Kalten Krieges zu einer primär nationalen Zielen dienenden Außenpolitik zurückzukehren. So strebt Deutschland auch weiterhin nicht nach einer nationalen Verfügungsgewalt über Kernwaffen, wie dies Mearsheimer für wahrscheinlich hielt.[35] Die Befürworter einer NATO-Osterweiterung messen den positiven Wirkungen eines Beitritts auf die mittelosteuropäischen Staaten selbst eine größere Bedeutung zu als dem Nutzen, welche die Allianz aus einer Vergrößerung ziehen könnte, zumal deren Kosten vermutlich vor allem von den alten Mitgliedstaaten getragen werden müßten. Sie gehen davon aus, daß die Demokratie sowie das politische System der in Frage kommenden mitteleuropäischen Staaten durch eine Mitgliedschaft im westlichen Bündnis gestärkt und diese zu berechenbaren Partnern in der europäischen Sicherheitspolitik würden. In jedem Fall muß aller-

---

institutionelle Instrumentarium der Alliierten Vorbehaltsrechte zwischen den Drei Mächten und der Bundesrepublik Deutschland, in: Helga Haftendorn/Henning Riecke (Hrsg.), „... die volle Macht eines souveränen Staates ..." Die Alliierten Vorbehaltsrechte als Rahmenbedingung westdeutscher Außenpolitik 1949-1990. Baden-Baden: Nomos 1996, S. 37-80.
35 Vgl. *Mearsheimer*, Back to the Future, S. 38.

dings geprüft werden, ob und inwieweit die beobachteten Veränderungen staatlichen Verhaltens auf die direkte oder indirekte Wirkung von Institutionen oder aber auf andere Faktoren zurückgeführt werden können, z. B. auf Veränderungen in der Machtverteilung zwischen den Staaten, Entwicklungen in anderen Regionen oder signifikante innenpolitische Ereignisse.

Die These von der Wirkung internationaler Institutionen auf die Präferenzen, die Strategien und die Außenpolitik der Staaten besagt also nichts weniger, als daß sich durch sie die Qualität der internationalen Beziehungen ändert. Manche Beobachter gehen so weit zu mutmaßen, daß durch die Verbreitung kooperativer Interaktionsstrukturen die Gefahr von militärischen Konflikten verringert werden kann[36] - eine These, die wir beim gegenwärtigen Stand der Erkenntnis jedoch nicht für gesichert halten.

Bei der Analyse der europäisch-atlantischen Sicherheitsinstitutionen der Gegenwart und ihrer Wirkung stellt sich die Frage, inwieweit aus den dort gewonnenen Erkenntnissen allgemeingültige Aussagen abgeleitet werden können. In der Tat stellen wir fest, daß Bündnisse in anderen historischen Zusammenhängen oder kulturellen Kontexten andere Funktionen erfüllen und sich auch in ihrer Institutionalisierung unterscheiden. Der Wiener Kongreß wurde 1815 einberufen, um eine europäische Friedensordnung nach den Napoleonischen Kriegen zu entwickeln. Der dort vereinbarte Vierer-Bund hatte vor allem die Aufgabe der monarchischen Herrschaftssicherung. Die südostasiatische Regionalorganisation ASEAN hat sich bei ihrer Gründung die Aufgabe gestellt, vornehmlich die wirtschaftliche Entwicklung ihrer Mitglieder zu fördern. Erst mit der Erstarkung Chinas als regionale Hegemonialmacht traten sicherheitspolitische Aufgaben hinzu, für die eine eigene Institution, das Asian Regional Forum, geschaffen wurde. In beiden Fällen scheinen unterschiedliche Wirkungsmechanismen zu bestehen.[37]

Bisher nicht diskutiert haben wir die Wertschätzung, welche die Staaten einer Institution entgegenbringen. Mit den dem Institutionalismus (ebenso wie auch dem Realismus) zugrunde liegenden positivistischen Methoden läßt sich diese nicht erfassen. Für ihre Erklärung müssen wir zusätzlich Erkenntnisse neuer, reflexiver Ansätze heranziehen.[38] In gewisser Weise ist die Wertschätzung eine Zwischenkategorie. Sie ist zum einen von der Leistungsfähigkeit einer Institution abhängig, d. h. davon, daß diese die ihr übertragenen Aufgaben und die an sie gestellten Erwartungen zur Zufriedenheit ihrer Mitglieder erfüllt. Zum anderen ergibt sie sich aus der Wirkung der Institution auf das Verhalten der Mitgliedstaaten und wirkt auf diese zurück. Die Schwierigkeit besteht aber darin, daß sich Wertschätzung nur schwer messen läßt. Ihre Bedeutung im Sinne eines Merkmals der untersuchten Institution läßt sich vermutlich nur kontrafaktisch belegen. Da wir jedoch auch die Dynamik von Sicherheitsinstitutionen untersuchen wollen, erscheint uns diese

---

36 Vgl. *Müller*, Die Chance der Kooperation, S. 168 f.
37 Auf diese kann im vorliegenden Band nicht eingegangen werden. In einem gemeinsamen Projekt über Sicherheitsinstitutionen der Arbeitsstelle Transatlantische Außen- und Sicherheitspolitik der FU Berlin und des Center for International Affairs der Harvard University soll jedoch die Frage nach den historischen und geographischen Unterschieden explizit untersucht werden.
38 Vgl. Thomas *Schaber*/Cornelia *Ulbert*, Reflexivität in den Internationalen Beziehungen, in: Zeitschrift für Internationale Beziehungen, Bd. 1 (1994), Nr. 1, S. 139-170.

Kategorie von Bedeutung, da sie uns möglicherweise die Tatsache erklären hilft, warum Staaten an einer Institution festhalten, deren ursprüngliche Aufgabe entfallen ist.

5. Stabilität und Wandel von Sicherheitsinstitutionen

Unsere Ausgangsfrage lautete: Warum bestehen Sicherheitsinstitutionen fort, deren ursprüngliche Funktion an Bedeutung verloren hat? Mit Blick auf die NATO müssen wir die berechtigte Frage beantworten, warum diese nicht in einem Auflösungsprozeß - wie von den Realisten vorausgesagt - begriffen ist, obwohl ihre primäre Funktion, die Abschreckung eines massiven sowjetischen Angriffes auf Westeuropa oder Nordamerika, entfallen ist. Hinzu kommt als weitere Frage diejenige nach den Gründen für die Entstehung und Fortentwicklung weiterer Sicherheitsinstitutionen im europäisch-atlantischen Raum, obwohl sich die Staaten dieser Region keiner direkten militärischen Bedrohung mehr ausgesetzt sehen.

Beide Fragen lassen sich in mehrfacher Weise beantworten. Eine erste Erklärung, der auch ein Realist zustimmen könnte, würde in dem Verweis auf eine Restbedrohung bestehen, die sich aus der Existenz der militärischen (u. a. nuklearen) Potentiale Rußlands, dem *Spillover*-Effekt regionaler Konflikte in Südosteuropa sowie im Maghreb, oder aus einer unkontrollierten Weiterverbreitung von Massenvernichtungswaffen, insbesondere von Nuklearwaffen, ergibt. Ein zweiter Erklärungsstrang könnte daran ansetzen, daß es sich bei der NATO ebenso wie bei der EU um hybride Organisationen handelt, die mehrere spezifische Funktionen zu erfüllen haben. Neben der Abwehr einer sowjetischen Bedrohung hatte das Atlantische Bündnis stets auch die Aufgabe, Deutschland einzubinden und die USA an Westeuropa 'anzukoppeln'.[39] Es läßt sich auch dahingehend argumentieren, daß die NATO mit dem Fortfall der akuten Bedrohung als militärische Allianz und damit als Sicherheitsinstitution im engeren Sinne aufgehört hat zu existieren und dabei ist, sich in eine Sicherheitsmanagement-Institution zu verwandeln. Dafür spricht die Bedeutungsminderung der militärischen zugunsten der politischen Institutionen des Bündnisses.

Eine dritte Gruppe von Erklärungen bietet die Organisations- und die Regimeforschung. Verschiedene Autoren haben darauf verwiesen, daß die Bildung von Institutionen wesentlich höhere Kosten als ihre Unterhaltung verursache. Außerdem entstünden eine Vielzahl von Interessen seitens der Mitgliedstaaten ebenso wie der in der Organisation Tätigen, seien es nun Funktionsträger oder einfache Angestellte, die für eine Beibehaltung sprächen. Vielfach sei die Organisationsroutine sogar darauf gerichtet, sich nicht selbst überflüssig zu machen. Diese Mischung von *vested interests* und bürokratischem Beharrungsvermögen führe dazu, daß selbst solche Institutionen fortbestünden, deren Aufgaben fortgefallen seien.[40] Keohane und Wallander sehen einen Zusammenhang zwi-

---

39 Siehe z. B. die Lord *Ismay*, dem ersten NATO-Generalsekretär, zugeschriebene Aussage, wonach die NATO die Aufgabe habe, „to keep the Russians out, the Americans in and the Germans down".
40 Vgl. dazu James G. *March*/Herbert A. *Simon*, Organizations. New York u. a.: Wiley 1958; Herbert A. *Simon*, On the Concept of Organizational Goal, in: Administrative Science Quarterly, Bd. 9 (1964),

schen dem Fortbestand von Sicherheitsinstitutionen, ihren spezifischen Funktionen und der Wahrnehmung einer Bedrohung. Sie haben die These aufgestellt, bei abnehmender Bedrohung verringere sich der Grad der Institutionalisierung weniger als er bei wachsender Bedrohung zunehme. Das Ergebnis sei eine Art 'Sperrklinkeneffekt'.[41] Diese These konnte jedoch bisher nicht empirisch verifiziert werden; im Gegenteil war innerhalb der NATO mit Einsetzen der Ost-West-Entspannung in der zweiten Hälfte der sechziger Jahre eine verstärkte institutionelle Spezifizierung festzustellen.[42]

Zur Stabilität einer Sicherheitsinstitution im Sinne ihrer Dauerhaftigkeit könnte schließlich auch ihre Adaptionsfähigkeit beitragen, d. h. die Fähigkeit, ihre spezifischen Funktionen wechselnden Bedrohungen und Herausforderungen anzupassen. Dabei dürfte es wichtig sein, daß der *time lag* zwischen Veränderungen und Anpassungsprozessen nicht so groß wird, daß in der Zwischenzeit ein Bedeutungsverlust der Institution selbst oder eine Erosion ihres institutionellen Instrumentariums eintritt. Beispiele für eine gelungene Anpassung bieten die NATO und die WEU. Während die Hauptfunktion des Atlantischen Bündnisses in der Zeit des Kalten Krieges in der Abwehr einer akuten Bedrohung durch Abschreckung und kollektive Verteidigung bestand, gewinnen heute die Zusammenarbeit mit dem ehemaligen Gegner, die Projektion von Stabilität nach Mittel- und Osteuropa sowie ein selektives Krisenmanagement an Bedeutung. Damit ändert sich auch das Sicherheits- und das Kooperationsproblem innerhalb des Bündnisses. Die WEU bot ihrerseits eine institutionelle Form, die mit unterschiedlichen Funktionen gefüllt und nach dem Ende des Ost-West-Konfliktes als Kern eines europäischen Pfeilers innerhalb der NATO wie auch als Sicherheitsarm der EU genutzt werden konnte.

Wenn die Form einer Institution Lösungen für je spezifische Sicherheitsprobleme bieten soll, dann müssen mit dem Funktionswandel auch entsprechende Änderungen in den Verhaltens- und Verfahrensregeln einhergehen. Ansatzweise sind diese in der NATO auch zu erkennen. Beispiele sind die Einrichtung des NATO-Kooperationsrates und der Partnerschaft für den Frieden, welche die Aufgabe haben, anstelle von Abschreckung und Verteidigung den mittel- und osteuropäischen Staaten eine Zusammenarbeit anzubieten. Mit dem Konzept von *Combined Joint Task Forces* (CJTF) wird die integrierte Verteidigungsstruktur durch ein flexibles Kommandosystem für Streitkräfte ergänzt, die von unterschiedlichen Staaten - Bündnismitgliedern und Nichtmitgliedern - gestellt werden und für sehr verschiedene Einsätze zur Verfügung stehen können.

Obwohl der Fähigkeit einer Institution zum Wandel eine außerordentliche Bedeutung zukommt, ist die Dynamik internationaler Organisationen - insbesondere von Sicherheitsinstitutionen - bisher weitgehend unerforscht. Zunächst müssen wir fragen, wovon der Wandel internationaler Institutionen abhängig ist und was sich verändert. In der Regel beobachten wir Veränderungen im internationalen System, durch die sich sowohl das Kooperationsproblem als auch das Sicherheitsproblem der Staaten und damit die allge-

---

Nr. 1, S. 1-22. Für eine Anwendung organisationstheoretischer Gesichtspunkte auf die NATO vgl. auch Robert B. *McCalla*, NATO's persistence after the cold war, in: International Organization, Bd. 50 (1996), Nr. 3, S. 445-475.
41 *Keohane* und *Wallander* sprechen von einem „ratchet effect"; vgl. Why Does NATO Persist? S. 15.
42 Vgl. *Haftendorn*, Kernwaffen und die Krise der Allianz.

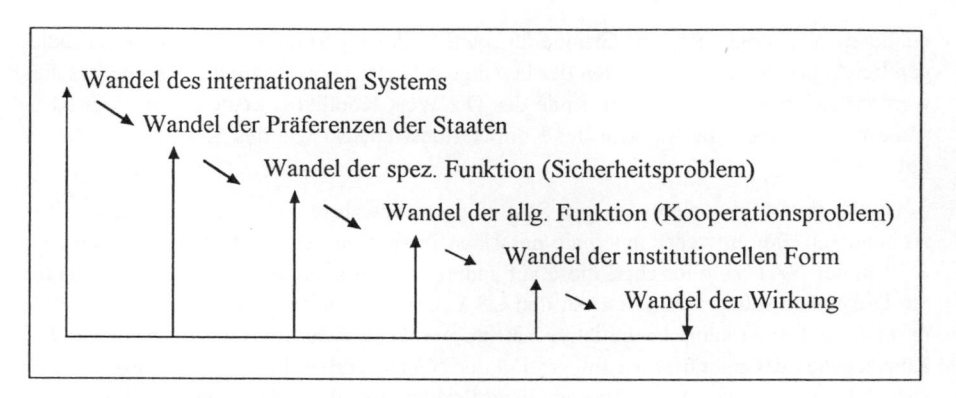

```
↑ Wandel des internationalen Systems
  ↘ Wandel der Präferenzen der Staaten
   ↑ ↘ Wandel der spez. Funktion (Sicherheitsproblem)
      ↑ ↘ Wandel der allg. Funktion (Kooperationsproblem)
         ↑ ↘ Wandel der institutionellen Form
            ↑ ↘ Wandel der Wirkung
               ↓
```

Schaubild 3: Der Wandel von Sicherheitsinstitutionen

meine ebenso wie die spezifische Funktion der Institution ändert. Staaten brechen auseinander oder vereinigen sich, vergrößern ihr Handlungspotential oder verlieren an Handlungsfähigkeit durch innere Krisen oder wirtschaftlichen Niedergang, verändern ihre Präferenzen als Folge eines Regierungswechsels, von Lernprozessen oder von tiefgreifenden innenpolitischen Veränderungen. Die primäre Quelle des Wandels von internationalen Sicherheitsinstitutionen ist also ein Wandel der ihnen zugrundeliegenden problematischen Situation. In der Folge verändern sich auch Form und Wirkung der Institution. Dabei kann der Fall eintreten, daß eine für andere Aufgaben gegründete Organisation zur Sicherheitsinstitution wird (z. B. die EU/GASP) oder daß eine Sicherheitsinstitution ihre Aufgabe verliert, Sicherheit unter Einschluß militärischer Mittel zu gewährleisten. Schließlich können Veränderungen auch vom institutionellen Instrumentarium oder der Wirkung der Institution ausgehen. Das heißt, daß Wandel auf jeder Stufe unseres Kaskadenmodells beginnen und Wirkungen auf alle anderen Stufen haben kann.

Wodurch gewinnen aber Sicherheitsinstitutionen die Fähigkeit, sich an neue internationale Rahmenbedingungen anzupassen? Nach unserer Vermutung hängt dies vor allem davon ab, daß ihr Regelsystem auf die neu auftretenden Sicherheitsprobleme eine angemessene Antwort findet bzw. daß sie über Verfahren zur regelmäßigen gegenseitigen Konsultation und zur Anpassung ihrer Regeln verfügen. Keohane und Wallander verweisen darauf, daß multifunktionale oder 'hybride' Sicherheitsinstitutionen, die gebildet werden, um eine Vielzahl von sicherheitspolitischen Aufgaben zu erfüllen oder solche mit der Zeit übernommen haben, leichter als monofunktionale Institutionen ihr institutionelles Instrumentarium an neue Bedingungen anpassen können. Als Beispiel für eine Institution, die aufgrund ihrer Monofunktionalität den Anpassungsprozeß nicht bewältigt hat, führen sie den Warschauer Pakt an.[43] Es läßt sich jedoch auch die Auffassung vertreten, daß der Warschauer Pakt ebenfalls eine hybride Sicherheitsinstitution war. Neben der militärischen Funktion hatte er die Aufgabe, der Sowjetunion eine intensive Kontrolle ihrer Ver-

---

43 *Keohane* und *Wallander* verwenden dafür den Begriff der „portability"; vgl. Why Does NATO Persist? S. 20.

bündeten zu ermöglichen. Die Gründe für seine Auflösung können dann in einer grundlegenden Änderung der Präferenzen der beteiligten Staaten sowie in der Tatsache gesehen werden, daß der Pakt nach dem Ende des Ost-West-Konfliktes keine angemessene Lösung mehr für die neue Struktur des Kooperations- ebenso wie des Sicherheitsproblems bot.

Um Kosten zu reduzieren, neigen Staaten dazu, bewährte institutionelle Formen dazu zu benutzen, um entweder innerhalb derselben Institution neue Probleme zu lösen (wie z. B. in der NATO), oder aber, diese auf andere Institutionen zu übertragen. So dienten die Dreier-Konsultationen zwischen den USA, Großbritannien und der Bundesrepublik, in denen auf amerikanische Initiative hin die westliche Reaktion auf den französischen Rückzug aus der militärischen Integration der NATO vorbereitet wurde, einige Monate später dazu, um eine Lösung für das *Offset*-Problem innerhalb der Allianz zu finden. Ein anderes Beispiel ist die Übernahme des in der WEU praktizierten Konzepts flexibler Einsatzverbände durch die NATO oder die Durchführung von bislang der UNO vorbehaltenen *peacekeeping*-Missionen durch das Atlantische Bündnis.

Unsere Antwort auf die Gründe für das Fortbestehen der NATO nach dem Ende des Ost-West-Konfliktes und die Entwicklung neuer Sicherheitsinstitutionen wird also sehr komplex ausfallen müssen. Wir werden einmal auf die fortbestehende Unsicherheit über die Entwicklung in Ost- und Südosteuropa wie im Mittelmeerraum sowie die Gefahr einer unkontrollierten Weiterverbreitung von Massenvernichtungswaffen verweisen, die dazu beitragen, daß das Sicherheitsproblem, wenn auch in gewandelter Form, andauert. Durch Kooperation und Koordination kann die Berechenbarkeit des Verhaltens der Mitgliedstaaten erhöht werden. Weiterhin bieten NATO und EU - ähnlich wie auch die OSZE - differenzierte Verfahrens- und Verhaltensregeln an, die relativ leicht an neue Aufgaben angepaßt werden können. Wir werden außerdem die gemeinsamen Ziele und Interessen der Mitgliedstaaten nennen. Der Grund könnte auch in dem Erfolg des Atlantischen Bündnisses zu sehen sein. Schließlich ist es der NATO während der gesamten Dauer des Ost-West-Konfliktes gelungen, einen militärischen Konflikt in Europa zu verhindern. Wir sollten aber auch den Funktionswandel des Atlantischen Bündnisses von einer Institution zur kollektiven Verteidigung zu einer Sicherheitsmanagement-Institution berücksichtigen. Damit war sie in der Lage, sich relativ rasch an neue Probleme und Aufgaben anzupassen.

6. Die Anlage des Bandes

Die folgenden Beiträge haben die Aufgabe, die Annahmen und Vermutungen (im Sinne von Hypothesen) des Institutionalismus theoretisch und empirisch zu überprüfen. Dabei dient der Beitrag von *Otto Keck* dem Zweck, das Kategoriensystem des Institutionalismus aus der Perspektive des *Rational-Choice*-Ansatzes noch weiter zu schärfen. Zu diesem Zweck analysiert er zunächst den Zusammenhang zwischen der Art des Kooperationsproblems einerseits und der Art der Verhaltens- und Verfahrensregeln andererseits, mit denen Institutionen Kooperationsprobleme lösen. Vor dem Hintergrund des Forschungsstandes entwickelt er einige Hypothesen, mit denen eine Brücke von den abstrakten Modellen zur komplexen empirischen Realität geschlagen werden soll.

Die darauf folgenden Fallstudien befassen sich mit spezifischen europäisch-atlantischen Sicherheitsinstitutionen. In ihnen soll vor allem untersucht werden, wie sich die verschiedenen Institutionen nach dem Ende des Ost-West-Konfliktes gewandelt haben. Dabei interessiert uns besonders, welche Gründe Staaten dazu veranlaßt haben, den bestehenden Institutionen neue Funktionen zuzuweisen, in welcher Weise sich der Funktionswandel auf die institutionellen Formen und Instrumente ausgewirkt hat sowie ob und wie sich die verschiedenen Sicherheitsinstitutionen gegenseitig ergänzen oder aber blockieren.

Die erste Fallstudie befaßt sich mit der Entwicklung der KSZE zur OSZE. *Ingo Peters* stellt die Frage, warum diese Institution überleben konnte, nachdem ihre ursprüngliche Funktion, eine Zusammenarbeit in Europa trotz des machtpolitischen und ideologischen Gegensatzes zu ermöglichen, mit dem Ende des Ost-West-Konfliktes an Bedeutung verloren hat. Aufgrund ihrer institutionellen Form, vor allem ihrer gesamteuropäischen Mitgliedschaft und der normativen Standards in den Helsinki-Prinzipien, konnte die KSZE nach dem Ende des Ost-West-Konflikts Funktionen erfüllen, für die auch unter den veränderten internationalen Rahmenbedingungen eine Nachfrage bestand. Zusätzliche Aufgaben in den Bereichen der Demokratisierung, der Einhaltung von Menschen- und Minderheitenrechten, der friedlichen Streitbeilegung, der Konfliktverhütung und Krisenbewältigung wurden vereinbart und das institutionelle Instrumentarium entsprechend ausgebaut. Die institutionelle Anpassung der KSZE ergab sich dabei als Kompromiß zwischen den Institutionenpolitiken der Teilnehmerstaaten, welche die Möglichkeiten einer gesamteuropäischen Sicherheitsinstitution und ihren Stellenwert im Verhältnis zu anderen Sicherheitsinstitutionen wie der NATO und dem Sicherheitsrat der Vereinten Nationen in durchaus unterschiedlicher Weise einschätzten. Das Ergebnis dieses Verhandlungsprozesses war das „Überleben in der Nische kooperativer Sicherheit", d.h. als eine Institution, die nicht über das Mittel militärischen Zwanges verfügt, sondern durch einvernehmlich definierte Prinzipien, Normen und Regeln, durch Verifikation der Normeinhaltung und durch politische Sanktionen wirkt. *Olaf Theiler* analysiert den Wandel der NATO nach dem Ende des Ost-West-Konflikts. Er weist nach, daß die NATO bereits während dieses Konflikts nicht nur die Aufgabe der kollektiven Verteidigung, sondern daneben auch die Aufgabe der transatlantischen Kooperation und der kollektiven Sicherheit für die Mitgliedstaaten innehatte. Mit dem Ende dieses Konflikts hat zwar die Hauptaufgabe der kollektiven Verteidigung an Bedeutung verloren, die anderen beiden Aufgaben aber haben an Relevanz gewonnen und es sind die zusätzlichen Aufgaben des Krisenmanagements und des Stabilitätstransfers nach Osteuropa dazugekommen. Theiler untersucht, wie sich mit der Modifikation der spezifischen Funktionen die mit diesen verknüpften Kooperationsprobleme geändert haben und die Form der Institution entsprechend angepaßt wurde. Auf diese Weise kann er erklären, warum entgegen den Erwartungen der Realistischen Schule die NATO nach dem Ende des Kalten Krieges fortbesteht und sich den veränderten internationalen Rahmenbedingungen angepaßt hat.

Ähnlich wie in den Fallstudien über die KSZE/OSZE und die NATO stehen auch in den dann folgenden beiden Beiträgen über die Westeuropäische Union und die Europäische Integration der Zusammenhang zwischen Funktion und Form im Mittelpunkt. *Peter Barschdorff* bearbeitet das Puzzle, daß die WEU nach dem Ende des Ost-West-Konflikts trotz der Abwesenheit einer konkreten Bedrohung aufgewertet wurde, indem ihr neue Funktionen übertragen wurden, wie etwa die Durchführung friedensunterstützender Maßnahmen, die Konsultation und Kooperation mit Staaten außerhalb des Bündnisses in Mittel- und Osteuropa und im Mittelmeerraum sowie die Schaffung eines europäischen Rüstungsmarktes. Er analysiert die Kooperationsprobleme, die mit diesen spezifischen Funktionen verbunden sind, und kann auf diese Weise die Beziehungen zwischen Funktion und Form erhellen. Im Fall der WEU sind die Beziehungen zu anderen internationalen Institutionen wie EU und NATO von besonderer Bedeutung. Deshalb ist die WEU als ein zentraler Knoten in einem Netzwerk von Sicherheitsinstitutionen zu verstehen. *Michael Kreft* betrachtet die Europäische Integration als Sicherheitsinstitution. Er analysiert drei wichtige Phasen des Integrationsprozesses im Hinblick auf die sicherheitspolitischen Funktionen dieser Institution: das Scheitern der Europäischen Verteidigungsgemeinschaft im Jahr 1954, die Europäische Politische Zusammenarbeit in den siebziger Jahren und die Gemeinsame Außen- und Sicherheitspolitik nach dem Vertrag von Maastricht. Die Europäische Integration stellt insofern einen Sonderfall dar, als die Sicherheitspolitik nur in der Anfangsphase eine zentrale Bedeutung hatte und nach dem Scheitern der EVG nur noch eine Nebenrolle spielt. Dennoch entfaltete die Europäische Integration im Bereich der Sicherheit Wirkungen auf das Verhalten der Mitgliedstaaten. Die Zielvorgabe der Integration führte dazu, daß (wie im Fall der Europäischen Politischen Zusammenarbeit) die deklarierte Funktion manchmal der Form vorauseilte oder (wie im Fall der Gemeinsamen Außen- und Sicherheitspolitik) Formen und Instrumente bereitgestellt wurden und gleichzeitig offenblieb, welche Probleme bearbeitet werden sollten.

Bei den Beiträgen von *Henning Riecke* und *Vera Klauer* steht die Verknüpfung von mehreren Sicherheitsinstitutionen bei der Bearbeitung von konkreten Politikproblemen im Vordergrund. Henning Riecke untersucht die Aktivitäten von NATO und GASP auf dem Problemfeld der nuklearen Nichtverbreitung und deren Wandel nach dem Ende des Ost-West-Konflikts. Sein problemorientierter Ansatz zeigt die Verbindung zwischen spezifischen Funktionen, Kooperationsproblemen und institutioneller Form in einer besonderen Perspektive. Das Beispiel der nuklearen Nichtverbreitung macht deutlich, daß es schon in der Zeit des Kalten Krieges weitaus komplexere Politikprobleme gab als die Abwehr konkreter Bedrohungen, und daß die damit verbundenen Kooperationsprobleme institutionelle Lösungen erforderten. So wird ein weiteres Element zu der Beantwortung der Frage beigetragen, warum Sicherheitsinstitutionen nach dem Ende des Ost-West-Konflikt fortbestanden, ihre Aufgabenstellung sich jedoch wandelte. Vera Klauer untersucht anhand des Konfliktes im ehemaligen Jugoslawien die Leistungsfähigkeit von internationalen Sicherheitsinstitutionen bei der Regelung eines konkreten militärischen Konfliktes. Die Zusammenarbeit von UN, NATO, WEU und EU erwies sich insoweit als leistungsfähig, als eine Ausweitung des Konflikts auf die Nachbarländer verhindert werden konnte. Gleichzeitig gab es jedoch große Diskrepanzen zwischen Zielen und Mitteln bei den einzelnen Institutionen wie EU und UN. Vor allem erwies sich das Fehlen von Regeln zur operativen Zusammenarbeit der verschiedenen Institutionen als ein schwerwiegendes Problem.

Das Schlußkapitel von *Otto Keck* faßt die Ergebnisse der Einzelfallstudien unter Bezug auf die Theoriediskussion zwischen Realismus und Institutionalismus zusammen. Er zeigt dabei auf, an welchen Stellen die in diesem Band durchgeführten Analysen das Verständnis von Sicherheitsinstitutionen vorangebracht haben, und weist zugleich auf einige Punkte hin, an denen weitere Forschung notwendig ist.

7. *Erwartungen*

Es wäre vermessen, als Ergebnis des Projektes mehr als Bausteine zur Weiterentwicklung der neoliberalen Institutionentheorie und ihre Anwendung auf spezifische Sicherheitsinstitutionen zu erwarten. Sie müssen durch Fallstudien ergänzt werden, die sich mit anderen historischen Perioden oder geographischen Räumen befassen. Erst dann kann versucht werden, allgemeine, theoriefähige Aussagen zur Wirkung und zur Dynamik von Sicherheitsinstitutionen aufzustellen. Dieses Unterfangen soll in der Folge im Rahmen eines gemeinsam von der Arbeitsstelle Transatlantische Außen- und Sicherheitspolitik an der FU Berlin und dem Center for International Affairs an der Harvard University in den USA durchgeführten Forschungsprojektes unternommen werden. An dieser Stelle müssen wir uns darauf beschränken, einige theoretische Annahmen zu bestätigen, andere in Frage zu stellen und wichtige Probleme für die künftige Forschung zu identifizieren.

Vielleicht können unsere Forschungsergebnisse auch einige Anregungen für die praktische Politik liefern. Zum einen könnten unsere Erkenntnisse über die Anpassungsfähigkeit von Sicherheitsinstitutionen für die gegenwärtige Diskussion über die Zukunft der NATO hilfreich sein, indem der Blick auf die Frage gelenkt wird, welche Veränderungen im institutionellen Instrumentarium des Bündnisses erforderlich sind, damit dieses seine künftigen Aufgaben angemessen erfüllen kann. Zum anderen könnte ein Beitrag zu der Frage geleistet werden, ob und unter welchen Bedingungen eine Einbeziehung der mittel- und osteuropäischen Staaten in die bestehenden europäischen und atlantischen Sicherheitsinstitutionen zur Konsolidierung ihrer demokratischen Systeme beiträgt.

Der Beitrag rationaler Theorieansätze zur Analyse von Sicherheitsinstitutionen

Otto Keck[1]

Sicherheitsinstitutionen sind Institutionen, die im Problemfeld Sicherheit Wirkungen entfalten. Dies ist die Definition, von der die Beiträge dieses Bandes ausgehen.[2] Dabei fassen wir den Begriff der Sicherheit relativ eng als Schutz der territorialen Integrität, der politischen Selbstbestimmung und der wirtschaftlichen Wohlfahrt gegen eine militärische Bedrohung. Die Beiträge dieses Bandes konzeptualisieren Institutionen als Sätze von Regeln, mit denen Kooperationsprobleme zwischen Akteuren gelöst werden. Dieser Ansatz ist in der Disziplin der Internationalen Beziehungen vor allem durch die Arbeiten von Robert O. Keohane bekannt geworden, der ihn als „neoliberalen Institutionalismus" bezeichnet.[3] Der Kern seines theoretischen Arguments nimmt Ideen aus zwei Traditionen auf: einmal von der modernen Industrieökonomik, die sich mit Namen wie Ronald Coase, George Akerlof und Oliver Williamson verbindet, ferner von der Spieltheorie, insbesondere der Theorie der Entstehung von Kooperation im wiederholten Gefangenendilemma, wie sie durch Robert Axelrods Experimente weite Verbreitung gefunden hat.[4] Weil die Wurzeln dieses Ansatzes in der Mikroökonomik und in der Spieltheorie liegen - also in theoretischen Ansätzen, die innerhalb des umfassenderen *Rational-Choice*-Ansatzes zu verorten sind, könnte man ebensogut von rationalistischer oder rationaler Institutionentheorie sprechen.[5] Für diesen Band behalten wir weitgehend die Bezeichnung „neoliberale Institutionentheorie" bei, wobei zu beachten ist, daß das Attribut „neoliberal" in diesem Kontext nicht die Konnotation einer politischen Programmatik hat.

---

1 Der Verfasser dankt Helga Haftendorn und Olaf Theiler für hilfreiche Kommentare zu einer früheren Fassung dieses Beitrags.
2 Helga *Haftendorn*, Sicherheitsinstitutionen in den internationalen Beziehungen. Eine Einführung, in diesem Band, S. 11-34 (11).
3 Robert O. *Keohane*, International Institutions and State Power. Essays in International Relations Theory. Boulder, CO u. a.: Westview 1989, Kap. 1.
4 Zum ersten vgl. Robert O. *Keohane*, A Personal Intellectual History, in: ders., International Institutions and State Power, S. 21-32 (28); zum zweiten *ders.*, After Hegemony. Cooperation and Discord in the World Political Economy. Princeton, NJ: Princeton University Press 1984, insbes. S. 65-84, und Robert *Axelrod*/Robert O. *Keohane*, Achieving Cooperation under Anarchy. Strategies and Institutions, in: Kenneth A. Oye (Hrsg.), Cooperation under Anarchy. Princeton, NJ: Princeton University Press 1986, S. 226-254.
5 *Keohane* selbst bezeichnet seinen Theorieansatz als „rationalistisch" und unterscheidet ihn von „reflexiven" Ansätzen in der Institutionentheorie, vgl. ders., International Institutions. Two Approaches, in: International Studies Quarterly, Bd. 32 (1988), Nr. 4, S. 379-396. Um das Risiko von Mißverständnissen auszuschließen, das mit dem Attribut „neoliberal" verbunden ist und um die Kontinuität mit den ideengeschichtlichen Wurzeln in der Mikroökonomik und der Spieltheorie zu betonen, spreche ich an anderer Stelle von „rationaler Institutionentheorie"; vgl. Otto *Keck*, Die Bedeutung der rationalen Institutionentheorie für die Politikwissenschaft, in: Gerhard Göhler (Hrsg.), Die Eigenart der Institutionen. Zum Profil politischer Institutionentheorie. Baden-Baden: Nomos 1994, S. 187-220.

In diesem Beitrag soll zunächst der zentrale Gedanke dieses Theorieansatzes in seinen Grundzügen dargestellt werden. Dies erscheint beim gegenwärtigen Forschungsstand aus mehreren Gründen erforderlich. Erstens soll dem Leser, der mit diesem Theorieansatz nicht vertraut ist, eine Einführung in einige seiner zentralen Konzepte gegeben werden. Zweitens ist die wissenschaftliche Diskussion in verschiedener Hinsicht über Keohanes ursprüngliche Position hinausgegangen. Manche Autoren zweifeln schlicht daran, daß die auf *Rational-Choice*-Ansätzen beruhende Institutionentheorie überhaupt trägt.[6] Die Diskussion über rationalistische versus reflexive Ansätze in der Institutionentheorie, die zum Teil mit großem Engagement geführt wird, zwingt dazu, genauer als Keohane die logische Struktur dieses Theorieansatzes herauszuarbeiten.[7] Einige Autoren haben den neoliberalen Theorieansatz weiterentwickelt und Hypothesen vorgeschlagen, die eine Zuordnung herstellen zwischen der Art des Kooperationsproblems, das mit Hilfe von Institutionen bearbeitet wird, einerseits und der Art der Regeln, die die jeweilige Institution konstituieren, andererseits.[8] Da einige der empirischen Fallstudien in diesem Band von den Konzepten und Hypothesen dieses weiterentwickelten Ansatzes Gebrauch machen, liegt es nahe, dessen Grundzüge in diesem Beitrag ausführlicher darzustellen.

In einem weiteren Abschnitt dieses Beitrags werden dann die speziellen Probleme behandelt, die sich bei der Anwendung dieses Ansatzes auf das Problemfeld Sicherheit stellen. In diesem Problemfeld steht das Überleben von Akteuren auf dem Spiel. Damit wird eine wesentliche Bedingung fraglich, die bei der neoliberalen Institutionentheorie normalerweise vorausgesetzt wird, nämlich daß es mit einer hinreichend großen Wahrscheinlichkeit zu einer Wiederholung der Interaktion kommt. Schließlich sollen die methodischen Probleme diskutiert werden, die bei der empirischen Anwendung dieser Theorieansätze zu überwinden sind. Die bisherigen Arbeiten auf diesem Gebiet verwenden einfache Zwei-mal-zwei-Spiele als idealtypische Modelle von realen Kooperationsproblemen und ordnen jedem Idealtyp von Kooperationsproblem bestimmte Eigenschaften der zu ihrer Lösung geschaffenen Institutionen zu. Hier stellt sich die Frage, ob solche einfachen

---

6 Vgl. z. B. Harald *Müller*, Internationale Beziehungen als kommunikatives Handeln. Zur Kritik der utilitaristischen Handlungstheorien, in: Zeitschrift für Internationale Beziehungen, Bd. 1 (1994), Nr. 1, S. 15-44.
7 Vgl. Thomas *Schaber*/Cornelia *Ulbert*, Reflexivität in den Internationalen Beziehungen. Literaturbericht zum Beitrag kognitiver, reflexiver und interpretativer Ansätze, in: Zeitschrift für Internationale Beziehungen, Bd. 1 (1994), Nr. 1, S. 139-169; Thomas *Risse-Kappen*, Reden ist nicht billig: Zur Debatte um Kommunikation und Rationalität, in: Zeitschrift für Internationale Beziehungen, Bd. 2 (1995), Nr. 1, S. 171-184; Michael *Müller*, Vom Dissensrisiko zur Ordnung der internationalen Staatenwelt: Zum Projekt einer normativ gehaltvollen Theorie der internationalen Beziehungen, in: Zeitschrift für Internationale Beziehungen, Bd. 3 (1996), Nr. 2, S. 367-379; Otto *Keck*, Zur sozialen Konstruktion des Rational-Choice-Ansatzes. Beitrag zur Panelddiskussion über „Rationalität und kommunikatives Handeln in der internationalen Politik" auf der Jahrestagung der Sektion Internationale Politik der Deutschen Vereinigung für Politische Wissenschaft vom 18.-20.2.1996 in Arnoldshain. Überarbeitete Fassung, Februar 1997.
8 Die neuesten Arbeiten sind Michael *Zürn*, Interessen und Institutionen in der internationalen Politik. Grundlegung und Anwendungen des situationsstrukturellen Ansatzes. Opladen: Leske + Budrich 1992 und Lisa M. *Martin*, The rational state choice of multilateralism, in: International Organization, Bd. 46 (1992), Nr. 4, S. 765-792, im folgenden zitiert nach dem Abdruck in John Gerard Ruggie (Hrsg.), Multilateralism Matters. The Theory and Praxis of an Institutional Form. New York: Columbia University Press 1993, S. 91-121.

Modelle überhaupt einen Bezug zur Wirklichkeit haben und, wenn ja, wie dieser Bezug in einer logisch nachvollziehbaren Weise konstruiert werden kann.

1. Grundbegriffe des rationalen Institutionalismus

Was ein Kooperationsproblem ist und in welcher Weise Institutionen zu dessen Lösung beitragen, läßt sich gut am Beispiel eines durch das Sicherheitsdilemma induzierten Wettrüstens zwischen zwei Großmächten darstellen. Das Sicherheitsdilemma kann dazu führen, daß Staaten aufgrund der Ungewißheit über die Absichten anderer Staaten zu Rüstungsmaßnahmen greifen und diese, selbst dann wenn sie nur defensiv gemeint sind, von den anderen Staaten möglicherweise als offensiv wahrgenommen werden.[9] Auf diese Weise kann ein Teufelskreis in Gang gesetzt werden, durch den die Staaten letztlich einen Zustand herbeiführen, in dem sich alle unsicherer fühlen.

Ein Wettrüsten, wie es vom Sicherheitsdilemma induziert wird, läßt sich als eine Situation vom Typ des Gefangenendilemma modellieren (siehe Schaubild 1).[10] Diese Darstellung geht von einem Status Quo aus, in dem zwei Großmächte ungefähr ein Gleichgewicht bei ihrer militärischen Rüstung haben. In einem solchen Zustand kann jede der beiden Großmächte versucht sein, ihre Sicherheit dadurch zu erhöhen, daß sie ihre

		UdSSR	
		Status Quo	rüstet auf
USA	Status Quo	3,3	1,4
	rüstet auf	4,1	2,2

Schaubild 1: Wettrüsten als Gefangenendilemma[11]

---

9 Zum Sicherheitsdilemma vgl. John H. *Herz*, Idealistischer Internationalismus und das Sicherheitsdilemma, in: ders., Staatenwelt und Weltpolitik. Aufsätze Zur internationalen Politik im Nuklearzeitalter. Hamburg: Hoffmann und Campe 1974, S. 39-56 (zuerst veröffentlicht als Idealist Internationalism and the Security Dilemma, in: World Politics, Bd. 2, Nr. 2 (Januar 1950), S. 157-180); Robert *Jervis*, Cooperation Under the Security Dilemma, in: World Politics, Bd. 30, Nr. 2 (Januar 1978), S. 167-214.
10 Eine Diskussion verschiedener spieltheoretischer Modellierungen des Wettrüstens findet sich bei Russell *Hardin*, Unilateral versus Mutual Disarmament, in: Philosophy and Public Affairs, Bd. 12 (1983), Nr. 3, S. 236-254.
11 Die Auszahlungen sind hier ordinal angegeben, d. h. sie sind nur Indexziffern, die die Präferenzen der Akteure bezeichnen. Die Zahl 4 steht für das beste Ergebnis, die Zahl 3 für das zweitbeste Ergebnis und so weiter.

Rüstung verstärkt. Wenn jedoch eine Seite ihre Rüstung verstärkt, wird die Gegenseite ihre Sicherheit reduziert sehen und deshalb auch aufrüsten. Möglicherweise wird sie dies nur deshalb tun, weil sie befürchtet, die andere Seite werde ein Wettrüsten beginnen, und sie diesem zuvorkommen möchte. Im Endergebnis werden beide Staaten ein höheres Rüstungsniveau erreichen. Ihre Sicherheit ist jedoch nicht besser geworden, sondern angesichts des Waffenarsenals des anderen fühlen sie sich weniger sicher; darüber hinaus haben sie Ressourcen für die Aufrüstung ausgegeben, die sie besser für andere Zwecke ausgegeben hätten. Sie führen durch ihr Handeln also einen Zustand herbei, der sie schlechter stellt als der Status Quo.

Obwohl, oder besser: gerade weil die Wirklichkeit viel komplexer ist, bringt das Modell in Schaubild 1 die Logik des Wettrüstens als eines Prozesses kollektiver Selbstschädigung heraus. Zum Beispiel abstrahiert das Modell davon, daß es nicht nur die beiden Entscheidungsalternativen des Status Quo und des Aufrüstens gibt, sondern sehr viele Möglichkeiten des Aufrüstens. Das ändert allerdings nichts an der grundlegenden Problematik der Situation: ein Wettrüsten kann allen Beteiligten schaden.

Kooperationsprobleme werden normalerweise definiert als Situationen, in denen ohne die Koordinierung des Handelns der beteiligten Akteure ein Zustand perpetuiert wird, der für alle oder mindestens einen der Beteiligten suboptimal ist, oder in denen ein Zustand herbeigeführt wird, in dem sich alle oder mindestens einer der Beteiligten gegenüber dem Status Quo verschlechtern und sich keiner verbessert. Statt des Begriffes „Kooperationsproblem" werden in der Literatur auch mit nahezu gleicher Bedeutung die Begriffe „Probleme kollektiven Handelns"[12], „problematische soziale Situationen"[13], „soziale Fallen"[14] oder „problematische Handlungsinterdependenzen"[15] verwendet.

Situationen vom Typ des Gefangenendilemmas sind nur eine von vielen möglichen Varianten von Kooperationsproblemen. Das Gefangenendilemma zeichnet sich durch zwei Merkmale aus: Erstens haben die beteiligten Spieler dominante Strategien (d. h. Strategien, die bei jeder möglichen Strategie des Gegenspielers ein besseres Ergebnis herbeiführen), und zweitens führen diese dominanten Strategien zu einem ineffizienten

---

12 Michael *Laver*, Political Solutions to the Collective Action Problem, in: Political Studies, Bd. 28 (1980), Nr. 2, S. 195-209; Russell *Hardin*, Collective Action. Baltimore und London: Johns Hopkins University Press 1982.
13 Werner *Raub*/Thomas *Voss*, Conditions for Cooperation in Problematic Social Situations, in: Andreas Diekmann/Peter Mitter (Hrsg.), Paradoxical Effects of Social Behavior. Essays in Honor of Anatol Rapoport. Heidelberg/Wien: Springer 1986, S. 85-103; *Zürn*, Interessen und Institutionen in der internationalen Politik, S. 151-163. Zürn (S. 154) macht den innovativen Vorschlag, Kriterien der Gerechtigkeit in die Analyse von problematischen sozialen Situation einzubeziehen. Sofern in der realen Welt Normen der Gerechtigkeit die Motivation von Akteuren und die Legitimität von Regeln beeinflussen, ist dieser Vorschlag weiterführend. Begriffsmethodologisch scheint es mir jedoch sinnvoller, problematische soziale Situationen ohne Bezug auf Kriterien der Gerechtigkeit zu definieren.
14 John G. *Cross*/Melvin J. *Guyer*, Social Traps. Ann Arbor: University of Michigan Press 1980; Michael W. *Macy*, Walking Out of Social Traps, in: Rationality and Society, Bd. 1 (1989), Nr. 2, S. 197-219.
15 Otto *Keck*, Der Neue Institutionalismus in der Theorie der internationalen Politik, in: Politische Vierteljahresschrift, Bd. 32 (1991), Nr. 4, S. 635-653.

Ergebnis, d. h. zu einem solchen Ergebnis, das für mindestens einen der beteiligten Akteure schlechter (und für keinen besser) ist als ein anderes Ergebnis, das den Akteuren innerhalb des Spiels zugänglich ist.

Mit den formalen Instrumenten der Spieltheorie läßt sich nun zeigen, daß die Staaten aus dem Teufelskreis des Sicherheitsdilemmas herausfinden können, ohne eine externe, mit dem Monopol legitimer Gewalt ausgestattete Autorität in Anspruch zu nehmen. In einem großen Teil der Literatur wird dieser Nachweis mit Hilfe des wiederholten Zweimal-zwei-Gefangenendilemmas geführt.[16] Dieser Ansatz hat zwar den großen Vorteil leichter Verständlichkeit, doch er geht von so einfachen Modellen aus, daß damit wichtige Aspekte der Realität vernachlässigt werden.[17] In realen problematischen sozialen Situationen vom Typ des Gefangenendilemmas haben Akteure mehr als zwei Optionen, oft sogar unendlich viele. Beim Zwei-mal-zwei-Gefangenendilemma ist eindeutig, welches Verhalten im gemeinsamen Interesse beider Akteure liegt (Man bezeichnet dieses Verhalten als „Kooperation".) und welches in unlogischer Weise den eigenen Vorteil auf Kosten des anderen sucht (Man bezeichnet dieses Verhalten als „Defektion".). In komplexen Situationen ist es jedoch nicht von vornherein klar, welches Verhalten als „Kooperation" und welches als „Defektion" betrachtet wird. Deshalb kann in der Realität vieles davon abhängen, ob die Akteure eine gemeinsame Situationsdefinition finden und ob sie gemeinsam explizite Regeln für ihr Verhalten festlegen. Ferner ist das Verhalten der Akteure in der realen Welt oft nicht direkt beobachtbar, deshalb werden von den Beteiligten in realen Situation oft Regeln für Maßnahmen zur Verifikation verabredet, durch die die Beteiligten sicherstellen, daß der Gegner nicht heimlich von den verabredeten Regeln abweicht. Schließlich sind Sanktionen im Zwei-mal-zwei-Modell kein Problem, da die Verfügbarkeit der nichtkooperativen Strategie (Defektion) ein hinreichendes Potential für Sanktionen zur Verfügung stellt. Wenn die Akteure mehr als zwei Handlungsoptionen zur Verfügung haben und insbesondere wenn mehr als zwei Akteure an einer Situation vom Typ des Gefangenendilemmas beteiligt sind, dann kann es sinnvoll sein, explizite Regeln für Sanktionen zu verabreden für den Fall, daß sich einer der Akteure nicht an die vereinbarten Verhaltensregeln hält. Diese Aspekte können durch die Konstruktion geeigneter Modelle analysiert werden. Ihre Berücksichtigung führt über die Zwei-mal-zwei-Modelle des Gefangenendilemmas hinaus, nicht aber über den *Rational-Choice*-Ansatz als solchen.[18]

---

16 James W. *Friedman*, A Non-cooperative Equilibrium for Supergames, in: Review of Economic Studies, Bd. 38 (1971), S. 1-12; Michael *Taylor*, Anarchy and Cooperation. London u. a.: Wiley 1976; Robert *Axelrod*, The Evolution of Cooperation. New York: Basic Books 1984 (deutsche Übersetzung: Die Evolution der Kooperation. München: Oldenbourg 1987); Kenneth A. *Oye* (Hrsg.), Cooperation under Anarchy. Princeton, NJ: Princeton University Press 1986.
17 Für die Kritik an Zwei-mal-zwei-Modellen des Wettrüstens siehe auch George W. *Downs*/David M. *Rocke*, Tacit Bargaining, Arms Races, and Arms Control. Ann Arbor, MI: University of Michigan Press 1990; Steve *Weber*, Cooperation and Discord in U.S.-Soviet Arms Control. Princeton, NJ: Princeton University Press 1992; Otto *Keck*, Die Bedeutung der rationalen Institutionentheorie für die Politikwissenschaft.
18 In der Auseinandersetzung mit Harald *Müller*, Internationale Beziehungen als kommunikatives Handeln, wird dies klargestellt von Gerald Schneider und Otto Keck. Siehe Gerald *Schneider*, Rational Choice und kommunikatives Handeln. Eine Replik auf Harald Müller, in: Zeitschrift für Internationale Beziehungen, Bd. 1 (1994), Nr. 2, S. 357-366; Otto *Keck*, Rationales kommunikati-

Ein anderer Ansatz, mit dem sich auf einem höheren Abstraktionsniveau und damit auf allgemeinere Weise zeigen läßt, daß bei wiederholten Interaktionen Kooperationsprobleme durch die Vereinbarung von Verhaltensregeln gelöst werden können, ist das sogenannte Folktheorem der Spieltheorie.[19] Dieses zeigt, daß bei unbestimmt oft wiederholten Spielen die Spieler über das mit dem ineffizienten Gleichgewicht des einmal gespielten Spiels verbundene Ergebnis hinausgelangen können und daß die Strategiekombinationen, mit denen dies möglich ist, ein Gleichgewicht darstellen. Das Folktheorem bezieht sich nicht nur auf Kooperationsprobleme vom Typ des Gefangenendilemmas, sondern auf alle möglichen Kooperationsprobleme. Allerdings impliziert das Folk Theorem, daß es zu jedem Kooperationsproblem in unbestimmt oft wiederholten Interaktionen viele verschiedene Gleichgewichte gibt, und damit entsteht die Frage, wie Akteure unter den vielen verschiedenen Gleichgewichten ein bestimmtes auswählen, das effizient ist. Wenn Akteure miteinander kommunizieren können, ist dies jedoch kein Problem, denn wenn sie sich auf ein bestimmtes unter vielen möglichen Gleichgewichten einigen, dann hat keiner einen Anreiz, von der vereinbarten Gleichgewichtsstrategie abzuweichen.

Der springende Punkt beim wiederholten Gefangenendilemma und beim Folktheorem ist der, daß Kooperation zustande kommt, ohne daß es dazu eines weiteren Akteurs bedarf, der in die Interaktion zwischen den Akteuren eingreift. Im wiederholten Zwei-mal-zwei-Gefangenendilemma kommt eine stabile Kooperation zustande, wenn beide Akteure die Strategie der bedingten Kooperation (auch als *Wie du mir so ich dir* oder *Tit-for-Tat* bezeichnet) wählen. Diese Strategie kooperiert beim ersten Zug und orientiert sich in späteren Runden an den Zügen des Gegenspielers in der vorangehenden Runde: auf einen kooperativen Zug des Gegenspielers wird mit Kooperation, auf einen unkooperativen Zug mit Defektion geantwortet. Diese Strategie können die Akteure erreichen, ohne miteinander zu reden.[20] Bei komplexeren Situationen kann Kommunikation hilfreich oder sogar notwendig sein, um Kooperation zustande zu bringen.[21] Für den Spezialfall des Wettrüstens bedeutet dies, daß Regeln zur Begrenzung des Wettrüstens und auch Regeln zur Abrüstung ihre verbindliche Geltung für die beteiligten Staaten aus sich selbst heraus entfalten, wenn durch hinreichende Verifikationsmaßnahmen sichergestellt wird, daß die Nichteinhaltung der Regeln beobachtbar ist, und wenn die Wahrscheinlichkeit in jedem Zeitabschnitt, daß das Spiel im nächsten Zeitabschnitt fortgesetzt wird, hinreichend groß ist.

Die beteiligten Staaten haben unter dieser Bedingung ein eigenes Interesse daran, sich an die vereinbarten Regeln zu halten. In der Sprache der formalen Theorie sagt man, die Regeln seien *self-enforcing*, d. h. sie haben eine intrinsische Verbindlichkeit.[22] Es bedarf

---

ves Handeln in den internationalen Beziehungen: Ist eine Verbindung von Rational-Choice-Theorie und Habermas' Theorie des Kommunikativen Handelns möglich? In: Zeitschrift für Internationale Beziehungen, Bd. 2 (1995), Nr. 1, S. 5-48.
19 Eine gute Einführung in das Folktheorem gibt Ken *Binmore*, Fun and Games. A Text on Game Theory. Lexington, MA: Heath 1992, Kap. 8.
20 Vgl. *Axelrod*, Die Evolution der Kooperation, *Downs/Rocke*, Tacit Bargaining.
21 Vgl. *Keck*, Rationales kommunikatives Handeln in den internationalen Beziehungen.
22 L. G. *Telser*, A Theory of Self-enforcing Agreements, in: Journal of Business, Bd. 53 (1980), Nr. 1, S. 27-44; Beth V. *Yarbrough*/Robert M. *Yarbrough*. Reciprocity, Bilateralism, and Economic 'Hostages'. Self-enforcing Agreements in International Trade, in: International Studies Quarterly,

keines außenstehenden Akteurs, der diesen Regeln Geltung verleiht. Auf diese Weise gelang es, die Wirkungsweise von internationalen Institutionen verständlich zu machen.²³

Der neoliberale Institutionalismus faßt Sicherheitsregime und darüber hinaus internationale Regime im allgemeinen als Institutionen.²⁴ Regelsysteme, also Institutionen, werden als Lösungen für die Probleme strategischer Interaktion verstanden.²⁵ Sie transformieren Situationen, so daß die in ihnen bestehenden Probleme interdependenten Handelns beseitigt oder gemildert werden.²⁶ Nach Robert Keohanes Definition ist eine Institution „eine Menge von (formalen oder informellen) Regeln, die Verhaltensregeln vorschreiben, Handlungsoptionen beschränken und Erwartungen bilden".²⁷ Diese Definition bezieht sich auf soziale Institutionen überhaupt, also nicht nur auf politische Institutionen. Bei politischen Institutionen bezieht er sich sowohl auf Institutionen auf der Ebene des internationalen Systems als auch auf innenpolitische Institutionen.

Hier besteht Übereinstimmung mit anderen Ansätzen der Institutionentheorie in der Politikwissenschaft. Gerhard Göhler zum Beispiel definiert politische Institutionen als „Regelsysteme der Herstellung und Durchführung verbindlicher, gesamtgesellschaftlich relevanter Entscheidungen".²⁸ Mit den Worten „Herstellung und Durchführung verbind-

---

Bd. 30 (1986), Nr. 1, S. 7-27; Jean-Pierre *Ponssard*, Self-enforceable Paths in Extensive Form Games, in: Theory and Decision, Bd. 29 (1990), Nr. 1, S. 69-83; Franz *Weissing*/Elinor *Ostrom*, Irrigation Institutions and the Games Irrigators Play. Rule Enforcement Without Guards, in: Reinhard Selten (Hrsg.), Game Equilibrium Models II. Methods, Morals and Markets. Berlin: Springer 1991, S. 188-262; Jörgen W. *Weibull*, On Self-enforcement in Extensive-form Games, in: Games and Economic Behavior, Bd. 4 (1992), Nr. 3, S. 450-462. Gleichbedeutend mit self-enforcing werden auch die Termini *self-policing* oder anreizkompatibel verwendet, vgl. *Binmore*, Fun and Games.

23 Vgl. Janice *Gross Stein*, Detection and defection. Security 'régimes' and the management of international conflict, in: International Journal, Bd. 40 (1985), Nr. 4, S. 599-627; George W. *Downs*/David M. *Rocke*/Randolph M. *Siverson*, Arms Races and Cooperation, in: Kenneth A. Oye (Hrsg.), Cooperation under Anarchy, Princeton, NJ: Princeton University Press 1987, S. 25-57; ferner die Beiträge von Harald *Müller*, Norbert *Ropers*/Peter *Schlotter*, Manfred *Efinger* und Lothar *Brock* über Sicherheitsregime in Beate Kohler-Koch (Hrsg.), Regime in den Internationalen Beziehungen. Baden-Baden: Nomos 1989 und die Übersicht über Sicherheitsregime bei Harald *Müller*, Die Chance der Kooperation. Darmstadt: Wissenschaftliche Buchgesellschaft 1993, S. 122-155.

24 Vgl. Otto *Keck*, Der Neue Institutionalismus in der Theorie der Internationalen Politik, in: Politische Vierteljahresschrift, Bd. 32 (1991), Nr. 4, S. 635-653.

25 Der Begriff 'strategische Interaktion' hat zwei verschiedene Bedeutungen. In der Spieltheorie bedeutet er die Interaktion von Akteuren bei interdependenten Entscheidungen, d. h. in solchen Situationen, in denen das Ergebnis des Handelns eines Akteurs nicht nur davon abhängig ist, wie dieser selbst handelt, sondern auch davon, wie andere handeln. Dabei wird normalerweise vorausgesetzt, daß sich die Akteure dieses Zusammenhangs bewußt sind. In der Theorie des kommunikativen Handelns von Jürgen Habermas wird strategisches Handeln dagegen verstanden als Handeln mit den Mitteln der Täuschung oder Unaufrichtigkeit oder mit den Mitteln des Zwangs. Leider werden schon bei Habermas die beiden Bedeutungen nicht klar unterschieden, was zu Mißverständnissen geführt hat. Vgl. Jürgen *Habermas*, Theorie des kommunikativen Handels. Frankfurt am Main: Suhrkamp 1985, 3. Aufl.; *Keck*, Rationales kommunikatives Handeln in den internationalen Beziehungen.

26 Eine allgemeine Formulierung findet sich bei Itai *Sened*, Contemporary Theory of Institutions in Perspective, in: Journal of Theoretical Politics, Bd. 3 (1991), S. 379-402.

27 „... persistent and connected sets of rules (formal and informal), that prescribe behavioral roles, constrain activity, and shape expectations", siehe *Keohane*, International Institutions and State Power, S. 3, 163.

28 Gerhard *Göhler*, Politische Institutionen und ihr Kontext. Begriffliche und konzeptionelle Über-

licher, gesamtgesellschaftlich relevanter Entscheidungen" definiert Göhler den Bereich des Politischen. Das Gemeinsame mit der in den Internationalen Beziehungen üblichen Definition liegt im Begriff der Regel. Der charakteristische Unterschied liegt darin, daß es im internationalen System keinen Akteur gibt, der Regelsystemen dadurch Verbindlichkeit verleihen könnte, daß er Verletzungen von Regeln mit dem Monopol legitimer Gewalt verhindern oder bestrafen könnte. In der internationalen Politik müssen solche Regelsysteme ihre Verbindlichkeit aus sich selbst heraus gewährleisten.

Obschon Keohanes Begriff der Institution als Regelsystem ein guter Ausgangspunkt ist, enthält er jedoch einige Unklarheiten und bedarf darum der Präzisierung. Keohanes Aussage, daß Institutionen „Erwartungen bilden", ist insofern ergänzungsbedürftig, als Erwartungen sich auch auf dem nichtkooperativen Spielergebnis bilden und stabilisieren können. Viele Wettrüsten in der Geschichte der internationalen Politik belegen dies. Darum ist es ratsam, für die Teilmenge der Institutionen, die durch explizite Vereinbarung zwischen den Akteuren errichtet werden, in die Definition das Element aufzunehmen, daß durch das Regelsystem das zugrunde liegende Dilemma beseitigt oder wenigstens abgemildert wird.

Die Möglichkeit der Kooperation ohne Rekurs auf einen zusätzlichen mit dem Monopol legitimer Gewalt ausgestatteten Akteur ist eine Einsicht, die die wissenschaftlichen Analyse der internationalen Politik revolutioniert hat.[29] Darüber hinaus sind in dieser Forschungsrichtung Hypothesen entwickelt worden, wie internationale Institutionen beschaffen sind. Diese ordnen bestimmten Typen von Kooperationsproblemen bestimmte Arten von Regeln zu.

2. Die Beziehung zwischen Kooperationsproblemen und Institutionen aus der Sicht des rationalen Institutionalismus

Das Gefangenendilemma ist nur einer von vielen Typen von problematischen sozialen Situationen. Auf der Ebene der formalen Theorie können nun weitere Typen von problematischen sozialen Situationen herausgearbeitet werden, und jedem Typ können dann Regelsysteme zugeordnet werden, die das Problem beseitigen oder wenigstens reduzieren. Die einfachsten spieltheoretischen Modelle von problematischen sozialen Situationen sind Spiele mit zwei Akteuren, von denen jeder über genau zwei Handlungsmöglichkeiten verfügen, sogenannte Zwei-mal-zwei-Spiele. Die neuesten ausführlicheren Arbeiten dieser Forschungsrichtung wurden von Michael Zürn und von Lisa Martin vorgelegt.[30] Es

---

legungen zur Theorie politischer Institutionen, in: ders. (Hrsg.), Die Eigenart politischer Institutionen. Zum Profil politischer Institutionentheorie. Baden-Baden: Nomos 1994, S. 19-46 (22).
29 Vgl. *Keck*, Der neue Institutionalismus in der Theorie der internationalen Politik.
30 Michael *Zürn*, Interessen und Institutionen in der internationalen Politik; Lisa M. *Martin*, The rational state choice of multilateralism. Frühere Arbeiten in dieser Forschungstradition umfassen Arthur A. *Stein*, Coordination and Collaboration. Regimes in an Anarchic World, in: International Organization, Bd. 36 (1982), Nr. 2, S. 115-140; *ders.*, Why Nations Cooperate. Circumstance and Choice in International Relations. Ithaca, NY: Cornell University Press 1990; Charles *Lipson*, International Cooperation in Economic and Security Affairs, in: World Politics, Bd. 37, Nr. 1

ist an dieser Stelle nicht möglich, die Arbeiten dieser beiden Autoren oder gar die ganze Forschungsrichtung zusammenfassend darzustellen. Es sollen jedoch einige wichtige Problemtypen und ihre institutionellen Lösungen kurz dargestellt werden.

In problematischen Situationen vom Typ des Gefangenendilemmas besteht für jeden der beteiligten Akteure ein Anreiz, eine Handlung zu ergreifen, die zu einem Ergebnis führt, das für beide schlecht ist. Dieser Anreiz ist sehr stark, weil im einmal gespielten Spiel es für jeden Akteur besser ist, nicht zu kooperieren, gleichgültig was die andere tut, genauer: weil Defektion für jeden Akteur die dominante Strategie ist. Wird das Spiel mit hinreichend großer Wahrscheinlichkeit wiederholt, dann ist die Strategie der bedingten Kooperation ein Gleichgewicht: Die Akteure kooperieren beim ersten Zug und reziprozieren in den folgenden Spielrunden die Züge, die die Gegenseite im jeweils vorangegangen Zug gemacht hat. Keiner der Akteure hat einen Anreiz, von dieser Strategie abzuweichen, solange sie beide mit hinreichend großer subjektiver Wahrscheinlichkeit erwarten, daß das Spiel in die nächste Runde geht.[31]

Im Anschluß an Lisa Martin soll eine problematische soziale Situation vom Typ des Gefangenendilemmas hier als *Kollaborationsproblem* bezeichnet werden. In dieser Terminologie sind also Kollaborationsprobleme ein Spezialfall von Kooperationsproblemen. Die institutionellen Lösungen für Kollaborationsprobleme hängen von einigen Aspekten der Situation ab, die im einfachen Zwei-mal-zwei-Gefangenendilemma nicht modelliert werden. Ein solcher Aspekt ist die Definition von Defektion: In asymmetrischen Gefangenendilemmata oder in Gefangenendilemmata mit mehreren Spielern kann es notwendig werden, explizit zu regeln, welches Verhalten als Defektion zu betrachten ist.[32] Ein weiterer Aspekt ist die Beobachtbarkeit der Defektion. Ist diese nicht oder nicht mit hinreichender Sicherheit gegeben, dann muß das Regelsystem zur Lösung des Dilemmas Maßnahmen vorsehen, die die Defektion beobachtbar machen.[33] Ein dritter Aspekt sind

---

(Oktober 1984), S. 1-23; Duncan *Snidal*, Coordination vs. prisoners dilemma. Implications for international cooperation and regimes, in: American Political Science Review, Bd. 79 (1985), Nr. 4, S. 923-942. Grundlegend für diese Arbeiten sind David K. *Lewis*, Convention. A Philosophical Study. Oxford: Blackwell 1986 (Erstausgabe: Cambridge, MA: Harvard University Press 1969; deutsche Übersetzung: Konventionen. Eine Sprachphilosophische Abhandlung. Berlin/New York: de Gruyter 1975); Edna *Ullmann-Margalit*, The Emergence of Norms. Oxford: Oxford Univ. Press 1977.

31 Einen formalen Beweis im Sinn des Folktheorems geben Shaun P. *Hargreaves Heap*/Yanis *Varoufakis*, Game Theory. A Critical Introduction. London/New York: Routledge 1995, S. 170-175. Von manchen Autoren (z. B. *Müller*, Internationale Beziehungen als kommunikatives Handeln) wird die rationale Institutionentheorie in der Weise mißverstanden, als würde Kooperation nur dann gelingen können, wenn die beteiligten Akteure völlig sicher sein können, daß die Interaktion wiederholt wird. Dies ist ein Mißverständnis, denn es reicht aus, daß die beteiligten Akteure erwarten, daß die Wahrscheinlichkeit, daß es zu einer Wiederholung der Interaktion kommt, hinreichend groß ist (vgl. *Axelrod*, Die Evolution der Kooperation). Der Diskontparameter w in Axelrods Formulierung des wiederholten Gefangenendilemmas kann nicht nur als Ausdruck von intertemporalen Präferenzen, sondern auch als Wahrscheinlichkeit, daß das Spiel in die nächste Runde geht, interpretiert werden. Darum setzt die Lebensfähigkeit der Strategie *Tit-for-Tat* nicht voraus, daß das Spiel mit Sicherheit in die nächste Runde geht, sondern ist bereits dann gegeben, wenn beide Interaktionspartner mit hinreichend hoher (subjektiver) Wahrscheinlichkeit annehmen, daß das Spiel in die nächste Runde geht.

32 Vgl. *Keck*, Rationales kommunikatives Handeln in den internationalen Beziehungen.

33 Zur Bedeutung der Beobachtbarkeit von Handlungen für die Anwendung des Folktheorems vgl.

Sanktionen für Defektion. Im symmetrischen Gefangenendilemma zwischen zwei Akteuren sind Sanktionen nicht notwendig, da die Strategie der konditionierten Kooperation auf Defektion mit Defektion reagiert. Im Gefangenendilemma mit mehr als zwei Spielern müssen Regeln vereinbart werden, welche Akteure durch welche Maßnahmen die Sanktion ausführen.[34]

Sind mehr als zwei Spieler an einem Kollaborationsproblem beteiligt, dann entsteht die Frage des Trittbrettfahrens: einzelne Akteure können in den Genuß der institutionellen Lösung des Problems kommen, ohne selbst einen Beitrag zur Lösung zu leisten. Im Anschluß an Mancur Olson wird oft die Auffassung vertreten, daß die Lösung von Kollaborationsproblemen um so schwieriger und unwahrscheinlicher sei, je mehr Akteure daran beteiligt sind.[35] Diese Auffassung leuchtet ein, wenn es um Gruppen von Tausenden oder Millionen von Akteuren geht, wie etwa bei vielen Kollaborationsproblemen im innenpolitischen Bereich. Man kann sie jedoch nicht ungeprüft in den internationalen Bereich übertragen, da es hier oft nur um Gruppen von wenigen Akteuren geht. Bei vielen Sicherheitsinstitutionen ist die Zahl der beteiligten Staaten unter 50, bei manchen unter 20. Deshalb wird man im Einzelfall prüfen müssen, welche Maßnahmen zur Verfügung stehen, um Trittbrettfahrer zu bewegen, ihren Anteil zur Lösung beizutragen, konkret: welche positiven und negativen Anreize zu diesem Zweck mobilisiert werden können. Ferner muß man berücksichtigen, daß im Normalfall der Aufbau einer Institution zur Lösung eines Kollaborationsproblems schwieriger ist als die Aufrechterhaltung dieser Institution. Schließlich ist bei Kollaborationsproblemen mit mehreren Akteuren nicht jeder Akteur entscheidend in dem Sinn, daß ohne ihn die Institution nicht zustande kommt, unwirksam wird oder zusammenbricht.

Ein anderer Typ von problematischen sozialen Situationen wird durch *Koordinationsspiele* modelliert. In solchen Situationen besteht das Problem darin, daß mehrere Ergebnisse möglich sind, die für die Beteiligten ein Optimum darstellen, Wenn die Akteure ihre Handlungen nicht koordinieren, laufen sie Gefahr, diese Optima zu verfehlen und ein Ergebnis herbeizuführen, das für alle schlecht ist. In Schaubild 2 ist eine solche Situation als Zwei-mal-zwei-Koordinationsspiel mit Verteilungsproblem dargestellt. Die Spielerinnen haben ein gemeinsames Interesse, die Ergebnisfelder (a_1, b_2) und (a_2, b_1) zu vermeiden. Jede der beiden Spielerinnen zieht jedoch ein anderes Optimum vor: Staat A das Optimum (a_1, b_1), Staat B das Optimum (a_2, b_2).

Werner *Güth*/Wolfgang *Stephan*/Gunter *Leininger*, On Supergames and Folk Theorems. A Conceptual Discussion, in: Reinhard Selten (Hrsg.), Game Equilibrium Models II. Methods, Morals, and Markets. Berlin: Springer 1991, S. 56-84.

34 Zur Bedeutung von Sanktionen vgl. Elinor *Ostrom*, Community and the Endogenous Solution of Common Problems, in: Journal of Theoretical Politics, Bd. 4 (1992), Nr. 3, S. 343-352; Elinor *Ostrom*/James *Walker*/Roy *Gardner*, Covenants with and Without a Sword. Self-Governance is Possible, in: American Political Science Review, Bd. 86 (1992), Nr. 2, S. 404-417.

35 Mancur *Olson*, The Logic of Collective Action. Public Goods and the Theory of Groups. Cambridge, MA/London, England: Harvard University Press 1965 (deutsche Übersetzung: Die Logik des kollektiven Handelns. Kollektivgüter und die Theorie der Gruppen. Tübingen: Mohr 1968, 2. Aufl.).

	Staat B	
	b_1	b_2
a_1	4,3	1,2
a_2	2,1	3,4

Staat A (label for rows)

Schaubild 2: Ein Koordinationsspiel mit Verteilungsproblem

Eine Lösung des Problems kann darin bestehen, daß die Akteure sich explizit auf eines der Optima einigen, wobei die Einigung möglicherweise einen Kompromiß beinhalten kann dergestalt, daß der eine Akteur dem anderen das Nachgeben durch eine Kompensation akzeptabel macht. Eine andere Möglichkeit zur Lösung des Problems kann aber darin bestehen, daß ein Akteur sich festlegt, bevor sich der andere entscheidet. In diesem Fall wird der andere sich in seinem eigenen Interesse an die Vorgaben des ersten halten. Kennzeichnend für die verschiedenen Lösungen ist, daß jedes der Optima im einmal gespielten Spiel ein Gleichgewicht darstellt und darum keiner der Akteure einen Anreiz hat, von dem einmal verabredeten Optimum abzuweichen. Maßnahmen zur Entdeckung von Defektion oder zur Bestrafung von Defektion sind in dieser Situation nicht notwendig, denn die Akteure halten sich in ihrem eigenen Interessen an vereinbarte Regeln zur Lösung des Problems.

Eine Situation, in der eine Großmacht aus eigenem Interesse die Sicherheit einer kleinen Macht garantiert, etwa wenn die letztere eine strategische geographische Position für die Verteidigung der Großmacht besitzt, wird von Lisa Martin als *Überzeugungsspiel (Suasion Game)* modelliert (siehe Schaubild 3).[36] Da die Großmacht aus eigenem Interesse die Sicherheit der kleinen garantiert, gleichgültig, ob diese etwas zu ihrer Verteidigung unternimmt oder nicht, hat die kleinere Macht keinen Anreiz, etwas zu ihrer Verteidigung zu unternehmen.

Ob hier überhaupt ein Kooperationsproblem vorliegt, hängt von Faktoren ab, die in der Spielmatrix nicht modelliert sind.[37] Ein Problem könnte etwa dann vorliegen, wenn

---

36 Das von Lisa Martin definierte Überzeugungsspiel kann auf eine Situation angewandt werden, in der ein Trittbrettfahrer von einem kollektiven Gut profitiert, ohne daß sein Verhalten die Bereitstellung dieses Guts gefährdet, und damit als Spezialfall von Schellings Analyse von K-Gruppen bei der Bereitstellung öffentlicher Güter verstanden werden; vgl. Thomas *Schelling*, Micromotives and Macrobehavior. New York/London: Norton 1978, S. 211-243. Es entspricht den von Michael *Zürn* (Interessen und Institutionen, S. 209-218) definierten Rambospiel, wenn man berücksichtigt, daß Staat A eine dominante Strategie hat und, wenn man die dominierte Strategie eliminiert, dann auch Staat B eine dominante Strategie hat.
37 Rein formal besteht in dem in Schaubild 3 dargestellten Zwei-mal-zwei-Spiel überhaupt kein Kooperationsproblem. Staat A hat eine dominante Strategie (a_1). Staat B muß damit rechnen, daß

		Staat B	
		b_1	b_2
Staat A	a_1	4,3	3,4
	a_2	2,2	1,1

Schaubild 3: Überzeugungsspiel (Suasion Game)

die kleinere Macht durch eine wenig kostenintensive Maßnahmen, etwa die Überlassung eines Hafens oder eines Flugplatzes, der Großmacht Kosten ersparen könnte. In diesem Fall kann die Großmacht die Kooperation der kleineren Macht durch entsprechende Kompensation erreichen. Oder sie kann ihre Kooperation in einem anderen Problemfeld von der Kooperation der kleineren Macht in diesem Problemfeld abhängig machen. In diesem Fall würde sie durch *Issue-Linkage* die kleinere Macht nötigen, ihren Beitrag zur gemeinsamen Verteidigung zu leisten.[38]

Es gibt Situationen, die im einfachen Zwei-mal-zwei-Spiel überhaupt kein Problem darstellen, die jedoch dann eines sind, wenn die Akteure sich nicht sicher sind, ob jeweils die anderen zu rationalem Handeln fähig sind. Eine solche Situation stellt das *Versicherungsspiel (Assurance Game)* dar (Schaubild 4). Unter der in der Spieltheorie üblichen Annahme, daß die beteiligten Akteure die Struktur des Spiels kennen, ferner daß sie rational handeln und schließlich daß darüber Allgemeinwissen[39] besteht, ist das Versicherungsspiel unproblematisch: Jeder Akteur wird in seinem eigenen Interesse die Handlung ergreifen, die zu dem Ergebnis führt, das für beide am besten ist. Probleme entstehen jedoch dann, wenn Zweifel darüber bestehen, ob die Gegenseite die Struktur des Spiels in gleicher Weise wahrnimmt und ob sie überhaupt zu rationalem Handeln fähig ist.[40]

    Staat A seine dominante Strategie wählt und entscheidet sich deshalb für die Strategie b_1. Das Ergebnis ist eindeutig und stellt ein Pareto-Optimum dar.

38 Zur Taktik des *Issue-Linkage* vgl. *Zürn*, Interessen und Institutionen, S. 216f., James K. *Sebenius*, Negotiation Arithmetic. Adding and Subtracting Issues and Parties, in: International Organization, Bd. 37 (1983), Nr. 2, S. 281-316; Fritz W. *Scharpf*, Koordination durch Verhandlungssysteme. Analytische Konzepte und institutionelle Lösungen, in: Arthur Benz/Fritz W. Scharpf/Reinhard Zintl, Horizontale Politikverflechtung. Zur Theorie von Verhandlungssystemen. Frankfurt am Main: Campus/Boulder, CO: Westview 1992, S. 125-165.

39 Allgemeinwissen über die Rationalitäten des Handelns besteht dann, wenn jeder Akteur rational handelt und auch weiß, daß die anderen Akteure rational handeln; ferner jeder weiß, daß die anderen dies wissen; und weiterhin jeder weiß, daß die anderen wissen, daß er das weiß; und so weiter und so fort. Vgl. *Binmore*, Fun and Games, S. 467-472, *Lewis*, Conventions, S. 52-60; John *Geanakoplos*, Common Knowledge, in: Journal of Economic Perspectives, Bd. 6 (1992), Nr. 4, S. 53-82.

40 Zur Frage des Allgemeinwissens über die Struktur des Spieles vgl. Otto *Keck*, Information, Macht und gesellschaftliche Rationalität. Das Dilemma rationalen kommunikativen Handelns, dargestellt am Beispiel eines internationalen Vergleichs der Kernenergiepolitik. Baden-Baden: Nomos 1993.

		Staat B	
		b_1	b_2
Staat A	a_1	4,4	1,3
	a_2	3,1	2,2

Schaubild 4: Versicherungsspiel (Assurance Game)

Besteht das Problem in der Unsicherheit darüber, ob die Gegenseite zu rationalem Handeln in der Lage ist, dann kann Kommunikation zur Lösung dieses Problems beitragen. Normalerweise haben Akteure ein Interesse daran, den anderen Akteuren, mit denen sie interagieren deutlich zu machen, daß sie zu rationalem Handeln in der Lage sind. Eine andere Lösung kann darin bestehen, daß man vom Verhalten der Gegenseite in anderen Spielen darauf schließt, ob sie zu rationalem Verhalten in der Lage ist.

Unsicherheit über die Rationalität der Mitspieler kann aber nicht nur im Versicherungsspiel ein Problem sein, sondern generell in allen Spielen. Damit wird eine wichtige Funktion von internationalen Institutionen sichtbar, nämlich regelmäßige Kommunikation zwischen den beteiligten Staaten zu ermöglichen, durch die diese sich gegenseitig davon überzeugen, daß sie rationale Akteure sind. Diese Funktion der Kommunikation wird bisher in der Analyse internationaler Institutionen nicht genügend beachtet. Es geht nicht nur um Austausch von Informationen über die reale Welt, sondern indirekt geht es zugleich um Information über die Rationalität der beteiligten Spieler.

Auch Unsicherheit über die Struktur des Spiels oder Unsicherheit darüber, ob der Gegenspieler die Struktur des Spiels in derselben Weise perzipiert, ist kein Spezifikum des Versicherungsspiels.[41] Dieses Problem ist im Grunde bei allen problematischen sozialen Situation zu berücksichtigen. Oft kommt durch Kommunikation erst eine gemeinsame Situationsdefinition zustande, und dann wird der Typ des Kooperationsproblems durch diese Kommunikation erst für die Beteiligten sichtbar.[42]

Obschon es erstaunlich ist, daß mit so einfachen begrifflichen Mitteln überhaupt Hypothesen über internationale Institutionen abgeleitet werden können, sind einige Probleme beim gegenwärtigen Forschungsstand noch nicht befriedigend gelöst. Zum Beispiel greifen diese Hypothesen auf Aspekte der jeweiligen Situation zurück, die in den abgebilde-

---

Zur Frage des Allgemeinwissens über die Rationalität des Spieler vgl. Philip J. *Reny*, Rationality in Extensive-form Games, in: Journal of Economic Perspectives, Bd. 6 (1992), Nr. 4, S. 103-118.
41 Vgl. *Keck*, Information, Macht und gesellschaftliche Rationalität.
42 Vgl. *Keck*, Rationales kommunikatives Handeln in den internationalen Beziehungen.

ten Zwei-mal-zwei-Spielen gar nicht modelliert sind.⁴³ Deshalb ist es angebracht, sowohl die Leistungen dieses Ansatzes genauer zu charakterisieren als auch die Probleme aufzuweisen, die mit den Beschränkungen der Zwei-mal-zwei-Modelle verbunden sind.

Die Leistungen dieser Modelle bestehen zunächst einmal darin, daß sie uns neue Begriffe bereitstellen, mit denen wir die empirische Wirklichkeit betrachten und untersuchen können. Selbst wenn Spiele nicht als Modelle realer Situationen verstanden werden, sondern nur als nützliche Metaphern und Analogien, ermöglichen sie es, Begriffe zu bilden, mit denen wir einzelne Aspekte von realen Situationen in neuem Licht sehen und Ähnlichkeiten zwischen verschiedenen realen Situationen herausarbeiten können.⁴⁴ Autoren, die mit komplexen mathematischen Spielmodellen arbeiten, tendieren dazu, die Leistungen von Metaphern und Analogien zu unterschätzen. Begriffe sind wie Vergrößerungsgläser, die uns bestimmte Dinge sehen lassen, die wir mit bloßem Auge nicht oder nur ungenau sehen können. Die Denkfigur des Gefangenendilemmas hat zum Beispiel unser Beobachtungsvermögen dafür geschärft, daß es zwischen Staaten viele Interaktionen gibt, in denen durch kurzsichtiges, unkoordiniertes Verhalten der Staaten alle Beteiligten Nachteile erleiden können. Die Beobachtung, daß die Beziehungen zwischen Staaten in aller Regel kein Nullsummenspiel sind, d. h. daß sie keineswegs immer so ablaufen, daß ein Staat gewinnt, wenn der andere verliert, sondern oft beide verlieren, hat das Denken von Wissenschaftlern und Praktikern stark verändert.

Ähnlich kann man auch den Begriffsapparat der rationalen Ansätze in der Institutionentheorie sehen. Zunächst einmal stellt sie uns einen Satz von begrifflichen Werkzeugen bereit, mit denen wir einzelne Aspekte der empirischen Wirklichkeit genauer sehen als bisher. Die Analyse von Kooperationsproblemen zeigt uns, daß selbst unter rationalen Akteuren es unter bestimmten Bedingungen zu unnötigen Konflikten und zu vermeidbaren Ineffizienzen kommen kann.

Ein weiterer wichtiger Punkt ist die Hypothese, daß mit Hilfe von Verhaltensregeln problematische soziale Situationen in einer Weise transformiert werden können, daß das Problem gelöst oder wenigstens gemildert wird, und daß solche Regeln aus sich selbst heraus eine Bindungskraft entwickeln können. Wenn die Regeln in einer dem Problem angemessenen Weise festgelegt werden, finden es die Akteure in ihrem eigenen Interesse, sich an solche Regeln zu halten. Weil solche Regeln das Handeln von Akteuren leiten, können Sätze von miteinander verknüpften Regeln gleichgesetzt werden mit Institutionen. Damit leistet diese Theorietradition einen wichtigen Beitrag zur Lösung eines der zentralen Probleme der internationalen Politik: Wie ist in einem internationalen System, in denen Staaten nicht auf die Hilfe eines zentralen, mit dem Monopol legitimer Gewalt ausgestatteten Akteurs zurückgreifen können, Kooperation möglich?

Es gibt allerdings bereits auf der Ebene der Zwei-mal-zwei-Modelle keine Eins-zu-eins-Zuordnung von Kooperationsproblemen und Institutionen. Wie wir oben gesehen

---

43 *Zürn* spricht dieses Problem offen an. Siehe ders., Interessen und Institutionen in der internationalen Politik, S. 168-179.
44 Duncan *Snidal*, The Game *Theory* of International Politics, in: Oye, Kenneth A. (Hrsg.), Cooperation under Anarchy. Princeton, NJ: Princeton University Press 1987, S. 25-57.

haben, kommen für jede der beschriebenen idealtypischen Situationen verschiedene Lösungen in Betracht. Gleichwohl ergibt sich aus diesem Ansatz eine Fülle von disziplinierten Fragen, die man an eine empirisch beobachtete Situation stellen kann. Worin besteht das Kooperationsproblem: In der Unsicherheit darüber, ob die Gegenseite zu rationalem Handeln in der Lage ist? Besteht es darin, daß es viele verschiedene Möglichkeiten gibt, vom gegenwärtigen für alle Beteiligten unbefriedigenden Zustand zu einem für alle besseren Zustand zu gelangen? Besteht es darin, daß die Beteiligten sehr wohl wissen, was ein für alle besserer Zustand wäre, daß sie aber in diesem Zustand einen Anreiz haben, von der Kooperation abzuweichen? Muß der vereinbarte Satz von Regeln auch Verfahrensregeln zur gegenseitigen Beobachtung oder zur Bestrafung von Regelverletzungen enthalten, damit er von allen eingehalten wird?

Allerdings ist es unbefriedigend, daß solche Hypothesen bei den meisten Autoren nur auf der Grundlage von einfachen Zwei-mal-zwei-Modellen entwickelt werden. Selbst in Situationen, in denen wir die Analyse auf zwei Akteure, zum Beispiel zwei Supermächte beschränken können, haben diese normalerweise mehr als zwei Handlungen, normalerweise sogar unüberschaubar viele, zur Verfügung. Dann sind die konkreten Handlungsoptionen nicht den Entscheidungsträgern vorgegeben, sondern werden im Entscheidungs- und Verhandlungsprozeß erst 'sozial konstruiert'. Präziser: Durch die Kommunikation über Handlungsoptionen wird der Strategieraum der Akteure konstituiert. Um die Modelle realistisch zu machen, müßten sie dementsprechend erweitert werden. Die spieltheoretische Analyse von solcher Kommunikation, die den Strategieraum der Akteure verändert, ist möglich, steht aber noch in den Anfängen. Man kann jedoch bereits sagen, daß damit wesentliche Grenzziehungen, die bisher zwischen der rationalistischen und konstruktivistischen Institutionentheorie gemacht werden, und damit auch wesentliche Grenzziehungen zwischen rationalistischen und reflexiven Ansätzen hinfällig werden.[45]

Unbefriedigend am gegenwärtigen Forschungsstand ist ferner, daß Spiele mit zwei Akteuren als Modelle für die Interaktion von mehr als zwei Staaten genommen werden.[46] Bei der Interaktion von mehr als zwei Staaten sind manche Aspekte zu berücksichtigen, die in Modellen mit zwei Akteuren überhaupt nicht in den Blick kommen. Einer dieser Aspekte ist die Bildung von Koalitionen: Es können sich unter den an einer problematischen sozialen Situation beteiligten Staaten Gruppen bilden, die untereinander Institutionen bilden. Im Zwei-mal-zwei-Spiel dagegen gibt es keine Koalitionen. Ein anderer Aspekt ist die Lastenverteilung bei Maßnahmen zur Bestrafung von Regelverletzungen. Bei mehreren Akteuren gibt es hier das Problem, daß einzelne Akteure versucht sind, die Bestrafungsaktion wegen der damit verbundenen Kosten den anderen zu überlassen. Im Zwei-mal-zwei-Spiel ist diese Lastenverteilung kein Problem, denn eine Regelverletzung wird dadurch 'bestraft', daß der andere Staat sich in der nächsten Spielrunde auch nicht mehr an die Regeln hält.

---

45 Vgl. *Keck*, Information, Macht und gesellschaftliche Rationalität, S. 18-20, 41-82, 345-367.
46 Dieser Punkt wird von manchen Autoren, zum Beispiel Lisa *Martin*, selbst gesehen, vgl. dies., The rational state choice of multilateralism, S. 118 (Anm. 6).

Manche Autoren, die diese Beschränkung völlig zurecht kritisieren, fallen dann aber in den Trugschluß, die analytischen Schwächen der Zwei-mal-zwei-Modelle der Spieltheorie als solcher oder dem *Rational-Choice*-Ansatz als solchem anzulasten.[47] Die Auseinandersetzung mit dieser Kritik würde erfordern, realistischere und damit komplexere Modelle zu konstruieren und zu analysieren, um damit im einzelnen zu zeigen, daß diese pauschale Kritik unberechtigt ist. Dies ist nicht das Ziel dieses Bandes. Soweit die folgenden empirischen Fallstudien mit Konzepten und Hypothesen der rationalen Institutionentheorie arbeiten, halten sie sich an den metaphorischen Gebrauch der Spieltheorie und untersuchen, wie weit mit diesem Analyseansatz das Verständnis von internationalen Sicherheitsinstitutionen weitergebracht werden kann.

3. Sicherheitskooperation ohne den Schatten der Zukunft

In der Disziplin der Internationalen Beziehungen sind neoinstitutionalistische Ansätze zuerst auf Gebieten außerhalb der Sicherheit entstanden und in Form der Regimetheorie systematisiert worden. In der Anfangszeit der Regimetheorie wurde von verschiedenen Autoren sogar bezweifelt, ob sich dieser Ansatz überhaupt auf des Gebiet der internationalen Sicherheit anwenden läßt.[48] Es später wurde erkannt, daß dies möglich ist.[49]

Die Analyse von bilateralen Sicherheitsregimen war ein wichtiger Schritt. Sicherheitsregime setzen voraus, daß sich die beteiligten Staaten bewußt sind, daß sie sich in einem Sicherheitsdilemma befinden. Beide wollen also ein bestimmtes Ereignis, sei es ein unkontrolliertes Wettrüsten, sei es den Ausbruch von kriegerischen Handlungen vermeiden. Müssen Sicherheitsregime dann versagen, wenn ein Staat einen Krieg will, weil er sich davon irgendwelche Vorteile verspricht? Sicherheitsregime als solche werden Staaten nicht von einer kriegerischen Aggression abhalten, wenn diese die Aggression wirklich wollen. Adolf Hitler zum Beispiel haben die rudimentären Ansätze zu Sicherheitsregimen, die es damals gegeben hat, nicht vom Angriff abgehalten. Aber daraus folgt nicht, daß ein bestehendes Sicherheitsregime bedeutungslos wäre, wenn ein Staat von heute auf morgen seine Entscheidung ändern würde und mit den Vorbereitungen für einen Aggressionskrieg beginnen würde. Die Aufkündigung oder der Bruch von Vereinbarungen zu Rüstungsbeschränkung oder von Vertrauensbildenden Maßnahmen würde von den anderen Staaten als Warnsignal gewertet und diese hätten dann ausreichend Zeit, sich auf die neue Situation einzustellen.

Doch Sicherheitsinstitutionen haben mit einem schwierigen Problem fertig zu werden, das sich in Politikfeldern außerhalb der Sicherheit nur in Einzelfällen stellt: das Funktionieren vieler internationaler Institutionen setzt voraus, daß die beteiligten Akteure mit

---

47 Vgl. z. B. Robert *Jervis*, Realism, Game Theory, and Cooperation, in: World Politics, Bd. 40, Nr. 3 (April 1988), S. 317-349; *Müller*, Internationale Beziehungen als kommunikatives Handeln.
48 Vgl. Robert *Jervis*, Security Regimes, in: Stephen D. Krasner (Hrsg.), International Regimes. Ithaca, NY: Cornell University Press 1983, S. 173-94; *Lipson*, International Cooperation in Economic and Security Affairs.
49 Vgl. *Gross Stein*, Detection and defection; *Downs/Rocke/Siverson*, Arms Races and Cooperation.

hinreichender Wahrscheinlichkeit erwarten, wiederholt miteinander zu interagieren. Bei manchen Kooperationsproblemen entfalten institutionelle Regeln bereits im einmal gespielten Spiel eine bindende Wirkung, ohne daß es der Wiederholung der Interaktion bedarf. Dies trifft zum Beispiel auf Koordinationsprobleme (mit oder ohne Verteilungsproblem) zu, ferner auf das Versicherungsspiel, wie es oben analysiert wurde. Bei anderen Kooperationsproblemen ist dagegen eine institutionelle Lösung nur möglich, wenn die Interaktion unbestimmt oft mit hinreichend großer Wahrscheinlichkeit wiederholt wird. Dies gilt insbesondere für Situationen vom Typ des Gefangenendilemmas, die in diesem Band im Anschluß an Lisa Martin als Kollaborationsprobleme bezeichnet werden. Nun kann aber gerade im Politikfeld Sicherheit die Wiederholung der Interaktion nicht als selbstverständlich vorausgesetzt werden, denn hier steht das Überleben von Staaten auf dem Spiel. Dieses Problem stellt sich besonders bei einem Typ von Sicherheitsinstitution, die in einigen empirischen Beiträgen dieses Bandes im Vordergrund steht, nämlich dem Militärbündnis. Ein Bündnis wird durch das gegenseitige Versprechen des militärischen Beistands im Fall eines Angriffs durch einen oder mehrere andere Staaten konstituiert. Jeder Staat, der sich auf ein Bündnis einläßt, geht damit zugleich das Risiko ein, daß im Bündnisfall die anderen ihr Versprechen nicht einhalten. Wenn ein Staat in diesem Fall militärisch besiegt wird, findet die Interaktion im Rahmen des Bündnisses ein Ende. Dieser Staat kann nicht mehr in der nächsten Runde durch unkooperatives Verhalten Vergeltung üben. Der Schatten der Zukunft, der in der Theorie (und zwar sowohl im wiederholten Zwei-mal-zwei-Gefangenendilemma als auch im Folk Theorem) notwendig ist, damit Kollaborationsprobleme institutionell gelöst werden können, ist nicht mehr gegeben. Muß also die rationale Institutionentheorie in diesem Fall kapitulieren?

		Staat B		
		kämpft an Punkt x	kämpft an Punkt y	kämpft nicht
	kämpft an Punkt a	3,2	0,0	0,1
Staat A	kämpft an Punkt b	0,0	2,3	0,1
	kämpft nicht	1,0	1,0	1,1

Schaubild 5: Entscheidung über die Einlösung des Beistandsversprechens in einem Militärbündnis

Eine Möglichkeit, die bindende Wirkung von Bündnisversprechen in solchen Situationen zu untersuchen, in denen die Wahrscheinlichkeit der Wiederholung der Interaktion fraglich ist, ergibt sich, wenn wir über die üblichen Zwei-mal-zwei-Modelle von Kollaborationsproblemen hinausgehen. Ein solches Modell ist in Schaubild 5 dargestellt.

Schaubild 5 stellt eine Situation dar, in der zwei kleinere Mächte sich einer großen Macht gegenübersehen, die zwar jede der kleineren Mächte einzeln besiegen kann, aber nicht beide zusammen, wenn diese ihre Militärstrategien koordinieren. Es wird angenommen, daß die beiden kleineren Staaten sich erfolgreich verteidigen, wenn Staat A an Punkt a kämpft und Staat B an Punkt x. Ebenso können sie sich erfolgreich verteidigen können, wenn Staat A an Punkt b kämpft und Staat B an Punkt y. Wenn jedoch Staat A an Punkt b kämpft und Staat B an Punkt x, können sie den potentiellen Aggressor nicht abwehren. Ebensowenig gelingt es ihnen dies, wenn Staat A an Punkt a kämpft und Staat B an Punkt y. Schließlich soll angenommen werden, daß beide, wenn sie nicht kämpfen, von dem potentiellen Aggressor ohne Krieg dominiert werden. In diesem letzten Fall erhalten sie die Auszahlung 1. Wenn beide Staaten in koordinierter Weise kämpfen, können sie den Aggressor abwehren und erhalten die Auszahlung 2. Kämpft nur einer der beiden Staaten, dann werden beide Staaten vom Aggressor dominiert, aber der kämpfende Staat hat den zusätzlichen Nachteil eines verlustreichen Kampfes. Diese Auszahlung erhält die Rangfolge 0. Dementsprechend erhalten die beiden Staaten, wenn sie in unkoordinierter Weise kämpfen, die Auszahlung 0. Die Auszahlungen sind in ordinalen Größen angegeben. Die höchste Zahl bezeichnet das für die jeweilige Spielerin beste Ergebnis, die zweithöchste Zahl das zweitbeste Ergebnis und so weiter.

Anhand dieses Beispiels läßt sich zeigen, daß ein Beistandsversprechen auch ohne die Erwartung einer Wiederholung der Interaktion zu einer stabilen Kooperation führen kann. Haben die beiden Staaten verabredet, daß sie an den Punkten a bzw. x kämpfen werden, dann haben beide ein Interesse, entsprechend dieser Verabredung zu handeln. Statt auf die Punkte a und x können sie sich auf die Punkte b und y einigen. Auch dann haben sie ein Interesse daran, sich an diese Verabredung zu halten. Die Verabredung erhält ihre bindende Wirkung allein aus der Situation. Die Wahrscheinlichkeit, daß das Spiel wiederholt wird, spielt hinsichtlich der Geltung der Verabredung keine Rolle.

Aus dieser Analyse folgt, daß die Einhaltung eines Beistandsversprechens nicht notwendigerweise ein Gefangenendilemma darstellt. Das Spiel in Schaubild 5 ist dem Gefangenendilemma insofern ähnlich, als das beste Ergebnis verfehlt wird, wenn jeder Spieler nur danach trachtet, das für ihn schlechteste Ergebnis zu vermeiden. Man wird bei der empirischen Anwendung im Einzelfall prüfen müssen, wie die Situation beschaffen ist. Wenn z. B. jeder der Bündnispartner davon ausgehen muß, daß er im Fall des Angriffs keinen Vorteil hat, wenn er sein Bündnisversprechen bricht und nicht kämpft, dann steht die Bindungskraft des Beistandsversprechens nicht in Frage. Das Modell in Schaubild 5 zeigt, daß es Fälle geben kann, in denen auch ohne den Schatten der Zukunft ein Bündnisversprechen eine bindende Wirkung entfalten kann.

4. Methodische Probleme der empirischen Anwendung

Obwohl die aus Denkmodellen der Spieltheorie abgeleitete Grundthese des neoliberalen Institutionalismus, daß Kooperation in der Anarchie möglich ist, einen großen Fortschritt in der Theorie der internationalen Politik darstellt und diese Grundthese durch Arbeiten wie die von Michael Zürn und Lisa Martin in operationalisierbare Hypothesen ausdifferenziert wurde, ist damit nur ein Anfang gemacht. Die These, daß Dilemmasituationen durch die Vereinbarung von Regeln gelöst oder wenigstens in ihrer Problematik reduziert werden können, hat sich nun in der Analyse der Empirie zu bewähren. Bei der Anwendung auf empirische Institutionen in der internationalen Politik, wie z. B. die NATO oder die WEU, sind einige Erweiterungen vorzunehmen.

Eine starke Beschränkung der Tragweite des Ansatzes stellt die beim gegenwärtigen Forschungsstand übliche Annahme des Allgemeinwissens (*Common Knowledge*) dar. Die Annahme des Allgemeinwissens besagt, daß die Struktur des Spiels den beteiligten Akteuren bekannt ist; ferner daß jeder Akteur weiß, daß die anderen Akteure die Struktur des Spiels kennen; weiterhin daß jede weiß, daß die anderen wissen, daß sie das weiß; und so weiter und so fort. Mit anderen Worten kann man die Annahme des Allgemeinwissens auch in der Weise formulieren, daß man sagt, daß die beteiligten Akteure eine gemeinsame Situationsdefinition haben. In komplexen Interaktionen, wie sie sich in der internationalen Politik vollziehen, kann man diese Annahme nicht einfach als gegeben voraussetzen, vielmehr wird in der Interaktion zwischen den Staaten eine solche gemeinsame Situationsdefinition oft erst hergestellt. Besteht Unsicherheit darüber, ob die andere Seite die Situation genau so sieht wie man selbst, dann kann diese Unsicherheit durch Kommunikation mit der Gegenseite reduziert werden. Wenn die andere Seite die Situation genauso sieht, dann hat sie normalerweise auch ein Interesse zu sagen, daß sie die Situation genau so sieht. Es besteht also kein Interesse, die Unwahrheit zu sagen. Internationale Institutionen haben hier eine wichtige Funktion. Aber analytisch kann man diese Funktion nicht fassen, solange man bei der Standardanalyse der Zwei-mal-zwei-Spiele verharrt. Auf der metaphorischen Ebene der rationalen Institutionentheorie kann man sagen, daß Konsultationen zwischen Staaten in vielen Fällen eine Situation darstellen, in der jeder der beteiligten Staaten ein Interesse daran hat, zu einer gemeinsamen Situationsdefinition zu kommen und daß jeder der beteiligten Staaten nur diesem Interesse zu folgen braucht, um eine für alle optimale Situation herzustellen. Wie oben dargestellt, kann Kommunikation auch Zweifel daran beseitigen, ob ein anderer Staat zu rationalem Handeln fähig ist.

In der realen Welt sind die verschiedenen problematischen sozialen Situationen nicht fein säuberlich voneinander getrennt, sondern sie können miteinander zusammenhängen. Reale Institutionen können darum nicht jeweils einer bestimmten sozialen Situation zugeordnet werden. Konkrete Institutionen wie die NATO oder die OSZE behandeln einerseits mehr als eine problematische Handlungsinterdependenz, andererseits behandeln sie nicht alle problematischen Handlungsinterdependenzen, die zwischen ihren Mitgliedstaaten bestehen. Sie behandeln nicht einmal alle diejenigen problematischen Handlungsinterdependenzen zwischen den Mitgliedstaaten, deren Lösung die Sicherheit der Mitgliedstaaten erhöhen würde. Es findet ein Selektionsprozeß statt, durch den bestimmt wird, welche problematische Handlungsinterdependenzen behandelt werden (und welche nicht) und welche Staaten an der Behandlung eines Problems beteiligt werden (und welche nicht).

Sowohl die Entscheidungen über Aufgaben als auch Entscheidungen über Mitglieder orientieren sich nur zum Teil an 'objektiven' Faktoren, d. h. an Faktoren, die die Beteiligten intersubjektiv als vorgegeben betrachten. In der realen Welt hängt alles mit allem zusammen, und damit bedeutet jede Entscheidung über die Aufgabenstellung einer Institution die Zurückstellung oder Abweisung anderer Aufgaben und jede Entscheidung über den Kreis der direkt Beteiligten ein Abschneiden von Zusammenhängen. Solche Entscheidungen haben einen eminent politischen Charakter; sie sind politisch in dem Sinn, daß sie von politischen Einheiten, den Staaten, getroffen werden, aber auch politisch in dem Sinn, daß es dabei um Macht und Einfluß geht. Die Vorverhandlungen zur KSZE Ende der sechziger Jahre sind ein gutes Beispiel dafür, daß Entscheidungen über den Kreis der direkt beteiligten Akteure eine Machtfrage sind und zugleich die Problemselektion bestimmen: Die westeuropäischen Staaten akzeptierten erst dann den Vorschlag der Sowjetunion für eine Konferenz über europäische Sicherheit, als diese bereit war, die Vereinigten Staaten und Kanada als Teilnehmerstaaten zu akzeptieren.

Die Entscheidung darüber, welche problematischen Handlungsinterdependenzen behandelt werden und welche nicht, erfolgt normalerweise über die Definition der Aufgaben einer Institution. Deshalb spielt in den Beiträgen dieses Bandes der Begriff der Aufgabe (oder der spezifischen Funktion) eine wichtige Rolle. Durch die Definition der Aufgabe werden aus der großen Menge der zwischen den Mitgliedstaaten einer Institution bestehenden problematischen Handlungsinterdependenzen jene selektiert, mit denen sich diese Institution befaßt. Deshalb kann man bei der empirischen Analyse von internationalen Institutionen nicht einfach von einem vorgegebenen Kooperationsproblem ausgehen, um die Regeln zu analysieren, mit denen dieses Kooperationsproblem bearbeitet wird, sondern man muß auch Aufgaben (spezifische Funktionen) herausarbeiten, die einer konkreten Institution zur Bearbeitung zugewiesen werden.[50] Dadurch daß einer Sicherheitsinstitution bestimmte Aufgaben zugewiesen werden, werden zugleich die zu bearbeitenden Kooperationsprobleme bestimmt, und diese Kooperationsprobleme bestimmen dann, welche Regelsysteme deren Lösung oder Milderung bewirken können. Wenn eine Institution mit mehreren Kooperationsproblemen gleichzeitig konfrontiert ist, dann stellt sich auch die Frage, wie diese Kooperationsprobleme und auch ihre jeweiligen institutionellen Lösungen miteinander interagieren. Zwar gibt es einige Arbeiten über verknüpfte Spiele, in denen diese Frage analytisch angegangen wird, doch beim gegenwärtigen Stand dieser Forschung war es gerechtfertigt, daß die Beiträge dieses Bandes auch dieses Problem nicht auf der Ebene der rigorosen formalen Modellierung, sondern auf der Ebene der Analogie behandelten.[51]

---

50 Vgl. *Haftendorn*, Sicherheitsinstitutionen in den internationalen Beziehungen, in diesem Band, S. 11-34.
51 Zur Modellierung von miteinander verknüpften Spielen vgl. Robert D. *Putnam*, Diplomacy and Domestic Politics. The Logic of Two-level Games, in: International Organization, Bd. 42 (1988), Nr. 3, S. 427-460; James E. *Alt*/Barry *Eichengreen*, Parallel and Overlapping Games. Theory and an

Bei komplexen Institutionen wie der NATO ist auch zu berücksichtigen, daß ein und dasselbe Regelsystem zur Lösung verschiedener Kooperationsprobleme einen Beitrag leisten kann. Ein anschauliches Beispiel dafür bietet das Regelsystem, das die integrierte Militärstruktur der NATO konstituiert. Im Gründungsvertrag der NATO war diese noch nicht vorgesehen, sondern wurde erst Anfang der fünfziger Jahre eingeführt. Einige Jahre später erhielt sie eine zusätzliche Funktion, als es darum ging, durch die Wiederbewaffnung der Bundesrepublik das Verteidigungspotential der NATO zu stärken und dabei die militärischen Kapazitäten der Bundesrepublik in einer Weise zu strukturieren, daß sie keine Gefahr für die westeuropäischen Nachbarstaaten darstellt. Mit dem Übergang zur Strategie der flexiblen Antwort in den sechziger Jahren wurde der Beitrag der integrierten Militärstruktur zu Lösung eines weiteren Problems relevant: durch die Stationierung amerikanischer Truppen in Europa und andere Regeln, wie die Besetzung des Postens des Oberkommandierenden der NATO-Truppen durch einen amerikanischen General, wurde die Glaubwürdigkeit des Bündnisversprechens der Vereinigten Staaten erhöht.

In der realen Welt kann die Verknüpfung zwischen Kooperationsproblemen und Institutionen auch umgekehrt verlaufen als im Normalfall in der rationalen Institutionentheorie, in dem zunächst einer Institution von den beteiligten Staaten bestimmte Aufgaben zugewiesen werden und dann die mit diesen Aufgaben verknüpften Kooperationsprobleme bearbeitet werden, indem Regelsysteme errichtet werden, die diese Kooperationsprobleme lösen oder wenigstens mildern. In einer komplexen Welt lassen sich die Kooperationsprobleme, die auf die in einer internationalen Institution verbundenen Staaten zukommen, nicht *ex ante* genau spezifizieren.[52] Die Zukunft bietet immer Überraschungen, und bei der Errichtung einer Institution kann man nie sicher sein, ob man für alle relevanten Kooperationsprobleme in der Zukunft geeignete institutionelle Regelungen geschaffen hat. Ebenso kann es geschehen, daß sich herausgestellt, daß die für einen bestimmten Satz von absehbaren Kooperationsproblemen geschaffenen institutionellen Regeln sich als geeignete Lösung für weitere, nicht antizipierte Kooperationsprobleme erweisen.

Schließlich sind die in diesem Band analysierten Sicherheitsinstitutionen durch Überlappungen in den Regelsystemen miteinander verknüpft. In den Regelsystemen vieler Sicherheitsinstitutionen finden sich Verweise auf die Regeln anderer Sicherheitsinstitutionen. Zum Beispiel verweisen der Gründungsvertrag der NATO oder verschiedene Beschlüsse der KSZE/OSZE auf die Regeln der Charta der Vereinten Nationen. Der modifizierte WEU-Vertrag von 1954 verweist auf die NATO. Bleibt man bei der Definition einer Institution als einer Menge von miteinander verknüpfter Regeln, dann stellt sich die Frage, inwiefern diese Verknüpfung der Regeln aus verschiedenen Teilinstitutionen eine Art übergreifender Institution schafft. Diese Frage gilt unabhängig von der neueren Entwicklung, daß einzelne Institutionen ihre Kapazitäten anderen zur Erfüllung ihrer Aufgaben zur Verfügung stellen, etwa indem sich die KSZE/OSZE zur regionalen

---

Application to the European Gas Trade, in: Economics and Politics, Bd. 1 (1989), Nr. 2, S. 119-144.
52 Die Schwierigkeiten, die die Standardspieltheorie mit unvorhergesehenen Ereignissen hat, beleuchtet David M. *Kreps*, Static choice in the presence of unforeseen contingencies, in: Partha Dasgupta/ Douglas Gale/Oliver Hart/Eric Maskin (Hrsg.), Economic Analysis of Markets and Games. Essays in Honor of Frank Hahn. Cambridge, MA: MIT Press 1992, S. 258-281.

Abmachung im Sinne von Kapitel VIII der VN-Charta erklärte, oder indem die NATO ihre Kapazitäten entsprechend den dazu festgesetzten Verfahren der WEU oder auch der OSZE zur Verfügung stellt.

Institutionentheorie wird in diesem Band nicht als Selbstzweck betrachtet, sondern daran gemessen, was sie zum Verständnis des Wandels der Sicherheitsinstitutionen nach dem Ende des Kalten Krieges beiträgt. Dies ist das Thema der folgenden Beiträge.

Von der KSZE zur OSZE: Überleben in der Nische kooperativer Sicherheit

Ingo Peters[1]

1. Einleitung

Die Konferenz über Sicherheit und Zusammenarbeit in Europa (KSZE) war ein Kind des Ost-West-Konfliktes.[2] Ihre Möglichkeiten, durch Zusammenarbeit zwischen Ost und West einen Beitrag zur Sicherheit zu leisten, erwuchsen aus diesem Konflikt, ebenso die Grenzen, die ihrem Beitrag gesetzt waren. Sie diente multilateralen Konsultationen zwischen den 35 Teilnehmerstaaten, d. h. den europäischen Staaten (außer Albanien) sowie den USA und Kanada, ferner konkreten Verhandlungen mit dem Ziel greifbarer Regelungen über Fragen gemeinsamen Interesses. Die in der Helsinki-Schlußakte von 1975 festgehaltenen Ergebnisse hatten nicht den Charakter völkerrechtlicher Verträge, sondern lediglich politisch verbindlicher Absichtserklärungen. Nach Politikfeldern geordnet lassen sie sich in drei 'Körben' zusammenfassen: *Korb I* betraf Fragen der Sicherheit in Europa und enthielt die Erklärung über zehn grundlegende Prinzipien zwischen- und innerstaatlichen Verhaltens sowie das Dokument über (militärische) Vertrauensbildende Maßnahmen und bestimmte Aspekte der Sicherheit und Abrüstung; *Korb II* umfaßte Maßnahmen zur Zusammenarbeit in den Bereichen Wirtschaft, Wissenschaft, Technik und Umwelt; *Korb III* beinhaltete die Zusammenarbeit in humanitären Fragen, vor allem in den Bereichen menschlicher Kontakte und der Menschenrechte sowie der Kultur und Bildung. Auf Folgetreffen in Belgrad (1977-1978), Madrid (1980-1984) und Wien (1986-1989) sowie zahlreichen Expertenkonferenzen wurden die Umsetzung der Prinzipien und Normen diskutiert und im Konsens Verbesserungen beschlossen. Während des Ost-West-Konfliktes bot die KSZE somit einen institutionellen Rahmen für einen begrenzten Interessenausgleich. Der politisch-ideologische Konflikt zwischen Ost und West wurde dadurch zwar nicht gelöst, aber seine Austragung wurde in diesem Rahmen auf diplomatische Mittel beschränkt.

Nach dem Ende des Ost-West-Konfliktes haben sich die Aufgaben und die institutionelle Form der KSZE grundlegend gewandelt. Augenfällig wird dies durch die zum Jahresbeginn 1995 erfolgte Umbenennung in *Organisation* für Sicherheit und Zusammenarbeit in Europa (OSZE). Auf der Grundlage eines gemeinsamen Bekenntnisses zu Demokratie,

---

1 Der Verfasser dankt Helga Haftendorn und Otto Keck für wichtige Anregungen zu früheren Fassungen dieses Beitrags sowie Martin Stennert für seine Hilfe bei der Erstellung der Fußnoten.
2 Zur allgemeinen Einführung in die KSZE/OSZE vgl. Peter *Schlotter*/Norbert *Ropers*/Berthold *Meyer*, Die neue KSZE. Zukunftsperspektiven einer regionalen Friedensstrategie. Opladen: Leske + Budrich 1994; Wilfried *von Bredow*, Der KSZE-Prozeß. Von der Zähmung zur Auflösung des Ost-West-Konfliktes. Darmstadt: Wissenschaftliche Buchgesellschaft 1992; Ian M. *Cuthbertson* (Hrsg.), Redefining the CSCE. Challenges and Opportunities in the New Europe. Boulder, CO: Westview 1992; sowie Alexis *Heraclides*, Helsinki-II and its Aftermath. The Making of the CSCE into an International Organisation. London/New York: Pinter 1993.

Marktwirtschaft, Menschen- und Minderheitenrechten sowie zur friedlichen Beilegung von Streitigkeiten vereinbarten die KSZE-Staaten ab 1990 zusätzliche Normen und Regeln für ihre zwischen- und innerstaatliche Politik. Als neue Aufgabenfelder wurden der KSZE die Demokratisierung, Minderheitenrechte sowie Konfliktverhütung und politisches Krisenmanagement zugewiesen. Mit Hilfe neuer Organe und Instrumente überwacht die KSZE die Einhaltung der erweiterten Normen und Regeln und bemüht sich, durch operative Maßnahmen deren Umsetzung zu verbessern. Darüber hinaus wurde die KSZE von einer losen Abfolge von Konferenzen zu einer permanenten, entscheidungs- und handlungsfähigen Organisation umstrukturiert. Die OSZE ist heute als eine Institution *kooperativer Sicherheit* zu charakterisieren, d. h. als eine Institution, die den friedlichen Wandel durch einvernehmlich definierte Prinzipien, Normen und Regeln fördert, bei deren Durchsetzung jedoch auf Mittel diesseits militärischer Zwangsmaßnahmen beschränkt ist. Sie ist bisher nicht zu einem *System kollektiver Sicherheit (SKS)* entwickelt worden, in dem Regelverstöße durch kollektive militärische Zwangsmaßnahmen geahndet werden könnten.[3]

Obwohl der Ost-West-Konflikt in den Jahren 1989/1990 überwunden werden konnte, ist die KSZE nicht aufgelöst worden, sondern hat einen beachtlichen funktionalen und institutionellen Wandel erfahren. Das Überleben der KSZE und ihr institutioneller Wandel werden in dieser Studie untersucht. Warum hat die KSZE das Ende des Ost-West-Konfliktes überlebt? Durch welche Veränderungen in Funktion und Form ist die KSZE an die veränderten internationalen Rahmenbedingungen angepaßt worden? Warum ist die KSZE/OSZE nicht über eine Institution *kooperativer Sicherheit* hinaus zu einem regionalen *System kollektiver Sicherheit* entwickelt worden?[4]

Die zentrale These dieses Aufsatzes ist, daß die KSZE deshalb überleben konnte, weil ihre traditionellen Funktionen weiterhin erforderlich waren und einige ihrer institutionellen Merkmale sie angesichts neuer sicherheitspolitischer Aufgaben dazu prädestinierten, zusätzliche kooperationsfördernde Funktionen zu erfüllen. Die Möglichkeiten aber auch die Grenzen ihrer institutionellen Entwicklung - ihre spezifische institutionelle Nische innerhalb der komplexen Strukturen europäischer Sicherheitspolitik - werden durch die politische Bedeutung erklärt, welche die beteiligten Regierungen der KSZE/OSZE relativ

---

3   Zu den Merkmalen und Problemen eines Systems kollektiver Sicherheit vgl. Josef *Joffe*, Collective Security and the Future of Europe. Failed Dreams and Dead Ends, in: Survival, Bd. 34, Nr. 1 (Frühling 1992/93), S. 36-50; Richard K. *Betts*, Systems for Peace or Causes of War? Collective Security, Arms Control and the New Europe, in: International Security, Bd. 17, Nr. 1 (Sommer 1992/93), S. 5-43; Reinhard *Wolf*, Kollektive Sicherheit und das neue Europa, in: Europa-Archiv, Bd. 47, Nr. 13 (10.7.1992), S. 365-374; sowie Charles A. *Kupchan*/Clifford A. *Kupchan*, Concerts, Collective Security, and the Future of Europe, in: International Security, Bd. 16, Nr. 1 (Sommer 1991/92), S. 114-161.

4   Zur Diskussion der KSZE/OSZE als einer Institution kooperativer Sicherheit vgl. Ingo *Peters*, CSCE, in: Christopher Bluth/Emil Kirchner/James Sperling (Hrsg.), The Future of European Security. Aldershot u. a.: Dartmouth Publishing Company 1995, S. 65-84. Zu den institutionellen Erfordernissen für die Durchsetzung des Gewaltverzichts im Rahmen der KSZE vgl. Ingo *Peters*, Normen- und Institutionenbildung der KSZE im Widerstreit politischer Interessen, in: Bernard von Plate (Hrsg.), Europa auf dem Wege zur kollektiven Sicherheit? Konzeptionelle und organisatorische Entwicklungen der sicherheitspolitischen Institutionen Europas. Baden-Baden: Nomos 1994, S. 155-186.

zu den anderen europäischen Sicherheitsinstitutionen beimessen. Im folgenden Abschnitt wird zunächst der Zusammenhang zwischen kollektiven politischen Aufgaben, kooperativen Funktionen und institutioneller Form von Sicherheitsinstitutionen konzeptionalisiert. In zwei weiteren Abschnitten folgt die empirische Analyse: Zuerst wird das Überleben der KSZE dadurch erklärt, daß sie angesichts neuer sicherheitspolitischer Herausforderungen weiterhin eine institutionelle Funktionalität besaß. Anschließend wird analysiert, warum der Verhandlungsprozeß zur Weiterentwicklung der KSZE eine Institution kooperativer Sicherheit zum Ergebnis hatte. Abschließend wird dann der empirische Befund zusammengefaßt.

2. Zum Zusammenhang von sicherheitspolitischen Aufgaben, kooperativen Funktionen und institutioneller Form

Im 'anarchischen' internationalen System souveräner, egoistischer Staaten müssen die Regierungen ihre Politik unter Unsicherheit über die Ziele und Absichten der anderen Akteure durchführen. Bei vielen internationalen Herausforderungen, vor allem auf dem Gebiet der Sicherheitspolitik, stehen die Regierungen vor „problematischen Handlungsinterdependenzen"[5], d. h. vor Aufgaben, die nicht durch unkoordinierte einzelstaatliche Maßnahmen gelöst werden können, sondern internationaler Zusammenarbeit bedürfen.

Internationale Zusammenarbeit ist jedoch angesichts des anarchischen internationalen Systems eine problematische Forderung. Unter diesen Bedingungen können selbst defensiv motivierte sicherheitspolitische Vorkehrungen eines Akteurs andere Akteure dazu veranlassen, erneut mit defensiv gemeinten, aber von der anderen Seite als bedrohlich perzipierten Maßnahmen zu reagieren, weil für beide Seiten Unsicherheit über die Absichten der anderen besteht und daher die Maßnahmen der anderen Seite nach deren aggressivem Potential bewertet werden. John Herz hat für diese durch die anarchische Struktur der Staatenwelt bedingte Situation den Begriff des „Sicherheitsdilemmas"[6] geprägt. Unter diesen Bedingungen ist es bereits problematisch, ein gemeinsames Verständnis der Situation und der Interessen und Ziele der Akteure zu erreichen sowie gemeinsame Entscheidungen zu treffen und kollektive Maßnahmen zur Problembearbeitung zu ergreifen.

Internationale Institutionen dienen definitionsgemäß[7] dazu, durch Verhaltensregeln die kollektive Bearbeitung problematischer Handlungsinterdependenzen zwischen Staaten zu ermöglichen. Eine zentrale Aufgabe kollektiver Problembewältigung besteht darin, das im internationalen System bestehende Sicherheitsdilemma zu überwinden und eine ein-

---

5   Otto *Keck*, Der neue Institutionalismus in der Theorie der Internationalen Politik, in: Politische Vierteljahresschrift, Bd. 32 (1991), Nr. 4, S. 635-653 (637).
6   Vgl. John H. *Herz*, Political Realism and Political Idealism. Chicago: University of Chicago Press 1951, S. 3, 14.
7   Z. B. definiert Keohane Institutionen als „persistent and connected sets of rules (formal and informal) that prescribe behavioral roles, constrain activity, and shape expectations"; vgl. Robert O. *Keohane*, Neoliberal Institutionalism. A Perspective on World Politics, in: ders., International Institutions and State Power. Boulder, CO: Westview 1989, S. 1-20 (3).

seitige Interessendurchsetzung durch die beteiligten Akteure zu Lasten der anderen auszuschließen. Internationale Institutionen können dies mittels verschiedener *Funktionen* leisten:

- *Konsultationsfunktion*: Durch Konsultationen werden Informationen über die Ziele, Interessen und Strategien der beteiligten Akteure vermittelt. Obwohl sie auch einer deklaratorisch-symbolischen Politik dienen können, können Konsultationen die Perzeption der beteiligten Akteure hinsichtlich eines internationalen Problems oder der gegenseitigen Absichten und Positionen verändern und dadurch eine gemeinsame Problemdefinition leisten.

- *Verhandlungsfunktion:* Verhandlungen dienen dazu, gemeinsame Normen und Regeln zu vereinbaren. Diese Normensetzung konkretisiert das gemeinsame Interesse dadurch, daß verbindlich festgelegt wird, welches Verhalten als politisch legitim und funktional problemadäquat angesehen wird. Wenn Anreize für unilaterale Abweichungen von gemeinsamen Normen bestehen, können Mechanismen zur Verifikation der Normeneinhaltung *(Verifikationsfunktion)* und für Sanktionen *(Sanktionsfunktion)* vereinbart werden.

- *Operative Zusammenarbeit*: Über die Verregelung einzelstaatlichen Verhaltens hinaus, kann eine internationale Institution durch multilaterale Operationen zur gemeinschaftlichen Problembewältigung beitragen, beispielsweise durch ein multilaterales *monitoring* der Normen- und Regelimplementation, durch gemeinschaftliche Aktivitäten zur Förderung der gemeinsam definierten Ziele oder auch gemeinschaftliche Sanktionierung von Regelverletzungen.

Durch diese kooperativen Funktionen können internationale Institutionen wechselseitig die Erwartungen der Akteure stabilisieren und Vertrauen in die Kooperationsbereitschaft der jeweils anderen Seite bilden. Sie können somit das Sicherheitsdilemma wenn nicht vollständig überwinden so doch zumindest abschwächen.

Sicherheitspolitische Aufgaben wie Verteidigung, Abschreckung, friedliche Streitbeilegung, Konfliktverhütung und Krisenmanagement, werfen in unterschiedlicher Weise Probleme für die Verwirklichung gemeinschaftlichen Handelns auf. Ob und in welchem Maße eine internationale Institution durch ihre kooperativen Funktionen gemeinschaftliches Handeln fördern kann, hängt vor allem von der jeweiligen Form der Institutionalisierung ab.[8] Denn die Merkmale einer Institution - die vereinbarten Verhaltensregeln, die ihr zugewiesenen Aufgaben und Kompetenzen sowie die Entscheidungsmodi, Strukturen, Organe und Instrumente - bestimmen, ob eine Institution geeignet ist, zwischenstaatliche Zusammenarbeit und eine politisch legitime und funktional sachgerechte Problembearbeitung zu ermöglichen. Die institutionellen Merkmale müssen also mit den anvisierten Problemstellungen korrespondieren. Allerdings kann nicht ein einzelnes institutionelles Merkmal ausschließlich *einer* kooperativen Funktion und *einer* kollektiven Aufgabe

---

[8] Zum allgemeinen Zusammenhang zwischen der Funktion und der Form von Institutionen vgl. Helga *Haftendorn*, Sicherheitsinstitutionen in den internationalen Beziehungen. Eine Einführung, in diesem Band, S. 11-34 (19-23). Die kooperativen Funktionen sind Voraussetzung dafür, daß die kollektiven Aufgaben der Staatengemeinschaft erfüllt werden können.

zugeordnet werden, denn eine Institution wird meist mehrere der oben benannten kooperationsfördernden Funktionen erfüllen und möglicherweise mehreren kollektiven Aufgaben dienen. Die Funktionalität der institutionellen Form ergibt sich daher in bezug auf einzelne Aufgaben aus der unterschiedlichen Kombination mehrerer Merkmale, in bezug auf die Institution als ganzes aus der Zusammenschau von Merkmalkombinationen und Aufgabenkatalog.

Wenn mehrere Staaten eine problematische Handlungsinterdependenz wahrnehmen, sind meistens bereits die gemeinsame Definition des Problems und einer angemessenen Antwort problematisch, denn bei problematischen Handlungsinterdependenzen stellen sich die Probleme nicht für alle Staaten in gleicher Art und Weise. In welchem Maße ein Staat von einem kollektiven Problem betroffen ist, bestimmt daher maßgeblich die Institutionenpolitik der Regierung, vor allem ob sie eine internationale Institution als notwendig erachtet und welche institutionellen Merkmale sie für wünschenswert oder erforderlich hält. Dieser Teilaspekt der Institutionenpolitik einer Regierung wird hier als *Institutionalisierungspolitik* bezeichnet.

Die Politik eines Staates zur Errichtung, Nutzung oder Entwicklung einer internationalen Institution wird jedoch nicht allein vom Ziel kollektiver Problemlösung bestimmt, sondern auch vom jeweiligen *politischen* Vorteil, den er mit einer Institution und deren Merkmalen verbindet, denn unterschiedliche institutionelle Merkmale eröffnen den Akteuren unterschiedliche Möglichkeiten, durch Einfluß auf die internationalen Abstimmungsprozesse und deren Ergebnisse einzelstaatliche Ziele zu verfolgen. Komplementär zum Kooperationsziel kann eine internationale Institution daher - sei es offen ausgesprochen oder sei es als verborgene Zielsetzung (*hidden agenda*) - für einzelstaatliche Ziele instrumentalisiert werden. Dieser Faktor wird besonders dann wichtig, wenn eine Regierung sich von einer kollektiven Herausforderungen relativ gering betroffen fühlt oder neben einer multilateralen Institution einseitige Handlungsalternativen sieht und daher eine internationale Institution zur gemeinschaftlichen Problembearbeitung zwar als wünschenswert, aber nicht als zentrales Ziel betrachtet.

Die Tatsache, daß es kollektive Probleme gibt und damit verbunden ein Interesse, diese durch institutionalisierte Zusammenarbeit zu bearbeiten und zu lösen, führt jenseits der Kooperationsziele nicht zur 'Gleichrichtung' aller politischen Ziele der beteiligten Staaten und beseitigt auch geopolitische oder machtpolitische Disparitäten nicht. Einzelstaatliche Institutionalisierungspolitik ist daher nicht nur eine Frage sachgerechter multilateraler Problemlösung, sondern darüber hinaus eine Frage internationaler Machtpolitik, zum einen in Hinsicht auf die Festlegung des Kooperationsziels und zum anderen in Hinsicht auf die Möglichkeit der einseitigen Instrumentalisierung einer Institution. Besonders deutlich wird die machtpolitische Komponente internationaler Institutionen am Beispiel einer hegemonial strukturierten Militärallianz. In einem Bündnis mit intern asymmetrischer Machtverteilung wird nicht nur gegenüber einer dritten Macht eine machtpolitische Balance oder Überlegenheit angestrebt, sondern der militärisch dominante Allianzpartner wird bestrebt sein, die eigene Position zu den Zielen, Verhaltensregeln und Strukturen des Bündnisses gegenüber konkurrierenden Vorstellungen der Partner durchzusetzen.

Darüber hinaus kann die Führungsmacht das Bündnis auch als Instrument von Herrschaftsausübung einsetzen, wenn beispielsweise im Gegenzug für Sicherheitsgarantien den Bündnispartnern konkrete Verhaltensweisen oder Rüstungsbeschaffungen 'aufgedrückt' werden können.

Die Institutionenpolitik eines Staates in bezug auf eine Institution kann auch davon abhängen, ob hinsichtlich der Mitgliedschaft, der Aufgaben oder der Instrumente Überschneidungen zu anderen internationalen Institutionen bestehen. In diesem Fall muß entschieden werden, welche der verfügbaren Institutionen für eine bestimmte kollektive Aufgabe aus der Sicht eines einzelnen Staates genutzt oder entwickelt werden soll, oder ob es einer Neugründung bedarf. Diese Entscheidung wird maßgeblich vom komparativen Vorteil bestimmt, der einer Institution im Vergleich zu anderen beigemessen wird. In das einzelstaatliche Kalkül gehen wiederum der Stellenwert des Kooperationsziels und die Aussichten einseitiger politischer Instrumentalisierung bzw. deren Mischungsverhältnis als Bestimmungsfaktoren ein. Die der Wahl zwischen verschiedenen Institutionen (*institutional choice*) zugrunde liegende Bewertung möglicher Alternativen wird in dieser Studie als *Institutionenpräferenz* bezeichnet.

Die Bildung einer internationalen Institution ist Resultante der verschiedenen einzelstaatlichen Institutionenpolitiken und daher Ergebnis eines Verhandlungsprozesses, in dem teils kongruente, teils konfligierende Positionen der beteiligten Regierungen zur Definition des internationalen Problems und einer angemessenen Antwort zum Tragen kommen. Es muß also ein Kompromiß gefunden werden, um eine multilaterale Institution einzurichten, zu nutzen oder zu entwickeln. Je nach der Betroffenheit durch die Probleme, denen die Zusammenarbeit gilt, und dem einzelstaatlichen Kalkül zur politischen Instrumentalisierbarkeit einer Institution ergeben sich möglicherweise auch unterschiedliche Rollenverteilungen in diesem Verhandlungsprozeß. Die besonders an einer Institution interessierten Staaten werden normalerweise zahlreiche und weitgehende Initiativen ergreifen und Institutionalisierungsvorschläge auf internationaler Ebene vorlegen. Sie werden hier als *Demandeure* bezeichnet. Die weniger interessierten Regierungen hingegen können die Rolle eines *Bremsers* spielen und möglicherweise gerade wegen ihres relativ geringen Interesses an einer Institution den Verlauf und das Ergebnis dieses Prozesses beeinflussen. Das Ergebnis des Verhandlungsprozesses ist eine internationale Institution mit spezifischen Zuweisungen institutioneller Merkmale, also von Aufgaben und Kompetenzen, Instrumenten und Ressourcen. Da diese Festlegung in Abgrenzung zu anderen Institutionen erfolgt, wird dadurch auch die Nische der Institution innerhalb des übergreifenden Institutionennetzwerkes definiert und damit die sicherheitspolitische Bedeutung einer Institution im Vergleich zu anderen.

Wenn sich das internationale System wandelt, oder wenn sich, möglicherweise aufgrund innenpolitischer Veränderungen, die politischen Ziele und Strategien eines wichtigen Staates verändern, dann entstehen auch neue sicherheitspolitische Herausforderungen, und damit können sich neue Aufgaben für die internationale Zusammenarbeit stellen. Diese können mit denselben Problemen kollektiven Handelns verbunden sein wie die früheren Aufgaben, also der Schwierigkeit, eine gemeinsame Problemdefinition zu finden, eine kollektive Entscheidung herbeizuführen oder kollektive Maßnahmen zu ergreifen. Auch bei veränderten Rahmenbedingungen können bestehende Institutionen geeignet sein, die Zusammenarbeit zwecks Bewältigung neuer kollektiver Aufgaben zu fördern, wenn die bisherigen Merkmale der Institution, die für die neuen Aufgaben erforderlichen kooperativen Funktionen erbringen können. Wenn jedoch neue kooperative Funktionen zur Bearbeitung der neuen Aufgaben erforderlich werden, dann müßte die Institution in ihren Merkmalen an die neuen Anforderungen angepaßt oder eine neue Institution geschaffen werden.

Bei der Entscheidung, welche neuen Aufgaben einer internationalen Institution zugewiesen werden, welche Organe und Instrumente sowie Ressourcen sie zur Erfüllung dieser Aufgaben erhält, oder auch welche Institution bei der Verteilung von Aufgaben und Ressourcen gegenüber anderen bevorzugt wird, ist wiederum ein zentraler Faktor der jeweilige *komparative Vorteil* einer Institution im Vergleich zu anderen bestehenden Institutionen oder möglichen Neugründungen. Die relative Betroffenheit von den jeweiligen kollektiven Problemen, der damit verbundene Stellenwert der kooperationsfördernden Funktionen einer Institution und komplementär dazu wiederum die Aussichten für eine Regierung, die eine oder die andere Institution mehr oder weniger für eigene Ziele politisch instrumentalisieren zu können, werden das einzelstaatliche Kalkül und damit die Institutionenpolitik eines Staates auch in Zeiten eines internationalen Umbruchs bestimmen. Welche Faktoren bestimmen die Wandlungs- und Anpassungsfähigkeit bestehender Institutionen an neue politische Herausforderungen? Die Entscheidung über die Form einer multilateralen Institution und auch darüber, ob der Anpassung einer bestehenden Institution der Vorzug vor einer Neugründung gegeben wird, ist die Resultante einzelstaatlicher Kosten-Nutzen-Kalküle und des daraus erwachsenden internationalen Kompromisses. Bestehende Institutionen können einen politischen Strukturwandel dann 'überleben', wenn die alten Aufgaben fortbestehen oder wenn sie funktional und politisch bedeutsame Beiträge zur Lösung der gemeinsam definierten neuen Probleme leisten können.

Wenn die bisherigen Aufgaben einer Institution und die vorhandenen institutionellen Merkmale, trotz einer neuen internationalen Situation zumindest teilweise funktional bleiben, dann wird es im allgemeinen politisch und finanziell billiger sein, eine bereits vorhandene Institution zu reformieren und neuen Anforderungen anzupassen, als eine ganz neue Institution zu bilden. Eine 'alte' Institution wird demnach vor allem dann neuen Gegebenheiten angepaßt werden, wenn sie bereits institutionelle Merkmale besitzt, welche die kooperativen Funktionen erbringen können, die für die neuen kollektiven Aufgaben erforderlich sind. Wenn alte Funktionen und die mit diesen verbundenen institutionellen Merkmale auch nur teilweise den neuen Problemen angemessen sind, dann kann dies als Startkapital für eine institutionelle Anpassung an neue Gegebenheiten dienen.

Für den hier zu untersuchenden Fall des Überlebens der KSZE ist somit zu fragen, welche neuen kollektiven Aufgaben *gleichartige* institutionelle Funktionen erforderten, wie sie die KSZE in der Vergangenheit erbracht hatte, bzw. welche neuen kollektiven Herausforderungen *neue* institutionelle Funktionen erforderlich machten. Ferner ist zu fragen, aufgrund welcher bestehenden institutionellen Merkmale und durch welche Reformen die KSZE diese neuen Funktionen erfüllen konnte. Damit wäre dann erklärt, daß diese neuen Aufgaben der KSZE übertragen wurden.

Je stärker die Veränderungen der sicherheitspolitischen Herausforderungen sind, desto kritischer ist für das Überleben einer Institution die Phase des Übergangs, in der die bisherigen Kooperationsziele möglicherweise nicht mehr (oder nicht wie bisher) gelten, die neuen Ziele der Institution jedoch weder einzelstaatlich noch international definiert worden sind. In einer solchen meist unvorhergesehenen Veränderung der internationalen Rahmenbedingungen wird die Bedeutung einer Institution und damit ihre Überlebensfähigkeit entscheidend davon abhängen, ob sie bereits in der Übergangsphase zusätzliche Aufgaben übertragen bekommt. Ob sie diese bei der Entstehung der Institution nicht vorgesehenen, angesichts akuten Kooperationsbedarfs von den beteiligten Regierungen *ad hoc* definierten kooperativen Aufgaben erfüllen kann, wird wiederum vor allem von der jeweils bestehenden institutionellen Form und den damit verbundenen kooperationsfördernden Funktionen sowie von der Reformfähigkeit der Institution abhängig sein. Zu fragen ist in dieser Studie also auch nach der Rolle und Bedeutung der KSZE in der Zeit des Übergangs von der alten zur neuen sicherheitspolitischen Tagesordnung.

3. *Aufgaben, Funktionen und institutionelle Formen der KSZE bis 1989*

Der Ost-West-Konflikt war in besonderem Maße mit den Problemen des Sicherheitsdilemmas behaftet. Unsicherheit entstand nicht nur als Folge der Anarchie des internationalen Systems, sondern auch aus dem ideologischen Gegensatz, der mit politischen Ziel- und Interessengegensätzen verbunden war, zudem die politische Legitimität der jeweils anderen Seite in Frage stellte und zur 'politischen Penetration'[9] kleinerer Staaten und damit zur Blockbildung führte. Die sich gegenüberstehenden militärischen Bündnisse, die Warschauer Vertragsorganisation unter Führung der Sowjetunion und die NATO unter Führung der USA, manifestierten die auf beiden Seiten perzipierte militärische Bedrohung durch die jeweilige Gegenseite. Die auf beiden Seiten angehäuften enormen militärischen Potentiale bargen im Krisenfall das Risiko, daß der politische Gegensatz zum vernichtenden Nuklearkrieg eskalierte und dadurch die Existenz der beteiligten Staaten in Frage gestellt hätte.

Wegen der aus der politischen Konfrontation erwachsenden Gefahren bestand zwischen Ost und West eine *problematische Handlungsinterdependenz*, denn keine Seite konnte diesen Konflikt durch einseitige Maßnahmen lösen. Die kollektive Aufgabe bestand daher darin, den Ost-West-Konflikt einzuhegen, d. h. seinen Verlauf und seine Austragungsformen durch einen begrenzten Interessenausgleich politisch zu kontrollieren und zu steuern. Der kleinste gemeinsame Nenner zwischen den Konfliktparteien war das Ziel, einen direkten militärischen Konflikt zu vermeiden und die prekäre militärische Stabilität zu erhalten. Zwischen beiden Lagern bestand jedoch ein hohes Maß an Unsi-

---

9   James N. *Rosenau*, Pre-theories and Theories of Foreign Policy, in: R. Barry Farrell (Hrsg.), Approaches to Comparative and International Politics. Evanston: Northwestern University Press 1966, S. 27-92 (65).

cherheit über die Ziele der Gegenseite, deren tatsächliche Kooperationsbereitschaft und die Glaubwürdigkeit entsprechender Bekundungen. Ad-hoc-Maßnahmen konnten bestenfalls helfen, akute Krisen zu bewältigen, aber keinesfalls den Konflikt insgesamt zu stabilisieren. Dies erforderte auf längere Sicht ausgerichtete, an 'Spielregeln' orientierte, also *institutionalisierte Zusammenarbeit*. Durch diese konnte ein gemeinsames Problembewußtsein und tatsächliche Kooperationsbereitschaft gefördert, sowie Glaubwürdigkeit und Vertrauen zwischen den beteiligten Regierungen vermittelt werden, zumindest soweit es um die Bearbeitung gemeinsamer Probleme als Ziel der Zusammenarbeit ging.

Ohne daß der politische Grundkonflikt beseitigt wurde, kam es in den sechziger und siebziger Jahren zu einer begrenzten Zusammenarbeit zum gegenseitigen Vorteil. Verschiedene Rüstungskontrollabkommen und Maßnahmen zur Krisenbeherrschung ('heißer Draht' etc.) wurden vereinbart. Die militärische Konkurrenz wurde durch bilaterale Verträge zwischen den Führungsmächten, der Sowjetunion und den USA, eingedämmt, vor allem durch die SALT-Vereinbarungen der frühen siebziger Jahre. Der deutsche „Sonderkonflikt"[10] mit der Sowjetunion und deren Verbündeten, der aus der Teilung des Staates entstanden war und der in den vorhergehenden Jahrzehnten wiederholt Anlaß für Ost-West-Krisen geboten hatte (beispielsweise die Berlin-Krisen der Jahre 1948, 1958 oder 1961), konnte im Rahmen der Ost- und Entspannungspolitik Bonns durch die bilateralen Ostverträge (1970/1971) sowie durch das zwischen den vier Siegern des Zweiten Weltkrieges geschlossene Viermächteabkommen über Berlin (1971) und den Grundlagenvertrag zwischen den beiden deutschen Staaten (1972) entschärft werden. Grundlage dieser Verträge war ein gegenseitiger Gewaltverzicht und die Anerkennung des politischen Status quo.

Auf dieser Basis entwickelte sich auf multilateraler Ebene der KSZE-Prozeß zum wichtigsten kooperativen Element der Ost-West-Beziehungen. Vorschläge, eine 'gesamteuropäische Sicherheitskonferenz' abzuhalten, um auf dieser die Probleme europäischer Sicherheit zu erörtern und durch gemeinsame Maßnahmen wie die Verminderung der Streitkräfte und Rüstungsbeschränkungen zu bewältigen, hatte die KSZE der Sowjetunion schon in den fünfziger Jahren gemacht. Diese Vorschläge[11] waren jedoch zunächst an für den Westen unannehmbare Vorbedingungen geknüpft gewesen wie den Ausschluß der USA und Kanadas, die Anerkennung der DDR und die Auflösung der Bündnisse. Deshalb wurden sie im Westen als Störmanöver gegen die Einbindung West-

---

10 Richard *Löwenthal*, Vom Kalten Krieg zur Ostpolitik, in: Richard Löwenthal/Hans-Peter Schwarz (Hrsg.), Die zweite Republik. 25 Jahre Bundesrepublik Deutschland - eine Bilanz. Stuttgart: Seewald 1974, 2. Aufl., S. 604-699 (604f., 681-691).
11 Zu den unterschiedlichen Ausgangspositionen der Staaten und Regierungen vgl. Karl E. *Birnbaum*, Frieden in Europa. Voraussetzungen, Chancen, Versuche. Opladen: Leske Verlag 1970; Hans-Peter *Schwarz*/Helga *Haftendorn* (Hrsg.), Europäische Sicherheitskonferenz. Opladen: Leske Verlag 1970; Hans-Adolf *Jacobsen*/Wolfgang *Mallmann*/Christian *Meier* (Hrsg.), Sicherheit und Zusammenarbeit in Europa (KSZE). Analyse und Dokumentation. Bd. 1/I. Köln: Verlag für Wissenschaft und Politik 1973, S. 19-69; zur bundesdeutschen Positionen siehe Paul *Frank*, Zielsetzungen der Bundesrepublik Deutschland im Rahmen europäischer Sicherheitsverhandlungen, in: Europa-Archiv, Bd. 27, Nr. 5 (10.3.1972), S. 153-160; ferner zu den Vorschlägen von sowjetischer Seite Marschall D. *Shulman*, Sowjetische Vorschläge für eine europäische Sicherheitskonferenz (1966-1969), in: Europa-Archiv, Bd. 24, Nr. 19 (10.10.1969), S. 671-684.

deutschlands in die NATO und die Entwicklung der westeuropäischen Integration bewertet.[12] Diese politische Instrumentalisierung für östliche Propaganda war für den Westen unannehmbar, so daß es zunächst nicht zu einer solchen Konferenz kam.

Erst als der Osten Mitte der sechziger Jahre die ursprünglichen Vorbedingungen fallengelassen hatte, kam es zu einem politischen Dialog zwischen Ost und West und zu einer schrittweisen Annäherung der Positionen. Dabei setzte der Westen seine Auffassung durch, daß ein politischer *modus vivendi* der Absicherung auf militärischem Gebiet bedürfe, was im 'Signal von Reykjavik' (1968) mit dem Vorschlag für Verhandlungen über den Abbau der Streitkräfte in Mitteleuropa gefordert worden war. Für die projektierte europäische Sicherheitskonferenz erreichte der Westen eine Erweiterung der Tagesordnung um die Probleme der Menschenrechte, der menschlichen Kontakte und des Informationsflusses zwischen Ost und West. Weil der Westen die Aufnahme multilateraler Verhandlungen zur europäischen Sicherheit vom Abschluß einer befriedigenden Regelung über Berlin abhängig machte, konnten Vorgespräche zur KSZE und parallel dazu die Wiener Verhandlungen über eine beiderseitige, ausgewogene Reduzierung der Truppen in Europa (MBFR)[13] erst 1973, nach Abschluß des Viermächteabkommens über Berlin, beginnen. Während die MBFR-Verhandlungen bis zu ihrem Abbruch im Februar 1989 ohne greifbares Ergebnis blieben, erreichte die KSZE im August 1975 mit der Schlußakte von Helsinki ein erstes substantielles Ergebnis.

Die Schlußakte von Helsinki und die im weiteren Konferenzprozeß von den Teilnehmerstaaten verabschiedeten Dokumente bilden das *KSZE-Regelwerk*, das sich auf die Bewältigung der gemeinsam definierten kollektiven Aufgaben richtet. Grundlegend wurden in der Helsinki-Schlußakte Prinzipien und Regeln zwischenstaatlicher Beziehungen für die drei Politikfelder ('Körbe') Prinzipien zwischenstaatlicher Beziehungen/Sicherheit, Wirtschaft/Technik/Umwelt und humanitäre Angelegenheiten/Menschenrechte festgelegt. Zur Behebung der Unsicherheit der beteiligten Staaten bedurfte es nicht nur Worte sondern auch Taten, an denen die tatsächliche Kooperationsbereitschaft gemessen werden konnte. Dieser Konkretisierung der Kooperationsbereitschaft - zumal angesichts des fortbestehenden politischen Grundkonfliktes - diente die KSZE in ihrer Funktion als *Verhandlungsforum*, in dem über Prinzipien, Normen und Regeln verhandelt und entschieden wurde. In diesen oft langwierigen Verhandlungen wurden auch die unterschiedlichen Ziele der beteiligten Staaten und Staatengruppen miteinander verbunden und im Sinne eines Gebens und Nehmens in einem für die Verhandlungsparteien akzeptablen Paketergebnis (*package deals*) in den Schlußdokumenten festgehalten.[14]

---

12 Vgl. Winrich *Kühne*, Die Schlußakte von Helsinki, in: Bruno *Simma*/Edda *Blenk-Knocke* (Hrsg.), Zwischen Intervention und Zusammenarbeit. Interdisziplinäre Arbeitsergebnisse zu Grundfragen der KSZE. Berlin: Duncker & Humblot 1979, S. 337-361 (341, 343f.); sowie John J. *Maresca*, To Helsinki. The Conference on Security and Cooperation in Europe 1972-1975. Durham/London: Duke University Press 1985, S. 55-63.
13 Vgl. Reinhard *Mutz* (Hrsg.), Die Wiener Verhandlungen über Truppenreduzierungen in Mitteleuropa (MBFR). Chronik, Dokumentation, Bibliographie. Baden-Baden: Nomos 1983.
14 Peter *Schlotter*, Linkage Politik und KSZE. Eine Zwischenbilanz des Madrider Folgetreffens, in: Deutsche Studien, Bd. 21 (1983), Nr. 81, S. 69-84; sowie Norbert *Ropers*/Peter *Schlotter*, Die Institutionalisierung des KSZE Prozesses, in: Aus Politik und Zeitgeschichte (zit. als APuZ), Nr. 1-2

Die Anerkennung der bestehenden Grenzen in Europa und das Gewaltverzichtsgebot waren der Kern der Vereinbarungen, der durch die anderen Regeln und die militärischen Vertrauensbildenden Maßnahmen ergänzt wurde. Die Ratifizierung des territorialen Status quo durch den Westen trug dazu bei, den im Osten vorhandenen Ängsten vor einem deutschen oder US-amerikanischen 'Revanchismus' oder entsprechender östlicher Propaganda die Grundlage zu entziehen. Gleichzeitig bedeuteten diese Normen und Regelungen eine politische Legitimation der Regierungen der mittel- und osteuropäischen Staaten, insbesondere der DDR, und erleichterten diesen die Öffnung und Zusammenarbeit mit dem Westen. Dem Westen wiederum erlaubte die Schlußakte nicht nur, die KSZE für die Propagierung westlicher Werte im Bereich der Menschenrechte zu instrumentalisieren. Darüber hinaus boten die KSZE-Vereinbarungen eine Grundlage für zahlreiche Einzelfallregelungen bei Menschenrechtsverletzungen im Osten und für Bemühungen um andere konkrete menschliche Erleichterungen - trotz der fortbestehenden Teilung Deutschlands und Europas.

Nach der Verabschiedung der Helsinki-Schlußakte wurde von den damals bereits vorgesehenen Möglichkeiten, Folgetreffen und Expertentreffen einzuberufen, Gebrauch gemacht und auf diese Weise der KSZE-Prozeß fortgesetzt. Die KSZE bestand nicht aus ständigen, sondern aus periodischen Aktivitäten, über deren Gegenstand, Modalitäten und Dauer auf den Folgetreffen zwischen den 35 Teilnehmerstaaten entschieden wurde. Entscheidungen konnten ausschließlich im Konsens der Teilnehmerstaaten getroffen werden, verlangten also von keinem Staat, sich Mehrheitsvoten zu unterwerfen. Bis 1990 gab es keine permanenten gemeinschaftlichen Organe und keinen eigenständigen Verwaltungsapparat, also auch kein eigenes Personal. Statt dessen wurde die Administration, wechselnd mit den Veranstaltungsorten, von den jeweiligen nationalen Ministerialbürokratien und dem jeweils für die Dauer der betreffenden Veranstaltung eingerichteten Konferenzsekretariat geleistet. Die Finanzierung der Folgetreffen und Expertentreffen erfolgte nach einem auf den Vorbereitungstreffen festgelegten Verteilungsschlüssel.[15]

Die Umsetzung des KSZE-Regelwerks lag zunächst in der Verantwortung der einzelnen Teilnehmerstaaten. Auf den Folgetreffen in Belgrad (1977/1978), Madrid (1980-1983) und Wien (1986-1989) und den zahlreichen Expertentreffen dienten sogenannte Implementationsdebatten zur Diskussion von Implementationsmängeln und Regelverletzungen. Mängel in der einzelstaatlichen Umsetzung der multilateral vereinbarten Standards wurden beanstandet, sei es diplomatisch hinter verschlossenen Türen oder auch öffentlich. Multilaterale Instrumente zur Bestrafung von Regelverletzungen gab es indes-

---

(10.1.1987), S. 17f.
15 Die Modalitäten der einzelnen Treffen wurden jeweils in Vorbereitungstreffen ausgehandelt und konsensual festgelegt. Zusätzlich zu den grundlegenden Wiener Konventionen über diplomatische Beziehungen, wurden für die KSZE spezielle Normen und Regeln etabliert, durch die die Entscheidungsfindung in diesem Prozeß standardisiert und die Interaktionsprozesse strukturiert wurden. Beispiele hierfür waren die Geschäftsordnungen, die im sogenannten 'Gelben Buch' für das Belgrader Folgetreffen oder im 'Violetten Buch' für das Madrider und Wiener Folgetreffen festgelegt worden waren. Siehe Wiener Konvention vom 18.4.1961, in: Friedrich *Berber* (Hrsg.), Völkerrechtliche Verträge. München: Deutscher Taschenbuchverlag 1973, S. 103-117; Jan *Sizoo*/Rudolf Th. *Jurrjens*, CSCE Decision-Making. The Madrid Experience. Den Haag: Nijhoff 1984, S. 50, 131-152.

sen nicht. Nach oft zähen politischen Auseinandersetzungen wurde mehr oder weniger Besserung gelobt, in zahlreichen Einzelfällen Menschenrechtsverletzungen oder humanitäre Fragen geregelt und die einzelnen Bestimmungen gegebenenfalls weiterentwickelt. Die funktionale Überprüfung der Regeleinhaltung (*monitoring*) ebenso wie die politische Bewertung des Befundes (*Verifikation*) und die Sanktionierung blieben jedoch einzelstaatlichen Mitteln und Maßnahmen vorbehalten.

In den zahlreichen multilateralen Treffen auf verschiedenen politischen Ebenen verband der KSZE-Prozeß somit *Konsultations-* und *Verhandlungsfunktionen*. Zum einen wurden Informationen über Ziele, Interessen und Strategien der beteiligten Regierungen ausgetauscht und gemeinsame Problemdefinitionen erarbeitet, zum anderen wurden die Verhaltensregeln der Helsinki-Schlußakte überprüft und neue Bestimmungen vereinbart. Insgesamt wurde durch die KSZE-Verhaltensregeln definiert, was als legitimes Verhalten anerkannt wurde. Regelkonformes Verhalten war somit geeignet, die bestehende Unsicherheit über die Ziele und Absichten der Gegenseite und damit das Sicherheitsdilemma zu relativieren, indem die friedlichen und auf die Bewältigung gemeinsam definierter Probleme gerichteten Absichten dokumentiert und dadurch möglicherweise Vertrauen für weitere Zusammenarbeit geschaffen wurde.

Der zur Zeit des Ost-West-Konfliktes verhältnismäßig geringe Institutionalisierungsgrad der KSZE als loser Folge von Verhandlungen und einem Regelwerk, das nur teilweise implementiert wurde, ohne daß es einen wirksamen Sanktionsmechanismus gegeben hätte, war vor allem durch den Ost-West-Konflikt selbst begründet. Die Entscheidungen und Dokumente waren 'lediglich' politisch verbindlich (*soft law*) im Gegensatz zu völkerrechtlich verbindlichen Verträgen.[16] Defizite konnten daher auch nur indirekt, auf der politischen Ebene, eingefordert und sanktioniert werden. Der KSZE-Prozeß diente nicht allein zur Regelung gemeinsam definierter Probleme, sondern auch einzelstaatlichen Zielen und Interessen.[17] Ost und West gewannen durch die KSZE nicht nur ein gemeinsames Instrument zur Steuerung des Ost-West-Konfliktes, sondern auch (mit jeweils unterschiedlichem Vorzeichen) ein politisches Instrument, um den Konflikt auszutragen, d. h. ein Forum für Propaganda und ideologische Kriegführung.

Der geringe Institutionalisierungsgrad des Prozesses war jedoch kein Nachteil für seine politische Bedeutung und Wirkung. Gerade der geringe Institutionalisierungsgrad ermöglichte die Flexibilität, die für das Überleben der KSZE über die Höhen und Tiefen des wechselhaften internationalen politischen Klimas hinweg erforderlich war. Ihr politischer Charakter, verbunden mit einer relativ lockeren Institutionalisierung und der auf einem breiten Sicherheitsbegriff basierenden Zuständigkeit in den verschiedenen, in den Körben zusammengefaßten Politikbereichen, ermöglichte einen Ausgleich der vorhandenen politischen Gegensätze und der Asymmetrien zwischen den Zielen und Interessen der Staaten bzw. Staatengruppen hinsichtlich der verschiedenen 'Körbe', indem durch *Linkage-*

---

16 Vgl. z. B. Hans-Joachim *Schütz*, Probleme der Anwendung der KSZE-Schlußakte aus völkerrechtlicher Sicht, in: Jost Delbrück/Norbert Ropers/Gerda Zellentin (Hrsg.), Grünbuch zu den Folgewirkungen der KSZE. Köln: Verlag Wissenschaft und Politik 1977, S. 155-176.
17 Vgl. *Kühne*, Die Schlußakte von Helsinki, S. 341f.

Strategien und *Paketlösungen* ein politischer Interessenausgleich ausgehandelt werden konnte.[18]

Die Konsultationsfunktion des KSZE-Prozesses erwies sich in unvorhergesehener Weise als ein wichtiges Instrument, durch das in politischen Krisenzeiten die Kommunikation aufrechterhalten werden konnte. Das galt vor allem während des Madrider Folgetreffens (1980-1983) und der Stockholmer Konferenz (1984-1986). Als die gesamten Ost-West-Beziehungen infolge der politischen Auseinandersetzungen im Zuge der Afghanistan-Krise (1979/1980), der Verhängung des Kriegsrechts in Polen (1980/1981) und der INF-Debatte (1979-1983) in einen *zweiten* Kalten Krieg gerieten, diente die KSZE als nahezu einziger Kommunikationskanal. In dieser Situation wurde Krisenmanagement zur zentralen Aufgabe und die Konsultationsfunktion der KSZE von den Teilnehmern *ad hoc* zu diesem Zweck genutzt.[19]

Darüber hinaus entfaltete die KSZE in einer unvorhergesehenen Weise - wenn auch von einigen Akteuren erwünscht - Wirkungen, die aus dem Zusammenspiel der Prinzipien und Verhaltensregeln mit innenpolitischen Oppositionsbewegungen in Osteuropa erwuchsen: Die Normen und Regeln des dritten 'Korbs' zum Bereich menschlicher Kontakte und den Menschenrechten betrafen die innenpolitischen Verhältnisse der Teilnehmerstaaten und berührten daher die existentielle Frage der inneren Legitimität der Regierungen in den realsozialistischen Staaten. Der Verlauf der Verhandlungen im Vorfeld des Helsinki-Gipfeltreffens im August 1975 legt den Verdacht nahe, daß einige Regierungen im Osten die vom Westen geforderten Bestimmungen im humanitären Bereich trotz grundsätzlicher Ablehnung hinnahmen, um - im Sinne der Paketlösung - andere Bestimmungen als Teil der Schlußakte durchzusetzen, vor allem die Anerkennung des politischen Status quo in Europa, die dem sowjetischen Herrschaftsbereich äußere Legitimität verleihen sollte. Der von den östlichen Staaten als Gegenmittel zu den liberalen Menschen- und Bürgerrechtsprinzipien der Schlußakte verstandene völkerrechtliche Grundsatz der Nichteinmischung in die inneren Angelegenheiten der Staaten, der im Prinzipiendekalog der KSZE-Schlußakte bestätigt wurde, konnte letztlich nicht verhindern, daß innenpolitische Verhältnisse und Vorgänge in Osteuropa zum legitimen Gegenstand der internationalen Diskussion wurden.

Unter Berufung auf die Helsinki-Prinzipien forderten 'Graswurzel'-Bewegungen in den Ländern Osteuropas (z. B. die verschiedenen Helsinki-Überwachungsgruppen, am bekanntesten wurde die *Charta 77* in der Tschechoslowakei) von ihren Regierungen Menschen- und Bürgerrechte ein. Die Normen und Regeln der Helsinki-Schlußakte führten zur Infragestellung der sozialistischen Regime, die sich dadurch politisch herausgefordert sahen und durch (mit der Helsinki-Schlußakte unvereinbare) repressive Maßnahmen versuchten, die liberalen Grundsätze als unerwünschte 'Geister' wieder in die Flasche zu verbannen. Diese - aus der Sicht der sozialistischen Staaten - unbeabsichtigte

---

18 Vgl. Stefan *Lehne*, Vom Prozeß zur Institution. Zur aktuellen Debatte über die Weiterentwicklung des KSZE-Prozesses, in: Europa-Archiv, Bd. 45, Nr. 16 (25.8.1990), S. 499-506 (506).
19 Vgl. Ingo *Peters*, Transatlantischer Konsens und Vertrauensbildung in Europa. KVAE-Politik der Vereinigten Staaten von Amerika und der Bundesrepublik Deutschland 1978-1986. Baden-Baden: Nomos 1987, S. 144, 198.

Wirkung der Schlußakte kann durchaus als ein *systemisches* Ergebnis des KSZE-Prozesses verstanden werden: Durch den institutionalisierten Rahmen für die Zusammenarbeit zwischen Ost und West (also als intervenierende Variable) wurde der Handlungsspielraum der politischen Akteure neu definiert. Dies galt auch für den Westen, denn dessen Ziel, die Regierungen in Osteuropa zu stabilisieren und mit diesen auf dem Gebiet der Menschen- und Bürgerrechte zusammenzuarbeiten, wurde in Frage gestellt, als die Menschen- und Bürgerrechtsbewegungen zu einer innenpolitischen Destabilisierung zu führen drohten und die östlichen Regierungen mit außenpolitischer Abgrenzung reagierten.[20]

Da der ideologisch-politische Grundkonflikt zwischen Ost und West fortbestand und beide Seiten ihre jeweilige Wertorientierung nicht aufgaben, konnte das Ziel der Zusammenarbeit nicht die Überwindung des politischen Konfliktes sein, sondern nur dessen Management, durch das es auf beiden Seiten unerwünschte Folgewirkungen einzuhegen galt. Die kooperationsfördernden Funktionen waren daher auf die Konsultations- und Verhandlungsfunktion und entsprechende institutionelle Formen beschränkt. Das gemeinsame Interesse und die daraus erwachsenden Kooperationsziele reichten nicht zu einer operativen Zusammenarbeit zur Förderung der gemeinsamen Ziele. Diese kooperative Funktion und die damit verbundenen institutionellen Formen erhielt die KSZE erst nach der Überwindung des politischen Systemkonfliktes, zu der der KSZE-Prozeß als Berufungsinstanz für Oppositionsgruppen und als Rechtfertigung für internationale Einmischung somit als 'politischer Katalysator' einen von den meisten Akteuren nicht beabsichtigten und im einzelnen zwar schwierig zu bemessenden, aber dennoch anerkannten Beitrag leistete.[21]

4. Neue Aufgaben, Funktionen und institutionelle Formen der KSZE seit 1989

4.1 Neue kollektive Aufgaben und kooperative Funktionen

Mit dem Ende des Ost-West-Konfliktes stellte sich für den KSZE-Prozeß die Frage, ob er als Kind dieses Konfliktes überflüssig geworden war oder ob die KSZE im Rahmen der neuen internationalen Konstellationen kooperative Funktionen erfüllen und dadurch einen Beitrag zur Bewältigung kollektiver Aufgaben übernehmen konnte.

Das Sicherheitsdilemma wurde mit dem Ende des Ost-West-Konfliktes vom ideologischen Systemkonflikt entkoppelt, so daß die daraus erwachsende sicherheitspolitische Bedrohung entfiel. Zwischenstaatliche Unsicherheit wurde daher reduziert auf die in einem System souveräner Staaten unvermeidliche Ungewißheit über die Ziele und Absichten der anderen Regierungen sowie auf Ziel- und Interessenkonflikte zwischen einzelnen Staaten. Zudem entstand eine neue Wertegemeinschaft zwischen den alten und den neuen

---

20 Vgl. hierzu beispielsweise die kritische Würdigung deutscher KSZE-Politik durch Helga *Haftendorn*, Nachwort, in: Karl E. Birnbaum/Ingo Peters (Hrsg.), Zwischen Abgrenzung und Verantwortungsgemeinschaft. Zur KSZE-Politik der beiden deutschen Staaten 1984-1989. Baden-Baden: Nomos 1991; sowie Timothy Garton *Ash*, Im Namen Europas. Deutschland und der geteilte Kontinent. München/Wien: Hanser 1993, S. 301-318, 410-438, 529-544.
21 Vgl. *Lehne*, Vom Prozeß zur Institution, S. 503; sowie Wilfried *von Bredow*, Der KSZE-Prozeß, S. 171.

Demokratien, denn anstatt zu Kommunismus, Planwirtschaft und sozialistischem Menschenbild bekannten sich die postkommunistischen Regierungen in Ost- und Zentraleuropa nun zu Demokratie, Rechtstaatlichkeit und Marktwirtschaft - also zu politischen Prinzipien, die im allgemeinen mit dem Verzicht auf gewaltsame Interessendurchsetzung und dem Bekenntnis zur friedlichen Streitbeilegung verbunden werden. Der Wandel der problematischen Handlungsinterdependenz zu einem „degenerierten Sicherheitsdilemma"[22] eröffnete neue Perspektiven für eine kooperative Sicherheitspolitik. Unter den veränderten Rahmenbedingungen bestand die umfassende kollektive Aufgabe nun darin, einen friedlichen Wandel zu fördern und eine europäische Sicherheits- und Friedensordnung zu errichten. Dieses Ziel stellt die europäische Staatengemeinschaft vor zahlreiche kollektive Aufgaben, deren kooperative Bearbeitung Voraussetzung dafür ist, daß diese Neuordnung Gestalt gewinnen kann.

Bei diesen Aufgaben befinden sich vor allem die neuen Demokratien einzelstaatlich auf verlorenem Posten, so daß zur gemeinsamen Problembewältigung internationale Zusammenarbeit geboten ist. Eine zentrale kollektive Aufgabe ist es, die schwierigen Transformationsprozesse in Osteuropa, konkret die gesellschaftliche, wirtschaftliche und politische Demokratisierung und die wirtschaftspolitischen Umstellungen von der Plan- zur Marktwirtschaft, durch internationale Unterstützung kurzfristig zu stabilisieren. Diese Prozesse sind mit neuen Sicherheitsrisiken verbunden. Unvermeidlich stellen sich Probleme staatlicher Leistungsfähigkeit und damit Legitimität, die angesichts des Wohlstandsgefälles von West nach Ost mit grenzüberschreitender Kriminalität und Migrationsströmen verbunden sind und auch auf internationaler Ebene zu Interessenunterschieden und Konflikten führen können.

Anstelle der erstarrten, aber relativ stabilen bipolaren Struktur des Ost-West-Konfliktes finden wir heute zahlreiche Konfliktherde in unterschiedlichen Stadien der Konfliktentwicklung bis hin zu akuter gewaltsamer Eskalation. Konfliktverhütung und Krisenmanagement sowie die friedliche Beilegung von Streitfällen sind daher weitere kollektive Aufgaben im neuen Europa. Während des Ost-West-Konfliktes galt das gesamteuropäische Bemühen der Staaten vor allem dem Ziel, die Gefahren militärischer Konfliktaustragung zu entschärfen und eine unbeabsichtigte militärische Eskalation des politischen Konfliktes zu verhindern. Im Gegensatz zum grundsätzlichen Werte- und Interessenkonflikt zu Zeiten des Ost-West-Konfliktes geht es angesichts der politischen Umwälzungen seit 1989/1990 heute vor allem um die richtigen *Mittel*, um gemeinsame Ziele zu erreichen. Manifeste Werte- und Interessenkonflikte[23] bestehen jedoch fort, allerdings nicht mehr zwischen militärisch hochgerüsteten Blöcken sondern auf bilateraler bzw. subregionaler Ebene oder auch innerhalb von Staaten. Es werden traditionelle Territorialforderungen gestellt, Minderheitenrechte eingefordert oder offen Sezessionsbestrebungen verfolgt. Am häufigsten sind diese Konflikte in den neuen Demokratien und

---

22 Siehe hierzu Otto *Keck,* Sicherheitsinstitutionen im Wandel des internationalen Systems, in diesem Band, S. 257-274 (263).
23 Vgl. die Konflikttypologie bei Volker *Rittberger*/Michael *Zürn*, Transformation der Konflikte in den Ost-West-Beziehungen. Versuch einer institutionalistischen Bestandsaufnahme, in: Politische Vierteljahresschrift, Bd. 32, (1991), Nr. 3, S. 399-424.

den Nachfolgestaaten der Sowjetunion, am greifbarsten in den derzeitigen Krisen- und Kriegsgebieten im ehemaligen Jugoslawien und im Kaukasus.

Die neuen sicherheitspolitischen Herausforderungen erfordern nicht allein eine kurzfristige Ad-hoc-Kooperation, sondern eine weitere Institutionalisierung der Zusammenarbeit auf gesamteuropäischer Ebene. Welche Probleme kollektiven Handelns sind angesichts der skizzierten kollektiven Aufgaben zu überwinden? Welche kooperativen Funktionen internationaler Institutionen sind erforderlich, um die Probleme kooperativ zu bewältigen?

Nach dem Ende des Ost-West-Konfliktes war angesichts der nicht abgeschlossenen Transformationsprozesse in Mittel- und Osteuropa dennoch in Ost und West fraglich, ob tatsächlich eine neue vergrößerte Wertegemeinschaft demokratischer Staaten im Entstehen war. Vorrangig ging es um Rückversicherung und Vertrauensbildung: von Ost nach West um die Ernsthaftigkeit demokratischer Reformen, von West nach Ost um die Bereitschaft sowie um Wege und Strategien zur konkreten Unterstützung der Reformen. Aufgrund ihrer gesamteuropäischen Teilnehmerschaft, welche die neuen Demokratien ebenso wie die Neutralen und Nichtpaktgebundenen (N+N-Staaten) und die westlichen Staaten umfaßte, konnte die KSZE dem gesamteuropäischen Dialog als *Konsultationsforum* und dadurch der allseitigen Rückversicherung und politischen Vertrauensbildung dienen. Durch multilaterale Konsultationen konnten Informationen über die Haltung der Regierungen sowie die Einstellungen und Wertorientierung der politischen Akteure gewonnen und eine gemeinsame Definition der Probleme erreicht werden. Diese sollten als kollektive Aufgaben verstanden und durch Zusammenarbeit bewältigt werden.

Gleichzeitig war es erforderlich, verbindliche Verhaltensstandards zu vereinbaren, um einen Maßstab für die Glaubwürdigkeit der Akteure zu erhalten. Das Bekenntnis zu gemeinsamen Werten und Kooperationsbereitschaft war durch gemeinsame Regelsetzung zu konkretisieren. Gemeinsam vereinbarte Verhaltensstandards boten die Möglichkeit zur Überprüfung der tatsächlichen Umsetzung deklarierter Ziele und Werte. Die traditionelle Funktion der KSZE als *Verhandlungsforum* ist dadurch gekennzeichnet gewesen, daß auf gesamteuropäischer Ebene diffuse gemeinsame Interessen auf Grundlage eines weiten Sicherheitsbegriffs in konkrete gemeinsame Prinzipien, Normen und Regeln umgesetzt und vereinbart worden waren. Aufgrund der ideologischen Differenzen waren das in der Vergangenheit häufig Kompromisse auf der Basis des kleinsten gemeinsamen Nenners und Formelkompromisse, die von den beteiligten Regierungen in ihrem jeweiligen Sinne interpretiert werden konnten. Angesichts der politischen Umwälzungen und dem Bekenntnis zu gleichen Regierungs- und Wirtschaftsformen sollten sich nunmehr weitergehende und spezifischere Verhaltensregeln vereinbaren lassen.

Während zu Zeiten des Ost-West-Konfliktes die Zusammenarbeit durch die machtpolitische Konkurrenz begrenzt gewesen war, eröffnete sich durch den Wandel der internationalen Rahmenbedingungen die Möglichkeit, gemeinsame Ziele und Aufgaben nicht nur zu definieren, sondern auch auf der Ebene der operativen Zusammenarbeit durch konkrete internationale Maßnahmen und multilaterale Programme zur fördern. Dies betraf die schwierige Demokratisierung der Gesellschaften und staatlicher Institutionen ebenso wie die Umwandlung der Wirtschaftssysteme; es galt besonders für das Ziel, die aufbrechenden Konflikte vorbeugend zu deeskalieren, einzuhegen oder auf gewaltarme Austragungsformen zurückzuführen. Auf der Grundlage der KSZE-Prinzipien des Gewaltverzichts und des Gebots friedlicher Streitbeilegung waren solche Maßnahmen und Programme prinzipiell keine Einmischung in die inneren Angelegenheiten der Staaten, sondern ein legitimer Bestandteil der Beziehungen zwischen demokratischen Staaten. Die Förderung der Demokratisierung, der Menschen- und Minderheitenrechte ebenso wie gemeinsame Bemühungen um politische Konfliktverhütung und Krisenbewältigung waren nunmehr kollektive Aufgaben auf gesamteuropäischer Ebene.

4.2 Der Wandel der institutionellen Form

Um nach der Überwindung des Ost-West-Konfliktes zur Bewältigung der neu definierten gemeinsamen Herausforderungen beitragen zu können, mußte die KSZE an die neuen Herausforderungen angepaßt werden: Ihre Aufgaben und Kompetenzen waren neu zu definieren und Strukturen und Instrumente weiterzuentwickeln. Die Anpassung des Regelwerks ebenso wie der institutionellen Struktur an die neuen internationalen Rahmenbedingungen erfolgte auf den verschiedenen KSZE-Treffen ab 1989.[24]

Auch nach der politischen Wende von 1989 haben die normativen Grundsätze und Verhaltensregeln der Helsinki-Schlußakte ihre Funktion als normative Grundlage des KSZE-Prozesses behalten. Allerdings wurde das *Regelwerk* in wesentlichen Aspekten ergänzt und ausgestaltet. In den Dokumenten der KSZE-Treffen in Kopenhagen, Moskau, Bonn und zusammengefaßt in der Pariser Charta bekennen sich die KSZE-Staaten - trotz verbleibender Interpretationsunterschiede und Konfliktlagen - nun zur Demokratie als einzig legitimer Herrschaftsform sowie zu Marktwirtschaft und Menschen- und Minderheitenrechten als Maximen ihrer nationalen Politik. Auf der Budapester Überprüfungskonferenz im Dezember 1994 wurden neue Normen für den Umgang mit militärischen Machtmitteln nicht nur im zwischenstaatlichen Bereich, sondern auch in der Innenpolitik im *Verhaltenskodex zu politisch-militärischen Aspekten der Sicherheit* festgehalten. Dieser umfaßt beispielsweise Grundsätze für die Truppenstationierung im Ausland, die demokratisch-politische Kontrolle des Militärs und die Kontrolle des Verteidigungshaushalts durch die Legislative.

---

24 Bedeutsame Ergänzungen des KSZE-Regelwerks erfolgten durch die Dokumente des Wiener Folgetreffens im Januar 1989, der Treffen über die Menschliche Dimension in Paris im Mai 1989, in Kopenhagen im Juni 1990 und in Moskau im September 1991 sowie durch die Beschlüsse der Treffen über wirtschaftliche Zusammenarbeit in Bonn im April 1990 und über nationale Minderheiten in Genf im Juli 1991. Vereinbarungen zur Errichtung neuer Strukturen, Verfahren und Instrumente hielten die KSZE-Staaten zunächst in der Pariser Charta für ein neues Europa vom November 1990 fest; weitere Beschlüsse folgten - dann bereits innerhalb der neu geschaffenen Strukturen - auf den Ratstreffen in Berlin (Juni 1991), Prag (Januar 1992), Stockholm (Dezember 1992), Rom (Dezember 1993) sowie auf den Überprüfungstreffen (ehemals Folgetreffen) in Helsinki (Juli 1992) und Budapest (Dezember 1994). Für die einzelnen Beschlüsse sowie die nachfolgenden Einzelheiten zur institutionellen Entwicklung siehe die entsprechenden KSZE-Dokumente in: *Auswärtiges Amt* (Hrsg.), Sicherheit und Zusammenarbeit in Europa. Dokumentation zum KSZE-Prozeß 1990/91. Bonn 1991; sowie in: Auswärtiges Amt (Hrsg.), 20 Jahre KSZE. 1973-1993. Bonn 1993.

In diesem Zusammenhang wurde das in der Helsinki-Schlußakte von 1975 verankerte Prinzip der Nichteinmischung in die inneren Angelegenheiten der Teilnehmerstaaten (Prinzip VI) relativiert und reinterpretiert. Bereits dort steht dieses Prinzip unübersehbar in einem Spannungsverhältnis zu der in Prinzip VII formulierten Achtung der Menschenrechte und Grundfreiheiten und zu den Vereinbarungen im dritten 'Korb' über humanitäre Angelegenheiten und Menschenrechte, in denen eindeutig innerstaatliche Verhältnisse reglementiert wurden, die traditionell unter die innenpolitische Souveränität der Staaten fallen. Auf den Treffen in Kopenhagen und Moskau über Menschenrechts- und in Genf über Minderheitenfragen wurde nun eindeutig geklärt, daß Regelverletzungen in diesen Politikbereichen *nicht* unter Rückgriff auf das Nichteinmischungsprinzip legitimierbar sind.

Nach wie vor ist das Fundament der KSZE ein breiter Sicherheitsbegriff, wie er bereits in den drei 'Körben' der Helsinki-Schlußakte angelegt worden war. Seit 1989 wurden jedoch zusätzliche Politikbereiche einbezogen: Demokratisierung, Minderheitenschutz sowie Konfliktprävention und Krisenbewältigung. Als regionale Abmachung nach Kapitel VIII der UN-Charta ist die KSZE bei entsprechender Beschlußfassung in der Lage, Aufgaben von der friedlichen Streitbeilegung bis zu friedenserhaltenden Maßnahmen (*peacekeeping*) zu erfüllen. Die KSZE-Staaten haben jedoch die in Art. 53 der UN-Charta vorgesehene Möglichkeit ausgeschlossen, im Auftrag der UNO friedens*schaffende* Zwangsmaßnahmen durchzuführen.[25] Daher ist die OSZE bis heute *kein* regionales System kollektiver Sicherheit, denn es fehlt ihr die Kompetenz und das Instrumentarium Aggressoren aus den eigenen Reihen militärisch zu sanktionieren.

Wie in der Vergangenheit erstreckt sich die Kompetenz der KSZE auf die Normensetzung und die Implementationskontrolle. Darüber hinaus kann heute über operative Maßnahmen entschieden werden, um die Umsetzung gemeinsamer Ziele zu fördern und Umsetzungsmängeln zu begegnen. Bei fortgesetzter und nichtbehobener Verletzung von Normen und Prinzipien können auch *politische* Sanktionen verhängt werden. Die Sanktionsmöglichkeiten bleiben allerdings auf Maßnahmen *außerhalb* des betroffenen Staates beschränkt. Im Unterschied zur KSZE vor 1989 ist die OSZE in den ihr zugewiesenen Politikfeldern heute auch mit Kompetenzen im Bereich der Koordination staatlicher Politik und der zwischenstaatlichen Kooperation ausgestattet, die für das Management der operativen Zusammenarbeit erforderlich sind.

Voraussetzung für die Handlungsfähigkeit der Institution ist die Fähigkeit, Entscheidungen herbeizuführen, und zwar innerhalb eines Zeitrahmens, der den anstehenden Problemen und Aufgaben gerecht wird. Grundsätzliche Entscheidungen wie bei der Setzung neuer Verhaltensnormen werden auch in der neuen KSZE/OSZE auf der Grundlage des Konsenses gefaßt. Allerdings ist die Einstimmigkeitsregel für spezielle Fälle relativiert worden. Dies gilt für die Initiierung der verschiedenen Konsultationsmechanismen (Mechanismus für dringliche Fälle, Mechanismus für unvorhergesehene militärische Aktivi-

---

25 Siehe hierzu im einzelnen Ingo *Peters*, CSCE and Peacekeeping. An Institution and its Instrument as „Victims" of Conflicting State Interests, in: David Haglund/Hans Georg Ehrhart (Hrsg.), The „New Peacekeeping" and European Security. Germany and Canadian Interests and Issues. Baden-Baden: Nomos 1985, S. 107-126.

täten, Mechanismen für die friedliche Beilegung von Streitigkeiten), für die unterschiedliche Quoren festgelegt worden sind. Ferner können in Fällen von Verletzungen einschlägiger Verpflichtungen im Bereich der Menschenrechte, Demokratie und Rechtstaatlichkeit Maßnahmen *gegen* einen Teilnehmerstaat ('Konsens-minus-eins') ergriffen werden. Dabei sind, wie bereits angesprochen, die möglichen Maßnahmen auf *politische* Schritte *außerhalb* des Territoriums des betroffen Staates beschränkt.

Die OSZE ist heute keine bloße Konferenzfolge mehr, sondern eine *ständige* Institution mit weitgehend geklärter Entscheidungsstruktur und Arbeitsteilung zwischen den verschiedenen Einrichtungen. Dazu gehören politische Organe, die periodisch zusammentreten, wie die Gipfeltreffen, die Überprüfungskonferenzen, der Ministerrat und der Hohe Rat. Durch die Einrichtung des Ständigen Rates in Wien und den Ausbau der Position des Amtierenden Vorsitzenden, der als politische Exekutive fungiert, sind notwendige Voraussetzungen geschaffen für die permanente Entscheidungs- und Handlungsfähigkeit der KSZE. Funktionale Organe stehen zur Durchführung beschlossener Maßnahmen zur Verfügung: der Generalsekretär bzw. das Sekretariat, das Forum für Sicherheitskooperation, das Büro für Demokratische Institutionen und Menschenrechte sowie der Hohe Kommissar für nationale Minderheiten und der Schiedsgerichtshof.

Die Organe sind für ihre spezifischen politischen oder funktionalen Aufgaben mit Instrumenten ausgestattet worden, die - zusammen mit der Entscheidungsbefugnis - der OSZE eine zwar begrenzte, aber dennoch politisch bedeutsame operative Fähigkeit verleihen. Dazu gehören die verschiedenen Mechanismen sowie die verschiedenartigen Missionen, die einzeln oder kombiniert dazu dienen können, gefährliche Konflikte rechtzeitig zu erkennen (Frühwarnung), deren Eskalation möglichst früh entgegenzuwirken (Konfliktverhütung durch Gute Dienste), bestehende Konflikte einzudämmen oder beizulegen (Streitschlichtung, *peacekeeping*) oder Regelverletzern durch Sanktionen zu begegnen (Krisenmanagement).

Im Vergleich zur KSZE vor 1989 bedeutet der seither vollzogene Wandel der institutionellen Form einen Fortschritt in der Institutionalisierung. Diese Entwicklung hat nicht nur eine neue Quantität und Vielfalt, also zahlenmäßig mehr und verschiedenartige Foren, Organe und Instrumente, sondern auch eine neue institutionelle Qualität hervorgebracht, die sich vor allem in der permanenten Konsultationsfähigkeit im Ständigen Rat, der Einschränkung des Konsensprinzips bei der Entscheidungsfindung und im operativen Instrumentarium der OSZE zeigt.[26] Am völkerrechtlichen Status hat jedoch auch die Umbenennung in OSZE nichts geändert. Sie ist weiterhin ein rein *inter*nationaler Prozeß, ohne daß die Teilnehmerstaaten souveräne Rechte an die Institution abgetreten hätten oder sich aus Aufgabenzuweisungen *de facto* Einschränkungen der Souveränität ergeben hätten. Die OSZE bleibt insgesamt eine politische Institution zum Zweck intergouvernementaler Kooperation.

---

26 Zur Bewertung der politischen Wirkung dieses Wandels siehe Ingo *Peters*, From the CSCE to the OSCE. Institutional Quality and Political Meaning, in: ders. (Hrsg.), New Security Challenges: The Adaptation of Institutions. Reforming the UN, NATO, CSCE and EU since 1989. Münster/Hamburg: LIT Verlag 1996, S. 85-122.

4.3 Kollektive Aufgaben in der Zeit des Übergangs

Das Ende des Ost-West-Konfliktes geschah nicht plötzlich, sondern entwickelte sich zumindest ab Mitte der achtziger Jahre. Mit der Machtübernahme Michael Gorbatschows im März 1985 und seiner Reformpolitik gewannen die 'Satellitenstaaten' der Sowjetunion politischen Bewegungsraum, so daß sie grundlegende politische Reformen bis hin zur Abkehr vom Kommunismus und Sozialismus vollzogen. Die demokratischen Revolutionen in den sozialistischen Staaten führten schließlich im Dezember 1991 zur Auflösung der Warschauer Vertragsorganisation und im Dezember 1992 zum Zerfall der Sowjetunion. Diese Ereignisse spiegelten sich auch im Verhandlungsverlauf und den Ergebnissen der KSZE als dem zentralen Element multilateraler Diplomatie zwischen Ost und West wider. Eine neue politische Beweglichkeit und Kompromißbereitschaft zeigte sich auf östlicher Seite bereits auf der Stockholmer Konferenz über Vertrauens- und Sicherheitsbildende Maßnahmen und Abrüstung in Europa (KVAE, 1984-1986)[27], bei der erstmals Vor-Ort-Inspektionen bei Verdacht auf Verletzung vereinbarter Regeln vereinbart wurden. Auf dem Wiener Folgetreffen (November 1986 - Januar 1989) einigten sich die KSZE-Staaten erstmals auf eine Verifikationsregelung im Bereich der Menschenrechte.[28] Auf diesem Treffen wurden auch für die Zeit bis zum nächsten geplanten Folgetreffen im Jahre 1992 Verhandlungen und Expertentreffen zu den verschiedenen Sachbereichen vereinbart. Im März 1989 wurden in Wien neue Verhandlungen über Vertrauens- und Sicherheitsbildende Maßnahmen (VVSBM) und parallel dazu - unter dem Dach der KSZE, aber organisatorisch unabhängig und beschränkt auf die Bündnisstaaten der Warschauer Vertragsorganisation (WVO) und der NATO - Verhandlungen über eine Reduzierung konventioneller Streitkräfte aufgenommen (VKSE). Weiterhin wurden für April 1990 in Bonn eine Konferenz über Wirtschaftliche Zusammenarbeit in Europa, für Mai 1989 in Paris, für Juni 1990 in Kopenhagen und für September 1991 in Moskau Konferenzen über die Menschliche Dimension der KSZE, für Februar 1991 in La Valletta ein Expertentreffen über die Friedliche Regelung von Streitfällen und für Juli 1991 in Genf ein Expertentreffen über nationale Minderheiten vereinbart.[29]

Während des Jahres 1989 beschleunigten sich jedoch die politischen Umbruchprozesse in den mittel- und osteuropäischen Staaten (MOE-Staaten) dramatisch. Der Mauerfall im November 1989 brachte plötzlich die Vereinigung der beiden deutschen Staaten auf die europäische Tagesordnung. Obwohl die Aufteilung Europas in Ost und West sich aufzulösen begann und damit auch die politische Grundlage für den KSZE-Prozeß als Vehikel der begrenzten Zusammenarbeit zwischen den politischen Gegnern entfiel, wurde der im

---

27 Vgl. *Peters*, Transatlantischer Konsens und Vertrauensbildung in Europa, S. 204-217; sowie John *Borawski*, From the Atlantic to the Urals. Negotiating Arms Control at the Stockholm Conference. Washington u. a.: Pergamon-Brassey's 1988, S. 83-93, 106f.
28 Vgl. Stefan *Lehne*, The Vienna Meeting of the Conference on Security and Cooperation in Europe, 1986-1987. A Turning Point in East-West Relations. Boulder, CO u. a.: Westview 1991, S. 150-173 (169f.).
29 Vgl. Konferenz über Sicherheit und Zusammenarbeit in Europa. Abschließendes Dokument des Wiener KSZE-Folgetreffens, in: Bulletin des Presse- und Informationsamtes der Bundesregierung (zit. als Bulletin), Nr. 10 (31.1.1989), S. 77-108. Die Aufzählung der vereinbarten Folgeveranstaltungen ist keinesfalls vollständig, siehe ebd., S. 98-105 (Anhänge III-X).

Januar 1989 in Wien vereinbarte Zeitplan für weitere KSZE-Treffen eingehalten. Dies erlaubte zum einen, daß eine Vielzahl von - oben bereits angesprochenen - weiterführenden Dokumenten verabschiedet werden konnte. Die neuen Normen und Regeln zwischen- und innerstaatlichen Verhaltens, die auf diesen Treffen vereinbart wurden, bildeten bereits eine wichtige Grundlage für die politische Neuordnung Europas. Zum zweiten erhielt der KSZE-Prozeß in dieser Phase des Wandels des europäischen Staatensystems neue, unvorhergesehene politische Aufgaben zugewiesen mit dem Ziel, den internationalen Umbruch multilateral zu steuern und zu stabilisieren. Eine politische Instrumentalisierung erfolgte in der Übergangsphase insofern, als die KSZE dazu diente, das Drängen der neuen Demokratien in die westlichen Institutionen, also in die EG und die NATO politisch 'abzufedern' und die Vereinigung der beiden deutschen Staaten multilateral zu legitimieren.

Angesichts der sicherheitspolitischen Risiken, die mit der gesellschaftlichen, wirtschaftlichen und politischen Transformation verbunden waren, drängten die osteuropäischen Staaten früh auf einen umfangreichen Ausbau der KSZE als gesamteuropäische Sicherheitsorganisation. Aufgrund der sehr unterschiedlichen Positionen zum politischen Stellenwert der KSZE im Westen, stellte sich jedoch sehr bald eine Desillusionierung über die Entwicklungsmöglichkeiten der KSZE ein. Daher verfolgten die Regierungen der MOE-Staaten das Ziel, Mitglieder der NATO und der EG zu werden.[30] Von diesen Organisationen, die in ihren Augen für Demokratie, Wohlstand und Sicherheit standen, erhofften sie sich Unterstützung bei der Transformation ihrer Wirtschaft und Gesellschaft und Sicherheitsgarantien als Schutz vor den unsicheren politischen Entwicklungen in der Sowjetunion bzw. in Rußland.

Der Westen reagierte auf diese Wünsche jedoch zurückhaltend, denn die EU- und die NATO-Staaten wollten ihre erfolgreichen Institutionen nicht durch 'unsichere Kandidaten', die zudem mit zahlreichen Konflikten untereinander belastet waren, in ihrem Funktionieren oder gar ihrer Existenz gefährden. Gegen einen schnellen Zugang der osteuropäischen Staaten zur EG sprach vor allem, daß diese die dafür notwendigen gesellschaftlichen und wirtschaftlichen Voraussetzungen noch nicht erfüllten.[31] Die Beitrittswünsche zur NATO wurden mit dem Hinweis zurückgewiesen, daß dies die Sowjetunion ausgrenzen und dadurch neue Trennlinien in Europa schaffen würde. Aus westlicher Perspektive ergab sich die Notwendigkeit, die positiven Entwicklungen in Osteuropa derart zu fördern, daß die neuen Demokratien schrittweise und differenziert an die westlichen Institutionen herangeführt werden konnten. Statt einer umgehenden Mitgliedschaft in der EG und der NATO sollte den neuen Demokratien in Osteuropa mit einer gestärkten KSZE

---

30 Pál *Dunay*, Adversaries All Around? (Re)Nationalization of Security and Defence Policies in Central and Eastern Europe (Clingendael Paper). Den Haag: Netherlands Institute of International Relations Clingendael 1994, S. 53-57.
31 Vgl. hierzu u. a.: Falk *Bomsdorf* u. a., Die Risiken des Umbruchs in Osteuropa und die Herausforderungen für die Europäische Gemeinschaft (Arbeitspapiere zur Internationalen Politik Bd. 74). Bonn: Europa Union Verlag 1993, bes. S. 82-110; Siegfried *Schwarz*, Die EG. Ein europäischer Stabilitätsfaktor? in: Deutschland Archiv, Bd. 25 (1992), Nr. 7, S. 727-732 (730); sowie Werner *Weidenfeld*/Wolfgang *Wessels* (Hrsg.), Jahrbuch der europäischen Integration 1991/92. Bonn: Europa Union Verlag 1992, z. B. S. 76, 316.

zunächst ein Orientierungsrahmen für ihre weitere Entwicklung gegeben werden. Der Ausbau der KSZE bot eine Möglichkeit, das Drängen der neuen Demokratien in die westlichen Institutionen politisch 'abzufedern'. Die westlichen Pläne zum Ausbau der KSZE blieben jedoch wesentlich hinter den Vorstellungen der MOE-Staaten zurück, insbesondere was wirksame militärische Sicherheitsgarantien betraf. Daher geriet die vom Westen eröffnete Perspektive eines - gemessen an ursprünglichen Plänen vieler MOE-Staaten - bescheidenen Ausbaus der KSZE aus deren Sicht zu einem politischen Trostpflaster für die *de facto* auf absehbare Zeit erfolgende 'Aussperrung' von der EG[32] und der NATO.

In der Zeit zwischen dem Mauerfall und der Vereinigung der beiden deutschen Staaten am 3. Oktober 1990 spielte die KSZE eine wichtige deutschlandpolitische Rolle. Die deutsche Außenpolitik zielte nach dem Fall der Mauer vor allem auf die Vereinigung der beiden deutschen Staaten und deren internationale Absicherung. Die KSZE war zwar *nicht* der zentrale Schauplatz des international abgestimmten Prozesses der deutschen Vereinigung - das war vielmehr der 2+4-Prozeß -, aber sie war der multilaterale Rahmen, in dem dieser Prozeß gesamteuropäisch eingebunden, legitimiert und dadurch abgesichert werden sollte. „Die künftige Architektur Deutschlands muß sich einfügen in die künftige Architektur Gesamteuropas", erklärte Bundeskanzler Helmut Kohl und bezeichnete den KSZE-Prozeß als deren „Herzstück".[33] Die Bedeutung der KSZE für die deutsche Außenpolitik zeigte sich auch an der vom Außenminister erklärten Absicht, die Ergebnisse der 2+4-Verhandlungen „im Herbst feierlich dem KSZE-Gipfel in Paris vorzulegen"[34], was später auch geschah.

Innerhalb des vielschichtigen Verhandlungsprozesses, in den die Vereinigung eingebettet war, ging es auf der gesamteuropäischen Ebene darum, die Nachbarn Deutschlands - zumal denjenigen, die *nicht* am 2+4-Prozeß beteiligt waren - zu versichern, daß die Vereinigung gegen niemanden gerichtet war.[35] Die Vereinigung sollte *ohne* den Abschluß formaler Friedensverträge zwischen Deutschland und den Weltkriegsalliierten sowie den

---

32 Vgl. Europäischer Rat in Lissabon. Tagung der Staats- und Regierungschefs der EG am 26./27.6.1992. Schlußfolgerungen des Vorsitzes, in: Bulletin, Nr. 71 (1.7.1992), S. 673-688, bes. Bericht der Kommission: „Europa und die Problematik der Erweiterung", in: ebd., S. 684-688.
33 Helmut *Kohl*, Zehn-Punkte-Programm zur Überwindung der Teilung Deutschlands und Europas. Rede vor dem Deutschen Bundestag, 28.11.1989, in: Auswärtiges Amt (Hrsg.), Umbruch in Europa. Die Ereignisse im 2. Halbjahr 1989. Eine Dokumentation. Bonn 1990, S. 111-121 (119f.). Bereits in der Bezeichnung des Programms ist die Verknüpfung der deutschen Vereinigung mit der gesamteuropäischen Dimension deutlich. Allerdings vermißten Deutschlands Nachbarn in diesem Zusammenhang einen 'elften Punkt': eine klare Anerkennung der Oder-Neiße-Grenze als deutsche Ost- und polnische Westgrenze. Siehe hierzu auch Horst *Teltschik*, 329 Tage. Innenansichten der deutschen Einigung. Berlin: Siedler 1991, S. 59f., 163f.; sowie Peter R. *Weilemann*, Der deutsche Beitrag zur Überwindung der europäischen Teilung. Die zehn Punkte von Bundeskanzler Helmut Kohl, in: Außenpolitik, Bd. 41 (1990), Nr. 1, S. 15-30.
34 Erklärung der Bundesregierung zum Vertrag über die abschließende Regelung in bezug auf Deutschland, abgegeben vom Bundesminister des Auswärtigen vor dem Deutschen Bundestag, 20.9.1990, in: Bulletin, Nr. 113 (21.9.1990), S. 1185-1188 (1185).
35 Vgl. z. B. Die Deutsche Frage aus internationaler Sicht, in: Europa-Archiv (Themenausgabe), Bd. 45, Nr. 4 (25.2.1990), S. 117-158, mit Beiträgen von Hans-Peter *Riese*, Michael H. *Haltzel*, Walter *Schütze*, Richard *Davy*, Otto *Schulmeister* sowie Marc *Beise*.

Nachbarstaaten geschehen - auch, um problematische Reparationsrechnungen zu vermeiden. Die internationale Absicherung war vor allem deswegen erforderlich, weil zumindest seit der 'neuen Ostpolitik' Anfang der siebziger Jahre - trotz aller prinzipiellen Lippenbekenntnisse - die deutsche Einheit nicht auf der Tagesordnung gestanden hatte und nach Auffassung vieler westdeutscher Politiker bestenfalls nach bzw. Im Zuge einer gesamteuropäischen Einigung hätte zustande kommen können.[36] Tatsächlich stand das atemberaubende Tempo des deutschen Einigungsprozesses jedoch in einem unübersehbaren Spannungsverhältnis zu der jahrelang von der Bonner Regierung deklamierten deutschlandpolitischen Perspektive 'einer deutschen Vereinigung nach bzw. im Zuge der gesamteuropäischen Einigung'.

Vor allem gegenüber Moskau diente die KSZE der Bundesrepublik im Vorfeld zum Pariser KSZE-Gipfel im November 1990 als deutschlandpolitisches Instrument. Als Reaktion auf Kohls „Zehn-Punkte-Programm zur Überwindung der Teilung Deutschlands und Europas"[37] schlug der sowjetische Ministerpräsident Michail Gorbatschow im Dezember 1989 vor, ein KSZE-Gipfeltreffen ('Helsinki -II'), das gemäß den Beschlüssen des Wiener Folgetreffens vom Januar 1989 erst für März 1992 vorgesehen war, in der zweiten Hälfte des Jahres 1990 vorzuziehen. Die aktive deutsche Mitarbeit bei der Überwindung der europäischen Spaltung durch einen nachhaltigen Ausbau des KSZE-Prozesses war aus dieser Perspektive ein Prüfstein für den Willen Bonns - aber auch den der westlichen Partnerstaaten -,

„die Interessen der andren (sic!) europäischen Staaten zu berücksichtigen und auf kollektiver Grundlage gegenseitig annehmbare Lösungen für alle Fragen und Probleme zu suchen, die in diesem Zusammenhang auftreten können, darunter auch den Abschluß einer europäischen Friedensregelung".[38]

Moskaus Ziel war es daher, die Prozesse der deutschen Vereinigung und der Stärkung und Institutionalisierung der KSZE zu synchronisieren.[39] Aufgrund von Befürchtungen,

---

36 Vgl. CDU: Wiedervereinigung jetzt nicht erreichbar, in: Süddeutsche Zeitung (zit. als SZ), 19.2.1988.
37 Vgl. Rom hegt keine Bedenken wegen eines „deutschen Revanchismus", in: Frankfurter Allgemeine Zeitung (zit. als FAZ), 1.12.1989. Vgl. *Kohl*, Zehn-Punkte-Programm zur Überwindung der Teilung Deutschlands und Europas, S. 111-121 (119f.). Auf dem Wiener KSZE-Folgetreffen war das nächste Folgetreffen für den 24.3.1992 in Helsinki vereinbart worden. Vgl. Konferenz über Sicherheit und Zusammenarbeit in Europa. Abschließendes Dokument des Wiener Folgetreffens vom 15.1.1989, in: Bulletin, Nr. 10 (31.1.1989), S. 77-108, insbesondere den Abschnitt „Folgen der Konferenz", S. 95.
38 Eduard *Schewardnadse*, Sieben Punkte zur Deutschlandpolitik. Rede vor dem Politischen Ausschuß des Europaparlaments in Brüssel am 19.12.1989 (Auszüge), in: Auswärtiges Amt (Hrsg.), Umbruch in Europa, S. 146-153 (150).
39 Vgl. Adam Daniel *Rotfeld*, New Security Structures in Europe. Concepts, proposals and decisions, in: Stockholm International Peace Research Institute (Hrsg.), SIPRI Yearbook 1991. World Armaments and Disarmament. Oxford: Oxford University Press 1991, S. 585-600 (595). Von der Bundesregierung und der sowjetischen Regierung wurden verschiedene Formeln dafür diskutiert, wie die NATO-Mitgliedschaft eines vereinten Deutschlands aussehen konnte. Bonn erklärte sich auch bereit, sowjetischen Forderungen nach Begrenzungen für den Umfang der Bundeswehr entgegenzukommen, siehe hierzu *Teltschik*, 329 Tage, S. 161f.; Ingo *Peters*, United Germany in NATO. Genscher's Plan for German Unification and European Security, in: K. B. Lall/H. S. Chopra/Thomas Meyer (Hrsg.), EC 92, United Germany, and the Changing World Order. New Delhi: Ra-

die aus dem sich abzeichnenden Vereinigungsprozeß der beiden deutschen Staaten erwuchsen, propagierte Moskau auch bereits Mitte Dezember 1990 weitgehende Vorschläge zur Institutionalisierung der KSZE.

Die Bundesregierung stimmte zu, den geplanten KSZE-Gipfel vorzuziehen, und befürwortete auch einen Ausbau der KSZE, vor allem um die sowjetischen Widerstände gegen die deutsche Vereinigung zu überwinden, besonders die Einwände gegen die Mitgliedschaft eines vereinten Deutschlands in der NATO, die die Bundesregierung und vor allem die USA mit Nachdruck anstrebten. Der KSZE-Gipfel vor der deutschen Vereinigung und eine Stärkung der KSZE waren nach Bundesaußenminister Hans-Dietrich Genscher vor allem dazu notwendig, die Vereinigung Deutschlands und dessen NATO-Mitgliedschaft für Moskau annehmbar zu gestalten.[40] Die Bonner Regierung setzte sich dementsprechend in bilateralen Kontakten mit den Nachbarstaaten ebenso innerhalb der westlichen Gremien für einen KSZE-Gipfel ein[41] und erhielt auf einem informellen Außenministertreffen der EG am 20. Januar 1990 die Zustimmung der EG-Partner.[42] Es war bezeichnend, daß die EG ihre Leitlinien für die KSZE auf einem Sondergipfel in Dublin formulierte, bei dem es ausdrücklich um die 'Deutsche Frage' ging.[43] Die NATO stimmte - nach anfänglichem Zögern, besonders der USA - diesem für Bonn besonders wichtigen KSZE-Gipfel am 7. Februar 1990 zu.[44] Dieses Ziel einer Stärkung der KSZE wurde

---

diant Publishers 1993, S. 143-159 (145f.); sowie Gunther *Hellmann*, Die Westdeutschen, die Stationierungstruppen und die Vereinigung. Ein Lehrstück über „verantwortliche Machtpolitik", in: ders. (Hrsg.), Alliierte Präsenz und deutsche Einheit. Die politischen Folgen militärischer Macht. Baden-Baden: Nomos 1994, S. 91-125.

40 Vgl. Genscher in Moskau. Signale der Stabilisierung, in: FAZ, 6.12.1989; Gespräche länger als geplant, in: SZ, 12.6.1990; Hans-Dietrich *Genscher*, Rede vor der Deutschen Gesellschaft für Auswärtige Politik in Bonn am 28.6.1990, in: Auswärtiges Amt (Hrsg.), Mitteilung für die Presse (zit. als Mitteilung), Nr. 1136 (28.6.1990). Weitere Voraussetzungen für die sowjetische Zustimmung waren nach Genscher: 1) Fortschritte bei der konventionellen Abrüstung, 2) die Herstellung einer qualitativ neuen Beziehung zwischen den Militärbündnissen in Ost und West, 3) die Anerkennung der Staatsgrenzen in Europa und 4) eine Intensivierung der ökonomischen Zusammenarbeit mit der Sowjetunion.

41 Vgl. z. B. zu Regierungsgesprächen mit der Schweiz: Ein KSZE-Gipfel soll neue Ordnung für Europa finden, in: FAZ, 10.2.1990; sowie zu Regierungsgesprächen mit Polen: Kein Einwand gegen deutsche Einheit, in: SZ, 8.2.1990. Vgl. auch die interessante Zusammenstellung der Bundesregierung über die Konsultationen des Bundeskanzlers zur Deutschland-Frage im Zeitraum Januar bis März 1990 unter dem Titel: Einbettung der deutschen Einigung in den europäischen Einigungsprozeß, in: Bulletin, Nr. 40 (27.3.1990), S. 314.

42 Vgl. *Auswärtiges Amt* (Hrsg.), Deutsche Außenpolitik 1990/91. Auf dem Weg zu einer europäischen Friedensordnung. Eine Dokumentation. Bonn 1991, S. 19.

43 Vgl. EG treibt KSZE-Gipfel voran, in: SZ, 30.4.1990; sowie: Europäischer Rat in Dublin. Sondertagung der Staats- und Regierungschefs der EG am 28.4.1990, in: Bulletin, Nr. 51 (4.5.1990), S. 401-404.

44 Washington hatte zuvor den Gipfel mit dem erfolgreichen Abschluß der laufenden KSE-Verhandlungen und der Forderung nach Einrichtung eines KSZE-Büros für freie Wahlen gekoppelt. Aus amerikanischer Sicht mußten freie Wahlen als ein unveräußerliches Menschenrecht behandelt und festgeschrieben werden. Genscher hatte noch unmittelbar vorher in Wien gemeinsam mit seinen italienischen und französischen Kollegen, de Michelis und Dumas, bei der VKSE selbst auf eine schnellen Abschluß der Verhandlungen in Wien und eine KSZE-Gipfelkonferenz im Herbst des Jahres gedrängt. Vgl. *Baker*, KSZE-Gipfel nach Abrüstungsvertrag, in: SZ, 3./4.2.1990; Genscher fordert rasche Abrüstungsschritte in Wien, in: SZ, 26.1.1990; sowie Hans-Dietrich *Genscher*, Erklärung des Bundesministers des Auswärtigen vor dem Plenum der VKSE in Wien am 25.1.1990 (Auszüge), in: Auswärtiges Amt (Hrsg.), Deutsche Außenpolitik, S. 75-77.

durch die grundsätzliche Unterstützung der USA erreicht, wie sie etwa in US-Außenminister James Bakers „neun Zusicherungen"[45] an Moskau vom April 1990 zum Ausdruck kam. Bonn konnte somit die KSZE-Politik für seine Deutschlandpolitik instrumentalisieren. Durch die glaubwürdige Befürwortung einer Stärkung der KSZE wurde dem Wunsch Moskaus entsprochen und der 2+4-Prozeß mit dem KSZE-Prozeß synchronisiert.[46]

Auf dem Treffen von Kohl und Gorbatschow im Kaukasus im Juli 1990, auf dem die sowjetischen Widerstände gegen eine NATO-Mitgliedschaft des vereinten Deutschlands beseitigt werden konnten, stellte Kohl in seiner Zusammenfassung der Ergebnisse ausdrücklich einen Bezug zwischen der Bündnisfrage und der KSZE-Schlußakte her. Dies ist einerseits als Hinweis zu verstehen auf die in der Prinzipienerklärung der Schlußakte von 1975 festgelegte souveräne Entscheidung der Staaten, „Vertragspartei eines Bündnisses zu sein oder nicht zu sein" (Prinzip I)[47], andererseits als Hinweis auf die politische Bedeutung der KSZE und eine allgemeine deutsche Unterstützung für das sowjetische Ziel, die KSZE als gesamteuropäische, die Bündnisse überwölbende Struktur auszubauen.[48]

Auf dem Pariser KSZE-Gipfeltreffen im November 1990 wurde in der *Charta für ein neues Europa* die Vereinigung der beiden deutschen Staaten auf gesamteuropäischer Ebene mit „großer Genugtuung" zur Kenntnis genommen und bestätigt, „daß das deutsche Volk sich in Übereinstimmung mit den Prinzipien der Schlußakte der Konferenz über Sicherheit und Zusammenarbeit in Europa und in vollem Einvernehmen mit seinen Nachbarn in einem Staat vereinigt hat".[49] Damit wurden die Vereinbarungen des 2+4-Vertrages über die äußeren Aspekte der deutschen Vereinigung von allen KSZE-Staaten legitimiert.

Im Gegensatz zu früheren Bestrebungen der Bonner Regierung, die Deutsche Frage möglichst aus dem KSZE-Prozeß herauszuhalten, fungierte die KSZE nun doch als eine Art 'Ersatz-Friedensvertrag'.[50] Diese Instrumentalisierung war unvorhergesehen und

---

45 James *Baker*, Neun Zusicherungen an die Sowjets. Rede des Außenministers beim NATO-Rat in Turnberry am 7.6.1990, in: Amerika-Dienst, Nr. 23 (13.6.1990), o. S.
46 Vgl. *Rotfeld*, New Security Structures in Europe, S. 595; Ulrich *Albrecht*, Die Abwicklung der DDR. Die „2+4-Verhandlungen". Ein Insiderbericht. Opladen: Westdeutscher Verlag 1992, S. 75-78; sowie Stefan *Fröhlich*, Umbruch in Europa. Die deutsche Frage und ihre sicherheitspolitischen Herausforderungen für die Siegermächte, in: APuZ, Nr. 29 (13.7.1990), S. 35-45 (44).
47 Konferenz über Sicherheit und Zusammenarbeit in Europa. Schlußakte. Helsinki 1975, in: Bulletin, Nr. 102 (15.8.1975), S. 965-999 (969).
48 Vgl. Bilanz und Perspektiven der Politik der Bundesregierung. Erklärung des Bundeskanzlers vor der Bundespressekonferenz in Bonn, 17.7.1990, in: Bulletin, Nr. 93 (18.7.1990), S. 801-804, bes. 803. Dort heißt es unter „Drittens": „Das geeinte Deutschland kann in Ausübung seiner vollen und uneingeschränkten Souveränität frei und selbst entscheiden, ob und welchem Bündnis es angehören will. Dies entspricht dem Geist und dem Text der KSZE-Schlußakte." Vgl. auch Gregor *Schöllgen*, Einheit durch Europa. Die Bundesrepublik und der KSZE-Prozeß, in: ders., Die Macht in der Mitte Europas. Stationen deutscher Außenpolitik von Friedrich dem Großen bis zur Gegenwart. München: Beck 1992, S. 148-165 (164f.).
49 Charta von Paris für ein neues Europa. Erklärung des Pariser KSZE-Treffens der Staats- und Regierungschefs, 21.11.1990 (zit. als Charta von Paris), in: Bulletin, Nr. 137 (24.11.1990), S. 1409-1421 (1411).
50 Zur Funktion als 'Friedensvertrag' vgl. die weitsichtige Diskussion bei Eberhard *Schulz*, Die deutsche Frage im KSZE-Prozeß, in: ders., Die deutsche Frage und die Nachbarn im Osten. München:

ergab sich aufgrund der Veränderungen im internationalen Umfeld der Konferenz. Ihre deutschlandpolitische Funktion als multilateraler gesamteuropäischer Legitimationsrahmen für die deutsche Vereinigung und ihre Stärkung als *bargainingship* sowie als Gegenleistung an Moskau für die sowjetische Zustimmung zur NATO-Mitgliedschaft des vereinten Deutschlands konnte die KSZE vor allem aufgrund ihrer umfassenden Mitgliedschaft sowie des am friedlichen Wandel orientierten Regelwerks erfüllen.

Die Instrumentalisierung als gesamteuropäische 'Wartehalle' zur NATO und zur EG für die beitrittswilligen MOE-Staaten konnte ihr vor allem aufgrund ihres vergleichsweise geringen Institutionalisierungsgrades vom Westen zugedacht werden. Einerseits konnte die KSZE ohne Probleme ausgebaut werden und die Stabilisierung im Osten fördern, andererseits stellte ihr Ausbau weder für die MOE-Staaten schwierig zu erfüllende integrationspolitische Anforderungen noch für die EG-Staaten integrationspolitische Belastungen dar. In diesem Falle konnte die KSZE die ihr zugedachte politische Funktion allerdings nicht erfüllen, weil die bescheidene Stärkung der KSZE, zu der der Westen bereit war, weit hinter den sicherheitspolitischen Zielen der MOE-Staaten zurückblieb und darum deren Drängen in die westlichen Organisationen kaum bremsen konnte.

5. *Die OSZE als Institution kooperativer Sicherheit: Ein Kompromiß zwischen konkurrierenden Institutionenpräferenzen*[51]

Der KSZE/OSZE sind von den Teilnehmerstaaten seit 1989 umfangreiche kollektive Aufgaben bei der Normensetzung, der Überwachung und Förderung der Demokratisierung, der Menschen- und Minderheitenrechte, der Konflikt- und Krisenbewältigung, der friedlichen Streitbeilegung, der Abrüstung und Rüstungskontrolle sowie im Bereich der wirtschaftlichen Zusammenarbeit zugewiesen worden. Auf der Grundlage eines weiten Sicherheitsbegriffs ist die OSZE heute ähnlich wie die UNO im umfassenden Sinne für die Förderung von Frieden und Sicherheit zwischen den Teilnehmerstaaten zuständig. Diese Übereinstimmung in den Zielen führte dazu, daß die Teilnehmerstaaten die KSZE auf dem Helsinki-Folgetreffen 1992 zu einer regionalen Abmachung nach Kapitel VIII der UN-Charta erklärten.[52] Dadurch wurde die KSZE einerseits der Weltorganisation untergeordnet, andererseits zugleich zu deren subsidiärem Sachwalter in Europa ('von Vancouver bis Wladiwostok'). Ihre Befugnisse bei der Konfliktverhütung und dem Krisenmanagement sind jedoch auf diplomatische und politische Maßnahmen begrenzt. Auf friedens*schaffende* Maßnahmen (militärische Zwangsmaßnahmen) im Auftrag der Vereinten Nationen haben die KSZE/OSZE ausdrücklich verzichtet und das militärische In-

---

Oldenbourg 1989, S. 65-80 (78f.). Zum Zusammenhang von deutscher Frage und europäischer Friedensordnung aus völkerrechtlicher und geschichtlicher Perspektive siehe Otto *Kimminich*, Überlegungen zu einer friedensvertraglichen Regelung für eine wiedervereintes Deutschland unter völkerrechtlichen Gesichtspunkten, in: APuZ, Nr. 33 (10.8.1990), S. 34-45.

51 Die empirischen Forschungen zu diesem Aufsatz wurden im Rahmen des DFG-Projekts „Die Bundesrepublik Deutschland und die Institutionalisierung der KSZE 1989-1994" (Aktenzeichen HA 778/91 und 9-2) durchgeführt.

52 Vgl. KSZE, Helsinki-Dokument 1992, Herausforderungen des Wandels. Gipfelerklärung von Helsinki, in: Bulletin, Nr. 82 (23.7.1992), S. 777-804 (780, Abs. 25).

strumentarium der OSZE auf friedens*erhaltende* Maßnahmen (*peacekeeping*) beschränkt. Da ihr für diese Maßnahmen keine eigenen Truppenkontingente zur Verfügung stehen, ist sie für deren Durchführung auf die Unterstützung durch die Teilnehmerstaaten und deren militärische Bündnisse angewiesen. Aufgaben und Kompetenzen der OSZE bei der Konfliktbearbeitung sind also auf *kooperative* Maßnahmen eingeschränkt, so daß die OSZE somit als eine *Institution kooperativer Sicherheit* ausgewiesen ist. Die OSZE kann die Sicherheit in Europa nur durch Zusammenarbeit der Teilnehmerstaaten fördern, aber nicht im Falle gewaltsamer Regelverletzungen mit militärischen Zwangsmaßnahmen *gegen* einen Aggressor durchsetzen.

Warum ist die KSZE/OSZE über eine Institution kooperativer Sicherheit hinaus nicht zu einem System kollektiver Sicherheit ausgebaut worden? Um diese Frage zu beantworten, wird im folgenden untersucht, wie die Kompetenzen der KSZE/OSZE bei der Konfliktverhütung und dem Krisenmanagement im einzelnen definiert worden sind, welche Rolle dabei die Konkurrenz zu anderen Institutionen gespielt hat und in welcher Weise ein Kompromiß zwischen divergierenden institutionellen Präferenzen der Teilnehmerstaaten gefunden wurde.

5.1 Der Ausbau der KSZE als Funktion der NATO-Politik

Ausgangspunkt für die Stärkung der KSZE war die Diskussion im Rahmen des Vorbereitungskomitees für den Pariser KSZE-Gipfel im November 1990. Diese betraf vor allem die Vorschläge für ein Konfliktverhütungszentrum (KVZ), eine Idee, die im Frühjahr 1990 von den MOE-Staaten aufgebracht worden war und danach auch von der Sowjetunion, Österreich und Kanada sowie teilweise von Frankreich unterstützt wurde. Die Sowjetunion und die MOE-Staaten zeigten sich - teilweise aufgrund gegensätzlicher Motive - angesichts des fortschreitenden Verfalls der östlichen Strukturen besonders an gesamteuropäischen Sicherheitsstrukturen interessiert. Innerhalb der westlichen Staatengruppe setzte sich besonders die Bundesrepublik Deutschland für ein Konfliktverhütungszentrum ein. Deren Politik zielte im Sommer 1990, wie oben ausgeführt, vor allem darauf, einen Ausbau der KSZE deutschlandpolitisch zu instrumentalisieren, um die Zustimmung Moskaus zur Vereinigung und zur Mitgliedschaft des vereinten Deutschlands in der NATO zu erreichen. Nach den Bonner Vorschlägen, sollte das Konfliktverhütungszentrum die 'operative Seite' bei den *politischen* Bemühungen zur Konfliktbewältigung übernehmen. Dazu gehörten nach Bonner Vorstellungen vor allem die Untersuchung und Prüfung von Konflikten, Konsultationen mit den betreffenden Staaten sowie die Ausarbeitung von Vermittlungs- und Vergleichsvorschlägen und deren Umsetzung. „Das Zentrum sollte imstande sein, mit allen Krisen und Konflikten fertig zu werden, die im Widerspruch zu KSZE-Prinzipien stehen"[53], ob militärischen oder nichtmilitärischen. Unterhalb der Ebene der Außenminister und eines Komitees der Leiter der Politischen

---

53 Vorschlag der Bundesrepublik Deutschland für ein „Konfliktverhütungszentrum der KSZE" (zit. als Deutscher Vorschlag vom 26.7.1990), vorgelegt im Vorbereitungskomitee in Wien am 26.7.1990 für den Pariser Gipfel im November 1990.

Abteilungen der Außenministerien sollten die Teilnehmerstaaten in einem solchen Zentrum durch ständige Vertreter präsent sein.

Innerhalb der westlichen Staatengruppe stießen die Vorschläge für die Errichtung eines KVZ nicht auf ungeteilte Begeisterung. Gerade die ambitioniertesten Elemente des Bonner Vorschlags wurden kritisch aufgenommen, etwa, daß Bonn dem KVZ nicht nur *militärische* Aufgaben, wie die Implementierung der VSBM, sondern vor allem *politische* Funktionen übertragen wissen wollte, etwa im Bereich der politischen Streitschlichtung.[54] Besonders die USA waren gegenüber weitreichenden Institutionalisierungsvorschlägen skeptisch. Sie hatten sich zwar bereits im Dezember 1989 grundsätzlich zu einer institutionellen Stärkung der KSZE bekannt, um die Teilung Europas zu überwinden und gleichzeitig den Atlantischen Ozean zu überbrücken.[55] Dadurch wollten sie ihr gesamteuropäisches Engagement bekräftigen und besonders die Notwendigkeit deutlich machen, den politischen Wandlungsprozeß in Osteuropa zu fördern.[56] Aber eine Stärkung des KSZE-Prozesses wurde von Washington nicht mit dessen Institutionalisierung gleichgesetzt; außerdem sollte der Ausbau der KSZE die von bereits bestehenden Institutionen wahrgenommenen Aufgaben ergänzen und nicht duplizieren.[57] Aus diesen Gründen waren die USA zwar grundsätzlich offen für die Errichtung eines KVZ, aber sie bestanden darauf, daß es nicht mit *politischen* Kompetenzen ausgestattet würde. Dies hätte nach amerikanischer Auffassung den politischen Realitäten der verbleibenden Interessen- und Werteunterschiede im KSZE-Prozeß nicht entsprochen. Außerdem galt es, die Flexibilität zu bewahren, die der KSZE in der Vergangenheit ihre Effektivität verliehen hatte. Keinesfalls sollte die KSZE eine Unterorganisation der UNO wie die UNESCO oder selbst eine verkleinerte UNO werden oder sich zu einer regionalen, völkerrechtlich verankerten, mit einer möglicherweise unbeweglichen Bürokratie ausgestatteten großen internationalen Organisation entwickeln.

Die USA, Großbritannien und die Niederlande befürchteten vor allem, daß durch einen Ausbau der KSZE entsprechend den deutschen Vorstellungen die NATO in Mitleidenschaft gezogen werden würde. Trotz aller verbalen Unterstützung für eine Stärkung der KSZE machte Washington nie einen Hehl aus seiner Präferenz für die NATO,

---

54 In dem Bonner Papier wurde dazu argumentiert, daß „durch die Lösung politischer Konflikte verhindert [wird], daß militärische Konflikte entstehen, während umgekehrt eine frühzeitige Beilegung potentieller militärischer Probleme deren Eskalation verhindert und dadurch politische Lösungen erleichtert". Da die „Gefahr von Konflikten aus mehreren nichtmilitärischen Gründen entstehen [kann]", z. B. aus politisch-ideologischen, ökonomischen, umweltbedingten und sozialen (Minderheiten, Religionen), müsse ein gesamteuropäisches Zentrum all diesen Konfliktursachen gerecht werden. Vgl. Deutscher Vorschlag vom 26.7.1990, S. 3 (Ziff. 6), 4 (Ziff. 10).
55 Vgl. James *Bakers* Rede vor dem Berliner Presseclub am 12.12.1989, in: U.S. Policy Information and Texts (zit. als USPIT), Nr. 154 (13.12.1989), S. 35-44 (37). Zur KSZE-Politik der USA vgl. Christian *Holst*, Zwischen Skepsis und Engagement. US-Amerikanische KSZE-Politik in den siebziger und zu Beginn der neunziger Jahre, in: Michael Staack (Hrsg.), Aufbruch nach Gesamteuropa. Die KSZE nach der Wende im Osten. Münster/Hamburg: LIT Verlag 1992, S. 177-207.
56 Vgl. z. B. George *Bush*, Rede an der University of South Carolina am 16.5.1990, in: Amerika-Dienst, Nr. 19 (16.5.1990), o. S.; sowie James *Baker*, Rede in New York am 16.5.1990, in: ebd., o. S.
57 Vgl. James *Baker*, Europe Whole and Free Now Closer to Reality. Rede vor der Kopenhagener KSZE-Menschenrechtskonferenz am 6.6.1990 (zit. als Europe Whole and Free), in: USPIT, Nr. 75 (8.6.1990), S. 31-39 (37f.).

die trotz oder gerade wegen der Umwälzungen in Europa die wichtigste Sicherheitsinstitution des Westens bleiben sollte. War auch die relative Bedeutung militärischer Sicherheitspolitik mit der Überwindung des Ost-West-Konfliktes gesunken, so blieb die NATO doch die Institution, durch die Washington den größten und direktesten Einfluß auf (West-)Europa hatte. Eine gestärkte KSZE war aus amerikanischer Sicht kein angemessener Ersatz für die Bündnisstrukturen der NATO und des Warschauer Pakts.[58] Die US-Regierung betonte, daß sie sich keine Illusionen über die begrenzte Leistungsfähigkeit der KSZE machte: Diese könnte zwar einen Beitrag zur Sicherheit leisten, aber kein System kollektiver Sicherheit sein, denn sie könnte nicht die Verteidigung gegen Angriffe oder Einschüchterungen garantieren.[59] Nach amerikanischer Auffassung hatte die KSZE darüber hinaus den Nachteil, daß jeder Teilnehmerstaat ein Vetorecht besaß: „... bei der KSZE handelt es sich um ein Forum für die Suche nach gemeinsamen Interessen, während die NATO ein Bündnis ist, in dem auf der Grundlage bereits bestehender gemeinsamer Interessen gehandelt wird."[60] Ihr größtes Potential lag demnach darin, daß sie dazu dienen konnte, gemeinsame Werte zu vertiefen und ein größeres Maß an *konstruktiver Interdependenz* zwischen den europäischen Staaten zu schaffen. Die KSZE sollte nach amerikanischer Auffassung „das Gewissen des Kontinents" werden.[61]

Aufgrund der unterschiedlichen Institutionenpräferenzen der westlichen Partnerstaaten waren zunächst innerwestliche Kompromisse erforderlich. Nach einer Vorabstimmung unter den zwölf Mitgliedstaaten der EG wurde die abschließende Positionsabstimmung des Westens innerhalb des westlichen Bündnisses vollzogen. Innerhalb der NATO wurden damit die Weichen für die institutionellen Beschlüsse des Pariser KSZE-Gipfels im November 1990 gestellt. Dies zeigte sich daran, daß das Londoner Kommuniqué des NATO-Rates vom Juli 1990 konkrete Vorschläge für eine institutionelle Stärkung des KSZE-Prozesses auflistete, die später praktisch unverändert Aufnahme in das Pariser Gipfeldokument der KSZE fanden.[62] Bonn und Washington erreichten eine Annäherung ihrer unterschiedlichen Positionen in der gemeinsamen Erklärung der Außenminister Baker und Genscher im Mai 1991.[63] Die meisten der in dieser Erklärung formulierten

---

58 Einer der Wortführer der ausgeprägt skeptischen Bewertung der KSZE-Institutionalisierung war der langjährige amerikanische KSZE-Botschafter Max Kampelman. Vgl. Max *Kampelman*, CSCE has Played Indispensable Role in Changing Europe, Kopenhagen, 5.6.1990, in: USPIT, Nr. 74 (6.6.1990), S. 27f.; sowie *ders.*, KSZE kann maßgeblichen Beitrag zu Frieden in Europa leisten. Die zukünftige Rolle der KSZE, in: Amerika-Dienst, Nr. 32 (15.8.1990), o. S.
59 Vgl. James *Baker*, Rede in New York am 16.5.1990, in: Amerika-Dienst, Nr. 19 (16.5.1990), o. S; *ders.*, Europe Whole and Free, S. 38; sowie John *Maresca* (US-Botschafter bei den VSBM-Verhandlungen), Plenarstellungnahme bei der KSZE in Wien, in: USPIT, Nr. 67 (21.5.1990), S. 5-7.
60 Vernon *Walters* (US-Botschafter in Bonn), Ein geeintes Deutschland im europäischen Kontext, in: Amerika-Dienst, Nr. 36 (12.9.1990), o. S.; George F. *Ward*, Neue Akzente in der amerikanischen Außenpolitik. Rede anläßlich einer Tagung im Haus Rissen, Hamburg, in: Amerika-Dienst, Nr. 40 (10.10.1990), o. S.
61 Vgl. *Baker*, Europe Whole and Free, S. 32.
62 Vgl. Kommuniqué der NATO-Ratstagung in London vom 6.7.1990, in: Bulletin, Nr. 90 (10.7.1990), S. 777-779.
63 Vgl. Gemeinsame Erklärung von *Genscher* und *Baker* vom 10.5.1991 in Washington, in: Auswärtiges Amt, Mitteilung, Nr. 1104 (11.5.1991); Baker und Genscher wollen für die NATO eine stärkere politische Rolle, in: FAZ, 13.5.1991; NATO und KSZE im europäischen Umbruch, in: Neue Zürcher Zeitung (zit. als NZZ), 16.5.1991. Die Erklärung enthielt vor allem folgende Punkte: Das

Vorschläge schlugen sich bereits in den Beschlüssen des Berliner KSZE-Ratstreffens nieder oder konnten später in konkrete KSZE-Bestimmungen umgesetzt werden.

Auch in der Frage des Verhältnisses zwischen dem Ausschuß Hoher Beamter (AHB) und dem KVZ prägte der Kompromiß innerhalb des westlichen Bündnisses die späteren Beschlüsse der KSZE. Mit der Entscheidung des Berliner KSZE-Ratstreffens vom Juni 1991, den Dringlichkeitsmechanismus dem AHB zuzuordnen und dem KVZ bei der friedlichen Streitbeilegung eine nachrangige Rolle zuzuweisen, war bereits eine Vorentscheidung dahingehend gefallen, daß der AHB in seiner *politischen* Kompetenz ausgebaut und das KVZ als Exekutivorgan politisch nachgeordnet wurde. Alle Zweifel hinsichtlich der Überordnung des AHB wurden schließlich innerhalb der NATO-Abstimmung ausgeräumt, als die Bündnisstaaten sich auf dem NATO-Gipfeltreffen in Rom im November 1991 dafür aussprachen, den AHB „als koordinierendes und geschäftsführendes Gremium zwischen Ratstagungen" zu etablieren. Das KVZ sollte zwar ebenfalls gestärkt werden, aber nur „damit es die ihm vom KSZE-Rat und dem AHB zugewiesenen spezifischen Aufgaben erfüllen kann".[64]

Die Meinungsverschiedenheiten innerhalb des Westens wurden vor allem durch die Annäherung der Position zwischen Bonn - als dem *Demandeur* - und Washington - als dem *Bremser* in der Frage der Stärkung der KSZE - geklärt. Erleichtert wurde eine gemeinsame Position zum einen dadurch, daß die USA Interesse daran hatten, die KSZE mit Blick auf das starke Interesse der osteuropäischen Staaten an der KSZE zumindest 'optisch' aufzuwerten, zum anderen dadurch, daß Bonn in der gemeinsamen Erklärung von Baker und Genscher vom Mai 1991, aber auch im Kommuniqué des Kopenhagener NATO-Ratstreffens vom Juni 1991, die zentrale Bedeutung der NATO anerkannte. Dadurch wurde die Prioritätensetzung der amerikanischen Regierung bestätigt und die Befürchtung entkräftet, der Ausbau der KSZE könnte dazu dienen, der NATO als dem zentralen Instrument amerikanischer Europapolitik das Wasser abzugraben.[65]

Dabei ging es jedoch nicht nur um einen deklaratorischen Kompromiß, sondern es wurden konkrete institutionelle Reformen für beide Organisationen vereinbart. Parallel zum Ausbau der KSZE sollte das Bündnis angesichts der abnehmenden Bedeutung seiner

---

verfügbare Instrumentarium sollte um einen Krisenmechanismus erweitert werden, a) zur Stärkung des KVZ sollten häufigere Treffen des KA stattfinden; b) ein weiteres Doktrinenseminar sollte veranstaltet und dem KVZ die Rolle der 'ernennenden Institution' im Valletta-Mechanismus zugewiesen werden; c) das KSZE-Kommunikationsnetz sollte in Notfällen und akuten Krisen als 'heißer Draht' genutzt werden; d) vorbereitende Konsultationen für die Aufnahme neuer Sicherheitsverhandlungen sollten bald aufgenommen werden; e) es sollte geprüft werden, ob nicht zukünftig Sondierungsmissionen der Außenminister möglich sein sollten, um die Fähigkeit der KSZE zur friedlichen Streitbeilegung zu stärken.

64 Vgl. NATO-Gipfelkonferenz in Rom. Tagung der Staats- und Regierungschefs des Nordatlantikrats am 7./8.11.1991. Erklärung von Rom über Frieden und Zusammenarbeit, in: Bulletin, Nr. 128 (13.11.1991), S. 1036f. (1036, Pkt. 14).

65 Vgl. Kommuniqué der Ministertagung des Nordatlantikrats vom 6.-7.6.1991 in Kopenhagen, in: Bulletin, Nr. 66 (11.6.1991), S. 525-30 (525f.). Dort heißt es unter Ziff. 2: „Die Allianz ist das wesentliche Forum für Konsultationen unter den Verbündeten und für die Vereinbarung von politischen Maßnahmen, die sich auf die Sicherheits- und Verteidigungsverpflichtungen ihrer Mitgliedstaaten nach dem Nordatlantikvertrag auswirken ...".

militärischen Aufgaben reformiert und an die neuen sicherheitspolitischen Herausforderungen angepaßt werden. Die Kernfunktionen der NATO wurden über die traditionelle Aufgabe der kollektiven Verteidigung hinaus auf den sicherheitspolitischen Dialog und die Kooperation mit den Staaten Mittel- und Osteuropas ausgedehnt. Die Zuständigkeiten des Bündnisses wurden also um *kooperative* sicherheitspolitische Aufgaben erweitert - eine Domäne der KSZE. Konkretes Ergebnis war die 'Partnerschaft mit den Staaten Zentral- und Osteuropas', die die NATO-Staaten Anfang Juni 1991 auf ihrem Ratstreffen in Kopenhagen proklamierten. Zusätzlich boten sie den MOE-Staaten zur Stärkung ihrer Reformpolitik den *Nordatlantischen Kooperationsrat* als Konsultationsforum an.[66]

Auf der Budapester Überprüfungskonferenz im Dezember 1994 wurde das aus konkurrierenden Institutionenpräferenzen resultierende Spannungsverhältnis zwischen der KSZE und der NATO erneut deutlich. Im Vorfeld kam es 1994 zu einem Positionswechsel Washingtons in der Frage der NATO-Osterweiterung. Vor dem Hintergrund der für den demokratischen Präsidenten Clinton ungünstigen Ergebnisse der Kongreßwahlen in den USA trat die US-Regierung jetzt für eine rasche Erweiterung der NATO ein. Bonn und andere westliche Regierungen befürchteten daraufhin, daß der KSZE-Gipfel möglicherweise wegen dieses Streitpunkts mit Moskau scheitern könnte.[67] Nachdem die USA im Vorfeld signalisiert hatten, daß sie keinen Bedarf für weitreichende Neuerungen innerhalb der KSZE sahen, zeigte sich Washington in Budapest überraschend flexibel und war zumindest zu einer weiteren symbolischen Aufwertung und institutionellen Stärkung der KSZE bereit. Angesichts der von amerikanischer Seite forcierten Diskussion über den Beitritt der MOE-Staaten zur NATO und der sich in diesem Zusammenhang entwickelnden Kontroverse mit Moskau griff Washington das seit langem von Deutschland und anderen europäischen Staaten propagierte Argument auf, die Ost-Erweiterung des westlichen Bündnisses durch eine parallele Stärkung der KSZE politisch 'abzufedern', indem Rußland in diesem Rahmen verstärkt in die gesamteuropäische Sicherheitskooperation eingebunden werden würde.[68]

Angesichts der von der amerikanischen Regierung im Vorfeld des NATO-Treffens Anfang Dezember forcierten Diskussion über die Ost-Erweiterung des Bündnisses holte die russische Regierung ihre zuvor aufgrund des Widerstandes nicht nur von westlicher Seite diskreditierten umfassenden Vorschläge[69] zur KSZE-Reform wieder hervor und

---

66   Vgl. ebd., S. 529f., bes. Ziff. 8-10 der Erklärung zu Mittel- und Osteuropa.
67   Vgl. Bonn besorgt über Drängen der USA, in: SZ, 25.11.1994. Russische, amerikanische und deutsche Sicherheitsplanungen, in: FAZ, 25.11.1994.
68   Vgl. Steven *Greenhouse*, Clinton to Sign Pact on European Peacekeeping Group, in: International Herald Tribune, 16.11.1994. Richard C. *Holbrooke* (Assistant Secretary of State of European and Canadian Affairs), NATO Expansion is on the Way, WorldNet-Interview vom 21.11.1991, USPIT, Nr. 111 (21.11.1994), S. 6-13 (9).
69   Im Gegensatz zu den recht eindeutigen Formulierungen in dem Brief von *Kosyrew* relativierte Moskau später die eigenen Vorstellungen. Yuri *Ushakow*, Chef der Abteilung für Europäische Kooperation im Russischen Außenministerium, sagte dazu: „... the Russian side does not seek to establish any hierarchic leadership or any command by the CSCE ..." und zum Vorschlag eines KSZE-Exekutivkomitees: „... We do not deny that some of its [the Russian program for improving the CSCE, Anm. d. Verf.] elements such as the idea to establish an Executive Committee, are of a

vertrat sie mit neuem Nachdruck als Alternative zu den amerikanischen Plänen zur Erweiterung der NATO. Die russischen Vorschläge, die KSZE zu einem europäischen, der UNO vergleichbaren *System kollektiver Sicherheit* auszubauen, wurden weiter abgelehnt.

Die Unvereinbarkeit dieser Positionen erforderte einen Kompromiß, um den sich Washington und Moskau sowie mit Nachdruck auch die Bundesrepublik zusammen mit ihren EU-Partnern bemühten.[70] Das Ergebnis war der - im Vergleich zu den russischen Vorschlägen eher bescheidene - Beschluß von Budapest, die KSZE in *Organisation* für Sicherheit und Zusammenarbeit (OSZE) umzubenennen. Zugleich wurden auch die politischen Organe der KSZE umbenannt, ohne daß sich an ihrem Verhältnis untereinander etwas änderte: der Rat der Außenminister wurde nun zum *Ministerrat*, der AHB zum *Hohen Rat* und der Ständige Ausschuß zum *Ständigen Rat*.[71] Diese politischen Zugeständnisse an Rußland waren jedoch vor allem symbolischer Natur, denn auch die Organisation und deren Beschlüsse und Dokumente behielten ihren ausschließlich politischen Charakter, erhielten also keinen völkerrechtlich verbindlichen Status. Zusätzlich wurde die OSZE damit beauftragt, ein „Konzept für die Sicherheit im 21. Jahrhundert"[72] auszuarbeiten, wodurch Moskau zumindest zugestanden wurde, daß weiterreichende Pläne zur Neuordnung der sicherheitspolitischen Strukturen in Europa im Rahmen der OSZE auf der Tagesordnung blieben und weiter diskutiert wurden, ohne daß die Teilnehmer aber weitergehende Verpflichtungen eingingen. Die KSZE-Politik der ehemaligen Supermächte war offensichtlich weitgehend eine Funktion ihrer NATO-Politik - allerdings mit umgekehrtem Vorzeichen.

5.2 Die Reform der KSZE als Funktion der UN-Politik

Die Diskussion über Möglichkeiten und Grenzen des institutionellen Ausbaus der KSZE und die daraus resultierenden Beschlüsse nach 1989 wurden auch von unterschiedlichen Vorstellungen darüber bestimmt, welche Rolle die KSZE im Verhältnis zur UNO zukam und welche Konsequenzen einzelne institutionelle Reformen der KSZE für die UNO haben würden. Unterschiedliche Institutionenpräferenzen bestanden vor allem in der Frage, ob die KSZE einen 'Sicherheitsrat' benötigte oder welche Form ein solcher bekommen sollte.

Bereits in dem Vorschlag der Bundesrepublik Deutschland vom Juli 1990 zur Errichtung eines Konfliktverhütungszentrums war vorgesehen, für die KSZE ein ständiges

---

slightly futuristic character (although proposals concerning creation of the Security Council of the CSCE have been launched in a number of European capitals, including Western Capitals)." Vgl. Yuri *Ushakov*, Perspectives for the CSCE. A view from Russia. Stellungnahme auf dem Seminar „Institutionalization of the CSCE", Budapest, 2.-3.9.1994.

70 North Atlantic Assembly (Hrsg.), CSCE. Budapest Summit Meeting 1994. Staff Report, AL 282, PC (94) 9 Rev. 1, S. 4 (Abs. 18).
71 KSZE. Treffen der Staats- und Regierungschefs der Teilnehmerstaaten der KSZE am 5./6.12.1994 in Budapest. Budapester Dokument 1994. Der Weg zu echter Partnerschaft in einem neuen Zeitalter, in: Bulletin, Nr. 120 (23.12.1994), S. 1097-1116. Gipfelerklärung von Budapest, S. 1098 (Abs. 16-18).
72 Ebd., Beschlüsse, Abschnitt VII, S. 1107. Vgl. Victor-Yves *Ghebali*, After the Budapest Conference. The Organization for Security and Cooperation in Europe, in: NATO Review, Bd. 43 (1995), Nr. 2, S. 24-27.

Gremium[73] aus nationalen Repräsentanten einzurichten und diesem einen mit Initiativ- und Vorschlagsrechten ausgestatteten Exekutivsekretär zur Seite zu stellen. Bonns Vorschlag wurde jedoch von den westlichen Partnern, insbesondere von Frankreich und Großbritannien, kritisch aufgenommen. Paris stimmte zwar mit Bonn in dem Ziel überein, die KSZE zu stärken, wollte aber - wie London - keinen 'europäischen Sicherheitsrat' gründen, wie er in dem deutschen Vorschlag zumindest als Zielvorstellung enthalten war. Eine solche KSZE-Institution hätte aus französischer und britischer Sicht eine unannehmbare Konkurrenz zum UN-Sicherheitsrat bedeutet und ihren privilegierten Status als Siegermächte des Zweiten Weltkrieges innerhalb der UNO in Frage gestellt.[74] Für Deutschland mochte dies eine attraktive Idee sein, weil es sich ausrechnen konnte, wenn nicht im UN-Sicherheitsrat, dann zumindest in einem KSZE-Sicherheitsrat vertreten zu sein, für die westlichen Partner bedeutete dies aber gegenüber Deutschland einen Statusverlust.

Später spielten diese Befürchtungen eine Rolle innerhalb der Diskussion im Konsultativausschuß (KA) des KVZ, als Bonn in seiner Position als erster Ratsvorsitz regelmäßige, monatliche Treffen des KA vorschlug, um die Arbeitsfähigkeit des KA zu sichern. Bereits dies genügte, um den Argwohn der westlichen Verbündeten wachzurufen, die in der Frage der Tagungsfrequenz des KA erneut Pläne für einen 'europäischen Sicherheitsrat' witterten. Dennoch tauchte die Idee eines 'europäischen Sicherheitsrates' in den folgenden Monaten und Jahren in der einen oder anderen Form wiederholt auf. Vor allem der deutsche Außenminister, Hans-Dietrich Genscher, benutzte das Bild eines 'Sicherheitsrates' während seiner Zeit als KSZE-Ratsvorsitzender in zahlreichen Reden und Vorschlägen zur institutionellen Stärkung der KSZE. Er wurde dabei von einigen Regierungen unterstützt, vor allem von der sowjetischen, traf aber bei den westlichen Partnern auf die gleichen Vorbehalte wie in früheren Verhandlungsrunden.[75]

Eine Variante des Themas 'Sicherheitsrat' war die bereits im deutschen Vorschlag für ein Konfliktverhütungszentrum vom Juli 1990 enthaltene Idee eines 'Steuerorgans' für die KSZE, die angesichts der sich zuspitzenden Krise im ehemaligen Jugoslawien von der deutschen Delegation auf dem AHB-Treffen im Oktober 1991 erneut in die Diskussion eingebracht wurde. Auf dem Ratstreffen in Prag im Januar 1992 legte Deutschland dann zusammen mit Frankreich Vorschläge für einen *Lenkungsausschuß* vor, mit dem das Krisenmanagement und die Arbeitsfähigkeit der KSZE verbessert werden sollten. Dabei wurde offengelassen, ob der UN-Sicherheitsrat oder die EG-Troika als Modell dienen sollte.[76] Das Echo war negativ: Zum einen wurden Fragen nach den finanziellen Folgen, der Auswahl der Mitglieder eines solchen Gremiums und nach dessen Funktionsweise ge-

---

73 Vgl. Deutscher Vorschlag vom 26.7.1990, S. 7.
74 Vgl. Bonner Plan abgelehnt, in: Der Spiegel, Nr. 34, 20.8.1990, S. 14.
75 Vgl. z. B. Drittes Treffen der Konferenz über die Menschliche Dimension der KSZE. Rede des Bundesministers des Auswärtigen in Moskau vom 10.9.1991, in: Bulletin, Nr. 100 (18.9.1991), S. 797-799 (797); Die NATO sucht ein System gegenseitiger Sicherheit für ganz Europa, in: FAZ, 26.4.1991; sowie: Das neue Europa auf der Suche nach gemeinsamer Sicherheit, in: FAZ, 19.6.1991.
76 Hintergrundgespräche des Verfassers mit Mitgliedern verschiedener KSZE-Delegationen in Wien, November 1991 und im Auswärtigen Amt und BMVg in Bonn, März 1992. Vgl. auch: KSZE. Bei Krisen schneller eingreifen, in: SZ, 1./2.2.1992.

stellt, zum anderen kritisierten Regierungen kleinerer Staaten die deutschen Vorschläge als einen Versuch, den großen Staaten die Kontrolle über die KSZE zu sichern.[77]

Auf dem Helsinki-Folgetreffen wurde die Diskussion dann vor allem durch einen Vorschlag der EG-Staaten geprägt.[78] Dieser sah vor, die Rolle des Amtierenden Vorsitzenden (AV) um die Aufgabe zu erweitern, die laufenden Geschäfte und Konsultationen der KSZE im Namen des Rates oder des AHB verantwortlich zu koordinieren. Um den AV zu unterstützen, sollte der vorhergehende und der folgende Vorsitzende zusammen mit ihm eine *KSZE-Troika* bilden. Angesichts des akuten Handlungsbedarfs im ehemaligen Jugoslawien und der in Helsinki erneut offensichtlich werdenden beschränkten Handlungsfähigkeit der KSZE wurde der Vorschlag der EG in die entsprechenden Abschnitte der Beschlüsse von Helsinki aufgenommen. Im Einklang mit den ursprünglichen deutschen bzw. deutsch-französischen Ideen und dem EG-Vorschlag wurden der Posten des Amtierenden Vorsitzenden, die Troika sowie Ad-hoc-Lenkungsgruppen und Persönliche Vertreter zu zentralen neuen Elementen der politischen Steuerungs- und operativen Handlungsfähigkeit der KSZE.[79]

Das Spannungsverhältnis zwischen dem Ausbau der KSZE und der Bewahrung der UNO wurde erneut bei den Vorbereitungen zur Budapester Überprüfungskonferenz deutlich, die im Dezember 1994 stattfand. Anlaß war eine deutsch-niederländische Initiative[80] vom Mai 1994, die darauf abzielte, die KSZE als *regionale Abmachung* nach Kapitel VIII der UN-Charta zu etablieren, um das „in der UN-Charta verankerte weltweite System kollektiver Sicherheit in Europa effektiver als bisher zur Anwendung"[81] bringen zu können. Die Glaubwürdigkeit der KSZE als gesamteuropäische Sicherheitsinstitution erforderte, daß sie auf die Androhung oder Anwendung von Gewalt gegen die Souveränität oder territoriale Integrität der Mitgliedstaaten entschlossen reagieren konnte. Zwar sollte bei der Konfliktverhütung und Krisenbewältigung der Grundsatz 'zuerst die KSZE' heißen, aber im Fall, daß die Bemühungen der KSZE erfolglos blieben und Zwangsmaßnahmen notwendig würden, die dem UN-Sicherheitsrat vorbehalten sind, sollten die KSZE-Staaten gemeinsam den UN-Sicherheitsrat anrufen. Darüber hinaus

---

77 Vgl. Die KSZE an ihren Grenzen, in: NZZ, 2./3.2.1992; Belgien kritisiert KSZE-Initiative Bonns, in: SZ, 18.2.1992; sowie *Heraclides*, Helsinki-II And Its Aftermath, S. 77-79.
78 Vgl. Vorschlag unterbreitet von der Delegation Portugals im Namen der Europäischen Gemeinschaft und ihrer Mitgliedstaaten, Further development of CSCE institutions. Effective assistance to the Chairman-in-Office, Helsinki, 18.5.1992, CSCE/HM/WG1/8.
79 Vgl. KSZE. Helsinki-Dokument 1992. Herausforderungen des Wandels. Gipfelerklärung von Helsinki, 10.7.1992 (zit. als Helsinki-Dokument 1992), in: Bulletin, Nr. 82 (23.7.1992), S. 777-804 (Beschlüsse von Helsinki, Abschnitt I, bes. 781f., Abs. 12-22).
80 Vgl. Klaus *Kinkel*, Stärkung der KSZE als gesamteuropäische Sicherheitsinstitution, Rede des Bundesministers des Auswärtigen in Wien, 17.5.1994, in: Bulletin, Nr. 46 (20.5.1994), S. 411f. Gemeinsame deutsch-niederländische Agenda zur Vorbereitung des KSZE-Gipfels in Budapest (zit. als Gemeinsame deutsch-niederländische Agenda), in: Bulletin, Nr. 46 (20.5.1994), S. 412-414.
81 *Kinkel*, Stärkung der KSZE als gesamteuropäische Sicherheitsinstitution, S. 411. Die gemeinsame deutsch-niederländische Agenda umfaßte darüber hinaus Vorschläge zur Aufwertung der Befugnisse des Amtierenden Vorsitzenden, des Generalsekretärs und des BDIMR. Außerdem wurde gefordert, die Verfahren und Regeln für die Rolle von Streitkräften aus Drittstaaten in Konfliktgebieten (Drittstaaten-*peacekeeping*) verbindlich festzulegen und Ad-hoc-Gruppen für die politische Begleitung von KSZE-Missionen einzurichten.

sollten die KSZE-Staaten „übereinkommen", die von der UNO in solchen Fällen ergriffenen Maßnahmen „mit allen Kräften zu unterstützen". Außerdem wurden „flankierende Verpflichtungen anderer europäisch-atlantischer Institutionen"[82] vorgeschlagen, die mit der Durchführung friedenserhaltender oder friedenserzwingender Maßnahmen betraut werden könnten. Die vorgeschaltete Lageanalyse und schließlich die Überweisung an die UNO sollte nach diesen Vorschlägen auch *ohne* Zustimmung des/der betroffenen Staates/en stattfinden.[83]

Der Grundsatz 'Die KSZE zuerst' wurde jedoch von den westlichen Mitgliedern des UN-Sicherheitsrates - also den USA, Frankreich und dem Vereinigten Königreich - wegen möglicher Beeinträchtigung des UN-Gremiums wenig enthusiastisch aufgenommen. Ihre Befürchtungen fanden schließlich in der Position der EU Berücksichtigung, die ausdrücklich darauf verwies, daß durch den Grundsatz 'Die KSZE zuerst' die Rechte und Handlungsmöglichkeiten des UN-Sicherheitsrates und die Option jedes Staates, einen Streitpunkt unter Bezugnahme auf Art. 35 UN-Charta dem Sicherheitsrat vorzulegen, nicht beeinträchtigt werden würden.

Die Frage eines KSZE-Sicherheitsrates wurde im Vorfeld zum Budapester Treffen aufgrund der weitgehenden Vorschläge zur KSZE-Reform Rußlands ebenfalls erneut diskutiert: Außenminister Andrej Kosyrew hatte vorgeschlagen, ein *Exekutivkomitee* aus 10 Mitgliedern ähnlich dem UN-Sicherheitsrat, sowie *Hohe Kommissare* für die Hauptaufgabenfelder der KSZE und einen *konsultativen Öffentlichen Rat* zu schaffen. Darüber hinaus sollte die KSZE einen völkerrechtlich verbindlichen Status erhalten. Moskau sprach sich außerdem dafür aus, daß die KSZE in ihren Beziehungen zu den anderen Sicherheitsinstitutionen zu einer wirksamen Arbeitsteilung kommen sollte, indem die KSZE zu einer 'koordinierenden' Instanz aufgewertet würde.[84]

Diese Vorschläge hatten jedoch keine Erfolgsaussichten, insbesondere, weil die USA keinen Bedarf für weitreichende institutionelle Neuerungen sahen, sondern bestenfalls das Warschauer Büro für demokratische Institutionen und Menschenrechte operativ stärken und die tatsächliche Anwendung der vorhandenen Organe und Instrumente forcieren wollten.[85] Washington lehnte nach wie vor die Idee eines KSZE-Sicherheitsrates ab und war dagegen, den Beschlüssen der KSZE einen völkerrechtlich verbindlichen Status zu verleihen. Die überragende Bedeutung des politischen Prozesses im Rahmen der KSZE konnte nach amerikanischer Auffassung - und auch der vieler anderer Teil-

---

82 Gemeinsame deutsch-niederländische Agenda, S. 413.
83 Damit schlugen Den Haag und Bonn für die KSZE *de facto* eine Konsens-minus-x-Regelung vor. Bei dieser stellt sich im Einzelfall das Problem festzustellen, wer jeweils zu den Konfliktparteien zählt, da davon abhängt, wessen Zustimmung jeweils für die Überweisung an die UNO erforderlich sein würde. Für die weiterführenden Beschlüsse und Maßnahmen des UN-Sicherheitsrates sollte jedoch wie üblich der Konsens der Sicherheitsratsmitglieder erforderlich sein.
84 Vgl. Brief des russischen Außenministers Andrej *Kosyrew* an den Amtierenden Vorsitzenden der KSZE vom 23.6.1994; dort schlug er wörtlich vor: „... a genuine 'division of labour' between the CIS, the North Atlantic Co-operation Council, the European Union, the Council of Europe, NATO and the Western European Union, with the CSCE playing a co-ordinating role".
85 Vgl. Sam *Brown* (KSZE-Botschafter der USA in Wien), Stellungnahme auf dem 28. Treffen des AHB in Prag, 16.9.1994.

nehmerstaaten - nicht durch institutionelle Raffinessen oder Mehrheitsentscheidungen ersetzt werden. Ebenfalls abgelehnt wurde die russische Vorstellung, die KSZE anderen Sicherheitsinstitutionen formal überzuordnen,[86] zumal der NATO. Unter diesem Gesichtspunkt war auch die deutsch-niederländische Position hinsichtlich der Formulierung 'KSZE zuerst' zunächst mißtrauisch geprüft worden. Nachdem jedoch auch von Bonner Seite klargestellt worden war, daß diese Aussage nicht im hierarchischen Sinne des Verhältnisses der KSZE zur anderen Institutionen gemeint war, sondern lediglich im Sinne einer zeitlichen Reihenfolge, in der die KSZE und die UNO mit Konflikten im KSZE-Raum befaßt werden sollten, hatte auch Washington keine Bedenken mehr, der Einführung eines Überweisungsmechanismus für Konfliktfälle von der KSZE an die UNO zuzustimmen.[87] Die Aufgaben- und Kompetenzzuweisung an die OSZE war also nicht nur eine Funktion der NATO-Politik, sondern darüber hinaus der UN-Politik der Teilnehmerstaaten.

5.3 Die Frage eines militärischen Instrumentariums

Unterschiedliche Institutionenpräferenzen der Teilnehmerstaaten zeigten sich auch bei der Frage, ob der KSZE für ihre neuen Aufgaben der Konfliktverhütung und der Krisenbewältigung ein militärisches Instrumentarium zugewiesen werden sollte. Vor dem Hintergrund der Konflikte im ehemaligen Jugoslawien gewann die Diskussion innerhalb der KSZE über die Stärkung ihrer Fähigkeiten zur Konfliktverhütung oder zum Krisenmanagement bereits im Vorfeld zum Prager Ratstreffen im Herbst 1991 zusehends Gewicht. Sollte die KSZE auch eine Kompetenz zu friedenserhaltenden Maßnahmen (*peacekeeping*) erhalten? War es politisch zweckmäßig und wünschenswert, die KSZE zu diesem Zweck auch mit militärischen Mitteln auszustatten?[88]

Einige Regierungen propagierten *peacekeeping* als Instrument der KSZE durch ihre Delegationen bei den KSZE-Verhandlungen in Wien oder auf den AHB-Treffen in Prag im Oktober 1991. Dazu zählten die CSFR, Polen, Kanada, Österreich und Ungarn, die sich bereit erklärten, innerhalb kurzer Zeit mit Truppen zu einer KSZE-Friedenstruppe beizutragen. Kurz vor dem Ratstreffen Ende Januar 1992 legten sie in Wien als Grundlage für die weitere Diskussion eine Liste von Prinzipien und Richtlinien vor, welche die Möglichkeit enthielt, daß die KSZE-Staaten freiwillig Truppenkontingente bereitstellten.[89] Für die Bundesrepublik hatte sich Außenminister Genscher als amtierender Rats-

---

86 Die Überordnung der KSZE ergab sich aus der Formulierung des Briefes von Außenminister *Kosyrew* (vgl. Anm. 84), daß sie als „koordinierende Institution" im Geflecht europäischer Sicherheitsorganisationen dienen sollte. Zusätzlich wies die russische Forderung, die KSZE zu einem System kollektiver Sicherheit auszubauen, in die Richtung einer Institutionenhierarchie mit der KSZE an der Spitze.
87 Dies fand seinen Ausdruck in den gemeinsamen Beschlüssen der NATO-Staaten von Anfang Dezember zur Unterstützung entsprechender Pläne. Vgl. Kommuniqué der Ministertagung des Nordatlantikrates vom 1.12.1994 in Brüssel, in: Bulletin, Nr. 114 (9.12.1994), S. 1037-1040 (1039, Abs. 12); Bruce *Clark*, Leaders Aim to Upgrade CSCE Role, in: Financial Times, 5.12.1994.
88 Siehe auch Ingo *Peters*, CSCE and Peacekeeping, S. 107-126.
89 Vgl. zu Inhalt und Verlauf des AHB-Treffens in Prag vom 22.-24.10.1991: Vorbereitung des

vorsitzender bei seinen Bemühungen im Sommer 1991, die KSZE und die EG vermittelnd im Jugoslawien-Konflikt einzuschalten, dafür ausgesprochen, europäische Blauhelme zu stationieren, wenn die Konfliktparteien damit einverstanden waren.[90] Auf dem Ratstreffen in Prag sprachen sich der Gastgeber, Präsident Vaclav Havel, ebenso wie der scheidende Ratsvorsitzende der KSZE, Bundesaußenminister Genscher, erneut dafür aus, die Möglichkeiten für KSZE-Blauhelme zu schaffen.[91]

Die Mehrheit der Teilnehmerstaaten sah jedoch keinen akuten Handlungsbedarf. Vor allem die USA, Großbritannien und Frankreich standen diesem Thema kritisch gegenüber. Sie sprachen sich insbesondere dagegen aus, die KSZE mit militärischen Strukturen und Streitkräften auszustatten. Zum einen wollten sie die UNO, die solche Instrumente nicht besaß, nicht diskriminieren und möglichen Beeinträchtigungen ihrer eigenen hervorgehobenen Rolle als permanente Mitglieder des UN-Sicherheitsrates keinen Vorschub leisten. Zum anderen konnten diese Maßnahmen die sicherheitspolitische Bedeutung der NATO unterminieren, was vor allem die USA und Großbritannien nicht akzeptierten. Als Ergebnis des KSZE-Ratstreffens wurde das Thema an das Helsinki-Folgetreffen weitergeleitet mit dem Auftrag, dort eine gründliche Diskussion darüber zu führen.[92]

Die Zurückhaltung der USA, Frankreichs und Großbritanniens veranlaßte Bonn, das Thema KSZE-*peacekeeping* zunächst im Rahmen bilateraler Konsultationen vorzuklären. Dabei stellte sich heraus, daß die EG-Staaten erhebliche Probleme hatten, eine gemeinsame Position zu finden. Eine Übereinstimmung wurde erst wenige Tage vor dem Gipfeltreffen in Helsinki selbst erreicht, jedoch bestimmte der Vorschlag der EG-Staaten dann die im Helsinki-Dokument beschlossenen Bestimmungen für das KSZE-*peacekeeping*.[93] Meinungsverschiedenheiten bestanden in diesen Fragen vor allem zwischen den Bündnispartnern Frankreich und den USA, wobei Paris jeden Versuch Washingtons und anderer NATO-Partner zu verhindern trachtete, der Allianz neue Aufgaben zu übertragen und dadurch deren politische Bedeutung zu erhöhen. Paris teilte nicht das amerikanische Ziel, nicht nur das Überleben der NATO zu sichern, sondern die Stellung des Bündnisses als zentrale europäische Sicherheitsinstitution auch nach der Zeit des Ost-West-Konfliktes zu erhalten.[94]

KSZE-Ministertreffens, in: NZZ, 26.10.1991; zum Prager Ratstreffen siehe: KSZE beschließt Erklärung zur „jugoslawischen Krise", in: FAZ, 1.2.1992; einen detaillierten Bericht eines beteiligten Diplomaten über die Verhandlungen auf dem Helsinki-Folgetreffen bietet Gajus *Scheltema*, CSCE Peacekeeping Operations, in: Helsinki Monitor, Bd. 3 (1992), Nr. 4, S. 7-17 (9).

90 Zunächst hatte Genscher offenbar an Truppenkontingente der WEU-Staaten gedacht, später erweiterte er seine Vorschläge jedoch auf gesamteuropäische Blauhelme. Vgl. Genscher will Truppen-Einsatz nur unter Zustimmung Jugoslawiens erörtern, in: FAZ, 3.8.1991; Genscher für „KSZE-Blauhelme", in: FAZ, 5.8.1991; sowie: Genscher will KSZE-Friedenstruppen, in: SZ, 5.9.1991.

91 Vgl. Genscher und Havel fordern KSZE-Friedenstruppen, in: SZ, 31.1.1992; sowie: Alle GUS-Staaten in die KSZE aufgenommen, in: FAZ, 31.1.1992.

92 Vgl. Zweites Treffen des Rates der Außenminister der KSZE am 30./31.1.1992 in Prag, in: Bulletin, Nr. 12 (4.2.1992), S. 85 (Abs. 23).

93 Vorschlag der EG-Staaten, CSCE/HM/WG1/9/Rev.1, 3.6.1992: Conflict prevention, crisis management and conflict resolution; sowie *Scheltema*, CSCE Peacekeeping Operations, S. 12f.

94 Vgl. auch Ingo *Peters*, Europäische Sicherheitsinstitutionen. Arbeitsteilung oder Konkurrenz? In: Erhard Forndran/Hans-Dieter Lemke (Hrsg.), Sicherheitspolitik für Europa zwischen Konsens und Konflikt. Analysen und Optionen. Baden-Baden: Nomos 1995, S. 277-304.

Nachdem geklärt war, daß ein Konsens zugunsten KSZE-eigener Militärkontingente nicht zustande kommen würde, konzentrierte sich die Diskussion auf die Frage, wie das Verhältnis zwischen der KSZE und der NATO bzw. den Streitkräften der Teilnehmerstaaten geregelt werden sollte. Im Falle eines KSZE-Beschlusses über friedenserhaltende Maßnahmen wollten die USA und die Bundesrepublik sowie andere Allianzmitglieder die NATO *als Organisation* angesprochen wissen, die über eine Bereitstellung von Truppen befinden sollte. Frankreich hingegen bestand darauf, daß diese wichtige Entscheidung nicht von der Organisation zu treffen war, sondern von den Einzelstaaten.[95] Die Frage der Zusammenarbeit zwischen den Institutionen war dabei entscheidend. Am schwierigsten war es für Paris zu akzeptieren, daß die KSZE die anderen Organisationen und vor allem die NATO 'ersuchen' (*request*) können sollte, ihre Ressourcen für die Unterstützung der KSZE bei der Durchführung von friedenserhaltenden Maßnahmen zur Verfügung zu stellen.[96] Ein *Ersuchen* der KSZE war nach französischer Lesart eine zu starke Formulierung, die den falschen Schluß nahelegen konnte, daß die Allianz doch unmittelbar als Organisation angesprochen würde und daher als solche reagieren könnte, ohne daß der Filter nationaler Vorentscheidung eingeschaltet würde. Frankreich akzeptierte die Formulierung erst, nachdem es Gefahr lief, in der Frage isoliert zu werden, ob die NATO bei der Durchführung von KSZE-Beschlüssen eine Rolle spielen könnte.

Parallel zur Diskussion im Rahmen der KSZE wurden diese Probleme auch in der NATO und der WEU erörtert. Als Ergebnis erklärten sich die Mitglieder der Bündnisse bereit, der KSZE und der UNO für logistische und militärische Aufgaben im Bereich des *peacekeeping* ihre Expertise und darüber hinaus auch Truppen zur Verfügung zu stellen, soweit die einzelnen Mitgliedstaaten dazu im Einzelfall bereit waren. Die Fall-zu-Fall-Regelung und der Vorbehalt nationaler Entscheidungen war der Kompromiß, der zwischen Washington und Paris gefunden wurde. Dieser fand sich dann sowohl in den einschlägigen NATO- und WEU-Dokumenten als auch in dem Beschluß zum *peacekeeping* als Instrument der KSZE im Helsinki-Dokument 1992 wieder.[97] In diesem wurde explizit festgehalten, daß der KSZE *keine* eigenen militärischen Kapazitäten für friedenserhaltende Maßnahmen zugeordnet werden sollten.

---

95 Vgl. Deutschland will die KSZE handlungsfähig machen, in: FAZ, 4.7.1992.
96 Vgl. Helsinki-Dokument 1992, in: Bulletin, Nr. 82 (23.7.1992), S. 788 (Abs. 52). Siehe auch *Scheltema*, CSCE Peacekeeping Operations, S. 11f. Hintergrundgespräche des Verfassers mit Mitgliedern verschiedener Delegationen auf dem Helsinki-Folgetreffen, Juni 1992, sowie im Auswärtigen Amt und im Kanzleramt in Bonn, Juli 1992.
97 Vgl. Helsinki-Dokument 1992, in: Bulletin, Nr. 82 (23.7.1992), S. 788 (Kap. III, Abs. 53): „Beschlüsse der KSZE, eine solche Organisation um Unterstützung zu ersuchen, werden nach entsprechenden vorhergehenden Konsultationen mit Teilnehmerstaaten, die der betreffenden Organisation angehören, von Fall zu Fall gefäßt ...". Vgl. die nahezu identischen Formulierungen in: Kommuniqué der Ministertagung des Nordatlantikrates vom 4.6.1992 in Oslo, in: Bulletin, Nr. 64 (12.6.1992), S. 613-616 (615, Abs. 11: Bereitschaft, die KSZE im *peacekeeping* zu unterstützen); Kommuniqué der Ministertagung des Nordatlantikrates vom 17.12.1992 in Brüssel, in: Bulletin, Nr. 141 (29.12.1992), S. 1305 (Abs. 4: Bereitschaft, die UNO im *peacekeeping* und *peacemaking* zu unterstützen); sowie: Tagung des Ministerrates der WEU am 19.6.1992 auf dem Petersberg zu Bonn. Petersberg-Erklärung, in: Bulletin, Nr. 68 (23.6.1992), S. 649-653 (649, Kap. II, Abs. 2, 4).

Friedenserhaltende Maßnahmen gehören seither zum Instrumentarium der KSZE für die Konfliktverhütung und das Krisenmanagement. Voraussetzungen für den Einsatz von KSZE-Blauhelmen bleiben die klassischen Kriterien, also die Zustimmung der Konfliktparteien, die Unparteilichkeit und der Verzicht auf Gewaltanwendung, mit Ausnahme der Selbstverteidigung.[98] *Friedensschaffende Maßnahmen* (*peace-enforcement*), die nach den geltenden Bestimmungen der UN-Charta für regionale Abmachungen nach Kapitel VIII ausschließlich im Auftrag der UNO anwendbar sind, wären auch für die KSZE prinzipiell im Auftrag der UNO möglich gewesen. Allerdings schlossen die KSZE-Staaten diese Option im Helsinki-Dokument ausdrücklich aus. Die Frage des militärischen Instrumentariums der OSZE wurde also in Abhängigkeit von der UN- und der NATO-Politik der Teilnehmerstaaten entschieden.

6. Ergebnis: Überleben in der Nische kooperativer Sicherheit

Obwohl die KSZE ein Kind des Ost-West-Konfliktes war, überlebte sie den fundamentalen internationalen Umbruch der Jahre 1989 bis 1991 und ging sogar institutionell gestärkt daraus hervor. Sie erhielt neue Aufgaben zugewiesen und die zu deren Bewältigung erforderliche institutionelle Form, wurde also mit neuen Verhaltensregeln, Organen und Instrumenten an die Herausforderungen angepaßt. Ein wichtiger Grund für diese zunächst erstaunliche Tatsache liegt darin, daß die neuen sicherheitspolitischen Herausforderungen, die sich auf gesamteuropäischer Ebene als kollektive Aufgaben stellten, großenteils mit gleichartigen Problemen kollektiven Handelns verbunden waren, wie sie sich bereits zu Zeiten des Ost-West-Konfliktes gestellt hatten. Gleichartige Problemmuster erforderten entsprechende multilaterale Problemlösungskapazitäten, also internationale Institutionen, die aufgrund spezifischer institutioneller Merkmale bestimmte kooperative Funktionen erfüllen konnten. Dank ihrer institutionellen Form konnte die KSZE genau diejenigen kooperativen Funktionen anbieten, die auch unter den veränderten internationalen Rahmenbedingungen politisch bedeutsam waren und daher von den Staaten und Regierungen 'nachgefragt' wurden. Die wichtigsten institutionellen Merkmale der alten KSZE, die sie auch für die multilaterale Bearbeitung der kollektiven Aufgaben im 'vereinten Europa' qualifizierten, waren vor allem ihre umfassende, gesamteuropäische Mitgliedschaft, die (politisch verbindlichen) normativen Standards der Helsinki-Prinzipien, sowie ihre geringe Institutionalisierung.

Trotz der Überwindung des Ost-West-Konfliktes blieben Informationsdefizite zwischen den Staaten Europas über die außenpolitischen Ziele und Absichten der Regierungen eine wichtige Quelle der Unsicherheit. Dazu kamen aufflammende bilaterale oder subregionale Konfliktherde. Es blieb also ein Sicherheitsdilemma zwischen den europäischen Staaten bestehen, das kooperative Maßnahmen zur Bewältigung der alten und

---

98   Vgl. Helsinki-Dokument 1992, in: Bulletin, Nr. 82 (23.7.1992), S. 786f. (Kap. III, Abs. 17-25); siehe auch Heinz *Vetschera*, Die Rolle der KSZE als Einrichtung kooperativer Sicherheit im Rahmen des „interlocking-institutions"- Konzepts, in: Bernard von Plate (Hrsg.), Europa auf dem Weg zur kollektiven Sicherheit, S. 121.

neuen kollektiven Sicherheitsprobleme erforderte. In dieser Situation konnte die KSZE dank ihrer gegebenen institutionellen Form die 'alten' kooperativen Funktionen als konsensorientiertes gesamteuropäisches *Konsultations- und Verhandlungsforum* erfüllen, dadurch zur Konkretisierung diffuser und deklarierter Gemeinsamkeiten beitragen sowie eine gemeinsame Problemdefinition erleichtern. Durch diese Funktionen, verbunden mit der umfassenden Mitgliedschaft und einem weiten Sicherheitsverständnis, konnten somit wichtige Voraussetzungen für eine kollektive Bearbeitung der neuen problematischen Handlungsinterdependenzen geschaffen werden.

Die umfassende Mitgliedschaft und die Konsultations- und Verhandlungsfunktion waren der vertieften Zusammenarbeit dienlich, da sie die Vereinbarung von neuen Verhaltensnormen und -regeln auf gesamteuropäischer Ebene ermöglichten. Die Einhaltung dieser Regeln konnte die Übereinstimmung von Worten und Taten signalisieren und Berechenbarkeit und Vertrauen zwischen den Staaten und Regierungen schaffen. Neue Regeln für die neuen Aufgabenbereiche der KSZE, also die Demokratisierung, die Einhaltung von Menschen- und Minderheitenrechten, die friedliche Streitbeilegung und die Konfliktverhütung und Krisenbewältigung, wurden bereits 1990, also in der frühen Phase des politischen Umbruchs, vereinbart. Von vielen OSZE-Diplomaten wird heute bezweifelt, ob wenige Jahre später - im Lichte manifester gewaltsamer Konflikte und einer unsicheren Reformentwicklung in Rußland - der Ausbau des Regelwerks noch in gleichem Umfang möglich gewesen wäre.

Obwohl Unsicherheitsquellen weiterbestanden, führte die Befreiung vom System- und Ordnungskonflikt zu einem erweiterten ideologischen Konsens zwischen den alten und den neuen Demokratien. Da die Außenpolitik von Demokratien im allgemeinen mit den Prinzipien friedlichen Wandels und kooperativer Streitbeilegung verbunden ist, verminderte die im Werden begriffene Wertegemeinschaft die sicherheitspolitische Unsicherheit und das Sicherheitsdilemma. Das somit 'degenerierte Sicherheitsdilemma' erleichterte es den Teilnehmerstaaten, neben der bisherigen Praxis multilateraler Konsultationen, Verhandlungen und Normensetzung zusätzlich neue Formen internationaler Kooperation im Rahmen der KSZE zu vereinbaren. Die institutionellen Anpassungen - vor allem der ständig konsultations- und entscheidungsfähige Ständige Rat, andere permanente Organe sowie zahlreiche Konsultationsmechanismen und Instrumente - ermöglichten es, der KSZE zusätzliche kooperative Funktionen im Bereich institutionalisierter operativer *Zusammenarbeit* zu übertragen. Während in der Vergangenheit die Implementation der vereinbarten Verhaltensregeln, das *monitoring* der Regeleinhaltung und die Sanktionierung von Regelverletzungen ausschließlich in die Zuständigkeit der einzelnen Teilnehmerstaaten fielen, konnten diese Aufgaben nun dank der neuen Rahmenbedingungen und der operativen Funktion der KSZE multilateralisiert werden. Außerdem wurden gemeinsame multilaterale Maßnahmen zur Förderung der Demokratisierung sowie zur Konfliktverhütung und Konfliktbewältigung möglich. Der bisherige geringe Institutionalisierungsgrad stand der erforderlichen institutionellen Anpassung nicht entgegen, sondern erleichterte die Reformbeschlüsse, weil deren Notwendigkeit angesichts der Diskrepanz zwischen den neuen Aufgaben und den vorhandenen Strukturen offensichtlich war.

Ihre institutionellen Merkmale - wiederum vor allem die umfassende Mitgliedschaft, ihre Konsensorientierung und die am friedlichen Wandel orientierten Verhaltensnormen und -regeln -, ermöglichten es, der KSZE zusätzliche, unvorhergesehene Aufgaben zu übertragen, die sich erst als Folge des internationalen Wandels in der Phase des Übergangs zwischen der alten und einer neuen Ordnung ergaben. Eine der unvorhergesehenen kollektiven Herausforderungen war die Vereinigung der beiden deutschen Staaten. Durch diese wurde für die Nachbarn und Partner Deutschlands die Frage nach den Zielen und Strategien der Außenpolitik des vereinten Deutschlands und den damit möglicherweise einhergehenden Sicherheitsrisiken neu gestellt. In dieser Situation spielte die Konferenz eine wichtige deutschlandpolitische Rolle, indem sie einen Rahmen für die gesamteuropäische Legitimierung der Vereinigung bot. Ferner konnte die Bundesrepublik Deutschland die KSZE gegenüber der Sowjetunion instrumentalisieren, um Moskau durch den Ausbau der KSZE zu einer wirkungsvollen gesamteuropäischen Sicherheitsinstitution die Zustimmung zur Vereinigung und zur Mitgliedschaft des vereinten Deutschlands im westlichen Bündnis schmackhaft zu machen. Da sich diese Instrumentalisierung jedoch mit dem Ziel der übrigen Teilnehmerstaaten deckte, Deutschland auf die Prinzipien des friedlichen Wandels festzulegen, konnte die KSZE diese Aufgaben ohne machtpolitische Verwerfungen erfüllen.

Darüber hinaus konnte die KSZE als 'Wartehalle' oder 'Ausweichinstitution' für die neuen Demokratien instrumentalisiert werden, so daß deren Drängen in die NATO und die EU politisch abgefedert und Zeit gewonnen werden konnte für eine allmähliche und differenzierte Heranführung der MOE-Staaten an diese Institutionen. Es war jedoch ein 'einseitiges' Interesse der westlichen Staaten und kein kollektives Ziel aller Teilnehmerstaaten, also keine gesamteuropäische Aufgabenzuweisung an die KSZE. Der Westen war nicht bereit, die KSZE derart zu stärken, daß dies ausgereicht hätte, die sicherheitspolitischen Bedürfnisse der MOE-Staaten zu befriedigen. Daher ließ das Drängen der Osteuropäer nach Aufnahme in die westlichen Institutionen kaum nach, und die KSZE konnte die ihr vom Westen zugedachte Aufgabe als 'Wartehalle' nicht erfüllen.

Die institutionellen Merkmale der OSZE kennzeichnen sie - in Abgrenzung zu Institutionen kollektiver Verteidigung und Systemen kollektiver Sicherheit - als eine Institution kooperativer Sicherheit. Die ihr zugewiesenen Aufgaben, Kompetenzen und Instrumente beschränken ihren sicherheitspolitischen Beitrag auf kooperative Maßnahmen. Weder nach außen - wie im Falle von Institutionen kollektiver Verteidigung - , noch nach innen - wie im Falle von Systemen kollektiver Sicherheit - ist die OSZE befugt oder in der Lage, Sicherheit im Falle militärischer Aggressionen oder Regelverletzungen mit militärischen Zwangsmaßnahmen zu gewährleisten.

Die institutionellen Reformen zur Stärkung der KSZE seit 1989 entsprechen einem Kompromiß zwischen den zunächst (nach der deutschen Vereinigung) 34 Teilnehmerstaaten, deren Zahl dann bis 1996 auf 55 angewachsen ist. Die Staaten standen vor sehr unterschiedlichen innen-, außen- und sicherheitspolitischen Problemen, ferner waren sie - vor allem angesichts der desintegrativen nationalen und internationalen Entwicklungen in Osteuropa und der zunächst ungebrochenen Präsenz der westlichen Institutionen - überaus unterschiedlich in bestehende und bewährte internationale Zusammenschlüsse eingebunden. Aufgrund dieser unterschiedlichen Ausgangsbedingungen maßen sie den verschiedenen multilateralen Sicherheitsinstitutionen - vor allem der UNO, der KSZE und der NATO - eine unterschiedliche Bedeutung bei und entsprechend unterschiedlich gestalteten sich ihre Institutionenpräferenzen und dementsprechend ihre *Institutionalisierungspolitik* - also ihre Vorstellungen und Positionen zur Neugestaltung der KSZE.

Die bedeutendsten Positionsunterschiede bestanden dabei nicht zwischen den alten und den neuen Demokratien, sondern vor allem innerhalb der westlichen Staatengruppe, also den Mitgliedern der EG und der NATO. Die MOE-Staaten und Rußland lösten bis 1992 alle ihre blockinternen internationalen Institutionen auf, während die neutralen und nicht-blockgebundenen Staaten (N+N-Staaten) mit der Auflösung des Ost-West-Konfliktes ihren traditionellen Platz zwischen den Bündnissen einbüßten. Sie befürworteten daher weitgehende Reformen der KSZE, die zu einer funktionsfähigen gesamteuropäischen Sicherheitsinstitution führen sollten. Innerhalb des Westens hingegen gab es weiterhin funktionierende Organisationen, so daß sich für die Mitglieder von NATO und EG einerseits die Frage nach der Notwendigkeit einer gestärkten gesamteuropäischen Sicherheitsinstitution, andererseits aber auch nach den Konsequenzen weitgehender Reformen der KSZE für die Funktionen der westlichen Institutionen stellte.

Die Bundesrepublik Deutschland und andere Staaten, die sich in unmittelbarer Nachbarschaft zu den neuen Demokratien befinden, wollten mit einer gestärkten KSZE einen tragfähigen gesamteuropäischen Orientierungsrahmen schaffen. Hinzu kam im Falle Deutschlands das Interesse, die KSZE zur gesamteuropäischen Legitimierung der Vereinigung zu nutzen. Andere Staaten, die aufgrund ihrer geopolitischen Situation nicht direkt von den Transformationsprozessen betroffen oder berührt waren, schätzten dagegen die Bedeutung der KSZE meist geringer ein. Die MOE-Staaten, Rußland und Deutschland gehörten daher zu den *Demandeuren* im Prozeß der KSZE-Reform, die sich für weitreichende Aufgaben- und Kompetenzen der KSZE und umfangreiche institutionelle Neuerungen einsetzten. Die USA traten als *Bremser* im Reformprozeß der KSZE auf, weil sie die Möglichkeiten einer gesamteuropäischen Institution bei der kollektiven Problembewältigung bezweifelten. Ferner fürchteten sie, wie auch einige andere NATO-Partner, daß die NATO als die für sie wichtigste europäische Sicherheitsinstitution durch eine übermäßige Stärkung der KSZE in ihrer sicherheitspolitischen Bedeutung beeinträchtigt werden würde. In der Frage, welche Rolle die UNO spielen sollte und wie die Beziehungen zwischen einer gestärkten KSZE und der Weltorganisation gestaltet werden sollten, hatten die ständigen Mitglieder des Sicherheitsrates ein Interesse daran, daß die Funktion dieses Gremiums nicht reduziert wurde.

Ein Vergleich zwischen Ausgangspositionen und Verhandlungsergebnissen macht deutlich, daß der Prozeß der institutionellen Reformen aufgrund der Desintegration in Osteuropa und der Sowjetunion und der parallelen Reform der westlichen Institutionen maßgeblich durch die Präferenzen und Konsensfindung der westlichen Mächte bestimmt wurde. Die Größe oder das Machtpotential der einzelnen Teilnehmerstaaten spielte bei der Einstellung zur KSZE keine eindeutige Rolle, denn unter den Demandeuren ebenso wie unter den Bremsern fanden sich unterschiedlich große bzw. 'mächtige' Staaten, und es gab für große wie kleine Staaten unterschiedliche Motive und Gründe, sich für oder gegen eine gestärkte gesamteuropäische Organisation auszusprechen. Die Institutionenpräferenz der Staaten wurde hingegen eindeutig von dem Gesichtspunkt beeinflußt, welche Institution am besten geeignet war, eigene Ziele und Strategie durchzusetzen.

Gesichtspunkte politischer Macht spielten mit unterschiedlichem Vorzeichen auch für die kleineren Staaten eine wichtige Rolle. Einerseits zeigten die kleineren Staaten überwiegend eine positive Grundeinstellung gegenüber einer gesamteuropäischen multilateralen Institution, andererseits fand ihre Bereitschaft, die KSZE zu stärken, eine Grenze an der Sorge, ob sich die jeweilige Regierung gegenüber einer Organisation mit starkem institutionellen Eigengewicht würde behaupten können. Die Frage relativer Macht spielte auch für die Institutionenpräferenz der MOE-Staaten eine Rolle, denn bestimmte institutionelle Funktionen und kollektive Aufgaben waren nur dann zu realisieren, wenn der Teilnehmerkreis dem dafür erforderlichen Machtpotential entsprach. Daher war es wenig verwunderlich, daß diese Staaten - nachdem ihre Streben nach Sicherheitsgarantien gegenüber den unsicheren Entwicklungen in der Sowjetunion und später Rußlands im Rahmen der KSZE vergeblich geblieben waren - in die NATO drängten, denn bestenfalls in diesem begrenzten Rahmen einer militärischen Allianz war die USA als Führungsmacht und einzig glaubwürdiger Widerpart Rußlands möglicherweise bereit, entsprechende Garantien zu übernehmen.

Die *Nische*, in der die KSZE das Ende des Ost-West-Konfliktes überleben und eine neue Rolle und Bedeutung für die gesamteuropäische Sicherheitspolitik im Netzwerk europäischer Sicherheitsinstitutionen übernehmen konnte, wurde somit im Zusammenspiel der Institutionalisierungspolitiken der Teilnehmerstaaten definiert. Angesichts der bisherigen und der neuen kollektiven Herausforderungen konnte die KSZE dank der vorhandenen institutionellen Form wichtige kooperative Funktionen für die gesamteuropäische sicherheitspolitische Zusammenarbeit anbieten. Zusätzliche Aufgaben und Funktionen wurden ihr auf der Grundlage institutioneller Reformen übertragen. Der Ausbau der KSZE wurde letztlich jedoch durch die politischen Kalküle der einzelnen Teilnehmerstaaten begrenzt. Diese waren davon bestimmt, wie sie die Möglichkeiten einer gesamteuropäischen Sicherheitsorganisation einschätzten, zur Lösung der neuen sicherheitspolitischen Herausforderungen einen wirklichen Beitrag zu leisten, ferner davon, ob eine einseitige Instrumentalisierung dieser Institution für einzelstaatliche Interessen möglich war, und schließlich davon, wie ihr Stellenwert im Vergleich zu anderen zwischenstaatlichen Institutionen bewertet wurde.

Man kann daher von einer *institutionellen Nische* für die OSZE sprechen, denn ihre Aufgaben, Funktionen und die dafür erforderliche institutionelle Form ergaben sich gewissermaßen als 'Restmenge' dessen, was zwar von den Teilnehmerstaaten als erforderlich angesehen wurde, um die kollektiven sicherheitspolitischen Aufgaben zu bewältigen, gleichzeitig aber anderen Institutionen nicht ins Gehege kam. Für die OSZE blieben somit Aufgaben und Kompetenzen, die entweder von anderen Institutionen aufgrund bestehender institutioneller Erfordernisse funktional nicht geleistet werden konnten oder aufgrund macht- bzw. herrschaftspolitischer Gesichtspunkte nicht geleistet werden sollten und die daher für andere, als wichtig erachtete Institutionen keine Konkurrenz bedeuteten. Der multilaterale Kompromiß zwischen den unterschiedlichen Institutionenpolitiken der Teilnehmerstaaten führte somit zum Überleben der KSZE in der Nische kooperativer Sicherheit, d. h. Aufgaben, Funktionen und Formen der OSZE wurden multilateral so definiert, daß sie nur als gesamteuropäische Institution kooperativer Sicherheit bestehen konnte. Den Bereich der kooperativen Sicherheit muß sich die OSZE jedoch mit anderen Institutionen teilen, denn die institutionellen Reformen vor allem der NATO und der WEU führten ebenfalls in diese Richtung.[99] Dies bedeutet Überlappungen in den Aufgaben und Zuständigkeiten der europäischen Sicherheitsinstitutionen und kann zu einer Konkurrenz zwischen ihnen führen, in der die politisch bedingten unterschiedlichen Institutionenpräferenzen der Teilnehmer- bzw. Mitgliedstaaten zum Tragen kommen. Daher ist es eine offene Frage, wie sich die OSZE in Zukunft behaupten kann.

---

99 Vgl. die Beiträge in diesem Band von Olaf *Theiler*, Der Wandel der NATO nach dem Ende des Ost-West-Konfliktes, S. 101-136; und Peter *Barschdorff*, Zahnloser Tiger oder Zentrum eines Netzwerkes von Institutionen? Die Westeuropäische Union nach ihrer Aufwertung, S. 137-164.

Der Wandel der NATO nach dem Ende des Ost-West-Konfliktes

Olaf Theiler

1. Allianztheorie und NATO-Reform

Eine der wichtigsten Denkschulen in der Theorie der internationalen Politik ist der Realismus. Er sieht die Staaten als am Eigeninteresse orientierte, rational handelnde Akteure, die in einem anarchisch strukturierten internationalen System ihre Existenz und Unabhängigkeit zu sichern bestrebt sind. Staatliches Handeln ist bestimmt durch das Sicherheitsdilemma,[1] das unter der Bedingung der Selbsthilfe zur Ausbildung von Macht- oder Bedrohungsgleichgewichten führt. Die Möglichkeit zur zwischenstaatlichen Zusammenarbeit wird durch die Sorge der Akteure um relative Gewinne eingeschränkt.[2] Für die Allianztheorie des Realismus ergeben sich aus diesen Auffassungen zwei zentrale Folgerungen: Erstens ist die Bildung militärischer Machtgleichgewichte durch Bündnisse mit anderen Nationen eine der wichtigsten staatlichen Antworten auf die Unsicherheit ihrer Existenz; zweitens kann unter den Bedingungen der Selbsthilfe in einem anarchisch strukturierten System auch eine Allianz das Sicherheitsdilemma zwischen den verbündeten Akteuren nicht aufheben. Damit wird die von außen kommende Bedrohung das zentrale Element des Bündniszusammenhaltes.

Trotz der unbestreitbar großen Leistungen des Realismus für die Theorie der internationalen Beziehungen im allgemeinen und für die Allianztheorie im besonderen, hat sich diese Theorie „in zu vielen Fällen als zu eingeschränkt und mechanistisch erwiesen".[3] So konnte z. B. Helga Haftendorn am Beispiel der NATO-Krise von 1966/67 deutlich machen, daß der innere Zusammenhalt des atlantischen Bündnisses nicht ausschließlich vom Grad der äußeren Bedrohung abhängig war.[4] Statt dessen spielten die Fähigkeit der Insti-

---

1 Dieser von John Herz 1951 eingeführte Begriff bezeichnet das Problem, daß ein Staat nie sicher sein kann, ob nicht einer seiner Nachbarn jetzt oder zukünftig eine feindselige Haltung einnehmen wird, selbst wenn er selbst keinerlei aggressive Absichten hegt. Aus diesem Grund muß jeder Staat zu Verteidigungszwecken Macht ansammeln. Das Sicherheitsdilemma besteht darin, daß diese Machtansammlung von anderen Staaten als Bedrohung betrachtet werden muß, da sie ja nicht sicher sein können, ob diese Macht nicht jetzt oder zukünftig einmal gegen sie eingesetzt werden wird. Deshalb streben sie ebenfalls nach Machtansammlung, die wiederum von ihren Nachbarn als potentiell bedrohlich eingeschätzt werden muß. Siehe John *Herz*, Political Realism and Political Idealism. Chicago: University of Chicago Press 1951, S. 3, 15.
2 Vgl. Kenneth N. *Waltz*, Theory on International Politics. Reading, MA: Addison-Wesley 1979. Stephen M. *Walt*, The Origins of Alliances. Ithaca u. a.: Cornell University Press 1987. Glenn H. *Snyder*, The Security Dilemma in Alliance Politics, in: World Politics, Bd. 36, Nr. 4 (April 1984), S. 461-495.
3 Michael *Zürn*, We Can Do Much Better! Aber muß es auf amerikanisch sein? Zum Vergleich der Disziplin 'Internationale Beziehungen' in den USA und in Deutschland, in: Zeitschrift für Internationale Beziehungen, Bd. 1 (1994), Nr. 1, S. 91-114 (105).
4 Helga *Haftendorn*, Kernwaffen und die Glaubwürdigkeit der Allianz. Die NATO-Krise von 1966/67. Baden-Baden: Nomos 1994, S. 23-28, 369f.

tution NATO zur Anpassung an die veränderten internationalen Strukturen und die Flexibilität ihrer Form bei der Überwindung der Krise eine bedeutende Rolle.

Seit 1989 haben sich das internationale System und damit die Rahmenbedingungen für das Nordatlantische Bündnis grundlegend geändert. Der Kalte Krieg ist beendet, die Bundesrepublik Deutschland wiedervereinigt, der Warschauer Pakt und die Sowjetunion sind aufgelöst. Entsprechend der Allianztheorie des Realismus ist die NATO damit überflüssig geworden. So wurde auch von führenden Vertretern dieser Denkschule in den letzen Jahren eine baldige Auflösung oder Marginalisierung der NATO vorhergesagt.[5] Diese Prognose hat sich jedoch bisher nicht bestätigt. Statt dessen steht das Nordatlantische Bündnis erneut im Mittelpunkt der transatlantischen Zusammenarbeit. Zahlreiche Staaten Mittel- und Osteuropas drängen auf eine baldige Aufnahme in die NATO, und Frankreich arbeitet so eng mit dem Bündnis zusammen wie seit seinem Austritt aus der militärischen Integration im Jahr 1966 nicht mehr. Ferner wurde die NATO mehrfach im Auftrag der UNO in Bosnien-Herzegowina tätig. Dabei kam es zu den ersten Kampfmaßnahmen von Streitkräften unter NATO-Oberbefehl seit Gründung der Allianz im Jahre 1949.

Die Frage, warum das Nordatlantische Bündnis über die Veränderungen von 1990 hinaus eine Bedeutung für die europäische Sicherheit behielt, ist eines der faszinierendsten *puzzles* der Politikwissenschaft im allgemeinen und der Allianztheorie im besonderen. Angesichts des Widerspruchs zwischen den Vorhersagen des Realismus und der Beobachtung einer anhalten Vitalität der NATO erscheint es angebracht, den in der Allianztheorie bisher nur selten angewendeten institutionalistischen Ansatz zur Erklärung heranzuziehen.[6] Bei der hier vorliegenden Arbeit werden deshalb die neuesten Entwicklungen des institutionalistischen Ansatzes zur Allianztheorie auf das Fallbeispiel der Innenbeziehungen des Nordatlantischen Bündnisses angewendet.

2. *Theoretischer Rahmen*

Die Nordatlantische Allianz wird hier als Beispiel einer Sicherheitsinstitution untersucht. Unter dem Begriff Institution versteht man allgemein Konventionen, Regime und Organisationen. Das Vorhandensein von „persistent and connected sets of rules (formal or informal) that prescribe behavioral roles and constrain activity, and shape expectations" ist

---

5 Siehe John J. *Mearsheimer*, Back to the Future. Instability in Europe After the Cold War, in: International Security, Bd. 15, Nr. 1 (Herbst 1990), S. 5-56 (5, 6). Ähnlich auch die Aussage: „NATO's days are not numbered, but its years are" von Kenneth N. *Waltz*, The Emerging Structure of International Politics, in: International Security, Bd. 18, Nr. 2 (Herbst 1993), S. 44-79 (76).
6 Michael Zürn stellt kritisch fest, daß Liberale und Institutionalisten „noch längst keine einigermaßen abgeschlossene Theorie hervorgebracht" hätten. „Notwendig wäre also zu allererst, mit Hilfe von empirischen Arbeiten einen Beitrag zur Diskussion über die angemessenen theoretischen Konzepte" zu leisten, „um damit zur Konstruktion einer oder mehrerer Alternativen zum Neorealismus beizutragen". *Zürn*, We Can Do Much Better, S. 105. Einer der ersten Versuche einer Anwendung des Institutionalismus auf Sicherheitsinstitutionen findet sich bei John S. *Duffield*, Explaining the Long Peace in Europe. The Contribution of Regional Security Regimes, in: Review of International Studies, Bd. 20 (1994), Nr. 4, S. 369-388.

das übergreifende Kennzeichen aller Institutionen.⁷ Bei Sicherheitsinstitutionen handelt es sich um eine Untergruppe, die aufgrund ihrer Aufgabenstellung von den anderen Institutionstypen unterschieden wird: Sie sollen für zwei oder mehr Akteure Sicherheit im Sinne des Schutzes von territorialer Integrität, politischer Selbstbestimmung und wirtschaftlicher Wohlfahrt gegen eine militärische Bedrohung gewährleisten.⁸ Die Nordatlantische Allianz entspricht dieser Definition, genauso wie z. B. die Organisation für Sicherheit und Zusammenarbeit in Europa (OSZE) oder das im Vertrag über Konventionelle Abrüstung in Europa (VKSE) vereinbarte Abrüstungsregime.⁹

Bei diesen Beispielen handelt es sich um jeweils verschiedene Untergruppen der Sicherheitsinstitutionen. Die NATO ist eine militärische Allianz. Sie unterscheidet sich von der OSZE, bei der es sich ebenfalls um einen Staatenbund handelt, durch das Versprechen gegenseitiger militärischer Hilfestellung[10] und die Existenz von besonderen Verfahren und Regeln, mit denen das Handeln der Mitgliedstaaten im Rahmen der Beistandsverpflichtung koordiniert wird.[11] Beim VKSE-Regime handelt es sich dagegen um ein Sicherheitsregime, das sich von der NATO und der OSZE zusätzlich noch durch das Fehlen einer formalen Organisation unterscheidet.

Aus ihrer Aufgabenstellung ergeben sich für Allianzen besondere Probleme kollektiven Handelns.[12] Als Problem kollektiven Handelns bezeichnet man solche Situationen, in denen das Ergebnis einer Handlung nicht allein vom Akteur selbst, in diesem Falle also einem Staat, abhängt, sondern auch in einem erheblichen Maße durch die Handlungen an-

---

7   Robert O. *Keohane*, Neoliberal Institutionalism, A Perspective on World Politics, in: ders., International Institutions and State Power. Essays in International Relations Theory. Boulder, CO: Westview 1989, S. 1-20 (3).
8   Vgl. Helga *Haftendorn*, Sicherheitsinstitutionen in den internationalen Beziehungen. Eine Einführung, in diesem Band, S. 11-34.
9   Institutionen werden allgemein in Organisationen, Regime und Konventionen unterteilt. Bei Organisationen handelt es sich um formale intergouvernementale oder auch um supranationale Institutionen, die sich durch eine bürokratische Organisation auszeichnen. Diese kann eigenständig das Verhalten der Mitgliedstaaten überwachen und darauf reagieren. Regime dagegen sind explizite, von Staaten vereinbarte Regeln, die für bestimmte Bereiche der internationalen Beziehungen geschaffen werden. Bei Konventionen handelt es sich um implizite Regeln und Vereinbarungen, die das Verhalten der Staaten beeinflussen. „They enable actors to understand one another and, without explicit rules, to coordinate their behavior". *Keohane*, Neoliberal Institutionalism, S. 3, 4.
10 Robert O. *Keohane*/Celeste A. *Wallander*, An Institutional Approach to Alliance Theory. Paper prepared for the meeting of the International Studies Association in Chicago, 21.-25.2.1995, S. 2.
11 Arnold *Wolfers*, Alliances, in: David L. Sills (Hrsg.), International Encyclopedia of the Social Sciences. New York: MacMillan 1968, S. 268-271 (268).
12 Zu Problemen kollektiven Handelns im allgemeinen vgl. Mancur *Olson*, Die Logik des kollektiven Handelns. Kollektivgüter und die Theorie der Gruppen. Tübingen: Mohr 1968, 2. Aufl.; Russel *Hardin*, Collective Action. Baltimore/London: Johns Hopkins University Press 1982; Thomas C. *Schelling*, Micromotives and Macrobehavior. New York/London: Norton 1978. Zu den Problemen kollektiven Handelns in der internationalen Politik und in internationalen Institutionen vgl. Arthur A. *Stein*, Coordination and Collaboration. Regimes in an Anarchic World, in: International Organization, Bd. 36 (1982), Nr. 2, S. 115-140; Lisa *Martin*, The rational state choice of multilateralism, in: International Organization, Bd. 46 (1992), Nr. 4, zitiert nach dem Abdruck in John Gerard Ruggie (Hrsg.), Multilateralism Matters. The Theory and Praxis of an Institutional Form. New York: Columbia University Press 1993, S. 91-121. Zu den Problemen kollektiven Handelns in Militärbündnissen vgl. *Keohane/Wallander*, An Institutional Approach, S. 17-19.

derer Akteure beeinflußt wird. In diesen Situationen können die Akteure ohne implizite oder explizite Koordination des Handelns ihre Ziele nicht oder nicht optimal verwirklichen.[13] Institutionen sollen dabei helfen, diese Probleme durch die Schaffung von Verhaltensregeln und Erwartungssicherheit zu lösen oder zumindest abzuschwächen. Wenn nun zwei oder mehr Staaten eine Allianz bilden, ergeben sich besondere Probleme kollektiven Handelns. Die Besonderheit liegt in den zu erwartenden Kosten eines Mißlingens der zuvor vereinbarten Kooperation. In allen Sicherheitsbelangen, insbesondere jedoch bei militärischen Auseinandersetzungen, kann im schlimmsten Fall die Existenz von Staaten auf dem Spiel stehen. Bei Allianzen kommt es also besonders darauf an, alle Beteiligten vor einem einseitigen Bruch der Vereinbarungen zu schützen und die gemeinsamen Handlungen im Sinne einer Nutzenmaximierung aufeinander abzustimmen. Aufgrund der Natur dieser Probleme spricht man dabei auch von Kollaborations- und Koordinationsproblemen, die eine Untergruppe der Probleme kollektiven Handelns bilden.[14]

Der NATO als Sicherheitsinstitution stellen sich entsprechend diesem institutionalistischen Ansatz zwei zentrale Aufgaben:[15] Erstens muß sie im Interesse ihrer Mitglieder problemspezifische Antworten auf die sicherheitspolitischen Herausforderungen aus dem internationalen Umfeld entwickeln (*spezifische oder externe Funktion*). Zweitens muß sie die sich ihr stellenden Kollaborations- und Koordinationsprobleme lösen können (*allgemeine oder interne Funktion*).

Aus dieser doppelten Aufgabenstellung ergeben sich Folgerungen für ihre Form. Zu dieser zählen die Regeln und Normen (Satzungen und ungeschriebene Verhaltensweisen), Prozeduren und Verfahren (z. B. die Entscheidungsmodi), die bestehenden Organe und Instrumente einer Institution und auch die interne Machtverteilung (z. B. Anzahl der Mitglieder sowie Existenz von hegemonialen Strukturen oder Hierarchien). Entsprechend der institutionalistischen Theorie ist die Möglichkeit zur Erfüllung einer spezifischen Aufgabenstellung durch eine Allianz abhängig von der Form der dafür ausgewählten Institution.[16] Die Form einer Institution ist abhängig von den Problemen des kollektiven Handelns, zu deren Bewältigung sie geschaffen wurde.[17] Sie stellt dabei eine inter-

---

13 Vgl. Otto *Keck*, Die Bedeutung der rationalen Institutionentheorie für die Politikwissenschaft, in: Gerhard Göhler (Hrsg.), Die Eigenart der Institutionen. Zum Profil politischer Institutionentheorie. Baden-Baden: Nomos 1994, S. 187-220. Vgl. *ders.*, Der Beitrag rationaler Theorieansätze zur Analyse von Sicherheitsinstitutionen, in diesem Band, S. 35-56 (38, 42-50).
14 Robert O. Keohane und Celeste Wallander haben 1995 ausgeführt, daß bei der Lösung der Probleme kollektiven Handelns innerhalb einer Allianz nationalstaatliche *self-help*-Strategien nur zu suboptimalen Ergebnissen führen können. Dadurch würde im Endeffekt die Zusammenarbeit der Mitglieder insgesamt gefährdet. Sicherheitsinstitutionen dagegen könnten durch die Beachtung der Gebote der Gegenseitigkeit und Transparenz derartige Probleme bewältigen oder so weit abschwächen, daß die Möglichkeit zur Kooperation gewahrt bleibt. Der Fachausdruck für Gegenseitigkeit lautet „Reziprozität". Siehe *Keohane/Wallander*, An Institutional Approach, S. 15-17.
15 Vgl. *Haftendorn*, Sicherheitsinstitutionen in den internationalen Beziehungen, S. 16.
16 Umgekehrt kann aber auch die Form der ausschlaggebende Faktor für eine spezifische Aufgabenzuteilung an eine Institution sein. Siehe Celeste A. *Wallander*, Assessing Security Missions after the Cold War. Strategies, Institutions, and the Limits of a Generalized Approach. Harvard University, Unveröffentlichtes Manuskript 1995, S. 2, 41-42. Vgl. *Haftendorn*, Sicherheitsinstitutionen in den internationalen Beziehungen, S. 30.
17 Ebd.; vgl. *Keohane/Wallander,* An Institutional Approach, S. 18.

venierende Variable zwischen den sich in einer Allianz stellenden Kollaborations- und Koordinationsproblemen (als unabhängige Variable) und dem Zusammenhalt der Allianz (als abhängige Variable) dar.

Der neoliberale Institutionalismus vertritt die Hypothese, daß der entscheidende Faktor zum Erhalt von Institutionen bei einer Veränderung im Umfeld ihre Fähigkeit zum internen Wandel sei.[18] Durch die Anwendung dieses Erklärungsansatzes soll die Studie dazu beitragen, das *puzzle* der fortbestehenden sicherheitspolitischen Bedeutung der NATO zu lösen. Die Ursachen und Auswirkungen des Wandels des internationalen Systems der Jahre 1989/1990, von dem der Impuls zur Reform der Sicherheitsinstitution NATO ausging, werden an dieser Stelle nicht weiter untersucht. Statt dessen gilt die Aufmerksamkeit den internen Reformen und Veränderungen der NATO. Die zentrale Frage dabei ist, welche Auswirkungen der Wandel der Aufgabenstellung auf die Form der Institution hat. Dementsprechend steht der Vergleich der Aufgaben und der zu deren Lösung gewählten Form der Sicherheitsinstitution NATO vor und nach den Veränderungen von 1990 im Mittelpunkt der Untersuchung. Da der Reformprozeß der NATO noch nicht abgeschlossen ist, kann der Wandel der Allianz seit dem Ende des Kalten Krieges nur als Zwischenergebnis analysiert werden.

3. Die Aufgaben der NATO

3.1 Die NATO-Aufgaben bis zum Ende des Kalten Krieges

Bis 1990 hatte die NATO drei Aufgaben: Die militärische Hauptaufgabe war die kollektive Verteidigung des Bündnisgebietes, wie es in Art. 6 des Washingtoner Vertrages von 1949 festgelegt wurde;[19] die zwei zusätzlichen Aufgaben waren die transatlantische Kooperation und die Gewährleistung eines gewissen Maßes an kollektiver Sicherheit für die Allianzmitglieder. Die beiden Nebenaufgaben der NATO, deren politische Natur teilweise durch ihren strategischen Nutzen verdeckt wurde, waren von Beginn an eng mit der kollektiven Verteidigung verknüpft.

Die transatlantische Kooperation zwischen den USA und Westeuropa bildete den politischen Ausgangspunkt der Nordatlantischen Allianz. Vor allem die Mitgliedschaft der Vereinigten Staaten als führender Macht nach dem zweiten Weltkrieg gab der NATO ihr politisches Gewicht im Kalten Krieg. Die Anwesenheit amerikanischer Streitkräfte auf dem europäischen Kontinent verlieh der US-Nukleargarantie die Glaubwürdigkeit, die für eine dauerhaft wirksame Abschreckungsstrategie notwendig war. Die durch die sicherheitspolitische Kooperation entstehende enge Bindung zwischen Europa und Nordamerika wirkte sich langfristig auch positiv auf andere Politikbereiche wie z. B. Handel und Kultur aus.

---

18 Vgl. *Haftendorn*, Sicherheitsinstitutionen in den internationalen Beziehungen, S. 18.
19 *NATO-Information Service*, NATO Basic Documents. Brüssel 1981, 3. Aufl., S. 11.

Daneben diente das Nordatlantische Bündnis auch zur Gewährleistung kollektiver Sicherheit innerhalb der Allianz. Die Kooperation der europäischen Partner der NATO wurde wesentlich erleichtert, da aufgrund der amerikanischen Präsenz das jahrhundertelang die europäische Politik bestimmende Ringen um ein innereuropäisches Machtgleichgewicht weitgehend unnötig geworden war. Die bipolare Weltordnung des Kalten Krieges und die militärische Schwäche der europäischen Staaten hatten die alten Rivalitäten zur Gefahr für ihre Sicherheit werden lassen. Ohne die ausgleichende Wirkung der amerikanischen Präsenz wäre das traditionelle Mißtrauen wohl kaum so erfolgreich überwunden worden. Das galt insbesondere für die Situation der Bundesrepublik, deren Eingliederung in die westliche Staatengemeinschaft durch die NATO-Mitgliedschaft wesentlich erleichtert wurde.[20] Ein anderes Beispiel für diese Aufgabe der kollektiven Sicherheit sind die Beziehungen zwischen Griechenland und der Türkei. Diese wurden in der Nordatlantischen Allianz auf eine Weise kooperativ aneinander gebunden, die wahrscheinlich einen größeren militärischen Konflikt zu verhindern half.[21]

3.2 Wandel und Ergänzung der NATO-Aufgaben seit 1990

Durch die Veränderungen des internationalen Umfeldes nach 1989 wurden die drei 'alten' Aufgaben der Nordatlantischen Allianz nicht aufgehoben. Ihr Charakter wurde jedoch verändert, die einzelnen Gewichtungen verschoben und durch neu hinzukommende Aufgaben relativiert.

Die Aufgabe der kollektiven Verteidigung ist durch das Ende des „threat of a simultaneous, full-scale attack on all of NATO's European fronts"[22] zu einer Art Rückversicherung gegen eventuelle Bedrohungen aus der Peripherie des Bündnisses geworden. Zu diesen Risiken gehört die Möglichkeit eines wiederkehrenden russischen Expansionismus oder eines nuklearen Erpressungsversuches, aber auch regionale militärische Bedrohun-

---

20 Lord Ismay, der erste Generalsekretär der NATO schrieb dem Bündnis drei zentrale Aufgaben zu: „To keep the Soviets out, the Americans in, and the Germans down." Zitiert nach Helga *Haftendorn*, European Security Cooperation and the Atlantic Alliance. San Domenico: European University Institute 1991, S. 7. Auch Wolfram Hanrieder nannte das „double-containment" als die eigentliche Aufgabe der NATO, die gleichzeitig die Sowjetunion abschrecken und die Bundesrepublik einbinden sollte. Wolfram F. *Hanrieder*, The FRG and NATO. Between Security Dependence and Security Partnership, in: Emil J. Kirchner/James Sperling, The Federal Republic of Germany and NATO, 40 Years After. London: Macmillan 1992, S. 194-220 (194f.). Das „double containment" wäre ohne die USA nicht möglich gewesen. Siehe dazu auch Helga *Haftendorn*, Sicherheit und Entspannung, Zur Außenpolitik der Bundesrepublik Deutschland 1955-1982. Baden-Baden: Nomos 1983, S. 34-36.

21 Vgl. Marion *Kirsch-Leighton*, Greco-Turkish Friction. Changing Balances in the Eastern Mediterranian. London: Macmillan 1979. Während für die Bundesrepublik diese Aufgabenstellung intendiert war, war sie für die anderen Mitgliedstaaten zumindest aus Sicht des Bündnisses nicht direkt beabsichtigt. Die Motive für die primär unilateralen Schlichtungsbemühungen der USA lagen zu einem großen Teil in allianzpolitischen Stabilitätsinteressen. So die Aussage eines Mitarbeiters im Internationalen Stabes des NATO-Generalsekretärs anläßlich eines Hintergrundgesprächs in Brüssel am 5.2.1996. Aktuell siehe dazu: Konflikt um Insel in der Ägäis beigelegt, in: Frankfurter Allgemeine Zeitung (zit. als FAZ), 1.2.1996.

22 *NATO Office of Information and Press*, The Alliance's Strategic Concept. Brüssel, November 1991, S. 4.

gen aus dem politisch instabilen „Krisenbogen von Marokko bis zum Indischen Ozean".[23] Die Anwesenheit der amerikanischen Truppen trägt allerdings weiterhin zur Gewährleistung eines strategischen Gleichgewichts in Europa bei. Die amerikanischen Streitkräfte in Europa wurden zwar drastisch reduziert, jedoch nicht vollständig abgebaut.[24] Für die Aufrechterhaltung eines mehr als nur symbolischen Kontingentes sprach die Frage der Glaubwürdigkeit der US-Nukleargarantie, die weiterhin als Abschreckung und Rückversicherung gegen die unkalkulierbaren Risiken der Verbreitung von Massenvernichtungswaffen von Bedeutung ist.

Mit der Veränderung der militärischen Hauptaufgabe der NATO hat sich auch die Funktion der transatlantischen Kooperation gewandelt. Sie hat eine eigene politische Bedeutung erhalten.[25] Die NATO ist inzwischen zum entscheidenden Forum „for Allied consultations on any issues that affect their vital interests"[26] geworden. Von allen anderen europäischen Institutionen sind die Vereinigten Staaten nur noch in der OSZE vertreten, in der ihr Gewicht nicht mit der Position des *primus inter pares* in der NATO zu vergleichen ist. Für die USA ist damit die NATO das wichtigste Instrument, ihren Einfluß auch weiterhin in Europa geltend zu machen. Umgekehrt können auch die europäischen Mitglieder innerhalb der NATO stärker auf die Außen- und Sicherheitspolitik der Vereinigten Staaten einwirken, als das auf einer rein bilateralen Ebene möglich wäre. Vor allem für die Ost-West Beziehungen, zunehmend aber auch für die Beziehungen zu den Anrainerstaaten des Mittelmeeres bleibt die NATO ein wichtiges Instrument der Politikabstimmung zwischen den Verbündeten. Darüber hinaus sollen der ständige Informationsaustausch sowie die fortgesetzte sicherheitspolitische Kooperation in der NATO stärker als bisher auf Politikfeldern außerhalb der Militär- und Sicherheitspolitik kooperationsfördernd wirken.

Die Aufgabe der kollektiven Sicherheit hat aufgrund der schwindenden äußeren Bedrohungen an Relevanz gewonnen. Ohne einen eindeutig identifizierbaren gemeinsamen Gegner drohen die nationalen Interessenunterschiede wieder deutlicher in Erscheinung zu treten. Während in der Zeit des Kalten Krieges die kollektive Sicherheit nur eine die Fähigkeit der Allianz zur kollektiven Verteidigung unterstützende Nebenaufgabe war, könnte sie nun zum entscheidenden Faktor für den Erhalt der NATO und ihrer Funktionsfähigkeit werden. Die bisher sichtbaren Bereiche dieser kollektiven Sicherheit haben weiterhin ihre Bedeutung behalten. Zwar hat die militärische Einbindung der Bundesrepublik aufgrund der langjährigen Bündnistreue Westdeutschlands an politischer Brisanz

---

23 Klaus *Naumann*, Die Bundeswehr vor neuen Herausforderungen. Rede des Generalinspekteurs der Bundeswehr anläßlich des Neujahrsempfangs der Oldenburgischen Industrie- und Handelskammer am 12.1.1995 in Oldenburg, S. 7. Siehe dazu auch: *NATO Office of Information and Press*, The Alliance's Strategic Concept, S. 4f.
24 Siehe dazu u. a. Don M. *Snider*, US military forces in Europe. How low can we go? In: Survival, Bd. 34, Nr. 4 (Winter 1992/93), S. 24-39.
25 NATO's Core Security Functions in the New Europe. Statement issued by the North Atlantic Council meeting in Ministerial Session in Copenhagen on 6 and 7 June 1991, in: *NATO Office of Information and Press*, Texts of Statements, declarations and finial communiqués issued at meetings held at Ministerial level during 1991. Brüssel 1991, S. 21-22.
26 *NATO Office of Information and Press*, The Alliance's Strategic Concept, S. 6.

verloren, doch die Wiedervereinigung hat in ganz Europa das Bedürfnis nach Schutz vor einem neuen deutschen Unilateralismus wiedererweckt.[27] Dieser Schutz wird durch die Fortsetzung der NATO-Mitgliedschaft der Bundesrepublik zumindest für die militärischen Aspekte gewährleistet. Darüber hinaus dient die Aufrechterhaltung der NATO-Sicherheitsgarantien für das wiedervereinte Deutschland auch zum langfristigen Schutz seiner Nachbarn, da damit einem Streben der Bundesrepublik nach eigenem Atomwaffenbesitz, so unwahrscheinlich dies z. Zt. auch erscheinen mag, vorgebeugt wird.[28] Auch in den Beziehungen zwischen Griechenland und der Türkei, die sich seit 1990 wieder etwas verschlechtert haben, hat die NATO die Aufgabe, die Sicherheit von Mitgliedstaaten voreinander zu gewährleisten. Darüber hinaus gilt es in Zukunft auch in den Beziehungen zwischen den selbstbewußteren europäischen Staaten und der derzeit einzig verbliebenen Weltmacht, den Vereinigten Staaten von Amerika, im Rahmen der Nordatlantischen Allianz ein kooperationserhaltendes Maß an kollektiver Sicherheit zu gewährleisten. Die Auseinandersetzungen um den 'europäischen Pfeiler' und die Krise im ehemaligen Jugoslawien haben die Risiken transatlantischer Spannungen deutlich werden lassen. So bleibt die NATO-Aufgabe der kollektiven Sicherheit ein tragendes Element der neuen sicherheitspolitischen Ordnung Europas.

Seit 1990 sind zusätzlich zu diesen drei 'alten' Funktionen zwei neue Aufgaben definiert worden: Krisenmanagement und Stabilitätstransfer nach Osteuropa.[29] Mit den Be-

---

27 Joachim *von Arnim*, Wer sind wir wieder? Deutschland zwischen westlicher Integration und östlicher Transformation, in: Zeitschrift zur politischen Bildung, Eichholz-Brief, Nr. 2 (1994), S. 5-14 (8f.). Vgl. W. R. *Smyser*, Das Ausland und die Außenpolitik des neuen Deutschland, in: Internationale Politik, Bd. 50 (1995), Nr. 4, S. 45-53. Aktuell siehe auch: Verdammte alte Hunnen. Die geplante Währungsunion stachelt Briten und Deutsche zu einem Krieg der Worte an, in: Der Spiegel (zit. als Spiegel), Nr. 7, 12.2.1996, S. 132. Vgl. Thomas *Kleine-Brockhoff*, Deutschland, ein Trauma. In Tschechien wird die Angst vor dem großen Nachbarn wieder wach, in: Die Zeit, 23.2.1996.
28 Siehe Charles William *Mayne*, For NATO Expansion Could Prove Fatal, in: The New York Times (zit. als New York Times), 2.1.1995; P. *Rudolf*, Unsichere Öffnung: Die USA und die NATO-Erweiterung. SWP AP 2932; Ebenhausen, Oktober 1995, S. 25. Die Verteidigungspolitischen Richtlinien der Bundeswehr betonen die Notwendigkeit, die USA als „strategische Rückendeckung" an Europa zu binden. Außerdem wird die „Bündnisbindung an die Nuklear- und Seemächte in der Nordatlantischen Allianz" explizit als vitales Sicherheitsinteresse der Bundesrepublik genannt, da „sich Deutschland als Nichtnuklearmacht und kontinentale Mittelmacht mit weltweiten Interessen nicht allein behaupten" könne. Das impliziert den Gedanken, daß man im Falle des Verlustes der Rückendeckung durch die Nuklearmacht USA die Verzichtsentscheidung des 2+4-Vertrages neu überdenken müßte. Siehe dazu die Verteidigungspolitischen Richtlinien für den Geschäftsbereich des Bundesministers der Verteidigung vom 26.11.1991. Bonn: Bundesministerium der Verteidigung 1991, S. 4, 8f.
29 Das 1991 verabschiedete Strategische Konzept der Allianz nennt bereits vier *fundamental tasks of the Alliance*: „I. to provide one of the indispensable foundations for a stable security environment in Europe", „II. to serve, ... , as a transatlantic forum for Allied consultations", „III. to deter and defend against any threat of aggression against the territory of any NATO member state" und „IV. to preserve the strategic balance within Europe". Siehe dazu: The Alliance's Strategic Concept, Art. 21, S. 6. Aus dem ersten Ziel kann man unter Einbezug der Beschlüsse von Oslo und Brüssel 1992 die neue Aufgabe des Krisenmanagements ableiten. Der Stabilitätstransfer nach Osteuropa wird spätestens in der Rome Declaration on Peace and Cooperation vom November 1991 als Bestandteil des NATO-Aufgabenkatalogs offiziell erwähnt. Siehe dazu: *NATO Office of Information and Press*, Rome Declaration on Peace and Cooperation, S. 26-32 (28f.).

schlüssen von Oslo und Brüssel haben die NATO-Staaten 1992 erstmals ihre Bereitschaft erklärt, friedenserhaltende Maßnahmen im Rahmen der KSZE oder UNO unter NATO-Oberbefehl umzusetzen.[30] Damit ist für sie die Hoffnung verbunden, militärische Konflikte im Umfeld des Bündnisses wirksam eindämmen oder notfalls durch eine militärische Friedenserzwingung beenden zu können. Dahinter steht außerdem der Wunsch einiger Staaten, vor allem aber der USA, über ein in „unterschiedlichen Facetten" wirksames Instrument globaler Machtprojektion verfügen zu können.[31] Die Krise auf dem Balkan hat dazu geführt, daß zumindest momentan das militärische Krisenmanagement durch die NATO die Bedeutung der alten Aufgabe der kollektiven Verteidigung in den Schatten stellt.

Im Gegensatz zu der verschwundenen massiven Bedrohung erfordern die neuen, zumeist regional begrenzten Konflikte ebenso wie die neue Aufgabe des Krisenmanagements eine völlig andere Streitkräfte- und Kommandostruktur. Die NATO-Staaten sind z. Zt. darum bemüht, die eigenen Truppenverbände auf die neuen Anforderungen umzustellen. Das zeigt sich nicht zuletzt auch an der Priorität der Krisenreaktionskräfte bei den nationalen Rüstungsanstrengungen.[32] Zusätzlich wurde damit begonnen, auch die NATO-Kommandostruktur neu zu strukturieren.[33]

Mit dem Stabilitätstransfer nach Osteuropa ist bereits eine der möglichen Facetten einer Projektion von politischer oder militärischer Macht deutlich geworden. Seit dem Ende der Blockkonfrontation des Kalten Krieges bemühten sich die NATO Staaten um den Ausbau ihrer Beziehungen zu den Ländern Mittel und Osteuropas. 1991 bekam das Liaison-Konzept der NATO durch die Gründung des Nordatlantischen Kooperationsrates (NACC) einen institutionellen Rahmen. Durch die Gründung der Partnerschaft für den Frieden (PfP) 1994 wurde dieser auf Dialog ausgerichtete Ansatz durch das Angebot militärischer Kooperation sowie einer ernsthaften Erweiterungsoption abgelöst. Die NATO-Staaten verbinden mit der Idee der NATO-Erweiterung explizit den Wunsch, die Entwicklung von Demokratie, Marktwirtschaft und Rechtsstaatlichkeit in den Staaten Mittel- und Osteuropas zu unterstützen.[34] Das intensive Bemühen der Allianz um eine sicherheitspolitische Kooperation mit Rußland ist ebenfalls ein Aspekt des Stabili-

---

30 Am 4.6.1992 beschloß der Nordatlantikrat, „to support, on a case-by-case basis in accordance with our own procedures, peacekeeping activities under the responsibility of the CSCE". Final Communiqué of the Ministerial Meeting of the North Atlantic Council, 4.6.1992, in: *NATO Office of Information and Press*, Texts of statements, declarations and final communiqués issued at meetings held at Ministerial level during 1992. Brüssel 1992, S. 29-34 (31). Im Dezember 1992 wurde diese Bereitschaft der NATO zum *peacekeeping* auch auf die UNO ausgedehnt. Final Communiqué of the Ministerial Meeting of the North Atlantic Council, 17.12.1992, ebd., S. 47-52 (48).
31 Karl *Feldmeyer*, Die Allianz zeigt Geschlossenheit, in: FAZ, 4.12.95.
32 *Bundesministerium der Verteidigung* (Hrsg.), Weißbuch zur Sicherheit der Bundesrepublik Deutschland und zur Lage und Zukunft der Bundeswehr. Bonn April 1994, S. 88. Zur Priorität der Umrüstung auf die Schnellen Reaktionskräfte innerhalb der NATO-Staaten siehe ebd., S. 94-97. Vgl. dazu auch: Aspects of Britain. Britain, NATO and European Security. London: HMSO 1994, S. 22-32. Siehe auch Jacques *Lanxade*, French Defence Policy after the White Paper, in: RUSI-Journal, Bd. 138 (1994), Nr. 2, S. 17-21.
33 *NATO Press and Media Service*, Press Communiqué M-NAC-1(96)63. Final Communiqué of the Ministerial Meeting of the North Atlantic Council in Berlin, 3.6.1996.
34 Zur Demokratisierungsziel vgl. NATO-Erweiterungsstudie, Kap. 1, Paragraph A 3. Zum Stabilitätstransfer vgl. ebd., Kap. 2, Paragraph A 13 und Paragraph C 23-28.

tätstransfers nach Osteuropa, auch wenn die zukünftige Rolle Rußlands in einer europäischen Sicherheitsarchitektur noch nicht geklärt werden konnte. Mit der Mittelmeerkonferenz hat die NATO inzwischen auch erste Schritte in Richtung auf die Staaten in ihrer südlichen Peripherie gemacht. Weitere Entwicklungen in diesen Gebieten sind jedoch vor allem im Rahmen des europäischen Pfeilers bzw. der EU/WEU zu erwarten.[35]

4. Die NATO und ihre institutionellen Lösungsansätze für Probleme kollektiven Handelns

4.1 Die Probleme kollektiven Handelns und der Wandel des internationalen Umfeldes

Die Nordatlantische Allianz entwickelte sich zwischen 1949 und 1989 von einem klassischen Bündnis mit relativ schwach verankerten Bündnisverpflichtungen[36] zu einer stark verregelten Institution. Die im Laufe ihrer Entwicklung zunehmende Institutionalisierung der NATO kann man als Lösung für die sich in einem Bündnis ergebenden „problematischen Handlungsinterdependenzen"[37] erklären. Diese werden im folgenden als Probleme kollektiven Handelns dargestellt und analysiert.

Zu den wichtigsten Problemen kollektiven Handelns in einem Bündnis gehören:

- Bruch des Beistandsversprechens (*abandonment*): die Gefahr, daß ein Staat von seinen Allianzpartnern im Stich gelassen wird;

- Verwicklung (*entrapment*): das Risiko, unfreiwillig durch einen Partner in einen Konflikt verwickelt zu werden;

- Trittbrettfahrerverhalten (*free riding*): die Möglichkeit einzelner Staaten, von den Vorteilen einer institutionalisierten Zusammenarbeit zu profitieren, ohne selbst dabei einen ausreichenden Beitrag zu leisten.

---

35 Die primär auf den Mittelmeerraum beschränkten Aktivitäten der im Aufbau befindlichen EUROFOR und EUROMARFOR deuten einen Schritt des 'europäischen Pfeilers' in diese Richtung an. Vgl. Eingreiftruppe für den Mittelmeerraum vereinbart, in: FAZ, 19.5.1995; siehe dazu auch den Text von Peter *Barschdorff*, Die Westeuropäische Union nach ihrer Aufwertung: Zahnloser Tiger oder Zentrum eines Netzwerks von Institutionen? In diesem Band, S.137-164.

36 Art. 5 des Washingtoner Vertrages von 1949 besagt nur, daß im Falle eines militärischen Angriffs auf einen Mitgliedstaat dieser als Angriff auf alle NATO-Staaten zu betrachten sei und daß „each of them, in exercise of the right of individual or collective self-defence recognized by Article 51 of the Charter of the United Nations, will assist the Party or Parties, in such action *as it deems necessary*, including the use of armed forces, to restore and maintain the security of the North Atlantic Area" [Hervorh. d. Verf.]. Damit kann jeder NATO-Staat seine Aktionen aus der Bandbreite von symbolischen diplomatischen Protesten bis hin zum Einsatz seiner gesamten Streitkräfte wählen. Siehe *NATO-Information Service*, NATO Basic Documents, S. 11. Vgl. dazu Wilfried *Hofmann*, Die Beteiligung der Bundesrepublik Deutschland an den Entscheidungsprozessen in der NATO, in: Deutsche Gesellschaft für Auswärtige Politik (Hrsg.): Regionale Verflechtung der Bundesrepublik Deutschland. Empirische Analysen und theoretische Probleme. München: Oldenbourg 1973, S. 143-165 (143).

37 Otto *Keck*, Der neue Institutionalismus in der Theorie der Internationalen Politik, in: Politische Vierteljahresschrift, Bd. 32 (1991), Nr. 4, S. 635-653 (637).

Kennzeichnend für die NATO ist, daß die Regeln zur Bewältigung dieser Probleme im Konsens festgelegt werden. Im Laufe der Zeit haben sich für die Konsensbildung implizite Normen und informelle Praktiken herausgebildet, die für das Funktionieren des Bündnisses eine wichtige Bedeutung haben. Diese werden in Abschnitt 5 dargestellt. Der Wandel bei den internationalen Rahmenbedingungen bildet den Ausgangspunkt dieser Untersuchung. Der Grund dafür liegt einmal darin, daß dieser Wandel die Aufgabenstellung der Allianz beeinflußt, und ferner darin, daß dieser Wandel zur Ursache einer Kooperationskrise innerhalb des Bündnisses werden kann. Der neoliberale Institutionalismus geht davon aus, daß vor allem zwei Faktoren zu Kooperationskrisen innerhalb von Institutionen führen können.[38]

Erstens beeinflussen Entwicklungen, die den Schatten der Zukunft aus der Sicht der beteiligten Staaten reduzieren, die Kosten-Nutzen-Analyse der Akteure. Je geringer die langfristigen Nutzenerwartungen die Handlungen eines Staates beeinflussen, desto höher wird seine Neigung sein, durch den Bruch von Kooperationsvereinbarungen (*defection*), seine kurzfristigen Gewinne auf Kosten der Kooperationspartner zu erhöhen. In der stabilen und langfristig berechenbaren Zeit des Kalten Krieges beherrschen entsprechend langfristige Überlegungen das Handeln der NATO-Partner. Die Sorge vor einem erwarteten Angriff durch den gemeinsamen Gegner hielt die Mitglieder weitgehend davon ab, die Kooperationsvereinbarungen innerhalb des Bündnisses aufgrund kurzfristiger Gewinnerwartungen zu brechen. Der Umbruch im internationalen System hat jedoch die Grundlagen dieser Kosten-Nutzen-Analyse wesentlich verändert. Kurzfristige Gewinne erscheinen aufgrund des Fehlens eines langfristig kalkulierbaren Umfeldes (einschließlich einer dauerhaft kalkulierbaren Bedrohung) nach 1990 erheblich reizvoller und die Gefahr des Bruchs der Kooperationsvereinbarungen ist dementsprechend gestiegen.

Zweitens wird die Gefahr einer Kooperationskrise durch Veränderungen in der Fähigkeit von Staaten beeinflußt, die Handlungen ihrer Partner zu beurteilen. Diese Fähigkeit kann einerseits durch die Art der von Institutionen gelieferten Informationen beeinflußt werden. Sollte sich der Informationsfluß innerhalb der Institution verringern, ist ein Ansteigen der Wahrscheinlichkeit eines Bruchs der Kooperationsvereinbarungen zu erwarten. Andererseits hat auch hier die langfristige Kalkulierbarkeit des Umfeldes erheblichen Einfluß auf die Fähigkeit, das Verhalten der Partner dauerhaft zu beurteilen. Insgesamt kann man also davon ausgehen, daß aufgrund des Wandels im internationalen Umfeld der NATO die Wahrscheinlichkeit einer Kooperationskrise innerhalb der Sicherheitsinstitution gestiegen ist.

Der organisatorische Rahmen einer Institution als zentrales Instrument der Kooperationserleichterung kann davon nicht unbeeinflußt bleiben. Die institutionellen Lösungsansätze der NATO für die drei genannten Probleme kollektiven Handelns werden im folgenden beschrieben und in ihrer Zweckbestimmung analysiert. Dabei kann an dieser Stelle noch keine Überprüfung der Effektivität einzelner Instrumente geleistet werden. Hier soll vielmehr eine einfache Bestandsaufnahme erfolgen, die durch eine Unter-

---

38 Lisa *Martin*, Interests, Power, and Multilateralism, in: International Organization, Bd. 46 (1992), Nr. 4, S. 765-792 (789f.).

suchung des Wandels im institutionellen Instrumentarium vor und nach dem Umbruch im internationalen Umfeld der NATO ergänzt wird. Als Scheidepunkt gilt dabei der Londoner Gipfel vom Juli 1990, auf dem die NATO-Mitglieder die grundlegende Reform der Allianz eingeleitet haben.

4.2 Bruch des Beistandsversprechens

Eines der Grundprobleme kollektiven Handelns für Allianzen ist das Risiko, daß einzelne Mitglieder im Falle eines militärischen Konfliktes ihren Bündnisverpflichtungen nicht nachkommen (*abandonment*). Die Sicherheitsinstitution NATO hat zwischen 1949 und 1990 verschiedene Instrumente zur Lösung dieses Problems entwickelt.

Auf der militärischen Ebene war die integrierte Militärstruktur des Bündnisses eines der wichtigsten Instrumente, mit dem die Einhaltung des Bündnisversprechens institutionell abgesichert wurde. Durch die integrierte Militärstruktur wurde eine Beteiligung aller Allianzmitglieder an möglichen militärischen Konflikten ebenso garantiert wie eine effektive Umsetzung der jeweiligen NATO-Strategie. Die zentralen Mechanismen dieses Lösungsansatzes waren die multinational integrierten Kommandostäbe, das 'Schichttorten-System' der Truppenstationierung entlang der deutsch-deutschen Grenze[39] sowie die Zentralisierung der Luftüberwachung und Luftverteidigung im besonders bedrohten Bereich Europa Mitte.[40] Auch die 1960 gegründete *Allied Command Europe Mobile Force* (AMF) leistete einen Beitrag zur militärischen Integration innerhalb der NATO. Dieser mobile Verband bestand aus 5000 Mann verschiedener Luft- und Landstreitkräfte. Er sollte vor allem an den Flanken des Befehlsbereichs des SACEUR kurzfristig die solidarische Verteidigungsbereitschaft der Allianz demonstrieren.[41] Mit ähnlicher Zielsetzung wurde 1967 eine *Standing Naval Force Atlantic* geschaffen, die 1973 durch eine *Standing Naval Force Channel* ergänzt wurde. Für den Mittelmeerraum gab es die 1969 gegründete *Naval On Call Force Mediterranean*, die nur auf Abruf zusammengestellt werden konnte.[42] Eine Reihe von bilateralen und multilateralen Stationierungsverpflichtungen senkte zusätzlich das *abandonment*-Risiko für den als besonders gefährdet geltenden Verteidigungsbereich Europe Mitte.

---

39 So der von General a. D. Ulrich *de Maizière* bei einer Zeitzeugenbefragung am 4.1.1994 verwendete Ausdruck für die Dislozierung der NATO-Streitkräfte unterschiedlicher Nationen entlang der deutsch-deutschen Grenze; vgl. *ders.*, Führen im Frieden. 20 Jahre Dienst für Bundeswehr und Staat. München: Oldenbourg 1974, S. 192f.
40 Siehe *Hofmann*, Die Beteiligung der Bundesrepublik, S. 146.
41 Die *Allied Command Europe Mobile Force* bestand aus einem Bataillon, d. h. ca. 5000 Mann „composed of land and air forces from Belgium, Canada, Germany, Italy, Luxembourg, the Netherlands, United Kingdom and United States". *NATO Information Service*, The North Atlantic Treaty Organisation, S. 351f. Ihr wahrscheinlichstes Einsatzgebiet war die Türkei und Norwegen. Diese mobile Einsatztruppe wurde 1960 im Zuge eines verstärkten Interesses an den Flanken des NATO-Vertragsgebietes, in denen im Gegensatz zu Zentraleuropa relativ geringe Verteidigungskräfte präsent waren. Siehe dazu auch Bruce *George*/Mark *Stenhouse*, Allied Command Europe Mobile Force (AMF), in: Bruce George (Hrsg.), Jane's NATO Handbook, S. 145-147.
42 Siehe *Bartke*, Entwicklung, S. 12.

Ein weiteres Element der militärischen Lösungsansätze war die Risikoteilung innerhalb des Bündnisses. Sie war in den Anfangsjahren der NATO weitgehend unumstritten: Die USA stellten allein das in der NATO-Strategie MC 14/1 vorgesehene 'nukleare Schwert', beteiligten sich jedoch zusätzlich an den konventionellen 'Schildstreitkräften', die am meisten gefährdet waren, wobei der größere Teil dieser Streitkräfte von den europäischen Partnern gestellt wurde.[43] Auch die Strategie MC 14/2 'massive Vergeltung' wurde noch von dieser Risikoteilung getragen, da die in Europa stationierten amerikanischen Bodentruppen weiterhin die Anbindung der USA an den europäischen Kriegsschauplatz garantierten. Als die Sowjetunion mit dem Start der Sputnik 1957 den Nachweis erbrachte, daß sie mit ihren Interkontinentalraketen auch den amerikanischen Kontinent erreichen konnte, kamen in Anbetracht der Gefährdung amerikanischer Zivilbevölkerung Zweifel an der Bündnistreue der USA auf. Die Diskussionen bewegten sich seit Mitte der fünfziger Jahre zwischen den Extrempositionen einer auf Europa zu begrenzenden Kriegsführungsstrategie mit Rückgriff auf taktische Atomwaffen einerseits und einer reinen, sofort mit der strategischen Vergeltung drohenden Kriegsverhinderungsstrategie andererseits. Dabei waren die Europäer in der deutlich schwächeren Position, da sie zwar ein Ausmaß an Sicherheit wünschten, das nur die amerikanischen Atomwaffen garantieren konnten, jedoch aus verschiedenen Gründen nicht bereit oder in der Lage waren, eine starke konventionelle Alternative zur nuklearen Kriegsführung zu schaffen.[44] Die Lösung für dieses Dilemma wurde erst 1967 mit der Verabschiedung der neuen Strategie MC 14/3 *Flexible response* gefunden.[45] Die neue Strategie beinhaltete einen doppelten Kompromiß: Erstens stellte die flexible Auswahl der militärischen Mittel zur Reaktion auf einen Angriff - sie reichte von der rein konventionellen Verteidigung über einen taktisch begrenzten Nuklearschlag bis hin zur strategisch-atomaren Kriegsführung - eine konsensfähige Mischung aus Abschreckungs- und Kriegsführungsstrategie dar. Zweitens begrenzte die seit 1957 durchgeführte Dislozierung von Nuklearwaffen und ihrer Trägersysteme in den europäischen Streitkräften zusammen mit den neuen Mitwirkungsgremien des Militärausschusses (MC), des Verteidigungsplanungsausschusses (DPC) und der Nuklearen Planungsgruppe (NPG) die Möglichkeiten der USA, sich von einem eventuellen militärischen Konflikt zwischen den Blöcken zumindest bei der nuklearen Kriegsführung abzukoppeln.[46] Gleichzeitig sicherte die Präsenz der Nuklearwaffen in Europa aus amerikanischer Sicht eine Teilhabe der NATO-Partner an den Risiken eines nuklearen Erstschlages durch den Warschauer Pakt.

---

43 Zu den Begriffen 'Schwert' und 'Schild' siehe Olaf *Theiler*, Die Rezeption der NATO-Nuklearstrategie durch die Bundeswehr 1954-56, in: Militärgeschichtliche Mitteilungen, Bd. 54 (1995), Nr. 2, S. 451-512 (500f.). Für die Strategiediskussionen der fünfziger Jahre siehe ebd., S. 492-497. Vgl. Christian *Greiner*, Das militärstrategische Konzept der NATO von 1952-1957, in: Bruno Thoß/Hans-Erich Volkmann, Zwischen Kaltem Krieg und Entspannung. Sicherheits- und Deutschlandpolitik der Bundesrepublik im Mächtesystem der Jahre 1953-1956. Militärgeschichte seit 1945, Bd. 9. Boppard am Rhein: Harald Boldt Verlag 1988, S. 211-245.
44 Für die Situation der Bundeswehr in den fünfziger Jahren siehe *Theiler*, Die Rezeption.
45 Für die Strategiediskussion der sechziger Jahre siehe *Stromseth*, The Origins.
46 *Haftendorn*, Kernwaffen. S. 31-105, 346. Zur Nuklearisierung des Bündnisses siehe Christian *Tuschhoff*, Die MC 70 und die Einführung Nuklearer Trägersysteme in die Bundeswehr 1956-1959. Nuclear History Programm (NHP). Arbeitspapier. Stiftung für Wissenschaft und Politik, Ebenhausen 1990.

Auf der politischen Ebene war die gemeinsame Beschlußfassung über die Strategie des Bündnisses eines der wichtigsten Instrumente zur Vorsorge gegen das *abandonment*-Risiko. Der offizielle politische Entscheidungsfindungsmechanismus der Nordatlantischen Allianz für die Wahl der Strategie und die Bestimmung der Mittel ist der im Konsens entscheidende NATO-Rat. Dessen Beschlußfassung zu den Bündnisstrategien fand bisher ausschließlich auf Ministerebene statt.[47] Die eigentlichen Entscheidungen wurden jedoch zuvor innerhalb formeller und informeller NATO-Mechanismen auf bilateraler und multilateraler Ebene getroffen. In zahlreichen Gremien mußte in teilweise langwierigen und vielschichtigen Verhandlungen für jede kritische Frage ein Konsens gebildet werden, der eine einstimmige Entscheidung im NATO-Rat ermöglichte.[48] Dabei spielten die USA als politische und militärische Führungsmacht der NATO eine dominante Rolle, und sie bestimmten aufgrund ihres überlegenen technologischen und militärischen Potentials seit 1949 weitgehend die NATO-Strategien.[49] Trotzdem gewährleistete die Konsenspflicht im NATO-Rat für alle Mitglieder ein Mindestmaß an Einfluß auf die Formulierung der jeweiligen NATO-Strategie. So konnten die Europäer, allen voran Frankreich, zwischen 1957 und 1966 die Ablösung der ihrem Interesse an einer Kriegsvermeidungsstrategie entsprechenden Doktrin der *Massive Retaliation* verhindern.[50] Erst der Austritt Frankreichs aus der militärischen Integration und die Entspannungsphase Mitte der sechziger Jahre machten den Weg für die neue Strategie der *Flexible Response* frei.[51] Bei dieser

---

47 Der NATO-Rat kann auch auf *summit-level* der Regierungschefs oder Präsidenten (*Heads of Government or State*) tagen, hat dies jedoch nicht für die NATO-Strategiebeschlüsse getan. Außerdem kann er noch in *permanent session* auf der Ebene der Ständigen Vertreter tagen. Alle seine Beschlüsse sind auf jeder dieser Ebenen gleichermaßen verbindlich für alle Mitglieder. Vgl. *NATO Information Service*, The North Atlantic Treaty Organisation, Facts and Figures. Brüssel 1989, 11. Aufl., S. 321.

48 In den ersten beiden Jahren wurden regionale Verteidigungspläne in unterschiedlichen Planungsgruppen ausgearbeitet, die 1951 durch einen ersten Strategieentwurf für des gesamten Bündnisses abgelöst wurden. Siehe dazu Otl. i.G. *Bartke*, Entwicklung, Stand und Planung integrierter Strukturen der NATO. Ausarbeitung 408/91 des Wissenschaftlichen Dienstes des Deutschen Bundestages, 20.8.1991, Reg. Nr. WF II - 235/91, S. 6. Siehe auch Helga *Haftendorn*, Kernwaffen und die Glaubwürdigkeit der Allianz. Die NATO-Krise von 1966/67. Nuclear History Program (NHP), Reihe Internationale Politik und Sicherheit, Bd. 30/4, Baden-Baden: Nomos 1994, S. 345-348. Helga Haftendorn (S. 347) hält vor allem die kleineren Abstimmungsforen für entscheidend bei der Abstimmung der nationalen Standpunkte und der Entwicklung von Kompromißformeln. Diese Gremien dienten zur „intensiven Diskussion über die Einschätzung der Bedrohung, die Bewertung des Kräfteverhältnisses [Ost-West, Anm. d. Verf.] und der daraus zu ziehenden militärischen Schlußfolgerungen." Außerdem wirkten sie „im Sinne eines Lernprozesses, in dessen Rahmen Informationen vermittelt, Vorurteile abgebaut und eine Annäherung der Standpunkte erreicht werden konnte.".

49 Die erste NATO-Strategie war die MC 14/1 *NATO-Strategic Guidance*, die 1952 verabschiedet wurde. Sie wurde 1957 durch die MC 14/2 *Massive Retaliation* abgelöst. Schließlich wurde 1967 die Strategie MC 14/3 *Flexible Response* beschlossen, die bis 1991 ihre Gültigkeit behielt. Für jede dieser Strategien gab es begleitende und erläuternde militärische Ausführungsvorschriften, die ebenfalls einstimmig beschlossen werden mußten. Siehe dazu Robert A. *Wampler*, NATO Strategic Planning and Nuclear Weapons 1950-1957. Nuclear History Program (NHP). Occasional Paper, Nr. 6. Maryland: University of Maryland 1990. Vgl. Jane E. *Stromseth*, The Origins of Flexible Response, NATO's Debate over Strategy in the 1960s. London: Macmillan 1988.

50 Vgl. ebd., S. 96-120, 175-194.

51 Helga *Haftendorn*, Herausforderungen und die europäische Sicherheitsgemeinschaft. Vom Harmel-Bericht zur Erklärung von Rom. Ein neuer Konsens über die künftigen Aufgaben der Allianz? In:

Strategiereform machten auch die Vereinigten Staaten um der Allianzkohäsion willen Zugeständnisse: Die taktischen Nuklearwaffen erhielten z. B. eine größere Rolle in der NATO-Strategie zugewiesen, als ursprünglich von den USA vorgesehen war.[52]

Weitere Instrumente waren die zahlreichen formellen und informellen Arbeitsgruppen der NATO, die durch eine regelmäßige Versorgung der Mitglieder mit Informationen über die Interessen und Präferenzen ihrer Partnerstaaten zur gegenseitigen Vertrauensbildung und damit zur Verminderung des *abandonment*-Risikos auf der politischen Ebene beitrugen.[53]

Nach 1990 ist die Gefahr eines Bruchs des Beistandsversprechens für die NATO-Staaten trotz der weiterhin bestehenden integrierten Militärstruktur deutlich gestiegen. Mit dem Wegfall der massiven konventionellen und nuklearen Bedrohung durch den Warschauer Pakt sind die zu verteilenden Risiken zwar deutlich geringer, d. h. weniger existentiell geworden. Dennoch stellen die neuen, „more unpredictable but less apocalyptic threats of the new world disorder"[54] eine nicht zu unterschätzende Herausforderung für das Bündnis und für seine Kohäsion dar. Insbesondere die Aufgabe des Krisenmanagements und das neue Instrument dafür, die *Combined Joint Task Forces* (CJTF), könnten dabei zum 'Spaltpilz' der Allianz werden, wenn mit ihrer Einführung das bisherige Konsensprinzip durch *coalitions of the willing* ersetzt werden würde.[55] Die Gefahr liegt vor allem darin, daß Staaten, die sich bei mehreren CJTF-Einsätzen nicht beteiligen, im Falle eines militärischen Angriffes unter dem Vorwurf des bisherigen *free ridings* die Bündnissolidarität verweigert werden könnte.[56] Durch die Verletzung des Prinzips der

---

Schweizer Monatshefte, Bd. 72, Nr. 6 (Juni 1992), S. 473-487 (480f.).
52 *Haftendorn*, Kernwaffen, S. 346. Über Liaison-Offiziere blieb Frankreich weiterhin im 1963 gegründeten *Defence Planning Committee* vertreten und so, wie auch Spanien seit 1982, zumindest indirekt an der laufenden Strategieentwicklung beteiligt. Im Unterschied zu Frankreich ist Spanien stimmberechtigtes Mitglied des *Defence Planning Committee* und des *Military Committee*. Außerdem hatte Spanien die *Flexible Response* als Strategie für seine Streitkräfte übernommen, ohne dabei in die militärischen Strukturen der Allianz integriert zu sein. NATO Information Service, The North Atlantic Treaty Organisation, S. 68f., 217f. Vgl. dazu William T. Johnsen/Thomas-Durell *Young*, Partnership for Peace. Discerning Facts from Fiction. Carlisle-Barracks, PA: U.S. Army War College 1994, S. 5f.
53 Nicht umsonst hatte der amerikanische Senator Vandenburg bereits 1949 gewarnt: „Unless the treaty becomes far more than a purely military alliance, it will be at the mercy of the first plausible peace offensive" [of the Soviet Union, Anm. d. Verf.]. Zitiert nach Bruce *George* (Hrsg.), Jane's NATO Handbook 1989-90, Couldsdon, UK: Jane's Information Group 1989, 2. Aufl., S. 64f.
54 John *Hillen*, Getting NATO Back to Basics, in: The Heritage Foundation. Backgrounder, Nr. 1067. Washington, DC, 7.2.1996, S. 5.
55 Stanley R. *Sloan*, A Strategic Partnership between Germany and the United States. American Expectations. Sankt Augustin: Konrad-Adenauer-Stiftung, Dezember 1995, S. 14-16. Im positiven Sinne stellen die CJTF jedoch „a unique, hybrid capability" dar, „that combines the best atributes of both coalition and alliance forces: that is, rapid crisis response by highly ready multinational forces, backed by political terms of reference, standardized procedures, regular exercises and in-place infrastructure". „What this portends for the future of the Alliance is a completely new NATO capability that adresses the security concerns ot its members and partners while preserving the nature of the most successful security and defence alliance in history". Charles *Barry*, NATO's Combined Joint Task Forces in Theory and Practice, in: Survival, Bd. 38, Nr. 1 (Frühling 1996), S. 81-97 (82, 94).
56 Zum Problem des Trittbrettfahrerverhaltens siehe Abschnitt 4.4.

Gegenseitigkeit bei der neuen Aufgabe des Krisenmanagements könnte so die Gefahr des *abandonments* bei der Aufgabe der kollektiven Verteidigung erhöht werden. Bei den derzeitigen Planungen gilt jedoch weiterhin die Einstimmigkeitsregel für den Einsatzbeschluß, wenn auch eine Beteiligung aller Bündnismitglieder nicht mehr zwingend vorgesehen ist.[57] Dabei liegt eine besondere Verantwortung bei den Vereinigten Staaten, Großbritannien, Frankreich und der Bundesprepublik Deutschland. Solange die vier wichtigsten NATO-Staaten sich gleichermaßen an den mittels CJTF durchgeführten Aktionen beteiligen, dürften sich die Auswirkungen der Nichtbeteiligung kleinerer Allianzmitglieder auf die Bündnis-kohäsion in Grenzen halten.[58]

Als eine erste Reaktion auf die veränderten *abandonment*-Risiken wurde das unnötig gewordene 'Schichttorten-System' durch neue multinationale Streitkräftestrukturen ersetzt. Dabei wurde die multinationale Beteiligung von der Korps- auf die Divisionsebene herabgesenkt, die militärische Integration also noch verstärkt. Die multinational zusammengesetzte *Immediate Reaction Force* und das unter englischem Oberbefehl stehenden *Rapid Reaction Corps* einschließlich der *Multi-National Division-Central* (MND-C) und der *Multi-National Division-South* (MND-S) stellen ein wichtiges Element der neuen Streitkräftestruktur dar. Gleichzeitig unterstützen sie auch im Rahmen des Krisenmanagements die Verteilung der militärischen Risiken auf mehrere Mitgliedstaaten. Allerdings wird die Bindewirkung der integrierten Militärstruktur NATO durch das Bestreben vieler Mitgliedstaaten zur Bewahrung ihrer Entscheidungsgewalt auch über den nationalen Anteil an den neuen Einheiten eingeschränkt.[59] Die Auswirkungen der jüngsten Beschlüsse zur Umstrukturierung der NATO-Kommandostruktur auf die Bindewirkung der militärischen Integration sind zu diesem Zeitpunkt noch nicht abzuschätzen.

Darüber hinaus könnte das Problem, daß eine Neuverteilung der nuklearen Risiken noch nicht in Sicht ist, zu weiteren Spannungen im Bündnis führen.[60] Allerdings hat die

---

57 *Department of Defense/Office of International Security Affairs* (Hrsg.), United States Security Strategy for Europe and NATO, S. 9. Vgl. dazu auch Roger H. *Palin*, Multinational Military Forces. Problems and Prospects, in: Adelphi-Papers, Nr. 294 (1995), S. 65-69, 73-76.

58 Philip *Zelikow*, The Masque of Institutions, in: Survival, Bd. 38, Nr. 1 (Frühling 1996), S. 6-18 (12). Mit dem Urteil des Verfassungsgerichts vom 12.7.1994 und dem Beschluß zur Beteiligung an der NATO-Friedensmission in Jugoslawien vom Dezember 1995 hat die Bundesrepublik in diesem Sinne einen bedeutenden Beitrag zur Bündnissolidarität geleistet. Robert H. *Dorff*, Germany and Peace Support Operations. Policy after the Karlsruhe Decision, in: Parameters, Bd. 26 (1996), Nr. 1, S. 73-90. Zum Wortlaut des Urteils siehe: Europa-Archiv, Bd. 49, Nr. 15 (10.8.1994), S. D428-D431.

59 Reinhard *Wolf*, Opfer des eigenen Erfolges? Perspektiven der NATO nach dem Kalten Krieg, in: Aus Politik und Zeitgeschichte (zit. als APuZ), Nr. B13 (20.3.1992), S. 3-16 (10f.). Zur Zielsetzung der multinationalen Streitkräftestrukturen als „Ausdruck einer europäischen und transatlantischen Solidarität in Frieden, Krise und Krieg" siehe Klaus *Naumann*, Die Bundeswehr steht für Frieden und Freiheit, in: Europäische Sicherheit, Bd. 45 (1996), Nr. 1, S. 18-21 (20). General Naumann erklärt an dieser Stelle auch: „Multinationalität ist gewollte Selbst- und Einbindung, die auch eine Einschränkung der staatlichen Souveränität bedeutet. Multinationale Streitkräfte können daher auch dazu beitragen, Rückfälle in rein nationale Denkweisen verhindern zu helfen."

60 Jacquelyn K. *Davis*/Charles M. *Perry*, European Issues & Developments. Progress Report for Considerations Affecting Global Nuclear Initiatives. Cambridge, MA/Washington, DC: National Security Planning Associates (NSPA), Dezember 1995, S. 5. Die Pläne für ein *Medium Extended Air Defense System* (MEADS), eine Kooperation von Deutschland, USA, Frankreich und Italien,

Bedeutung dieses Risikos erheblich nachgelassen und stellt dementsprechend momentan kein größeres Konfliktpotential für die Risikoverteilung dar.

Im Falle einer NATO-Erweiterung ist zu erwarten, daß das Risiko des *abandonment* weiter ansteigt. Die Überlegungen für eine 'weiche' Osterweiterung des Bündnisses, d. h. die Vermeidung der Stationierung von NATO-Truppen oder amerikanischen Atomwaffen auf dem Territorium der neuen Mitglieder aus Rücksicht auf mögliche Reaktion Rußlands, werden neue Zweifel in dieser Richtung wecken. Die Übernahme der Aufgabenstellung der *Allied Command Europe Mobile Force* durch die neuen *Immediate Reaction Force* als ein in Krisensituationen schnell vor Ort präsentes Symbol der Allianzkohäsion stellt einen Lösungsansatz dafür dar. Er wird jedoch allein nicht ausreichen. Die Allianz muß über die militärische Integration der neuen Mitglieder hinaus Mittel und Wege finden, den Sicherheitsgarantien auch für die Zukunft Glaubwürdigkeit zu verleihen.

4.3 Verwicklung

Die Gefahr einer unfreiwilligen Verwicklung in militärische Konflikte der Bündnispartner (*entrapment*) liegt in der Natur jeder militärischen Allianz. Dementsprechend entwickelte die NATO seit 1949 eine Reihe von Instrumenten, mit denen diese Gefahr verringert wurde. Bereits in Art. 6 des Washingtoner Vertrages wurde die Bindewirkung des Beistandsversprechens geographisch begrenzt, um eine Verwicklung der Partner in mögliche Konflikte einzelner Staaten in ihren damals noch bestehenden Kolonialgebieten zu verhindern. Ebenso können die Verpflichtung aller Mitgliedstaaten zur friedlichen Konfliktregelung entsprechend der Charta der Vereinten Nationen durch die Präambel und Art. 1 des NATO-Vertrages und die Betonung einer defensiven Ausrichtung der Allianz als Schutzmechanismen verstanden werden. In diesem Sinne war auch das politische Ziel der Entspannung, das seit dem Harmel-Bericht von 1967 die militärische Verteidigung ergänzte,[61] ein Mittel zur Begrenzung des *entrapment*-Risikos. Ein weiteres Instrument bietet Art. 11, der durch die Unterordnung der Bündnisvereinbarungen unter die nationale Gesetzgebung eine begrenzte Ausstiegsklausel darstellt.[62] Auch die strikte Betonung der defensiven Ausrichtung der Allianz trug zur Verringerung des *entrapment*-Risikos bei.[63] Die Konsultationspflicht und die zahlreichen Gremien zur Abstimmung der Sicherheits- und Verteidigungspolitik auf der NATO-Ebene (wie z. B. Verteidigungsplanungsausschuß, Nukleare Planungsgruppe, Militärausschuß) leisteten ebenfalls einen

---

sind ein Bestandteil der NATO-internen Diskussion um die zukünftige Risikoteilung, ebd. S. 11. Vgl. Sidney E. *Dean*, MEADS: Mehr als ein Luftabwehrsystem, in: Europäische Sicherheit Bd. 45 (1996), Nr. 3, S. 22-26.

61 Der Harmel-Bericht hatte den offiziellen Titel „The Future Tasks of the Alliance". In Paragraph 5 wird als zweite Aufgabe der NATO neben der kollektiven Verteidigung „the search for progress towards a more stable relationship in which the underlying political issues can be solved" genannt. Ebd., S. 98-100 (98).
62 In einer Studie des Wissenschaftlichen Dienstes des Bundestages wird diese Funktion ausdrücklich erwähnt. *Bartke*, Entwicklung, S. 1, 70f.
63 Anker *Svart*, Frameworks for Managing Political-Military Crisis out of Area, in: Robert Reed/Roger Weissinger-Baylon (Hrsg.), Out of Area Crisis and the Atlantic Alliance. Center for Strategic Decision Research, CA 1989, S. 19-27 (21f).

wichtigen Beitrag. Die Konsultationen schützten die Mitglieder zwar nicht unbedingt vor überraschenden Handlungen der Partner, erleichterten jedoch erheblich die Einschätzung ihrer langfristigen Intentionen. Dadurch war es möglich, sich frühzeitig auf die politischen Präferenzen der Partner einzustellen oder, wie im Falle der Deutschen Ostpolitik der siebziger Jahre, sogar innerhalb der NATO auf die nationale Politikbestimmung einzuwirken.[64] Der Beitritt der Bundesrepublik zur NATO gab 1954 den Anlaß für einen weiteren Mechanismus zur Verringerung des *entrapment*-Risikos. Durch die vollständige Einbindung der westdeutschen Streitkräfte in die integrierte NATO-Militärstruktur sicherten sich die Allianzpartner gegen die Gefahr ab, in einen durch Deutschland ausgelösten Konflikt verwickelt zu werden.[65] Daß auf dem Gebiet der Nuklearwaffen, trotz der im Laufe der Zeit gestiegenen Mitwirkungsrechte der „nuklearen Habenichtse", die Einsatzentscheidung den Atommächten vorbehalten bleibt, ist u. a. auch als Absicherung gegen das Risiko des *entrapment* zu sehen.[66]

Auch nach dem Wegfall der *clear and present danger* dienen die Defensivausrichtung der Allianz, die Begrenzungen des NATO-Vertrages und die Konsenspflicht für die Verabschiedung neuer politischer und militärischer Konzepte der Allianz als Sicherungsmechanismen. Da sich jedoch die Natur der sicherheitspolitischen Risiken deutlich gewandelt hat, mußte auch ein Teil der institutionellen Lösungsansätze der NATO für das Problem des *entrapment* verändert werden. An die Stelle der Entspannungspolitik ist das Bestreben der NATO getreten, die Peripherie des Bündnisgebietes durch Kooperation zu stabilisieren.[67] Die neuen Instrumente dafür sind der Stabilitätstransfer in die Peripherie

---

64 Robert H. *Reed*, NATO-Crisismanagement and Out of Area Operations, in: ders., Out of Area Crisis and the Atlantic Alliance, S. 7-13 (9-11). Vgl. Phil *Williams*, NATO Crisis Management. Dilemmas and Trade-Offs, ebd., S. 27-36. Beispiele für Überraschungen waren die Suez-Krise oder der Radford-Plan. Die Antwort des Bündnisses auf diese kohäsionsschädigenden Vorfälle war der 'Bericht der drei Weisen', in dem 1956 die politische Zusammenarbeit der NATO-Mitgliedstaaten formalisiert wurde. *George*, Jane's NATO Handbook, S. 64 f. Zur Rolle der NATO bei der Ostpolitik der Regierung Kiesinger und später der Regierung Brandt vgl. Helga *Haftendorn*, Sicherheit und Entspannung: Zur Außenpolitik der Bundesrepublik Deutschland 1955-1982. Baden-Baden: Nomos 1986, 2. Aufl.; Hannfried *von Hindenburg*, Die Einhegung deutscher Macht. Die Funktion der Alliierten Vorbehaltsrechte in der Ost- und Deutschlandpolitik der Bundesrepublik Deutschland 1945/49-1990, in: Helga Haftendorn/Henning Riecke (Hrsg.), „... die volle Macht eines souveränen Staates ...". Die Alliierten Vorbehaltsrechte als Rahmenbedingung westdeutscher Außenpolitik 1949-1990. Baden-Baden: Nomos 1996. S. 81-124.
65 Das ging so weit, daß in einem von allen Mitgliedstaaten als verbindlich angenommenen Ausführungsprotokoll des Art. IVd der Schlußakte der Londoner Neunmächtekonferenz vom 22.10.1954 der operative Einsatz der NATO assignierten Streitkräfte an die Zustimmung des SACEUR gebunden wurde. Im Gegensatz zur Bundesrepublik behielten sich alle anderen NATO-Staaten das Recht vor, nur einen Teil ihrer Truppen der NATO zu assignieren, um weiterhin national militärisch handlungsfähig zu bleiben. Siehe *Hofmann*, Die Beteiligung der Bundesrepublik Deutschland an den Entscheidungsprozessen in der NATO, S. 144 (Anm. 2). Hier wird die schon 1984 von Glenn Snyder beschriebene Wechselwirkung zwischen *abandonment* und *entrapment* deutlich. *Snyder*, The Security Dilemma, S. 466-468.
66 *Haftendorn*, Kernwaffen, S. 349-351.
67 Siehe dazu u. a. die 'Rome Declaration on Peace and Cooperation' veröffentlicht in *NATO Office of Information and Press*, Texts of statements, declarations and final communiqués issued at meetings held at Ministerial level during 1991. Brüssel 1991, S. 26-32. Ein Beispiel der praktischen Umsetzung dieser neuen Politik der NATO war neben den zahlreichen Kooperationen mit den Staaten Mittel- und Osteuropas auch die *Euro-Mediterranean Conference* in Barcelona im Novem-

des Bündnisses und die Möglichkeit zur Übernahme von Aufgaben des multinationalen Krisenmanagements. Die heutigen *entrapment*-Risiken resultieren primär aus dem Umstand, daß sich die NATO-Staaten gegenwärtig nur noch regional begrenzten Bedrohungen gegenübersehen. Durch diese regionale Prägung der neuen Konflikte sind nicht mehr alle Partner in gleicher Weise betroffen. Eine frühzeitige Koordination der gemeinsamen Politik gegenüber diesen regionalen Bedrohungen, bzw. ein multinationales Krisenmanagement im Falle der Gefahr einer Konflikteskalation kann so als Präventivmaßnahme gegen eine eventuelle Verwicklung in eine größere militärische Auseinandersetzung verstanden werden.

Umgekehrt werden inzwischen jedoch Stimmen laut, die gerade im NATO-Krisenmanagement eine Gefahr des *entrapments* in Konflikte sehen, die nicht mit den jeweiligen nationalen Interessen in Einklang zu bringen seien.[68] Die Ansätze einer bündnisinternen Arbeitsteilung, wie sie sich in der neuen Militärstruktur der NATO andeutet, weist bereits auf eine Entwicklung entsprechender Lösungsmechanismen hin. Die Militärstruktur der neunziger Jahre unterscheidet sich deutlich von ihrem früheren Aufbau. Die drei *Major NATO Commands* Atlantik, Europa und Kanal, wurden auf Atlantik und Europa reduziert. Als Ausgleich für den Verlust des eigenen Verteidigungsbereiches erhielt Großbritannien das Kommando über das *Allied Command Europe Rapid Reaction Corps* und stellt die beiden stellvertretenden Kommandeure der verbleibenden beiden Befehlsbereiche. Auf der Ebene der *Major Subordinate Commands* (MSCs) wurde der Bereich *United Kingdom Air Forces* und *Allied Forces Northern Europe* mit leicht verändertem Gebietsverlauf zu *Allied Forces Northwest Europe* zusammengefaßt.[69] Daneben blieben auf der Ebene der MSCs die Befehlsbereiche *Allied Forces Central Europe* und *Allied Forces Southern Europe* bestehen. Auffällig ist dabei, daß es in der Militärstruktur der Allianz zwischen dem Norden mit den beiden Befehlsbereichen Nordwesteuropa und Europa-Mitte auf der einen Seite und dem Befehlsbereich Südeuropa auf der anderen Seite wenig Berührungspunkte gibt. Daraus läßt sich zumindest indirekt eine verstärkte Arbeitsteilung innerhalb der NATO ableiten: Für die Südflanke der Allianz sind primär die USA und die kleineren südeuropäischen Staaten Italien, Griechenland und die Türkei verantwortlich.[70] Für die Nordflanke bleiben weiterhin die Bundesrepublik

---

ber 1995. Siehe dazu Ronald D. *Asmus*/F. Stephen *Larrabee*/Ian O. *Lesser*, Mediterranean security. New challenges, new tasks, in: NATO Review, Bd. 44 (1996), Nr. 3, S. 25-31.

68 *Rudolf*, Unsichere Öffnung. S. 26. Ein amerikanischer Politikwissenschaftler formulierte anläßlich des US-Engagements in Jugoslawien die Frage: „How did NATO, America's principal security alliance, become a back-door conduit for heavy ground involvement in a conflict of marginal interests to U.S. security concerns?" John *Hillen*, The Risks of Clintons Bosnia Peace Plan, in: The Heritage Foundation. Backgrounder, Nr. 262. Washington, DC, 10.10.1995, S. 2. Der von amerikanischer Seite häufig geäußerte Wunsch nach mehr Lastenteilung beim weltweiten Krisenmanagement der USA könnte andererseits für die europäischen Staaten eine 'Globalisierung' des *entrapment*-Risikos bedeuten. Daraus wiederum würden wahrscheinlich Forderungen nach europäischen Mitentscheidungsrechten abgeleitet werden, was zusätzlich zu NATO-internen Spannungen führen könnte.

69 David *Miller*, New Look for European Command, in: International Defense Review, Bd. 27 (1994), Nr. 5, S. 30-33 (30f.).

70 Die USA hat den Oberbefehl über die *Allied Forces Southern Europe*. Es gibt sechs Kommandostellen auf der Ebene der *Principal Subordinate Commands*, vier in Italien und je eine in

und Großbritannien die entscheidenden Nationen, solange Frankreich nicht bereit ist, sich wieder in die Militärstruktur des Bündnisses einzugliedern.[71] Über das Instrument der *Combined Joint Task Forces* könnten zukünftig die Krisenreaktionskräfte der NATO jeweils situationsspezifisch aus Truppenteilen derjenigen Nationen zusammengesetzt werden, die von einer regionalen Krise am stärksten betroffen wären. Die multinationale Zusammensetzung des *Allied Command Europe Rapid Reaction Corps* aus vier Divisionen der Nordflanke und fünf Divisionen der Südflanke könnte diese Arbeitsteilung bis zu einem bestimmten Ausmaß der Bedrohung ermöglichen. Allerdings könnte eine derartige regionale Arbeitsteilung dem Prinzip der Allianzkohäsion widersprechen, das hinter der Aufstellung der multinationalen Einheiten als Symbole der Bündnissolidarität stand.[72] Da gerade auf dem Gebiet des regionalen Krisenmanagements unterschiedliche nationale Interessen tangiert werden, kann die ansonsten positiv wirkende Konsenspflicht im NATO-Rat im Falle umstrittener Anforderungen an die Allianz zu starken inneren Spannungen führen. Insbesondere wenn durch die Einstimmigkeitsregel Einsätze nicht zustande kommen, könnte die Enttäuschung des oder der betroffenen Mitglieder der Bündniskohäsion langfristigen Schaden zufügen[73].

Für den Fall einer Bündniserweiterung bemühen sich die Mitgliedstaaten bereits jetzt darum, mit Hilfe von verschiedenen Vorbedingungen für einen NATO-Beitritt die Risiken eines zukünftigen *entrapment* zu verringern.[74] Vor allem die Forderungen an die Mitgliedschaftskandidaten zur Anwendung der OSZE-Prinzipien dienen diesem Zweck. Die ausdrückliche Nennung von besonderen Problembereichen wie „the resolution of ethnic disputes, external territorial disputes including irredentist claims or internal juris-

---

Griechenland und der Türkei. Die *Multi-National Division South* besteht ausschließlich aus Einheiten dieser drei Länder. Darüber hinaus gibt es in diesem Bereich keine multinationalen Einheiten. David *Miller*, Multinationality: implications of NATO's evolving strategy, in: International Defense Review, Bd. 24 (1991), Nr. 3, S. 211-213; *ders.*, New Look, S. 30-32; P. *Saracino*, ARRC at the sharp end, in: International Defense Review, Bd. 27 (1994), Nr. 5, S. 35. Zur Problematik dieser Arbeitsteilung siehe: Bonns NATO-Botschafter warnt vor Spaltung der Allianz und erhebt schwere Vorwürfe gegen die Politik der USA, in: Süddeutsche Zeitung (zit. als SZ), 1.12.1995.

71 Die USA behält jedoch auch in Nordeuropa ihren Einfluß, da sie sowohl den SACEUR stellt wie auch mit eigenen Truppenverbänden an den meist multinationalen Militärstrukturen des Nordens beteiligt ist. Siehe dazu *Miller*, New Look, S. 31. Vgl. *Saracino*, ARRC at the sharp end, S. 35. Frankreich könnte im Falle einer Wiederannäherung an die NATO eine wichtige Vermittlerrolle zwischen Norden und Süden spielen, da es sowohl an den neuen multinationalen Streitkräften des Südens beteiligt ist, die im Rahmen der WEU geschaffen wurden, als auch zusammen mit Spanien über das Euro-Korps militärisch eng mit der Bundesrepublik kooperiert. Siehe dazu Suzanne *Crow*, Major European Security Questions for 1995 und 1996. Report of an INSS-SWP Workshop, 11.-12.9.1995. Stiftung Wissenschaft und Politik, KB 2931. Ebenhausen, Oktober 1995, S. 27f. Vgl. auch *Palin*, Multinational Military Forces, S. 62-65.

72 Christian Tuschhoff, Die politischen Folgen der Streitkräftereform der NATO, in: APuZ, Nr. B15-16 (9.4.1993), S. 28-39 (37f.). Allerdings sind noch weitere Anpassungen der Kommandobereiche und der Militärstruktur der NATO entsprechend des neuen Arbeitsschwerpunktes Krisenmanagement und einer eventuellen Osterweiterung des Bündnisses zu erwarten, so daß eine abschließende Beurteilung verfrüht wäre. Vgl. dazu den vorangehenden Abschnitt über den Bruch des Beistandsversprechens.

73 Siehe dazu die Ausführungen weiter oben zum Problem des Bruchs des Beistandsversprechens.

74 Study on NATO Enlargement, September 1995. Veröffentlicht durch die NATO im Internet (gopher. nato.int). Kap. 5.

dictional disputes by peaceful means" geht über die im NATO-Vertrag enthaltenden Verpflichtungen zur friedlichen Konfliktregelung hinaus. Die von den Bewerbern geforderte Selbstverpflichtung zur Transparenz, Konsensbereitschaft und Beteiligung an allen Konsultationsmechanismen der Allianz[75] ergänzt die vorbeugenden Schutzmechanismen der Institution vor den *entrapment*-Risiken einer NATO-Erweiterung.

4.4 Trittbrettfahrerverhalten

Für die NATO galt es zu verhindern, daß einzelne Mitgliedstaaten von der durch die Allianz gewährleisteten militärischen Sicherheit profitieren könnten, ohne sich an den dabei entstehenden Lasten angemessen zu beteiligen (*free riding*). Unter Lasten versteht man dabei primär die finanziellen Bürden der Verteidigung, aber auch die politischen Probleme der Risikoverteilung.[76] Die in der NATO seit 1949 entstandenen Instrumente der gemeinsamen Verteidigungs- und Streitkräfteplanung, wie z. B. die *Annual Defence Review*[77] oder die Entscheidungsprozesse zur neuen, im NATO-Rat konsensual zu beschließenden Strategiedoktrin,[78] sorgten dafür, daß jedes Mitglied seinen Teil zur gemeinsamen Sicherheit beitrug. Die zahlreichen Informationsverteilungsmechanismen der Allianz gewährleisteten dabei die regelmäßige Überwachung der nationalen Anstrengungen.

---

75 Ebd., Kap. 5 A, Pkt. 69, 72.
76 In der Allianztheorie werden die beiden Bereiche *burden-* und *risk-sharing* genannt. Damit ist die Notwendigkeit gemeint, innerhalb eines Bündnisses politische und finanzielle Lasten sowie militärische Risiken so zu verteilen, daß die Möglichkeit des *free riding* und des *abandonment* auf ein Minimum beschränkt wird. Die Frage einer möglichst gerechten Lastenteilung in Allianzen beschäftigte auch Mathematiker, Ökonomen und Politikwissenschaftler. Einen guten Überblick bietet Todd *Sandler*, The Economic Theory of Alliances. A Survey, in: Journal of Conflict Resolution, Bd. 37 (1993), Nr. 3, S. 446-483.
77 Im März 1955 berichtete die Deutsche Militärische Vertretung aus Paris an das Auswärtige Amt: „In der Annual Review wird die Summe der Verteidigungsanstrengungen der NATO auf militärischem, wirtschaftlichem und finanziellem Gebiet für ein Jahr festgehalten. Es werden hier alle Maßnahmen, die sich aus den Forderungen nach möglichst großer Sicherheit der NATO-Staaten ergeben, mit den politischen und wirtschaftlichen Möglichkeiten der Mitgliedstaaten in Einklang gebracht. Die Annual Review ist zu einer ständigen Einrichtung geworden. Es gibt für die Annual Review keine gültige schriftliche Verfahrensordnung. Das System der Annual Review besteht aus Gewohnheiten, die zu Regeln geworden sind." Entsprechend der vom Atlantik-Rat festgelegten Schwerpunkte wird ein Fragebogen erarbeitet, der von allen Mitgliedern zu beantworten ist. Die nationalen Angaben werden „von den fachlich berührten Abteilungen des NATO-Generalsekretariats, den interessierten militärischen NATO-Dienststellen und den anderen NATO-Delegationen geprüft, die ihrerseits Rückfragen versenden". Eine Prüfungskommission der Abteilungsleiter des NATO-Generalsekretariats „verlangt von den Vertretern der nationalen Delegationen in mündlicher Verhandlung Auskunft und Erläuterung über unklare Punkte". „Erfahrungsgemäß gehen ca. 12-15 Fragen je Mitgliedstaat auf diese Weise 'ins Examen'." Aus dieser Überprüfung und eventuell notwendigen Nachbesserungen entsteht ein Schlußbericht für die NATO-Ministerkonferenz am jeweiligen Jahresende. Bundesarchiv/Militärarchiv (BA/MA) BW 9/3060 - Az. 223-17-254/55, Bericht des DMV an das AA: Betr. Jahreserhebung (Annual Review) der NATO. Gez. H. v. Etzdorf. 1961 wurden die *Annual Reviews* durch eine längerfristige Planung, die *Triennial Reviews* ersetzt, die seit 1965 auf einen Planungszeitraum von 5 Jahren ausgebaut wurden. Da aber weiterhin die NATO-Verteidigungsplanung einmal jährlich überprüft wird, obwohl sie auf 5 Jahre ausgerichtet ist, bleibt der allgemeine Gebrauch des Begriffs *Annual Review* gerechtfertigt. *NATO Information Service*, The North Atlantic Treaty Organisation, S. 67, 220.
78 Siehe dazu oben den Abschnitt über den Bruch des Beistandsversprechens.

Die finanziellen Aspekte der Lastenteilung bestimmten seit 1949 immer wieder die öffentliche Debatte in der Allianz. Bereits 1951 wurde ein *Temporary Council Committee* eingesetzt, um die vom *Military Committee* festgestellten militärischen Anforderungen mit den finanziellen Ressourcen der Mitgliedstaaten in Übereinstimmung zu bringen.[79] In den *Annual Reviews* wurde das Bemühen um einen Kompromiß zwischen den perzipierten Rüstungszwängen, den finanziellen Möglichkeiten der Nationalstaaten und dem Wunsch nach 'gerechter Lastenteilung' fortgesetzt. Mit dem *NATO Conventional Armaments Committee* (NCARC) wurde diese Art der multinationalen Abstimmung der Lastenteilung 1988 zu einer eigenständigen Institution innerhalb der NATO ausgebaut.[80] Auch für den Bereich der Infrastruktur hatte die NATO schon frühzeitig ein *cost-sharing formula* entwickelt. Zur Gewährleistung einer gerechten Lastenteilung wurde dafür mit den *Annual (Slice) Programs* ein Überprüfungs- und Durchführungsmechanismus eingerichtet.[81] Die ungeschriebene Regel, den Einfluß auf interne Entscheidungsfindungen sowie die Verteilung der politischen und militärischen Positionen entsprechend des Gewichts der nationalen Beiträge zu organisieren, war vor allem für die wohlhabenderen Mitgliedstaaten ein Anreiz zur Beteiligung an den Lasten der kollektiven Verteidigung.[82] Auf diese Weise wurde eine Art politischer Ausgleich für die finanziellen Aufwendungen eines NATO-Staates geboten. Bei der Frage der Truppenstationierung auf dem Gebiet von Bündnispartnern überschnitten sich die politischen und finanziellen Aspekte der Lastenteilung. Im NATO-Truppenstatut und in verschiedenen bilateralen und multilateralen Abkommen wurden die Finanzierungsfragen, die Rechte der NATO-Streitkräfte und deren Grenzen geregelt.[83] Von einigen Mitgliedern wurde diese Stationierung als Eingriff in die eigene Souveränität abgelehnt.[84] Für andere Staaten stellte die Bereitschaft zur Truppenstationierung dagegen ihren wichtigsten Beitrag an den Verteidigungslasten der

---

79 Peter *Foot*, Defence Burden-Sharing in the Atlantic Community 1945-1954. Aberdeen Studies in Defence Economics, Nr. 20. Center for Defence Studies, University of Aberdeen, UK, Sommer 1981, S. 41-44.
80 *NATO Information Service*, The North Atlantic Treaty Organisation, S. 40f. Zur Bedeutung der Annual Reviews und der finanziellen Lastenteilung in den ersten Jahren der Allianz siehe auch *Foot*, Defence Burden-Sharing; S. 28-50.
81 *NATO Information Service*, The North Atlantic Treaty Organisation, S. 245-248. Siehe auch Helga *Haftendorn*, European Security Cooperation, S. 21-26.
82 Dies galt insbesondere für die Bundesrepublik Deutschland, die stets um einen gleichberechtigten Status innerhalb der Allianz bemüht war. Siehe dazu *Haftendorn*, Sicherheit und Entspannung, S. 32-60.
83 Es gibt eine ganze Reihe von Abkommen und Verträgen, die das Verhältnis von Truppen in ihren Gastgeberländern regeln. Zu den wichtigsten für die Bundesrepublik Deutschland gehören: Der Deutschlandvertrag von 1954, abgedruckt u. a. in: *Auswärtiges Amt* (Hrsg.), Die Auswärtige Politik der Bundesrepublik Deutschland. Köln: Verlag Wissenschaft und Politik 1972, S. 262-266. Der Notenwechsel zwischen der BRD und den USA über gegenseitige Hilfe vom 7.6.1957, abgedruckt ebd., S. 360-362. Die deutsch-französischen Regierungsvereinbarungen vom 21.12.1966, abgedruckt ebd., S. 576-579. Zum NATO-Truppenstatut siehe *NATO Information Service*, NATO Basic Documents, S. 16-29. Weitere Quellenangaben in: *Presse- und Informationsamt der Bundesregierung*, Die Alliierten Streitkräfte in der Bundesrepublik Deutschland. Bonn, März 1989, S. 5.
84 Im Jahr 1966 verband Frankreich seinen Austritt aus der militärischen Integration der NATO aus diesem Grund mit der Forderung, sämtliche fremde Streitkräfte aus dem Land abzuziehen. Siehe *NATO Information Service*, The North Atlantic Treaty Organisation, S. 67f. Zu den Hintergründen der französischen Entscheidungen vgl. *Haftendorn*, Kernwaffen, S. 11-22.

Allianz dar.[85] Über die Finanzierung der im Ausland stationierten Streitkräfte kam es mit und in der Bundesrepublik als davon am stärksten betroffenen Allianzmitglied[86] wiederholt zu Auseinandersetzungen. Vor allem die Amerikaner und Briten verstanden die deutschen Zahlungen für den Unterhalt und die Unterbringung ihrer Streitkräfte auf westdeutschen Boden als einen Beitrag zur internen Lastenteilung und konnten sich mit ihren Forderungen auch weitgehend durchsetzen.[87]

Nach dem Ende des Kalten Krieges wird das Verschwinden der *clear and present danger* von den meisten NATO-Mitgliedern als Anlaß genommen, ihr militärisches und finanzielles Engagement in der NATO zu reduzieren. Solange die neuen Aufgaben innerhalb der Allianz noch nicht geklärt sind, besteht allerdings die Gefahr, daß das ohnehin labile Gleichgewicht der Lastenteilung empfindlich gestört wird. So wird z. B. die mangelnde Krisenreaktionsfähigkeit der europäischen NATO-Staaten von einigen amerikanischen Autoren zum Teil als *free riding* auf Kosten USA als der einzig unilateral handlungsfähigen Militärmacht gedeutet.[88] Wenn sich eine derartige Einschätzung in den Vereinigten Staaten durchsetzen sollte, wäre die Allianzkohäsion ernsthaften Belastungen ausgesetzt. Gegen diese Sorge der Amerikaner spricht jedoch, daß die gemeinsam im Konsensverfahren verabschiedete neue Militärstruktur der Allianz dem Konfliktmanagement besondere Aufmerksamkeit schenkt. Mit der im Mai 1991 in Rom verabschiedeten Streitkräfteplanung haben sich alle Partner dazu verpflichtet, ihre nationalen Streitkräfte auf die Aufgaben der Krisenreaktionskräfte umzurüsten.[89] Gerade die Bundesrepublik, die bisher weder politisch noch militärisch auf ein Krisenmanagement außerhalb des NATO-Vertragsgebietes vorbereitet war, hat inzwischen erhebliche Anstrengungen unternommen, um sich auf die neuen Allianzaufgabe einzustellen.

Die bisherigen Lösungsmechanismen der NATO für das Problem des *free riding* haben auch nach 1990 weitgehend ihre Gültigkeit behalten. Die zahlreichen Informations- und Konsultationsmechanismen der NATO bieten eine wirksame Kontrolle bei der Verteilung der aus einer gemeinsamen Sicherheitspolitik entstehenden Lasten. Auch in Zukunft werden die nationalen Rüstungspläne durch die *Annual Reviews* und das *NATO Conventional Armaments Review Committee* auf die militärischen Notwendigkeiten der Allianzplanung abgestimmt.[90] Die Norm der NATO-internen Einfluß- und Stellenvertei-

---

85 Das war z. B. bei Island der Fall, das über keine eigenen Truppen verfügt und dennoch ein gleichberechtigtes Mitglied der NATO ist.
86 In der Bundesrepublik (ohne Berlin) waren bis 1990 folgende Truppen stationiert: Belgien: 26.680 Mann; Frankreich: 43.650 Mann; Großbritannien: 54.900 Mann; Kanada: 7.300 Mann; Niederlande: 7.700 Mann; USA: 240.000 Mann; insgesamt also fast 400.000 Soldaten. Siehe dazu *Presse- und Informationsamt der Bundesregierung*, Die Alliierten Streitkräfte in der Bundesrepublik Deutschland. Bonn, März 1989.
87 *Haftendorn*, Kernwaffen, S. 239-242, 352-356, 367-369. Vgl. Jane H. O. *Sharp*, Europe after an American Withdrawal. Economic and Military Issues. Oxford: SIPRI 1990.
88 David *Gompert*/Richard *Kugler*, Free-Rider Redux. NATO Needs to Project Power (and Europe Can Help), in: Foreign Affairs, Bd. 74 (1995), Nr. 1, S. 7-12.
89 Rome Declaration on Peace and Cooperation vom November 1991, abgedruckt in: *NATO Office of Information and Press*, Texts of statements, declarations and final communiqués issued at meetings held at Ministerial level during 1991. Brüssel 1992, S. 26-32.
90 *NATO Information Service*, The North Atlantic Treaty Organisation, S. 160.

lung in Relation zur Beteiligung an den kollektiven Lasten hat ebenfalls nur wenig von seiner Wirkung verloren.[91] So konnte sich z. B Großbritannien bei dem Bemühen um den Oberbefehl über das neue *Rapid Reaction Corps* gegen die Bundesrepublik durchsetzen, da Deutschland einen relativ geringen Anteil an diesen Streitkräften stellt und außerdem eine Beteiligung der Bundeswehr am militärischen Konfliktmanagement aus innenpolitischen Gründen fraglich schien.[92]

Allerdings haben sich bei der Art der finanziellen Verteidigungslasten deutliche Änderungen ergeben. Auf der einen Seite sind für alle Beteiligten die hohen Stationierungskosten für die alliierten Streitkräfte in der Bundesrepublik mit dem Verzicht auf die *Forward Defense* und aufgrund der deutlich reduzierten Truppenpräsenz weitgehend weggefallen. Die Kostenverteilung für die wenigen noch auf dem Gebiet der Bundesrepublik verbleibenden alliierten Streitkräfte[93] wurden in bilateralen Stationierungsverträgen mit der Bundesregierung neu ausgehandelt. Auf der anderen Seite wurden die weiterhin bestehenden Lasten für die Aufrechterhaltung der Verteidigungsfähigkeit der Allianz durch die Schaffung multinationaler Streitkräftestrukturen, wie z. B. dem deutsch-niederländischen Korps oder den beiden deutsch-amerikanischen Korps, bei deutlich reduzierter Präsenzstärke mit einer neuen konsensfähigen Basis versehen.[94] Mit der neuen Kommandostruktur wurden darüber hinaus auch ca. 25 Prozent des NATO-Personals für die militärischen Stäbe und Kommandozentralen eingespart. Weitere Veränderungen in der

---

91 Beispielhaft dafür ist die Feststellung in den Verteidigungspolitischen Richtlinien, daß die „Einflußnahme auf die internationalen Institutionen und Prozesse im Sinne unserer Interessen und gegründet auf unsere Wirtschaftskraft, unseren militärischen Beitrag und vor allem unsere Glaubwürdigkeit als stabile, handlungsfähige Demokratie" zu den vitalen Sicherheitsinteressen der Bundesrepublik Deutschland zählt. Verteidigungspolitische Richtlinien von November 1991, in: *Bundesministerium der Verteidigung* (Hrsg.), Weißbuch zur Sicherheit der Bundesrepublik Deutschland und zur Lage und Zukunft der Bundeswehr. Bonn, April 1994, S. 88.

92 Die zu dieser Zeit noch offene Frage, ob ein Einsatz der Bundeswehr außerhalb des NATO-Gebietes verfassungsrechtlich möglich sei oder nicht, und das Problem, daß die Bundeswehr als Wehrpflichtarmee nicht über ausreichend ausgebildete Soldaten für *out-of-area*-Einsätze verfügen könnte, spielten bei dieser Entscheidung wahrscheinlich ebenso eine Rolle. Siehe dazu *Tuschhoff,* Die politischen Folgen, S. 36f. Ähnlich wirkte diese Regel auch bei der Neuverteilung der Positionen für den NATO-Kommandostab der IFOR-Truppen im Sommer 1996. Im neuen Befehlsstab wird die Bundesrepublik aufgrund ihrer relativ geringen und mit politischen Beschränkungen versehenen Beteiligung am Bosnien-Einsatz der NATO nur mit der Position eines stellvertretenden Kommandeurs für Versorgungsaufgaben vertreten sein. Vgl.: Deutschland in der Leitung der IFOR-Truppen nicht vertreten, in: FAZ, 9.9.1996.

93 Im Dezember 1994 waren von Belgien noch 11.800 Mann, von Frankreich 22.000 Mann, von Großbritannien 35.000 Mann, von Kanada 100 Mann, von den Niederlanden 5.700 und von den USA 91.000 Mann in Deutschland stationiert. Insgesamt sind z. Zt noch 165.500 Soldaten der NATO-Staaten auf dem Gebiet der Bundesrepublik stationiert, die bis 1996 um weitere 30.000 Mann reduziert werden sollen. Damit wurde die Anzahl der NATO-Streitkräfte in Deutschland in sechs Jahren um 50 Prozent reduziert. Siehe *Presse- und Informationsamt der Bundesregierung,* Alliierte Truppen und multinationale Streitkräftestrukturen in Deutschland. Bonn, Januar 1995.

94 Siehe James *Sperling,* Burden Sharing Revisited, in: Christoph Bluth/Emil Kirchner (Hrsg.), The Future of European Security. Aldershot u. a.: Dartmouth Press 1994, S. 163-186. Vgl. *Snider,* US Military Forces in Europe. Weitere Möglichkeiten zur Kostenreduzierung können sich aus der verstärkten multinationalen Kooperation ergeben. Neben der gemeinsamen Ausbildung bietet sich hierbei auch die gemeinsame Beschaffung von Rüstungsgütern an, wie sie z. B. im SHARE-Programm z. Zt. getestet wird. Siehe dazu: NATO Takes Inventory to Facilitate Spare-Parts Swaps, in: Defense News, 19.-25.2.1996, S. 22.

Kommandostruktur sind gerade im Rahmen des CJTF-Konzeptes zu erwarten.[95] Für die Aufgabe des Krisenmanagements wurde das *Allied Command Europe Rapid Reaction Corps* (ARRC) als multinationale Einheit geschaffen und die AMF in die neue *Immediate Reaction Force* (IRF) eingegliedert.[96] Im ARRC und in der *Multi-National Division* sind inzwischen der Großteil der sofort einsatzfähigen Streitkräfte in Westeuropa konzentriert.[97] Damit stimmt zumindest in der kostenintensiven Umrüstungsphase der Aufwand der NATO-Staaten für ihre nationale Verteidigung weitgehend mit ihrem Beitrag zur Erfüllung der neuen militärischen Aufgaben des Bündnisses überein.

Mit der Schaffung zusätzlicher Institutionen im Rahmen der NATO sind auch neue Kosten für die Mitglieder entstanden. Diese wurden mit den bereits vor 1990 bewährten Instrumenten verteilt. Über seine Beteiligung im Nordatlantischen Kooperationsrat (NACC), an der Partnerschaft für den Frieden (PfP) oder auch am gestärkten 'europäischen Pfeiler' der Allianz kann jedes Mitglied seinen Beitrag zur finanziellen Lastenteilung der NATO leisten und zugleich entsprechend der nationalen Prioritäten bei den Kosten eigene Schwerpunkte setzen.[98] Darüber hinaus ermöglicht das sich intensivierende Geflecht von institutionellen Mitgliedschaften über die jeweilige Kostenverteilung in den einzelnen Institutionen hinaus eine Art 'Verrechnung' der nationalen Belastungen. Inwieweit dies jedoch in der Bündnispraxis eine Rolle spielt, ist noch unklar.[99] Mit einer eventuellen Erweiterung der Allianz nach Osteuropa ist eine neue Kostenwelle für die Mitglieder zu erwarten. Das Bündnis hat sich jedoch für das Jahr 1996 vorgenommen, die internen Fragen einer NATO-Erweiterung und damit auch die Kostenfrage zu klären, bevor weitere Schritte in diese Richtung unternommen werden sollen.[100] Das Problem der

---

95 Die NATO verfügt noch immer über insgesamt 33 Hauptquartiere, die aus dem NATO-Budget bezahlt werden. Auf diesem Gebiet sind vor allem im Bereich des Befehlsbereichs Atlantik (SACLANT) weitere Personaleinsparungen und entsprechenden Strukturveränderungen zu erwarten. Paul-David *Miller*, Retaining Alliance Relevancy. NATO and CJTF-Concept. Cambridge, MA: IFPA 1994, S. 45-56, 65-67. Vgl. dazu Michiel J. *Weger*, The Evolution of NATO. The Brussels Summit and Beyond. London: Brassey's 1995, S. 10-14.
96 *Tuschhoff*, Die politischen Folgen, S. 30f. Zum ARRC siehe auch Colin *MacInnes*, The British Army and NATO's Rapid Reaction Corps. London: Brassey's 1993, S. 2-8.
97 *Palin*, Multinational Military Forces, S. 58-61; vgl. *Saracino*, ARRC at the sharp end, S. 33-35.
98 John *Cheshire*, European Defence and Security. Keeping Pace with Change, in: RUSI-Journal, Bd. 139 (1994), Nr. 5, S. 8-11 (10).
99 Diese Verrechnung anderer sicherheitspolitisch relevanter Kosten spielt zumindest beim bündnisinternen *bargaining* eine Rolle. Ein Beispiel dafür ist die Forderung des französischen Präsidenten Chirac, daß die Amerikaner ihre Entwicklungshilfe im Sinne einer präventiven Diplomatie verstärken sollten. Die Aufwendungen der USA auf diesem Gebiet läge um 21 Mrd. Dollar hinter den Europäischen Entwicklungshilfeleistungen zurück. Siehe: Atomkritiker im amerikanischen Kongreß boykottieren Chirac, in: FAZ, 3.2.1996. Insgesamt umfaßte die Auslandshilfe der USA 1994/1995 weniger als 1 Prozent des Bundeshaushalts. Siehe Klaus-Dieter Schwarz, Amerikanische Weltmacht im Wandel. Halbzeit der Clinton-Administration. Baden-Baden: Nomos 1995, S. 51f. Eine zusätzliche Wirkung des Institutionengeflechts besteht darin, daß es innerhalb einer sicherheitspolitisch relativ stabilen Region politische und finanzielle Ressourcen für die Beteiligung „an globalen Aktivitäten zur Friedensschaffung und Friedenssicherung" freisetzt. Helga *Haftendorn*, Der Beitrag regionaler Ansätze zur internationalen Ordnung nach dem Ende des Ost-West-Konflikts, in: Karl Kaiser/Hans-Peter Schwarz (Hrsg.), Die neue Weltpolitik. Baden-Baden: Nomos 1995, S. 447-463 (454).
100 Auf nationaler Ebene hat - vor allem in den USA - bereits eine Debatte der zu erwartenden Kosten der NATO-Erweiterung begonnen. Siehe z. B. *Congressional Budget Office*, The Costs of Expanding the NATO Alliance. Washington, DC: CBO-Papers, März 1996. Thomas S. *Szayna*, Central

Kostenverteilung wird also in den nächsten Jahren noch eine entscheidende Rolle spielen. Dabei müssen über die bisherigen NATO-Mechanismen hinaus neue Wege beschritten werden.

5. Prinzipien und Normen der Konsensbildung

Ein grundsätzliches Problem jeder Kooperation ist die Gefahr, daß einer der Beteiligten eine nichtkooperative Strategie verfolgt[101], um auf Kosten seiner Partner einseitig Gewinne zu erzielen. Dieses Problem gilt in doppelter Hinsicht für Sicherheitsinstitutionen wie die NATO. Einerseits gilt für sie im selben Maße wie für alle anderen Institutionen das Problem, daß die Zusammenarbeit langfristig darunter leiden würde, wenn sich ein oder mehrere Mitglieder durch einen offenen oder versteckten Bruch der Kooperationsvereinbarungen Vorteile verschaffen würden. Diese Vorteile können z. B. eine einseitige politische, militärische oder finanzielle Gewinnmaximierung auf Kosten der Allianzpartner beinhalten.[102]

Andererseits kann ein Scheitern der Kooperation innerhalb eines militärischen Bündnisses eine existentielle Gefahr für die anderen Beteiligten mit sich bringen, wenn z. B. im Falle eines Angriffes ein oder mehrere der Allianzmitglieder das Beistandsversprechen nicht einhalten.[103] Im Gegensatz zu anderen Arten der Kooperation gibt es bei Allianzen auch kaum die Möglichkeit einen derartigen einseitigen Bruch der Bündnisvereinbarungen im nachhinein zu sanktionieren. Im schlimmsten Fall gibt es nach einem Scheitern der Kooperation niemanden mehr, der den oder die Vertragsbrecher noch bestrafen könnte. Daher verwundert es nicht, daß die NATO nur in sehr begrenzter Form über direkte Sanktionsmechanismen verfügte, mit denen die Einhaltung von Vereinbarungen im Zweifelsfalle erzwungen, oder ihr Bruch nachträglich bestraft werden konnte. Als Instrument dafür dienten nur die in ihrer Wirkung unzuverlässige Drohung des Entzuges der Bündnissolidarität oder die Verknüpfung des Allianzverhaltens mit anderen Kooperationsgebieten wie z. B. der Wirtschaft.[104]

European Defense Industries and NATO Enlargement. Issues for U.S. Policy. Washington, DC: Rand-Study MR-717.0-RC, Januar 1996.

101 In der Fachsprache der Spieltheorie oder des Neoliberalen Institutionalismus werden dafür die Begriffe „defection" oder „cheating" verwendet. Siehe z. B. Martin, Interests, Power and Multilateralism, S. 770; sowie *Keohane/Wallander*, An Institutional Approach, S. 15.

102 Ein besonderes Problem ist dabei die Möglichkeit der wirtschaftlichen Kooperation mit dem gemeinsamen Gegner. Für diesen speziellen Bereich hatte die NATO mit dem *Coordinating Committee on Export Controls* (COCOM) ein wirksames, jedoch umstrittenes Instrument geschaffen. Vgl. Michael *Mastanduno*, Trade as a Strategic Weapon. American and Alliance Export Control Policy in the Early Postwar Period, in: International Organization, Bd. 42 (1988), Nr. 1, S. 121-150.

103 Die speziellen Schutzmechanismen zur Vermeidung bzw. Verringerung dieses Problems wurden unter dem Begriff des Bruchs des Beistandsversprechens in Abschnitt 4.1 behandelt.

104 Die Drohung des Entzuges der Allianzsolidarität ist innerhalb eines bipolaren Systems innerhalb zweier konkurrierender Allianzen nur schwer glaubhaft zu machen. Dagegen erscheint die Strategie des *tactical issue linkage* wahrscheinlicher und verspricht auch mehr Erfolg. Siehe dazu Arthur *Stein*, The Politics of Linkage, in: World Politics, Bd. 33, Nr. 1 (Oktober 1980), S. 62-81; vgl. *Martin*, Interests, Power, and Multilateralism, S. 779f.

In beiden Fällen verfügen die Vereinigten Staaten als mächtigster NATO-Partner über die besten Möglichkeiten, die anderen Mitglieder zur Einhaltung der Allianzdisziplin zu mahnen. Die Drohung einer nachlassenden Allianzkohäsion wirkte jedoch nur in starken Spannungszeiten. Doch selbst die Vereinigten Staaten, die als einziger NATO-Staat in der Lage waren, sich im Falle eines Angriffes durch die Sowjetunion selbst zu verteidigen, erreichten in einer Phase der Entspannung mit dieser Drohung relativ wenig. Ein Beispiel dafür ist das Erdgasröhrengeschäft Anfang der achtziger Jahre: Trotz der Androhung eines Truppenabzuges aus Europa war keiner der Handelspartner bereit, auf die amerikanischen Forderungen einzugehen.[105]

Die Verknüpfung der Kooperation mit anderen Bereichen war dementsprechend die häufigere und wirksamere Methode, die Partner zur Einhaltung der Vereinbarungen zu bewegen. Dies geschah einerseits durch die Androhung einer negativen Verknüpfung oder durch Gewährleistung eines Ausgleichs bzw. einer Belohnung für regelgerechtes Verhalten auf anderen Gebieten der Kooperation. Ein Beispiel dafür bietet der Radford-Plan vom Jahr 1956. Damals gelangte durch eine Indiskretion die Meldung in die Presse, daß der Vorsitzende der Joint Chiefs of Staff, Admiral Radford, eine Reduzierung der amerikanischen Streitkräfte aus Kostengründen um ca. 800.000 Mann vorbereiten würde.[106] Die europäischen NATO-Partner protestierten daraufhin auf allen diplomatischen und militärischen Ebenen. U. a. drohten sie indirekt damit, dem amerikanischen Beispiel zu folgen und so die Verteidigungsfähigkeit der NATO insgesamt deutlich zu schädigen. Die US-Regierung dementierte schließlich den Radford-Plan.[107] Im Endeffekt beeinflußte diese Auseinandersetzung sogar die amerikanische Entscheidung von 1957, die Kampfkraft der europäischen Streitkräfte durch Ausrüstung mit nuklearfähigen Waffensystemen zu stärken und damit die fehlende konventionelle Schlagkraft auszugleichen.[108]

Anstelle von den in Wirtschaftsinstitutionen üblichen Sanktionsmechanismen war die NATO aufgrund ihrer besonderen Situation als Sicherheitsinstitution darauf angewiesen, durch das Konsensprinzip von vornherein ein ausreichendes Maß an gegenseitiger Übereinstimmung zwischen den Kooperationspartnern zu erreichen. Je tragfähiger der Konsens, desto geringer war die Gefahr eines späteren Bruchs der Kooperationsvereinbarungen durch die Beteiligten. Die zahlreichen Informationsverteilungsmechanismen der NATO sorgten dafür, daß ein Bruch formaler Vereinbarungen und ungeschriebener Verhaltensnormen nur selten längere Zeit verborgen bleiben konnte. Über das Instrument der Konsultationen konnte dann intern oder auch öffentlich politischer Druck auf den defektierenden Partner ausgeübt werden. Die ständigen Treffen und Konsultationen der NATO-Partner boten darüber hinaus auch ein Forum zur Aus- und Festlegung von Verhaltensregeln und gegebenenfalls auch zur Überprüfung und Anpassung älterer Vereinbarungen

---

105 Markus *Engels*/Petra *Schwartz*, Alliierte Restriktionen für die Außenwirtschaftspolitik der Bundesrepublik Deutschland. Das Röhrenembargo von 1962/63 und das Erdgas-Röhrengeschäft von 1982, in: Haftendorn/Riecke (Hrsg.), „... die volle Macht eines souveränen Staates ...", S. 227-242 (233-240, insbes. 235).
106 Radford Terms New Arms Vital To Service Cuts, in: New York Times, 14.7.1956.
107 Hans-Peter *Schwarz*, Adenauer. Der Staatsmann: 1952-1967, Stuttgart: Deutsche Verlags-Anstalt 1991, S. 294-296.
108 *Greiner*, Das militärstrategische Konzept, S. 235-241; vgl. *Theiler*, Die Rezeption, S. 495-497.

an eventuell veränderte Rahmenbedingungen[109]. Sie trugen so zusätzlich zur Verhinderung eines späteren Bruchs der Kooperationsvereinbarungen bei.[110]

Ein weiteres Instrument war die Möglichkeit, innerhalb und in begrenzter Form auch außerhalb der Allianz einen Interessenausgleich zwischen den NATO-Partnern herzustellen. Durch die Gewährleistung einer Art von 'innerer Gerechtigkeit' konnte der Neigung zur einseitigen Vorteilsnahme vorgebeugt werden, da die langfristigen Folgekosten des Verlustes dieser Gerechtigkeit im Falle Bruchs der Kooperationsvereinbarungen höher eingeschätzt wurden, als die kurzfristig zu erwartenden Gewinne.[111] Auch hier spielte die Verpflichtung zu konsensualen Beschlüssen eine wichtige Rolle, da sie indirekt allen Allianzmitgliedern die Möglichkeit eines Vetos gab. Dieses konnte vor allem von den schwächeren Staaten in der NATO als Instrument der Interessenvertretung bei bündnisinternen Verhandlungsprozessen genutzt werden. So konnte z. B. der aus dem technologischen Fortschritt im Bereich der Nuklearwaffen und ihrer Trägersysteme resultierende relative Machtzuwachs der USA in den sechziger Jahren innerhalb des Bündnisses durch eine verstärkte Beteiligung der Partner an der Einsatzplanung innerhalb der Nuklearen Planungsgruppe teilweise ausgeglichen werden.

Ein Interessenausgleich war auch bei der Frage des nationalen Handlungsspielraumes und der allianzinternen Einflußverteilung notwendig. Die Mitgliedschaft in der NATO war für alle Staaten in einem gewissen Maße mit Souveränitätseinbußen verbunden. Das machten schon die institutionellen Lösungsansätze für die Probleme des *abandonment* und *entrapment* notwendig. Die Nordatlantische Allianz versuchte dieser speziellen Belastung durch die Gewährleistung einer möglichst gerechten Einflußverteilung innerhalb

---

109 So stellt Helga Haftendorn in ihrer Untersuchung der Bündniskrise von 1966/1967 fest, daß sich das Instrumentarium der NATO als „flexibel genug" erwies, „um den Anpassungsprozeß institutionell und prozedural abzusichern". Sie führt weiter aus: „Nicht nur war die NATO-Organisation in der Lage, den Übergang von einem hegemonialen zu einem kooperativen Sicherheitsregime zu gewährleisten sowie ohne wesentliche Funktionseinbußen das Ausscheiden Frankreichs aus der militärischen Integration zu verkraften und schließlich neue Aufgaben in der Entspannungspolitik zu übernehmen, sondern ihre Institutionen und Prozesse ließen sich auch relativ problemlos an die neuen Anforderungen nach verstärkter Mitsprache der nichtnuklearen Bündnismitglieder anpassen." *Haftendorn*, Kernwaffen, S. 370.
110 Die Verpflichtung zur gegenseitigen Konsultation ist zwar im Washingtoner Vertrag (Art. 4) und nach dem 'Bericht der drei Weisen' von 1956 nur relativ allgemein gehalten. Siehe dazu NATO-Basic Documents, S. 10, 75-97, insbes. 81-85. So gibt es z. B. keine explizite Verpflichtung zu Konsultationen und auch keine spezifische Regelung, welche Themen Gegenstand von Konsultationen werden sollten. Dies hatte durchaus negative Auswirkungen auf die Allianz: „The subject of consultations has led to recurrent friction within the alliance. Accusations abound of failures to consult or a lack of sufficient seriousness." Allerdings hat die informelle Verpflichtung zu Konsultationen sowie die Möglichkeit, diese im NATO-Rat einzufordern, bereits erheblich zu einem regelmäßigen Informationsaustausch beigetragen. Zusätzlich wurden häufig „ad hoc committees, often with restricted membership" geschaffen, um Einzelprobleme mit besonders betroffenen Staaten besprechen zu können. Jan Willem *Honig*, NATO: An Institution Under Threat? New York: Westview 1991, S. 27-29.
111 'Innere Gerechtigkeit' meint hier nur die Tatsache, daß es bei einer einmal erreichten Lösung kaum noch eine Neigung zur Defektion besteht. Die Lösung kann durchaus einen oder mehrere der beteiligten Akteure unbefriedigt lassen, solange das Ergebnis langfristig noch über den durch eine Defektion zu erwartenden Gewinnen liegt. Siehe dazu Lisa L. *Martin*, Interests, Power, and Multilateralism, S. 775-777.

des Bündnisses wieder auszugleichen. Diejenigen Staaten, die zu weitreichenden Souveränitätsverzichten in Form von militärischer Integration bereit waren, wurden durch die Beteiligung an exklusiven Entscheidungsfindungsmechanismen wie z. B. dem Verteidigungsplanungsausschuß entschädigt. Auch die ausgewogenen Mitwirkungsrechte aller Mitglieder an den verschiedenen Entscheidungsgremien wie dem NATO-Rat oder der Nuklearen Planungsgruppe trugen zur Gewährleistung der 'inneren Gerechtigkeit' bei.[111] Die Mitarbeit in den zahlreichen Arbeitsgruppen, *Sub-Committees* und informellen Gremien auf den unterschiedlichsten Arbeitsebenen war ebenso Bestandteil dieses Ausgleichs, wie eine ausgewogene Stellenverteilung in den integrierten Militärstäben und ein Mindestmaß an atomarer Teilhabe in der Form des Besitzes von nuklearfähigen Trägersystemen.[112] Darüber hinaus kann man die Gewährleistung eines flexiblen Spielraumes für unilaterale Handlungen quasi als eine Vorbedingung für die Akzeptanz der NATO-Integration betrachten.[113]

Außerdem war es wichtig, daß die Einflußverteilung in der politischen und militärischen Praxis der Allianz weitgehend den realen Machtverhältnissen entsprach. So repräsentierte die *Standing-Group* bis 1966 die Dominanz der USA, Frankreichs und Großbritanniens innerhalb der Allianz. Der Austritt Frankreichs aus der militärischen Integration und die wachsende Bedeutung der Bundesrepublik machte es Mitte der sechziger Jahre jedoch notwendig, dieses Dreierdirektorium durch eine ausgeglichenere militärische Führungsorganisation, dem *International Military Staff*, zu ersetzen. Die seit 1949 durchgehende Besetzung des SACEUR als höchsten militärischen Kommandoposten der NATO[114] durch einen amerikanischen General war ein Zeichen der militärischen Führungsrolle der

---

111 *Haftendorn*, Kernwaffen. S. 367-369.
112 Steve *Weber*, Shaping the Postwar Balance of Power. Multilateralism in NATO, in: John Gerard Ruggie (Hrsg.), Multilateralism Matters. The Theory and Praxis of an Institutional Form. New York/Oxford: Columbia University Press 1993, S. 233-292 (249-267).
113 In diesem Sinne kann die regionale Begrenzung der NATO nicht nur als Schutzmechanismus gegen das Problem des *entrapment* verstanden werden, sondern umgekehrt auch als Begrenzung der Einwirkungsmöglichkeiten der Allianzmitglieder auf die unilaterale Politik ihrer Partnerstaaten. In einer interdependenten Welt mußte in den meisten Fällen das unilaterale Handeln (z. B. der USA in Vietnam, Großbritanniens im Falklandkrieg, oder Frankreichs im Algerienkrieg) zwar zumindest teilweise durch Konsultationen innerhalb der Allianz 'abgefedert' werden. Die Unverbindlichkeit der Konsultationen schützte die Akteure jedoch vor einer direkten Einmischung in den nationalen Handlungsspielraum. Dabei gilt es allerdings zu berücksichtigen, daß die nationale Autonomie der NATO-Staaten aufgrund der relativen Machtverteilung sehr unterschiedlich ausgebildet war.
114 *Supreme Allied Commander Europe*: Ihm sind alle NATO-Verbände in Europa unterstellt. Er besitzt laut Beschluß des NATO-Rates vom Oktober 1954 im Kriegsfalle die vollen Befugnisse eines Oberbefehlshabers, untersteht aber politisch dem NATO-Rat und dem *Military Committee* (MC). Dem SACEUR unterliegt im Frieden die Operationsplanung entsprechend den vom NATO-Rat beschlossenen Richtlinien. Ihm obliegt die Festlegung der Dislozierungsräume und der örtlichen Stationierung im Einvernehmen mit den beteiligten nationalen Stellen. Er legt den Bedarf und die geographische Verteilung der logistischen Mittel fest und kann Empfehlungen hinsichtlich der Organisation, Ausbildung und Infrastruktur aussprechen. Außerdem verfügt der SACEUR über das Inspektionsrecht für alle Teile der militärischen Organisation der NATO. Über das *Supreme Headquarter Allied Powers Europe* (SHAPE) steht er in direktem Kontakt zu den nationalen Verteidigungsministerien, und er hat außerdem das Recht zum direkten Verkehr mit den jeweiligen Regierungschefs. BA/MA, BW 2/982, Vorname Adolf *Heusinger*, Die militärische Führung im NATO-Rahmen. Vortrag vor dem Bundesverteidigungsrat, 16.2.1956, S. 6-8.

USA innerhalb der Allianz. Die ebenso stillschweigende Reservierung der Position des Generalsekretärs für einen europäischen Kandidaten stellte dafür einen gewissen Ausgleich dar. Auch die Entstehung der *Eurogroup* 1968 spiegelte zumindest den Wunsch der europäischen NATO-Staaten nach einem Gegengewicht innerhalb der NATO gegen die Vormachtstellung der USA wieder. Ihre konkrete Bedeutung in der Allianzpraxis ist nur schwer einzuschätzen, dennoch kann ihre Existenz als Symbol für das seit den sechziger Jahren gewachsene Selbstbewußtsein der Europäer gelten. So veränderte sich die politische Stellung der Vereinigten Staaten von der unbestrittenen Vormacht in den fünfziger Jahren hin zu einem Status als *primus inter pares* in den achtziger Jahren.[116]

Der Wandel von 1989/1990 hat auch die institutionellen Schutzmechanismen gegen das Risiko einer einseitigen Vorteilnahme durch Vertragsbruch beeinflußt. Aufgrund der veränderten internationalen Rahmenbedingungen eignen sich Drohungen mit einer Beistandsverweigerung kaum noch als Sanktionsinstrument. Außerdem hat heute eine derartige Drohung angesichts der veränderten Bedrohungslage auch deutlich an Glaubwürdigkeit und Abschreckungspotential verloren. Die Kooperation auf anderen Gebieten hat dagegen durch die zunehmende Interdependenz noch an Gewicht gewonnen. Das derzeitige Institutionen- und Kooperationsgeflecht bietet dadurch zahlreiche Möglichkeiten für Ausgleichszahlungen[117] politischer oder finanzieller Natur und entsprechende indirekte Sanktionen für den Fall eines Bruchs von bestehenden Vereinbarungen im Rahmen der Nordatlantischen Allianz.[118] Die amerikanische Initiative, die Gefahr der Proliferation von Massenvernichtungswaffen zum Gegenstand der neuen Sicherheitspolitik des Bündnisses zu machen, stellt darüber hinaus einen Versuch dar, eine neue Norm in der NATO einzuführen[119]. Mit ihr soll das Verhalten der Mitgliedstaaten in bezug auf ihre Rüstungsexportpolitik beeinflußt werden,[120] da hier die Gefahr besteht, daß aus dem

---

116 Steve *Weber*, Shaping the Post War Balance of Power, S. 234 f.
117 Zum Thema Ausgleichszahlungen in internationalen Verhandlungen siehe James K. *Sebenius*, Negotiation Arithmetic. Adding and Subtracting Issues and Parties, in: International Organization, Bd. 37 (1983), Nr. 2, S. 281-316; vgl. Fritz W. *Scharpf*, Koordination durch Verhandlungssysteme. Analytische Konzepte und institutionelle Lösungen, in: Arthur Benz/Fritz W. Scharpf/Reinhard Zintl, Horizontale Politikverflechtung. Zur Theorie von Verhandlungssystemen. Frankfurt am Main: Campus/Boulder, CO: Westview 1992, S. 125-165.
118 Es wäre z. B. durchaus möglich, einem europäischen NATO-Partner, der sich mehrfach nicht an gemeinsam beschlossenen CJTF-Einsätzen des Bündnisses beteiligt, indirekt mit Einflußverlusten im Rahmen der EU zu drohen. Ebenso könnte der betroffene Staat bei multilateralen Rüstungskooperationen von einer Beteiligung ausgeschlossen werden, egal ob diese nun innerhalb oder außerhalb der NATO abgeschlossen würden.
119 Siehe dazu den Beitrag von Henning *Riecke*, Nukleare Nichtverbreitung als Aktionsfeld von NATO und GASP, in diesem Band, S. 193-234 (215f.).
120 Im Januar 1994 wurde in den Abschlußkommuniqués des Atlantikrates sowie des Nuklearen Planungsausschusses deutlich gemacht, daß die NATO-Staaten ihre „Anstrengungen gegen die Weiterverbreitung von Massenvernichtungswaffen und ihre Trägersysteme" zu intensivieren und „eine derartige Verbreitung zu verhüten sowie sich mit den damit verbundenen Risiken zu befassen und ihnen, falls erforderlich, zu begegnen." Beides wurde abgedruckt in: NATO Brief, Bd. 42 (1994), Nr. 1, S. 30-33, 34f. Vgl. dazu die amerikanische Haltung wie z. B. in: *Department of Defense/Office of International Security Affairs* (Hrsg.), United States Security Strategy for Europe and NATO. Washington, DC, Juni 1995, S. 9f. dargestellt wird. Zur Entwicklung der US-Initiative und der Wirkung dieser neuen NATO-Norm siehe *Riecke*, Nukleare Nichtverbreitung als Aktionsfeld von NATO und GASP, S. 213-220.

finanziellen Gewinn eines Staates oder Konzerns für alle NATO-Partner sicherheitspolitische Risiken erwachsen. Die NATO-Staaten können weiterhin die Einhaltung dieser und anderer Bündnisvereinbarungen mittels der zahlreichen Konsultations- und Informationsmechanismen wirksam überwachen und die Einzelheiten ihrer Umsetzung gegebenenfalls untereinander aushandeln.

Das Prinzip der konsensualen Beschlußfassung sichert auch in Zukunft die Verbindlichkeit der Beschlüsse für alle Mitglieder. Das Ende des Kalten Krieges und die mit der nachlassenden Bedrohung einhergehende Gefahr des Kohäsionsverlustes für das Nordatlantische Bündnis führte sogar dazu, daß man sich bei der Entscheidungsfindung für die neue NATO-Strategie noch stärker um eine gemeinsame Basis für die Beschlüsse bemühte, als es die Konsenspflicht bisher ohnehin schon notwendig machte. Vor allem die Einbeziehung Frankreichs in die Strategiediskussion, trotz dessen Nichtintegration in die militärischen Strukturen der NATO, symbolisiert das Bemühen um einen neuen Bündniskonsens.[121] Die Veröffentlichung der allgemeinen Grundlagen der neuen NATO-Strategie war nicht nur eine Geste der Transparenz an die osteuropäischen Staaten, sondern diente auch zur Vertrauensgewinnung in der breiten Öffentlichkeit der westlichen Nationen. Dafür nahm man auch Abstriche bei der „Kohärenz und Präzision der Aussagen" in Kauf, die sich jedoch gerade im Sinne einer Flexibilität in der Anpassungsphase des Bündnisses als durchaus nützlich erwiesen haben.[122] So waren z. B. das *Rapid Reaction Corps* ursprünglich ausschließlich für die Reaktion auf Krisen gedacht, die eine direkte Bedrohung für das Gebiet eines NATO-Mitgliedes darstellen. Darauf weisen die „Principles of Alliance Strategy" hin, in denen es heißt: „The Alliance is purely defensive in purpose: none of its weapons will ever be used expect in self-defence".[123] Durch die Beschlüsse von Oslo und Brüssel 1992 wurde aus den mobilen Streitkräften der NATO jedoch Instrumente der Machtprojektion und des internationalen *peacekeeping* im Auftrage der UNO oder KSZE/OSZE, ohne daß dabei die NATO-Strategie grundlegend geändert werden mußte.[124]

---

121 Die Erarbeitung des neuen strategischen Konzeptes der Allianz fand auf drei Ebenen statt. Der ständige NATO-Rat behandelte auf der Botschafterebene in enger Abstimmung mit den nationalen Regierungen die politischen Grundsätze und unter Mitwirkung des *Military Committee* die Sicherheitspolitischen Kernaufgaben der Allianz; in der *Strategy Review Group* (SRG) wurden die Einzelheiten des strategischen Konzeptes erarbeitet; und in der *Military Strategy Working Group* (MSWG) wurde von militärischen Vertretern der NATO die Einzelheiten der militärischen Umsetzung des strategischen Konzeptes besprochen. Frankreich war aufgrund seiner eingeschränkten NATO-Integration nur auf den ersten beiden Ebenen vertreten. Bei der Überarbeitung der MC 400 wird Frankreich wahrscheinlich jedoch wieder auf allen Ebenen an der Diskussion beteiligt sein.
122 *Haftendorn*, Herausforderungen an die europäische Sicherheitsgemeinschaft, S. 483. Die neue NATO-Strategie MC 400 wurde durch die Ausführungsvorschriften MC 317 für die Streitkräftestruktur und MC 299 für die militärische Einzelplanung ergänzt. Man kann die neue NATO-Strategie mit der MC 14/1 von 1952 vergleichen, die ebenfalls eher eine militärpolitische Richtlinie als ein detailliertes militärisches Konzept darstellte. Vgl. dazu R. A. *Wampler*, NATO Strategic Planning, S. 6-10.
123 The Alliance's Strategic Concept, S. 9 (Art. 36).
124 Schließlich heißt es schon im strategischen Konzept von 1991: „The success of Alliance policy [in crisis management and conflict prevention, Anm. d. Verf.] will require a coherent approach determined by the Alliance's political authorities choosing and coordinating appropriate crisis management measures as required from a range of political and other measures, including those of the

Die Möglichkeiten eines NATO-internen Interessenausgleichs und die Gewährleistung der 'inneren Gerechtigkeit' sind ebenfalls von den Veränderungen betroffen. So wurde seit 1990 vor allem von französischer Seite aus versucht, die Einflußverteilung innerhalb der Allianz neu zu strukturieren. Aber auch der deutsche Verteidigungsminister Rühe betonte mehrfach die Notwendigkeit, die transatlantische Partnerschaft zukünftig als „partnership among equals" zu gestalten.[125] Der Ausbau des 'europäischen Pfeilers' in der NATO ist der sichtbare Ausdruck dieser Veränderungen und auch das Symbol ihrer Probleme.[126] Die Zahl der Europäer in militärischen Führungspositionen wurde erhöht. Die WEU hat offiziell die Aufgaben der *Eurogroup* übertragen bekommen[127] und die *Combined Joint Task Forces* sollen, „seperate but not separable" von den NATO-Strukturen, langfristig die militärische Handlungsfähigkeit der EU/WEU ermöglichen.[128] Die Wiederannäherung Frankreichs an die NATO[129] kann jedoch als Zugeständnis einer zumindest mittelfristigen Abhängigkeit der europäischen Staaten von amerikanischen Ressourcen gewertet werden.[130] Inzwischen scheint sich allgemein die Einsicht durchzusetzen, daß sicherheitspolitische Kooperation zwischen Nordamerika und Europa auch weiterhin unverzichtbar ist.[131] Eine Umbesetzung der Positionen des SACEUR durch

---

military field." The Alliance's Strategic Concept, S. 8 (Art. 33). Aufgrund der sich rasch ändernden Verhältnisse wurde vom NATO-Rat 1992 eine *Long-Term-Study* in Auftrag gegeben, die zu einer überarbeiteten NATO-Strategie MC 400/1 führen soll. Hintergrundgespräch im Brüsseler NATO-Hauptquartier am 5.2.1996.

125 Volker *Rühe*, Shaping Euro-Atlantic Policies. A Grand Strategy for a New Era, in: Survival, Bd. 35, Nr. 2 (Sommer 1993), S. 129-137 (133).
126 Karl *Feldmeyer*, Deutschland - Nachbar in der Mitte Europas, in: Europäische Sicherheit, Bd. 45 (1996), Nr. 1, S. 35-39 (38).
127 Zur Eurogroup siehe Alfred *Cahen*, The Western European Union and NATO. London: Macmillan 1989, S. 60-64.
128 CJTF definieren sich als: „a multinational, multiservice, task-tailored force consisting of NATO and possibly non-NATO forces capable of rapid deployment to conduct limited duration peace operations beyond Alliance borders, under the control of either NATO's integrated military structure or the Western European Union (WEU)." Charles *Barry*, NATO's Combined Joint Task Forces in Theory and Practice, S. 84. Die Probleme, die sich aus den CJTF für die Kohäsion der Allianz ergeben, wurden bereits unter dem Stichwort Bruch des Beistandsversprechens behandelt.
129 Abschlußkommuniqué der Ministertagung des NATO-Rats in Brüssel am 5.12.1995, abgedruckt in: Bulletin des Presse- und Informationsamtes der Bundesregierung (zit. als Bulletin), Nr. 106 (15.12.1995), S. 1053-1057. Siehe dazu auch: Frankreich nähert sich der NATO in Nuklearfragen an, in: SZ, 17.1.1996 Vgl. Adress by M. Jaques *Chirac*, President of the French Republic, before the Congress of the United States, 1.2.1996, in: Delegation Permanente de la France au Conseil de L'Atlantique Nord, Bulletin D'Information: France Information. Brüssel, Februar 1996.
130 Hintergrundgespräche beim AA und der DGAP in Bonn am 25.11.1995 sowie der WEU in Brüssel am 8.2.1996. Siehe auch Joseph *Fitchett*, Washington Praises New Paris Policy On Defense. U.S. Sees Way Clear For Europe to Adopt Stronger NATO Role, in: International Herald Tribune (zit. als IHT), 1.3.1996. Vgl. Flora *Lewis*, In Revamping its Military, France Moves Closer to Europe, in: IHT, 2./3.3.1996. Ähnlich: Frankreich nähert sich der NATO in Nuklearfragen an. Paris will seine Atomstreitmacht künftig dem Abschreckungspotential der Allianz zurechnen, in: SZ, 17.1.1996. Kritischer dazu Robert P. *Grant*, France's New Relationship with NATO, in: Survival, Bd. 38, Nr. 1 (Frühling 1996), S. 58-80.
131 „Without the United States, Europe will lack the power and the space it need for balance and relevance. Without Europe, the journey of the United States to a new world order will be lonesome and more dangerous." Simon *Serfaty*, Half Before Europe, Half Past NATO, in: Washington Quarterly, Bd. 18 (1995), Nr. 2, S. 49-58 (56). Der neue Generalsekretär der NATO, Javier Solana, hat bereits eine interne Studie in Auftrag gegeben, in der untersucht werden soll, wie die Stärkung des euro-

einen Europäer und des Generalsekretärs durch einen Amerikaner wurde zwar innerhalb der NATO diskutiert, aber aus Einsicht in die realen Verhältnisse nicht umgesetzt.[132]

Die Reform der Kommandostruktur und die mögliche NATO-Osterweiterung werden in dieser Richtung noch deutliche Verschiebungen verursachen, die wahrscheinlich nicht ohne interne Spannungen durchgesetzt werden können. Es sind jedoch bereits erste Anpassungen erfolgreich durchgeführt worden. Die herausgehobene Position Großbritanniens, die sich vor 1990 in dem gesonderten Kommandobereich *Channel* zeigte, spiegelt sich heute in seiner Rolle als *lead nation* für das *Rapid Reaction Corps* wieder.[133] Die Bundesrepublik hat einerseits durch den 2+4-Vertrag die volle Souveränität gewonnen, diese jedoch andererseits durch ihre verstärkte Beteiligung an multinationalen Streitkräften wieder freiwillig eingeschränkt. Als Ausgleich dafür ist der deutsche Einfluß innerhalb der NATO gewachsen, da es kaum noch NATO-Streitkräfte im Befehlsbereich Europa-Mitte gibt, an denen keine deutschen Truppen beteiligt sind.[134] Darüber hinaus kann das Entstehen einer neuen politischen Arbeitsteilung innerhalb der Allianz nach spezifischen nationalen Interessenschwerpunkten auch zu entsprechend veränderten Einflußgewichtungen führen.

Die Auswirkungen dieser Entwicklung auf die Allianzkohäsion und damit auf das Risiko der einseitigen Vorteilsnahme lassen sich z. Zt. jedoch noch nicht abschätzen. Insgesamt haben sich aufgrund der größeren Aufgabenvielfalt der NATO auch die Möglichkeiten für einen bündnisinternen Interessenausgleich vervielfacht. Ein Beispiel dafür ist das nominelle Zugeständnis einiger NATO-Staaten zur NATO-Osterweiterung als Ausgleich für die neuen Ansätze des Bündnisses zum Dialog mit einigen Anrainerstaaten des Mittelmeeres.

---

päischen Pfeilers ohne eine Schwächung der transatlantischen Bindung „in die Praxis übersetzt werden kann." Siehe: Mit ausgestreckter Hand. NATO-Generalsekretär Javier Solana über die Öffnung nach Osten und die Friedensmission in Bosnien, in: Spiegel, Nr. 11, 11.3.1996, S. 34-37 (37).
132 Matthias Z. *Karádi*, Die Reform der Atlantischen Allianz. Bündnispolitik als Beitrag zur kooperativen Sicherheit in Europa? Münster: LIT-Verlag 1994, S. 60.
133 '*Lead nation*' kann man in etwa mit 'federführende Nation' übersetzen. Die Briten stellen einen Großteil der Streitkräfte, das Hauptquartier und leisten auch einen wesentlichen Beitrag zur Versorgung und Infrastruktur für das ARRC. Siehe dazu *MacInnes*, The British Army, S. 33-40, ferner *Palin*, Multinational Military Forces, S. 21, 37, 55-58. Eine weitere Besonderheit Großbritanniens war, daß seine Landstreitkräfte auch im Kriegsfalle ausschließlich unter nationaler Verantwortung gestanden hätten und nicht unter NATO-Befehl. Seit Juli 1994 sind jedoch die englischen Streitkräfte für Kriegszeiten vollständig dem SACEUR unterstellt. Vgl. *Miller*, New Look, S. 31.
134 *Tuschhoff*, Die politischen Folgen, S. 34-36. Die neue Position der Bundesrepublik spiegelt sich auch in der Umgestaltung des Verteidigungsbereichs 'Europa-Mitte' wieder, der vor 1990 and der Landesgrenze von Niedersachsen und Schleswig-Holstein endete und heute das gesamte Gebiet der Bundesrepublik umfaßt. Siehe *Miller*, New Look, S. 30-32. Bisher wurde jedoch dieser Einfluß noch von der nur eingeschränkten Beteiligung der Bundesrepublik an militärischen Einsätzen der NATO begrenzt.

6. Zusammenfassung und Schluß

In dieser Untersuchung wurde die Anpassung des Nordatlantischen Bündnisses an die Veränderungen im internationalen System nach dem Ende des Kalten Krieges dargestellt. Der Wandel des internationalen Umfeldes durch die revolutionären Veränderungen von 1989/1990 zwang das Atlantische Bündnis dazu, seine *raison d'être* grundlegend zu überdenken. Die neuen Antworten der Allianz auf die Herausforderungen der neunziger Jahre spiegeln sich in der Modifikation der drei 'alten' spezifischen Funktionen - transatlantische Kooperation, kollektive Verteidigung und Einbindung der Bundesrepublik Deutschlands in das westliche Bündnis - und in der Definition der 'neuen' Funktionen - Krisenmanagement und Stabilisierung des europäischen Umfeldes - wieder. Zur Erfüllung der Aufgabe der Stabilitätsprojektion wurden im NATO-Rahmen mit dem NACC und der PfP neue Institutionen für die Kooperation mit den Staaten Mittel- und Osteuropas geschaffen. Die Militärstruktur wurde ebenfalls an die neuen sicherheitspolitischen Anforderungen angepaßt. Mit den *Rapid Reaction Forces* wurde ein neues Instrument zur Machtprojektion und für das Krisenmanagement geschaffen, während eine deutlich reduzierter Kern von *Main Defense Forces* die Aufgabe der kollektiven Verteidigung weiterhin gewährleisten soll. Durch die Intensivierung der militärischen Integration und durch die neuen multinationalen Streitkräftestrukturen wurde nicht nur die transatlantische Kooperation auf militärischer Ebene gestärkt sondern auch die weitere Einbindung des wiedervereinigten Deutschlands gewährleistet. Die Sicherung der politischen Kooperation zwischen den USA und Europa wird darüber hinaus zum Teil auch entsprechend der allgemeinen Funktion durch die bereits bewährten Konsultations- und Informationsinstrumente der Sicherheitsinstitution NATO gewährleistet.

Im Bereich der allgemeinen Funktion, d. h. der Lösung allianzinterner Koordinations- und Kooperationsprobleme, wurden die alten Instrumente zum Teil beibehalten, zum Teil jedoch auch durch Wandel, Auflösung oder vollständige Ersetzung den Veränderungen angepaßt. Die allgemeinen Entscheidungsfindungsmechanismen wie z. B. die Konsenspflicht (Grundlage aller Entscheidungen in einer intergouvernementalen Institution), die Informationsverteilungsmechanismen (ebenfalls Bestandteil fast aller Institutionen), die vertraglichen Grundlagen und sogar die normativen Verhaltensregeln (geschrieben oder ungeschrieben) der NATO haben sich trotz des radikalen Wandels im internationalen Umfeld nicht verändert. Sie wurden ausschließlich zur Bewältigung der Probleme kollektiven Handelns geschaffen, die sich der Sicherheitsinstitution NATO bei der Erfüllung ihrer spezifischen oder externen Funktionen stellten. Aufgrund ihrer besonderen Zweckbestimmtheit kann man die Instrumente auch *problemspezifisch* nennen.

Eine ganze Reihe von Instrumenten hatten jedoch eine doppelte Aufgabenstellung, da sie zur Lösung der allgemeinen Funktion, d. h. der Kollaborations- und Koordinationsprobleme, beitrugen und gleichzeitig zur Erfüllung der spezifischen Allianzaufgaben dienten. Diese Lösungsansätze kann man deshalb *aufgabenspezifisch* nennen. Bei einer Sicherheitsinstitution wie der NATO verwundert es nicht, daß es sich dabei primär um militärische Strukturen und Mechanismen handelt. Sie erfuhren aufgrund des doppelten Anpassungsdruckes auch die radikalsten Veränderungen. So wurden bei den Lösungsansätzen für das Problem des *abandonment* mit den *Immediate Reaction Forces* und dem kollektiven Krisenmanagement im Sinne einer veränderten Risikoverteilung völlig neue Instrumente geschaffen. Alte Lösungsmechanismen wie die integrierte Militärstruktur oder die multinationalen Einheiten wurden durch ihre Vertiefung und Intensivierung den neuen Gegebenheiten angepaßt. Die *ACE Mobile Force* wurde durch ihre Übernahme in die neuen *Rapid Reaction Forces* ebenfalls verändert und mit neuen Aufgabenstellungen versehen. Daneben konnte mit der zentralisierten Luftüberwachung- und Verteidigung nur ein einziger militärischer Lösungsansatz für das *abandonment*-Problem in seinem Kern unverändert bleiben.

Die anderen beiden Kollaborations- und Koordinationsprobleme, *Verwicklung* und *Trittbrettfahrerverhalten* sowie die Prinzipien und Normen der Konsensbildung weisen kaum aufgabenspezifische Lösungsansätze auf und sind dementsprechend auch weitaus weniger deutlich von den Veränderungen betroffen. Das gilt vor allem für die Bereiche des *free riding* und der Konsensbildung. Bei den Instrumenten gegen das Risiko der *Verwicklung* sind zwar leichte Veränderungen feststellbar, sie betreffen jedoch mit dem Bereich des Krisenmanagements einen Sonderfall. Entsprechend der schon von Glenn Snyder festgestellten Wechselwirkung zwischen *entrapment* und *abandonment*[135] müßte dieser Ansatz zur Reduktion der Verwicklungsrisiken, durch die Anzeichen einer regionalen Arbeitsteilung innerhalb der Allianz noch verstärkt, fast zwangsläufig zu neuen *abandonment*-Risiken führen. Da es sich jedoch beim Krisenmanagement um eine neue spezifische Aufgabenstellung der NATO handelt, könnte die Schutzfunktion gegen das *entrapment* quasi ein Nebenprodukt darstellen. Die Risiken dieser neuen NATO-Aufgabe würden dementsprechend weitgehend im Bereich der Lösungsansätze für das Problem des *abandonment* gelöst werden müssen. Mit der Intensivierung der multinationalen Streitkräftestruktur, die man gerade im Bereich des Krisenmanagements beobachten kann, zeigen sich auch bereits erste Ansätze dafür.

Die politischen Strukturveränderungen wurden durch die Schaffung neuer Mechanismen aufgefangen, wie z. B. den Nordatlantischen Kooperationsrat und der Partnerschaft für den Frieden für die externen Veränderungen und wie der Stärkung des europäischen Pfeilers in der Allianz für die internen Veränderungen. Diese Erfahrung läßt sich bereits bei der NATO-Krise von 1967 beobachten, bei der die Veränderungen der internen Machtverteilung zur Gründung der Nuklearen Planungsgruppe und zur Ablösung der *Standing Group* durch den *International Military Staff* führte[136]. Insgesamt kann man im Falle der NATO-Reform seit 1990 von einer Anpassung der institutionellen Form und die gewandelten Funktionen im Sinne der Regel *form follows function* sprechen. Die NATO-Staaten haben große Anstrengungen unternommen, um die Institution den neuen internationalen Rahmenbedingungen anzupassen. Damit wurde die Basis für eine erfolgreiche innere Reform gelegt, durch die der Fortbestand der sicherheitspolitischen Bedeutung der NATO auch nach dem Ende des Kalten Krieges gesichert werden kann. Für eine abschließende Beurteilung ist es noch zu früh, jedoch unterstützt der in dieser Arbeit dar-

---

135 *Snyder*, The Security Dilemma, S. 466-468.
136 *Haftendorn*, Kernwaffen, S. 367-369.

gestellte Wandel der institutionellen Form der NATO deutlich die These des neoliberalen Institutionalismus, daß die Fähigkeit zum inneren Wandel der entscheidende Faktor zum Erhalt der Institution bei Veränderungen im Umfeld ist.

Einige Probleme sind jedoch noch nicht gelöst worden: Die Frage der Risikoverteilung wurde bisher in einigen wichtigen Aspekten noch nicht ausreichend durch institutionelle Mechanismen beantwortet. So gibt es z. Zt. noch keine ernsthafte Diskussion über zukünftige Arrangements für die nuklearen Aspekte der Risikoteilung. Aufgrund der zu befürchtenden negativen Auswirkungen auf die innen- wie außenpolitischen Beziehungen wurde dieses Problem bisher weitgehend ignoriert. Dabei steckt z. B. in dem gegenwärtigen inneramerikanischen Entscheidungsprozeß über die von den Republikanern geforderte Reaktivierung des SDI-Programmes gerade im Zusammenhang mit dem z. Zt. unter starken finanziellen und politischen Druck stehendem Programm für ein europäisches Raketenabwehrsystem (MEADS) allianzpolitischer Sprengstoff.[137] Auch die zukünftigen Risiken des *abandonments* und *entrapments*, die durch eine eventuelle Erweiterung der Allianz noch erheblich verschärft würden, sind bisher in der Diskussion weitgehend ignoriert worden. Die Gefahr einer allmählichen Spaltung der NATO entweder zwischen den nördlichen und südlichen Mitgliedsländern oder aber zwischen der USA und dem europäischen Pfeiler sollte gerade in einer Zeit der zunehmenden Interessendivergenzen zwischen den Allianzpartnern nicht unterschätzt werden. Hier bedarf es noch weiterer institutioneller Lösungsansätze, die die politischen Entscheidungen beeinflussen und im Sinne der Allianzkohäsion unterstützen können. Allerdings gibt es bereits Anzeichen für eine neue Phase der Reform innerhalb der NATO. Die *Long-Term-Study* wird wahrscheinlich schon bald zu einer überarbeiteten Allianzstrategie, der MC 400/1, führen. Die weitere Anpassung der Militärstrukturen an das CJTF-Konzept wird bereits intensiv vorbereitet. Dabei wird vor allem die Rückkehr Frankreichs in die militärischen Entscheidungsgremien der Allianz von Bedeutung sein, von dessen Verhalten weitgehend die Weiterentwicklung des europäischen Pfeilers abhängt. Der Erweiterungsprozeß der Allianz wird noch weitere Anpassungen ihrer institutionellen Mechanismen zur Folge haben.

Abschließend kann man feststellen, daß die NATO bereits einen wichtigen ersten Schritt der Allianzreform und damit zum Erhalt ihrer sicherheitspolitischen Bedeutung erfolgreich hinter sich gebracht hat. Die NATO der Zukunft wird nur noch wenig mit der Allianz aus der Zeit des Kalten Krieges gemeinsam haben. Die weitere Entwicklung birgt große Chancen und Risiken, die z. Zt. noch von einem „Schleier der Ambivalenz" überdeckt werden.[138] Das betrifft in der Übergangsphase der NATO vom primären Verteidigungsbündnis zur multifunktionalen *Security Management Institution* vor allem die Kernbereiche des *abandonment* und *entrapment*. Die institutionelle Form wird sich weiter wandeln, aber das ursprüngliche Ziel „to promote stability and well being in the North Atlantic area" und die Methode „to unite the efforts for collective defense and for the preservation of peace and security" wird unverändert bleiben.[139]

---

137 Siehe z. B.: Defend America Act of 1996, abgedruckt in: Inside the Airforce, 22.3.1996, S. 5-7. Zu MEADS siehe *Dean*, MEADS: Mehr als ein Luftabwehrsystem.
138 Lothar *Rühl*, Kollektive Sicherheit und Allianzen, S. 429.
139 Präambel des Washingtoner Vertrages. NATO *Information Service*, NATO-Basic Documents, S. 10.

Die Westeuropäische Union nach ihrer Aufwertung: Zahnloser Tiger oder Zentrum eines Netzwerks von Institutionen?

Peter Barschdorff[1]

1. Aufwertung trotz Abwesenheit von Bedrohung

Ausgehend von den Grundannahmen des Neorealismus ist der Ausbau von Allianzen bei abnehmender Bedrohung ein *Puzzle*. Die Theorie läßt eher den Zerfall von Bündnissen erwarten und das Entstehen neuer Koalitionen.[2] Die Westeuropäische Union (WEU) - aufgrund ihrer Beistandsklausel zunächst als Allianz anzusehen - besteht jedoch weiter und ist seit dem Ende des Kalten Krieges ausgebaut worden. Neue Gremien, neue Entscheidungsverfahren und neue Formen der Beteiligung für Nichtmitglieder deuten auf eine Aufwertung[3] gegenüber der früheren Rolle als „sleeping beauty"[4] hin. Mit Blick auf die Theorie sind der Fortbestand und die Aufwertung dieser Sicherheitsinstitution daher überraschend.

Eine zweite Überraschung bietet der Blick auf die Diskrepanz zwischen Anspruch und Wirklichkeit der WEU: Einerseits bilden die Mitgliedstaaten (durch ihre Mitgliedschaft in Europäischer Union *und* Atlantischer Allianz) die Kerngruppe europäischer Sicherheitskooperation[5] - und damit das Zentrum eines sicherheitspolitischen Netzwerks internationaler Institutionen; ferner konstatiert der Ministerrat seit Anfang der neunziger Jahre die Bereitschaft, zusätzlich zur Beistandsverpflichtung (Art. V des modifizierten Brüsseler Vertrages) auch friedenssichernde und sogar friedensschaffende Einsätze zu übernehmen.[6] Andererseits vermittelt die in einem ehemaligen Bankgebäude moderater Größe in der Brüsseler Innenstadt untergebrachte Organisation nicht den Eindruck, zur Abschreckung militärischer Bedrohung oder zur großangelegten Versorgung von Bürgerkriegsflüchtlingen in der Lage zu sein. Trotz einiger institutioneller Neuerungen (Planungsstab, Satellitenzentrum, zugeordnete Militäreinheiten) fehlen wesentliche Einzelheiten zur Erfüllung der deklarierten Aufgaben: funktionelle Hauptquartiere, leistungsfähige Kommu-

---

1 Ich danke den Herausgebern sowie meinen Gesprächspartnern in Bonn und Brüssel für wertvolle Hinweise.
2 Zum Neorealismus siehe v. a. Kenneth *Waltz*, Theory of International Politics. Reading, MA: Addison-Wesley 1979 und Stephen M. *Walt*, The Origin of Alliances. Ithaca/London: Cornell University Press 1987.
3 Zum Begriff der Aufwertung siehe auch Susanne *Peters*, GASP und WEU - Wegbereiter einer Supermacht Europa? In: Elfriede Regelsberger (Hrsg.), Die Gemeinsame Außen- und Sicherheitspolitik der Europäischen Union. Bonn: Europa Union Verlag 1993, S. 139-153 (140-143).
4 Louise *Richardson*, British State Strategies after the Cold War, in: Stanley Hoffmann/Robert O. Keohane/Joseph S. Nye (Hrsg.), After the Cold War. Cambridge, MA: Harvard University Press 1993, S. 148-169 (162).
5 Vgl. Laurence *Martin*, Eine europäische Sicherheitsidentität schaffen, in: Internationale Politik, Bd. 50 (1995), Nr. 9, S. 37-42.
6 Vgl. Petersberg-Erklärung des Ministerrats der WEU, 19.6.1992.

nikationssysteme, und spezielle Transportkomponenten - Ausstattungsmerkmale, über welche die Atlantische Allianz verfügt. Eine Aufwertung ist daher zwar zunächst festzustellen, nicht jedoch in dem Ausmaß, das die hochgesteckten Ziele erwarten ließen.[7] Eine derart schwach ausgestattete Sicherheitsinstitution wirkt deshalb zunächst eher als zahnloser Tiger denn als mächtiges Unternehmen zum militärischen Schutz seiner Mitgliedstaaten.

Wie läßt sich dann aber die Aufwertung der WEU verstehen? Ist der Tiger bei näherem Hinsehen vielleicht doch nicht zahnlos? Im vorliegenden Beitrag wird diesen beiden Fragen nachgegangen. Mit Hilfe der Annahmen des neoliberalen Institutionalismus soll theoriegeleitet versucht werden, Antworten zu finden und damit die Entwicklung der WEU während der vergangenen Jahre erklärt werden.

Dem Neoliberalismus zufolge stellen Allianzen nur *einen* von mehreren Typen von Sicherheitsinstitutionen dar. Nach der in diesem Beitrag vertretenen Sichtweise dienen sie *per definitionem* der Entgegnung (*balance*) einer spezifischen Bedrohung. Andere Sicherheitsinstitutionen sind unter anderem Koalition, Entente und Risiko-Management-Organisation.[8] Sicherheitsinstitutionen sind multilaterale Zusammenschlüsse zur regelgeleiteten und kooperativen Bearbeitung von Sicherheitsproblemen.[9] Allgemein werden Institutionen definiert als „persistent and connected sets of rules (formal and informal) that prescribe behavioral roles, constrain activity, and shape expectations."[10] Auch ohne spezifische Bedrohung bieten derartige Institutionen ihren Mitgliedern einen Nutzen: Sie tragen vor allem dazu bei, gegenseitige Unsicherheit abzubauen und Transaktionskosten zu senken.[11]

---

[7] Auch der Generalsekretär der WEU charakterisiert den Zustand der WEU Ende 1994 folgendermaßen: „WEU needed far more nerve and muscle if it was to live up to its stated missions and responsibilities." Siehe José *Cutileiro*, WEU's operational development and its relationship to NATO, in: NATO Review, Bd. 43 (1995), Nr. 5, S. 8-11 (9).

[8] Während die wissenschaftliche Debatte über verschiedene Idealtypen von Sicherheitsinstitutionen noch andauert, werden in diesem Beitrag die vier genannten Typen unterschieden. Die neorealistische Literatur qualifiziert eine Sicherheitsinstitution als Allianz, sofern sie gegen eine spezifische externe Bedrohung gerichtet ist. Gemäß der neoliberalen Literatur gilt ein hoher Institutionalisierungsgrad als notwendige Bedingung für eine Allianz. Zusammengenommen kann daher eine Matrix mit den beiden Dimensionen (1) *spezifische externe Bedrohung* und (2) *Institutionalisierungsgrad* entwickelt werden, die folgende Bestimmungen enthält: *Allianz* (1 = hoch; 2 = hoch), *Koalition* (1 = hoch; 2 = niedrig), *Entente* (1 = niedrig; 2 = niedrig), *Risiko-Management-Organisation* (1 = niedrig; 2 = hoch). Dabei wird implizit davon ausgegangen, daß die Bearbeitung diffuser Sicherheits*risiken* eine andere Qualität hat als die Bearbeitung einer spezifischen Bedrohung. Diese Betrachtungsweise ist konsistent mit beiden genannten theoretischen Konzepten. Es muß aber festgehalten werden, daß gemäß dieser Sicht die Existenz einer (deklarierten) Beistandsklausel zur Bestimmung einer Sicherheitsinstitution als Allianz (oder Koalition) irrelevant ist.

[9] Unter Sicherheit wird die territoriale Unversehrtheit eines Staates sowie die Gewährleistung seiner politischen Eigenentwicklung verstanden.

[10] Robert O. *Keohane*, International Institutions and State Power. Boulder, CO: Westview 1989, S. 3.

[11] Zum Neoliberalismus vgl. Robert O. *Keohane* (Hrsg.), Neorealism and its Critics. New York: Columbia University Press 1986; Robert O. *Keohane*, International Institutions and State Power. Essays in International Relations Theory. Boulder, CO: Westview 1989; sowie die entsprechenden Beiträge in David *Baldwin* (Hrsg.), Neorealism and Neoliberalism. The Contemporary Debate. New York: Columbia University Press 1993.

Wie der Neorealismus nimmt auch der Neoliberalismus an, daß ein Kausalzusammenhang zwischen Veränderungen der Machtverteilung im internationalen System einerseits und dem Handeln von Staaten andererseits besteht. Im Gegensatz zum Neorealismus wird jedoch zusätzlich davon ausgegangen, daß Sicherheitsinstitutionen einen Einfluß auf die Präferenzen und Strategien ihrer Mitgliedstaaten ausüben. Ferner wird angenommen, daß zwischen der Form einer Sicherheitsinstitution und den von ihr bearbeiteten Funktionen ein Zusammenhang besteht. Ändern sich die Funktionen, so ist auch eine Änderung der Form zu erwarten. Unter *Form* wird die Mitgliedsstruktur und der Institutionalisierungsgrad (bzw. das Regelsystem) einer Institution verstanden. Der Begriff *Funktion* hingegen bezeichnet spezifische, von einer Institution (potentiell) ausgeübte Aktivitäten wie Abschreckung, Durchführung von friedensschaffenden Maßnahmen oder humanitäre Hilfe.[12] Dem *Rational Choice-Ansatz* nahestehende Autoren wie Otto Keck, Lisa L. Martin und Arthur A. Stein[13] gehen zusätzlich davon aus, daß jede Funktion mit bestimmten Kooperationsproblemen verknüpft ist. Es lassen sich folgende vier verschiedene Arten von Kooperationsproblemen unterscheiden: *collaboration*, *coordination*, *suasion* und *assurance*.[14]

- *Collaboration:* Die beteiligten Akteure haben Anreize von einer kooperativen Strategie abzuweichen. Diese Anreize können u. a. in der Unsicherheit über das Verhalten der anderen Akteure bestehen (*strategische Unsicherheit*). Weicht einer oder weichen mehrere Beteiligte von der kooperativen Strategie ab, so führt dies für sie zu suboptimalen Interaktionsergebnissen. In Abwesenheit eines Hegemons kann erwartet werden, daß eine starke Organisation (d. h. ein Arrangement mit hohem Institutionalisierungsgrad) derartige Kooperationsprobleme löst.

- *Coordination:* Mehrere mögliche Strategien begünstigen die Akteure auf unterschiedliche Weise. Das zentrale Problem besteht darin, sich auf eine kooperative Strategie zu einigen. Hat die Einigung erst einmal stattgefunden, gibt es keine Anreize mehr, davon abzuweichen. Zur Lösung von Koordinationsproblemen reicht eine Institution ohne hohen Institutionalisierungsgrad aus.

- *Suasion:* In einem Kooperationszusammenhang unterschiedlich mächtiger Akteure bieten sich den weniger mächtigen Akteuren Anreize zu defektieren, d. h. die Zusammenarbeit zu unterlaufen und u. U. davon zu profitieren. Obwohl den

---

12 Unabhängig von der hier gewählten Terminologie für *Funktion* sei darauf hingewiesen, daß auch hinsichtlich der Begriffe *Aufgabe* (*task*), *Funktion* (*function*), *Ziel/Zweck* (*purpose*) im Bezug auf Sicherheitsinstitutionen noch keine Einigung herrscht. Siehe auch mein Arbeitspapier „Security Institutions: Definitions and Typology" vom April 1996.
13 Siehe Lisa L. *Martin*, Interests, Power, and Multilateralism, in: International Organization, Bd. 46 (1992), Nr. 4, S. 765-792; siehe auch Otto *Keck*, Der Beitrag rationaler Theorieansätze zur Analyse von Sicherheitsinstitutionen, in diesem Band, S. 35-56; ferner *ders.*, Die Bedeutung der rationalen Institutionentheorie für die Politikwissenschaft, in: Gerhard Göhler (Hrsg.), Die Eigenart der Institutionen. Zum Profil politischer Institutionentheorie. Baden-Baden: Nomos 1994, S. 187-220; sowie Arthur A. *Stein*, Coordination and Collaboration. Regimes in an Anarchic World, in: Baldwin, Neorealism and Neoliberalism, S. 29-59.
14 Ich folge in meiner Darstellung *Martin*, Interests, S. 765-792 und danke Otto Keck für wichtige Hinweise.

mächtigeren Akteuren dadurch Nachteile entstehen, lohnt es sich weiterhin für sie, die Kooperation aufrechtzuerhalten. Die Bearbeitung von Suasionsproblemen läßt eine Organisation mit gehobenem Institutionalisierungsgrad erwarten.

- *Assurance:* Kooperation lohnt sich individuell für die beteiligten Akteure. Wenn eine einheitliche Definition der Situation besteht, ist es nicht einmal nötig, eine explizite Vereinbarung zur Auswahl und Einhaltung der kooperativen Strategie(n) zu treffen. Bezogen auf derartige Kooperationsprobleme wird Organisationen eine nur geringe Lösungskapazität zugeschrieben.

Diesem Ansatz zufolge läßt - wie beschrieben - jedes Kooperationsproblem einen spezifischen Institutionalisierungsgrad erwarten: *Collaboration* hoch, *Suasion* mittel, *Coordination* und *Assurance* niedrig. Eine Umkehrung erlaubt Schlußfolgerungen von einem empirisch feststellbaren Institutionalisierungsgrad auf die bearbeiteten Kooperationsprobleme. Erhöht sich der Institutionalisierungsgrad einer Institution, dann ist zu vermuten, daß Probleme der *Suasion* und/oder *Collaboration* zum Funktionsspektrum dazugekommen sind. Reduziert er sich, so ist damit zu rechnen, daß derartige Probleme nicht mehr von dieser Institution bearbeitet werden.

Aus diesen theoretischen Desideraten sollen mit Blick auf die beiden eingangs skizzierten *Puzzle* Hypothesen gewonnen zu werden. Diese Hypothesen gilt es als analytische *guidelines* während der Diskussion der WEU im Auge zu behalten. Lassen sie sich bestätigen, so wird der Erklärungswert der Theorie nicht beeinträchtigt; werden sie jedoch widerlegt, dann kann auf Unzulänglichkeiten der Theorie geschlossen werden.

Das erste *Puzzle* verlangt eine Erklärung für die Aufwertung der WEU bei Abwesenheit von Bedrohung. Als Aufwertung wurde oben die Ausstattung der WEU nach dem Ende des Kalten Krieges mit neuen Form-Komponenten (d. h. eine Zunahme des Institutionalisierungsgrades) bezeichnet. Unter Verwendung der theoretischen Aussagen kann nun der Satz *form follows function* formuliert werden. Wenn, wie im Fall der WEU nach ihrer Aufwertung, ein höherer Institutionalisierungsgrad festgestellt werden kann, dann ist anzunehmen, daß durch neue Funktionen bedingt die Bewältigung von Problemen der *Collaboration* oder *Suasion* vorliegt. Die erste Hypothese lautet daher: Nach dem Ende des Kalten Krieges hat die WEU neue Funktionen übernommen, die durch die Kooperationsprobleme *Collaboration* oder *Suasion* gekennzeichnet sind.

Der zweite erklärungsbedürftige Aspekt ist die Diskrepanz zwischen Anspruch und Wirklichkeit der WEU. Die Diskrepanz wurde mit Blick auf die zentrale Rolle der WEU-Mitgliedstaaten in EU und NATO sowie den deklarierten Funktionen dieser Institution einerseits und der bescheidenen institutionellen Ausstattung andererseits konstatiert. Nun kann unter Zuhilfenahme der Definition des Begriffs *Institution* eine Verbindung der WEU zu EU und NATO konstruiert werden. Die *sets of rules*, d. h. die expliziten und impliziten Vereinbarungen zur WEU, beinhalten nämlich zahlreiche Verweise auf EU und NATO (und umgekehrt); sie sind daher *connected*. EU, NATO und WEU lassen sich folglich nicht nur als einzelne, sondern auch als eine zusammenhängende Institution begreifen.[15] Gemäß dieser Sichtweise sollten sich zusätzliche Formelemente[16] finden lassen, die der WEU - wenigstens potentiell - die Bearbeitung der deklarierten Funktionen erlauben. Die zweite Hypothese berücksichtigt dies: Bei der Ausübung ihrer Funktionen kann die WEU um Formelemente von EU und/oder NATO ergänzt werden.

Damit ist der Blick auf EU und NATO gerichtet. In der Tat ist die WEU eng mit diesen beiden Institutionen verbunden. Neben den bereits erwähnten gegenseitigen Verweisen in Verträgen und Erklärungen sowie dem Engagement der WEU-Mitgliedstaaten in EU und NATO zeigt sich auch eine personelle Verbundenheit durch das *double-hatting* der nationalen Vertreter im Nordatlantikrat der NATO und im Ministerrat der WEU und durch zahlreiche gemeinsame Zusammenkünfte auf mehreren Ebenen von Vertretern der jeweiligen Bürokratien. Um die Entwicklung der WEU zu verstehen, muß man gleichzeitig ihre Verbindungen zu EG/EU und NATO betrachten.

Im nächsten Abschnitt wird die Geschichte der WEU von ihren Anfängen bis zur Unterzeichnung des Vertrages von Maastricht skizziert. Es folgt die Darstellung der als *Aufwertung* bezeichneten Reform während der ersten Hälfte der neunziger Jahre. Im vierten Abschnitt werden Funktion und Form gegenübergestellt und die Hypothesen diskutiert. Im letzten Teil des Beitrags werden die Ergebnisse zusammengefaßt.

2. Amöbe im sicherheitspolitischen Institutionengeflecht

Die Geschichte der WEU ist von mehreren Autoren in unterschiedliche Phasen eingeteilt worden.[17] Dabei sind weder die Zeiträume noch die Bezeichnungen immer konsistent. Im folgenden sollen nur diejenigen Perioden hervorgehoben werden, die im Hinblick auf die theoretische Perspektive des Institutionalismus als interessant erscheinen. Form und Funktion der WEU werden daher im Vordergrund der Schilderung stehen. Auf Veränderungen im internationalen System wird (trotz ihrer theoretischen Bedeutung) im Sinne einer knappen Darstellung nicht eingegangen. Die folgenden Abschnitte sind daher lediglich als Skizze zu verstehen. Sie dienen dazu, die Ausgangsbasis für die Aufwertung der WEU zu verdeutlichen.[18]

---

15 Eine ähnliche Sicht wurde deutlich in einem Austausch zwischen Helga Haftendorn und Robert O. Keohane während der Konferenz über Sicherheitsinstitutionen des Center for International Affairs der Harvard University und der Arbeitsstelle für Transatlantische Außen- und Sicherheitspolitik der Freien Universität Berlin vom 16.-18.5.1996 (zit. als ATASP-CFIA-Konferenz; Session 6, 18.5.1996).
16 Unter *Formelementen* werden Entscheidungsgremien und -prozeduren sowie ausführende Stellen - Planungsstäbe, Militäreinheiten, technische Unterstützungsstellen, etc. - verstanden.
17 Siehe u. a. *Peters*, GASP und WEU, S. 139-153; Alfred *Cahen*, The Western European Union and NATO, London: Brassey's 1989; Julia A. *Myers*, The Western European Union: Pillar of NATO or Defence Arm of the EC?, The Centre for Defence Studies. London: Western European Union 1993; sowie meine Vorlage „WEU's Survival: Another Surprise?" zur ATASP-CFIA-Konferenz.
18 Siehe ergänzend: Peter *Schmidt*, The Evolution of European Security Structures: Master Plan or Trial and Error? In: David Haglund (Hrsg.), From Euphoria to Hysteria. Boulder, CO: Westview 1993, S. 145-166.

2.1 Gründungsphase (1948-1955)

Die WEU geht zurück auf den im März 1948 zwischen Frankreich, Großbritannien und den Benelux-Staaten geschlossenen Brüsseler Vertrag.[19] Der Vertrag sieht, für eine Dauer von 50 Jahren, die Einrichtung einer Verteidigungsorganisation und eine automatische Beistandspflicht der Mitgliedstaaten im Falle eines Angriffs vor.[20] Als oberstes Gremium wurde ein Rat eingesetzt, der aus den Außenministern der Mitgliedstaaten bestand. Ihm unterstanden nachgeordnete Ausschüsse. In den ersten Jahren gab es eine Abstimmung in Fragen der Luftverteidigung und der Kommando-Organisation.[21] Alle Entscheidungen wurden mit Einstimmigkeit getroffen.

Die Hauptfunktion dieses Bündnisses kurz nach dem Ende des zweiten Weltkrieges bestand in der Abschreckung militärischer Gegner und der Verteidigung der Mitgliedstaaten. Als möglicher Gegner wurde in der ursprünglichen Fassung des Vertrages von 1948 Deutschland erachtet.[22] Die Form ist generell als kaum institutionalisiert anzusehen, da es keine Abweichung vom intergouvernementalen Prinzip gab und sich die Größe der Organisation in Schranken hielt. Daher läßt sich eine Funktion als *Allianz* - oder *Koalition* - feststellen.

Im Dezember 1950 wurden die operativen Arrangements und die Verantwortung für die Beistandspflicht der im Jahr zuvor gegründeten NATO überantwortet. Für einige Zeit wurde ihre Zukunft im Zusammenhang mit der geplanten Europäischen Verteidigungsgemeinschaft diskutiert. Nach dem Scheitern dieses Projekts wurden Italien und die Bundesrepublik Deutschland eingeladen, der WEU beizutreten. Der aus diesem Anlaß modifizierte Brüsseler Vertrag (MBV) trat im Mai 1955 in Kraft. Er beinhaltet einen neuen Artikel, in dem die enge Beziehung zur Atlantischen Allianz verdeutlicht wird.[23] Die Funktion der WEU war jetzt ein völlig andere. Im Mittelpunkt stand die Kontrolle der Wiederbewaffnung der Bundesrepublik. Zu diesem Zweck wurde ein Ständiger Rüstungsausschuß und eine Rüstungskontrollagentur gegründet. Hinsichtlich einzelner Aspekte militärischer Rüstung wurden zudem Mehrheitsentscheide im Rat eingeführt.[24] Ferner wurde der Rat mit zusätzlichen Kompetenzen ausgestattet (und um einen Rat Ständiger Vertreter ergänzt), ein Generalsekretär eingesetzt und eine Versammlung von Vertretern der nationalen Parlamente geschaffen.

---

19 Der Brüsseler Vertrag steht in der Nachfolge des britisch-französischen Vertrages von Dünkirchen (1947). Strenggenommen sprach man ab 1948 zunächst von der *West-Union*, erst seit dem Beitritt der Bundesrepublik Deutschland und Italiens 1954/55 von der WEU.
20 Der Brüsseler Vertrag sieht einen höheren Grad an Beistandsverpflichtung vor als der spätere Nordatlantikvertrag. Vgl. Art. V des Brüsseler mit Art. 5 des Washingtoner Vertrages.
21 Vgl. *Myers*, Western European Union, S. 2.
22 In der Tat findet sich in der Präambel des Vertrages folgender Passus: „to take such steps as may be held necessary in the event of renewal by Germany of a policy of aggression." Vgl. Art. II des Protokolls zur Änderung und die Ergänzung des Brüsseler Vertrages vom 23.10.1954.
23 Vgl. Art. IV des modifizierten Brüsseler Vertrages. Siehe auch Protokoll II des MBV über die Streitkräfte der WEU. Die ursprünglich im Brüsseler Vertrag vorgesehenen wirtschaftlichen und sozialen Bestimmungen wurden später der EG, dem Europarat und der OECD übertragen.
24 Siehe Protokoll III des MBV über die Streitkräfte der WEU.

Diese Veränderungen der Form stellen einen deutlichen Institutionalisierungsschub dar - wenn auch auf niedrigem Niveau. Die bisherigen Gegnerstaaten waren allerdings jetzt eingebunden und die Verantwortung für die (mittlerweile mit Blick auf die Sowjetunion relevante) Beistandspflicht an die NATO übergeben. Die WEU diente daher nach 1955 nicht mehr der Entgegnung einer spezifischen Bedrohung. Sie kann deshalb ab diesem Zeitpunkt trotz der weiterhin gültigen Beistandsklausel nicht mehr als Allianz bezeichnet werden.[25]

2.2 Klammer zwischen Europäischer Gemeinschaft und Großbritannien (1955-1973)

Obwohl die WEU die operativen Maßnahmen zur Erfüllung des Bündnisversprechens an die NATO übertragen hatte, erfüllte sie von Mitte der fünfziger Jahre bis Anfang der siebziger Jahre - neben der Rüstungskontrolle - eine wichtige Aufgabe: Solange ein Beitritt Großbritanniens zu den Europäischen Gemeinschaften wegen des französischen Vetos nicht zustande kam, diente sie als einziges europäisches Forum, in dem die Mitgliedstaaten der Gemeinschaften regelmäßig mit dem Vereinigten Königreich zusammentrafen.

Der französische Widerstand gegen eine Beteiligung Großbritanniens am europäischen Integrationsprozeß ging jedoch über das bekannte Veto hinaus. Paris sprach sich auch nachdrücklich gegen Konsultationen im Rat der WEU über wichtige internationale Fragen aus, da es dies als Einlaß des Vereinigten Königreichs in die Gemeinschaften durch die Hintertür ansah. Als sich die anderen WEU-Mitgliedstaaten 1969 über den Widerstand Frankreichs hinwegsetzten, blieb dessen Stuhl bis zur Aufnahme der Beitrittsverhandlungen mit Großbritannien im Juni 1970 unbesetzt.[26] In der Zeit danach fanden die Sitzungen des Ministerrates statt vier mal nur noch einmal im Jahr statt. Großbritannien trat im Januar 1973 den Europäischen Gemeinschaften bei.

In der Zeit von 1955 bis 1973 führte die WEU folglich nicht nur die vertraglich vorgesehene Funktion der Rüstungskontrolle aus, sondern sie diente auch als institutionelle Klammer Großbritanniens an den europäischen Kontinent. Diese Funktion war der Mehrheit der Mitgliedstaaten offenbar so wichtig, daß sie die kurzfristige Abwesenheit Frankreichs im Ministerrat akzeptierten. Der Boykott des Rates bei gleichzeitigem Weiterbestehen der Mitgliedschaft ist ein vom neoliberalen Institutionalismus bisher nicht untersuchtes Phänomen. Er stellt ein bemerkenswertes Formmerkmal dar, das in der Ausübung der beschriebenen Klammerfunktion begründet ist.

---

25 Ein Begriff für einen institutionalisierten Verband, dessen spezifische Funktion auf die eigenen Mitgliedstaaten gerichtet ist, ist bisher nicht allgemein bekannt. Vielleicht bietet sich der von Robert O. *Keohane* und Celeste A. *Wallander* vorgeschlagene Terminus *Security Management Institution* an. Siehe ihren Beitrag zur ATASP-CFIA-Konferenz „Why does NATO persist?" vom Februar 1996.
26 Vgl. Alfred *Pijpers*, Western European Union and European Political Cooperation. Competition or Complementary? In: Panos Tsakaloyannis (Hrsg.), The Reactivation of the Western European Union. The Effects on the EC and its Institutions. Maastricht: European Institute of Public Administration 1985, S. 77-86 (78f.).

2.3 Inaktivität (1973-1984)

Mit der Aufnahme Großbritanniens in die Europäischen Gemeinschaften war die Klammer-Funktion hinfällig; auch die Kontrolle der westdeutschen Rüstung war aufgrund der mittlerweile anerkannten Rolle der Bundesrepublik Deutschland in den westlichen Institutionen kein Thema mehr für regelmäßige Konsultationen auf hoher politischer Ebene. Die Arbeit des Ständigen Rüstungsausschusses und der Rüstungskontrollagentur war mittlerweile durch Routine gekennzeichnet. Zusätzliche militärpolitische Aktivitäten westeuropäischer Staaten fanden seit Ende der sechziger bzw. Mitte der siebziger Jahre in den beiden neuen NATO-Zusammenschlüssen Eurogroup und IEPG (*Independent European Programmme Group*) statt; eine außenpolitische Abstimmung der Mitgliedstaaten der Europäischen Gemeinschaften erfolgte seit 1970 (aber erst seit 1973 mit britischer Beteiligung) im Rahmen der Europäischen Politischen Zusammenarbeit (EPZ).

Die bislang von der WEU ausgeübten Funktionen waren folglich fast bedeutungslos geworden und neue Funktionen waren ihr nicht übertragen worden. Diesem Funktionsverlust entspricht eine Beeinträchtigung der Form: So tagte der Rat auf Ministerebene gar nicht und verlor dadurch weiterhin an Bedeutung. Selbst die Position des Generalsekretärs blieb in den Jahren 1974 bis 1977 unbesetzt.[27] Das Phänomen inaktiver Institutionen ist bisher aus der Perspektive der neoliberalen Institutionentheorie nicht untersucht worden. Generell ist jedoch die Abnahme des Institutionalisierungsgrades bei abnehmender Bedeutung der Funktionen mit der Theorie konsistent.

2.4 Reaktivierung (1984-1987)

Mitte der achtziger Jahre betrauten die Mitgliedstaaten die WEU mit neuen Funktionen. Die Gründe für die Reaktivierung sind hinlänglich untersucht worden und können an anderer Stelle nachgelesen werden.[28] Hier soll nur die wichtigste neue Funktion sowie die reformierte Form dargestellt werden.

Die wichtigste Funktion der reaktivierten WEU ist in der Artikulation europäischer Sicherheitsinteressen vis-à-vis den Vereinigten Staaten zu sehen.[29] Dies ist eine besonders pikante Funktion, da die USA trotz aller Bemühungen um eine gerechte Lastenteilung in der NATO kein Interesse an einer Spaltung dieser Institution hatten.[30] Die eigenständige Formulierung genuin europäischer Sicherheitsinteressen im Ministerrat der WEU, statt

---

27 Vgl. *Cahen*, Western European Union and NATO, S. 5 und *Myers*, Western European Union, S. 13f.
28 Siehe u. a. William C. *Cromwell*, The United States and the European Pillar. The Strained Alliance. Basingstoke: Macmillan 1992; Peter *Schmidt*, The WEU - A Union without Perspective? In: Außenpolitik (englische Ausgabe), Bd. 37 (1986), Nr. 6, S. 388-399; sowie *Cahen*, Western European Union and NATO; *Myers*, Western European Union; und *Tsakaloyannis*, Reactivation.
29 Eine weitere Funktion bestand darin, den drei EG-Staaten, die nicht Mitglied der WEU waren (Dänemark, Griechenland und Irland), zu demonstrieren, daß es möglich war, Aspekte militärischer Sicherheit in einem europäischen Gremium zu diskutieren.
30 In der Tat befürworteten die USA zunächst nicht die Reaktivierung, begrüßten sie dann aber offiziell dennoch. Siehe *Myers*, Western European Union, S. 16; sowie Joseph *Nye*/Robert O. *Keohane*, The United States and International Institutions in Europe after the Cold War, in: Hoffmann/Keohane/Nye, After the Cold War, S. 104-126 (110).

der gemeinsamen Formulierung transatlantischer Sicherheitsinteressen im Nordatlantikrat, hätte jedoch eine Sollbruchstelle darstellen können.

In der Tat finden sich in der Präambel der *Plattform europäischer Sicherheitsinteressen* vom Oktober 1987, dem Abschlußdokument der Reaktivierung, fünf Verweise auf die EG (bzw. den Prozeß der europäischen Einigung oder eine europäische Verteidigungsidentität), aber lediglich ein Verweis auf die NATO. Im einzelnen heißt es dort:[31]

> „We are convinced that the construction of an integrated Europe will remain incomplete as long as it does not include security and defence. ... We see the revitalisation of the WEU as an important contribution to the broader process of European unification. We intend therefore to develop a more cohesive defence identity ..."

In Antizipation der Gefahr transatlantischer Konflikte wurden Strukturen geschaffen, die eine reibungslose Bearbeitung dieser Funktion gewährleisteten: Die beteiligten Staaten einigten sich auf einen regelmäßigen Informationsaustausch zwischen der WEU-Präsidentschaft und dem Nordatlantikrat und etablierten eine Arbeitsbeziehung zwischen den beiden Generalsekretären und ihren Mitarbeitern. Auf diese Weise mußten europäische Sicherheitsinteressen nicht öffentlich diskutiert werden, sondern konnten auf vordefinierten Pfaden direkt von Institution zu Institution kommuniziert werden.

Neben diesen institutionellen Neuerungen einigten sich die Mitgliedstaaten auf folgende Änderungen:

- Treffen des Ministerrates zweimal pro Jahr unter Einschluß der Verteidigungsminister,
- die Beendigung der quantitativen Kontrolle konventioneller Waffen,
- die Reorganisation der Rüstungskontrollagentur und des Ständigen Rüstungskomitees.[32]

Zusammengefaßt zeigt der Blick auf die Form, daß die WEU gegenüber dem vorangegangenen Zeitraum einen deutlichen Institutionalisierungsschub erfahren hat, der den Begriff *Reaktivierung* rechtfertigt.

2.5 Operationalisierung und Anpassung (1987-1991)

Mit der Minenräumaktion während des ersten Golfkrieges (1987/88) kam der WEU zum ersten Mal eine militärisch-operative Rolle zu. Nachdem sich zunächst nur Frankreich und Großbritannien an der militärischen Sicherung der Seewege beteiligt hatten, nahmen später alle WEU-Mitgliedstaaten an der Operation teil.[33] Auch im zweiten Golfkrieg

---

31 Platform on European Security Interests, 27.10.1987, abgedruckt in: *WEU Press Office*, The Reactivation of WEU. Statements and Communiques. Brüssel o. J., S. 37-45 (37).
32 Es wurfen drei neue Agenturen geschaffen, die später wieder umgeformt wurden. Als Nachfolger ist das heutige Institut für Sicherheitsstudien in Paris anzusehen.
33 Vgl. *Cromwell*, United States and the European Pillar, S. 178f. Siehe dort auch Einzelheiten des deutschen und luxemburgischen Beitrags. Die 1988 beigetretenen Staaten Spanien und Portugal beteiligten sich nicht.

145

(1991) koordinierten die Mitgliedstaaten einzelne Aktivitäten durch die WEU, beispielsweise die Überwachung von Sanktionen der Vereinten Nationen gegen den Irak.[34]

Diese Übernahme der operativen Funktion fiel zusammen mit den politischen Umwälzungen in Mittel- und Osteuropa. So wie die neue Funktion, hatten auch diese strukturellen Veränderungen des internationalen Systems Auswirkungen auf die Form der WEU. Die Reaktion auf mehrere diffuse Sicherheitsrisiken läßt den Schluß zu, daß die WEU mittlerweile Merkmale einer Risiko-Management-Organisation aufzeigt.

Um zwei Mitgliedstaaten reicher (Portugal und Spanien waren 1988 beigetreten) begann für die WEU mit den Vereinbarungen von Maastricht die im nächsten Abschnitt dargestellte Phase der Aufwertung.

2.6 Schlüsse aus der historischen Entwicklung

Der kurze Blick auf die Geschichte der WEU fördert drei interessante Beobachtungen zutage:

Erstens: Die WEU hat im Laufe der Zeit eine erstaunliche Flexibilität gezeigt. Sie eignete sich dazu, in zeitlicher Abfolge äußerst unterschiedliche Funktionen auszuüben und die Form mehrfach zu wechseln. So diente sie ihren Mitgliedstaaten u. a. als Allianz und als Risiko-Management-Organisation. Zwischenzeitlich fand sie sich fast aller Funktionen beraubt. Als Bündnis von fünf Staaten gegründet, verdoppelte sich nicht nur fast die Zahl ihrer Mitgliedstaaten, sondern änderte sich auch die Anlage fast jeder Form-Komponente. Einzig das dominante Prinzip der Einstimmigkeit im Rat der WEU hielt sich konstant über den gesamten Zeitraum.[35] Aufgrund dieses Phänomens bietet sich für die WEU das Bild der Amöbe an - eines Wechseltierchens „ohne feste Körperform."[36]

Zweitens: Die WEU steht in einem engen Verhältnis zu EG/EU und NATO. Seit 1954 vertraglich an die NATO gebunden, ist ihre Reaktivierung vor allem durch die Tatsache zu erklären, daß alle WEU-Mitgliedstaaten auch EG/EU-Mitglieder sind. Der Funktionstransfer von Institution zu Institution, und die in Anfängen etablierten Arbeitsbeziehungen verdeutlichen das enge Verhältnis.

Drittens: Die WEU eignet sich als Beispiel neoliberaler Institutionenanalyse und lädt mit einzelnen bisher nicht erklärten Phänomenen (Politik des leeren Stuhls Frankreichs; Inaktivität) zu weitergehender theoretischer Beschäftigung ein. - Diese Schlüsse sollen als Hintergrund für die folgende Darstellung dienen, in der deutlich wird, daß die Flexibilität und die enge Bindung an EG/EU und NATO eine wichtige Rolle in den Strategien der Mitgliedstaaten bei der Aufwertung der WEU spielten.

---

34 Vgl. Nicole *Gnesotto*/John *Roper* (Hrsg.), Western Europe and the Gulf. Paris: Institute for Security Studies 1992.
35 Eine Ausnahme sind Mehrheitsentscheide über einzelne Aspekte militärischer Forschung nach Protokoll III des MBV.
36 Brockhaus Lexikon, Band 1, Stichwort *Amöbe*. Wiesbaden/München: Deutscher Taschenbuchverlag 1982, S. 166.

3. Sicherheitspolitische Interessen, Prioritäten und Strategien der Mitgliedstaaten nach dem Ende des Kalten Krieges

Mit dem unerwarteten Fall der Berliner Mauer und der Perspektive einer Vereinigung der DDR mit der Bundesrepublik Deutschland setzte in den europäischen Hauptstädten ein intensives Nachdenken über die Frage ein, wie ein vereintes Deutschland in die bestehenden Institutionen zu integrieren und diese der neuen Situation anzupassen seien. Die schnelle Auflösung des Warschauer Paktes und der Zusammenbruch der Sowjetunion sowie die Demokratisierung in Mittel- und Osteuropa gaben Anlaß zu neuen Überlegungen. Nachdem der ehemalige Gegner nicht mehr existierte und die Reformstaaten in die westlichen Institutionen strebten, stellte sich den Mitgliedstaaten der WEU die Frage, wie auf diese Anforderungen zu reagieren sei.

Die Antworten darauf waren von den Interessen und Prioritäten der jeweiligen Regierungen geprägt. Wie in den folgenden Abschnitten gezeigt wird, versuchte Großbritannien, die Gunst der Stunde zu nutzen, um die NATO zu stärken, Frankreich hingegen, um eine unabhängige europäische Sicherheits- und Verteidigungsidentität zu etablieren, und Deutschland schließlich, um die Staaten Mittel- und Osteuropas zu stabilisieren. Das Ergebnis dieser unterschiedlichen Interessen war ein „Institutionenwettlauf"[37] oder - pointierter ausgedrückt - ein „War over Institutions".[38]

Auch die anderen WEU-Mitgliedstaaten spielten ihren Part und beeinflußten die Reform der WEU Anfang der neunziger Jahre. Ihre Rolle ist jedoch noch nicht systematisch untersucht worden und kann daher an dieser Stelle nicht berücksichtigt werden. Mit Blick auf das Ergebnis, d. h. die gewandelte Funktion und Form der WEU, ist dies jedoch kein Defizit, da entsprechend dem neoliberalen Konzept angenommen wird, daß die Voraussetzung für den (Weiter-) Bestand von Institutionen ihr Nutzen für die *mächtigsten* Mitgliedstaaten (d. h. Deutschland, Frankreich und Großbritannien) ist.[39] Es ist jedoch zu vermuten, daß zusätzlich die Haltung der USA - eines mächtigen Staates, der nicht Mitglied der WEU ist! - zu diesem Reformprozeß eine bedeutende Rolle gespielt hat. Auch dieser Aspekt kann im vorliegenden Beitrag nicht berücksichtigt werden.[40]

Neben dem Wandel in Mittel- und Osteuropa spielten weitere Faktoren eine wichtige Rolle im Prozeß der Aufwertung der WEU: die Konflikte im Nahen Osten, im Gebiet der ehemaligen Sowjetunion sowie auf dem Balkan.[41] Mit dem Risiko konfrontiert, daß Völker-

---

37 Sebastian *Harnisch*, Europa und Amerika, Die US-amerikanische Haltung zur westeuropäischen Integration 1987-1994. Sinzheim: Pro Universitate 1996, S. 176.
38 Robert *Art*, Why Western Europe Needs the United States, in: Political Science Quarterly, Bd. 111, Nr. 1 (Frühjahr 1996), S. 1-39 (9).
39 Robert O. *Keohane*/Stanley *Hoffmann*, Conclusion: Structure, Strategy, and Institutional Roles, in: Hoffmann/Keohane/Nye, After the Cold War, S. 381-404 (382).
40 Siehe dazu u. a. *Art*, Why Western Europe Needs the United States, S. 1-39; Stanley R. *Sloan*, US perspectives on NATO's future, in: International Affairs, Bd. 72 (1995), Nr. 2, S. 217-231; Gunther *Hellmann*, Europe and the Future of the Transatlantic Security Link. Working paper. Darmstadt 1995; zu den Strategien einzelner Staaten ferner: Hoffmann/Keohane/Nye, After the Cold War.
41 Vgl. Spyros *Economides*, The Balkan Agenda. Security and Regionalism in the New Europe, in: London Defence Studies, Nr. 10 (Februar 1992).

recht gebrochen würde, daß Unruhen auf andere Länder (im Fall des Balkans vor allem auf Griechenland) übergreifen würden, und daß Westeuropa eine große Zahl von Bürgerkriegsflüchtlingen aufnehmen müßte, sahen sich die westeuropäischen Staaten veranlaßt, von den Vereinten Nationen verhängte Sanktionen militärisch durchzusetzen. Die WEU bot sich als Instrument dafür an.

3.1 Großbritannien: Aufwertung der WEU zur Stärkung der NATO

Großbritannien sucht seine sicherheitspolitischen Interessen traditionell in einer engen Bindung an die Vereinigten Staaten zu realisieren. Dieser Haltung entsprechend lehnt London prinzipiell eine Abgabe nationaler Souveränität an „Brüssel" ab. Ein weiteres Prinzip britischer Politik ist die Verhinderung der Vormachtstellung eines einzelnen Staates in Europa.[42]

Mit dem Zusammenbruch des gegnerischen Machtblocks war eine wichtige *raison d' être* der NATO entfallen. Die NATO aber war (und ist nach wie vor) die stärkste institutionelle Bindung der USA an Europa. Weiterhin fand sich das Vereinte Königreich mit den deutsch-französischen Initiativen zur Schaffung einer Politischen Union (unter Einschluß einer Verteidigungskomponente) konfrontiert. Schließlich veränderte auch die Vereinigung beider deutscher Staaten das Machtgefüge auf dem Kontinent in einer Weise, die Großbritanniens Interessen entgegen lief.

Die Priorität der britischen Politik bestand daher im Erhalt und im Ausbau der NATO. Damit würde die Bindung Amerikas an Europa weiterhin gewährleistet, eine Übertragung militärischer Kompetenzen auf die Europäischen Gemeinschaft erschwert, und eine potentielle Vormachtstellung Deutschlands reduziert. Insgesamt zeigte sich für Downing Street jedoch folgendes Dilemma: Einerseits sollte die *special relationship* mit dem Weißen Haus aufrecht erhalten werden, und Großbritannien war für die USA ein um so wichtigerer Partner, je mehr Gewicht es in der Europäischen Gemeinschaft hatte; andererseits wäre aus britischer Sicht ein stärkeres Engagement in „Europa" nur auf Kosten der *special relationship* zu verwirklichen gewesen.[43]

Nachdem Deutschland und Frankreich Pläne zur Konstruktion einer europäischen Sicherheits- und Verteidigungsidentität (ESDI) forcierten, reagierte Großbritannien ab Herbst 1990 mit Vorschlägen zur Aufwertung der WEU. Aus britischer Sicht hätte nämlich eine Übernahme von Aufgaben wie *peacekeeping* oder *peace-enforcement* durch die EG/EU automatische eine Beschränkung der NATO auf klassische Verteidigungsaufgaben - und damit einen Bedeutungsverlust des Bündnisses - bedeutet. Die Etablierung eines (von Frankreich befürworteten) geschlossenen europäischen „Pfeilers" in der NATO, d. h. eines europäischen *Caucus*, war ebenso wenig wünschenswert, da mit amerikanischen Widerstand gegen jeden europäischen *fait accompli* im Nordatlantikrat zu rechnen war.[44]

---

42 Vgl. Lousie *Richardson*, British State Strategies after the Cold War, in: Hoffmann/Keohane/Nye, After the Cold War, S. 148-169.
43 Vgl. *Hellmann*, Europe and the Future of the Transatlantic Security Link, S. 10.
44 Vgl. *Art*, Why Western Europe Needs the United States, S. 19-21.

Eine Aufwertung der WEU als Alternative zu sicherheits- und verteidigungspolitischen Kompetenzen der EU bot sich aus folgenden drei Gründen an:
„First, it was free standing. This meant it was not part of the EC and therefore could not be automatically controlled nor easily absorbed by it. Second, it had an organic relation to NATO by treaty. This meant that there was a tradition and practice to build on. Third, and most important, this relationship was one of subservience to NATO. This meant that there were formidable legal and institutional barriers to making the WEU into something that could rival NATO."[45]

Im Vorfeld der Regierungskonferenz zur Revision des Vertrages von Maastricht bestand die britische Position in der klaren Ablehnung einer von der NATO unabhängigen ESDI, im massiven Widerstand gegen Mehrheitsentscheidungen in sicherheits- und verteidigungspolitischen Fragen sowie in der deutlichen Absage an die Heranführung der WEU an die EU als vierte Säule.[46] Statt dessen wurde angestrebt, eigene Gipfeltreffen der WEU-Mitgliedstaaten einzuführen, nur moderate operationelle Kapazitäten zu schaffen und flexible Ad-hoc-Koalitionen zu ermöglichen.[47]

Mitte 1996 scheint die britische Position in wesentlichen Punkten realisiert worden zu sein. Zunächst ist ein Bedeutungsverlust der NATO nicht festzustellen. Weiterhin konnte der Aufbau einer ESDI zwar nicht verhindert werden; es bleibt jedoch unklar, worum es sich dabei konkret handelt.[48] Schließlich wurde zwar mit dem Vertrag von Maastricht die WEU zur zukünftigen Verteidigungskomponente der EU deklariert. Mit Hilfe des Konzepts der *Combined Joint Task Forces* (CJTF)[49] bleibt jedoch die letzte Verantwortung für militärische Aktivitäten unter WEU-Signet beim Nordatlantikrat.[50]

3.2 Frankreich: Aufwertung der WEU zur Etablierung einer unabhängigen europäischen Sicherheits- und Verteidigungsidentität

Der Ausgangspunkt bei der Analyse der französischen Politik ist im Wunsch nach Überwindung des Systems von Jalta zu sehen. Auf der Konferenz von Jalta im Februar 1945 hatten sich Großbritannien, die Sowjetunion und die USA auf Aspekte der europäischen Nachkriegsordnung geeinigt. Die Abwesenheit Frankreichs und die Anwesenheit

---

45 Ebd., S. 22.
46 Siehe die Rede „1996: Substance and Symbolism" des britischen Verteidigungsministers am 5.12.1995 vor der WEU-Versammlung in Paris.
47 Vgl. *Martin*, Europäische Sicherheitsidentität, S. 40f.
48 Literaturstudium und Interviews im Frühjahr 1996 mit mehreren Sicherheitsexperten aus Wissenschaft und Praxis (Auswärtiges Amt und NATO-Hauptquartier) konnten nicht klären, ob es sich bei der *ESDI* um einen zusammenfassenden Begriff für die Gemeinsame Außen- und Sicherheitspolitik (GASP) der EU und der WEU handelt, nur um die WEU, um ein difuses politisches Ziel, oder um etwas anderes.
49 Siehe für Details Abschnitt 4.3.4 dieses Beitrags.
50 Siehe die Erklärung des Treffens des Nordatlantikrates in Berlin vom 3.6.1996, sowie folgende Presse-Artikel: Walther *Stützle*, In Berlin beschließt die NATO ihren größten Umbau seit der Gründung, in: Der Tagesspiegel (zit. als Tagesspiegel), 1.6.1996; Eine neue europäischamerikanische Lastenteilung. Interview mit dem NATO-Generalsekretär, in: Tagesspiegel, 3.6.1996; Aktuelles Lexikon, in: Süddeutsche Zeitung, 4.6.1996; NATO acquires a European identity, in: The Economist, 8.6.1996, S. 31f.

der USA als außereuropäischer Macht beim Neuentwurf der europäischen Landkarte wurde in Frankreich als störend empfunden. Den amerikanischen Einfluß in Europa zu reduzieren, ist daher noch immer ein wichtiges Ziel französischer Außenpolitik.[51]

Vor dem Hintergrund der oben geschilderten Umbrüche im internationalen System ergaben sich damit für Paris folgende Ziele: Erstens mußte die historische Chance genutzt werden, die Bedeutung der NATO zu schwächen und damit den Einfluß der USA zu mindern. Zweitens galt es, das mächtigere Deutschland unter Kontrolle zu halten und zu diesem Zweck institutionell einzubinden. Drittens war es wichtig, die Gestaltung des zukünftigen Europas zu bestimmen und langfristig einen starken französischen Einfluß zu gewährleisten. Allen drei Zielen sollte der Aufbau einer von den USA unabhängigen europäischen Sicherheits- und Verteidigungsidentität dienen.

Daher hatte für Paris die Beschränkung der NATO auf reine Verteidigungsaufgaben (Art. 5 des Washingtoner Vertrages) und der Widerstand gegen *out-of-area* Operationen hohe Priorität. Damit sollten *peacekeeping* und darüber hinausgehende Aufgaben sowie Einsätze außerhalb des Bündnisgebietes rein europäischer Verantwortung vorbehalten bleiben.[52] Ferner war es Frankreich wichtig, mit Hilfe des deutsch-französischen *Eurokorps* den Grundstein für eine europäische Armee zu legen. Diese Armee sollte als zusätzliches Instrument zur Kontrolle des deutschen Militärs gelten. Schließlich war auch die Vertiefung der europäischen Integration mit der Entwicklung einer gemeinsamen Außen- und Sicherheitspolitik von hoher Bedeutung.[53] Ein positiver Nebeneffekt bei der Etablierung einer unabhängigen ESDI war die Gelegenheit, die unangenehmen Erfahrungen aus dem Golfkrieg in Zukunft auszuschließen. Im Golfkrieg war der Mangel an europäischen Aufklärungskapazitäten deutlich geworden, und ein Großteil der französischen Ausrüstung sowie viele Praktiken hatten sich als inkompatibel mit denen der anderen Verbündeten erwiesen.[54]

Zunächst also versuchte Paris, mit Hilfe der deutsch-französischen Initiative vom April 1990 sicherheits- und verteidigungsrelevante Aufgaben unter die Verantwortung der EG zu bringen.[55] Als sich jedoch abzeichnete, daß eine wirksame Ausstattung der angestrebten Europäischen Union mit derartigen Verantwortlichkeiten nicht zu erreichen war, konzentrierte sich Paris auf den Aufbau des multinationalen europäischen Armeekorps: In einer weiteren gemeinsamen Initiative gaben Bonn und Paris im (kurz vor Beendigung

---

51 Vgl. Stanley *Hoffmann*, French Dilemmas and Strategies in the New Europe, in: Hoffmann/ Keohane/ Nye, After the Cold War, S. 127-147 (128, 139); sowie zu jüngsten Entwicklungen französischer Sicherheitspolitik Annand *Menon*, From Independence to Cooperation. France, NATO and European Security, in: International Affairs, Bd. 71 (1995), Nr. 1, S. 19-34.
52 Zur *out-of-area* Diskussion siehe David *Law*/Michael *Rühle*, Die Nato und das „Out-of-area"-Problem, in: Europa-Archiv, Bd. 47, Nr. 15/16 (25.8.1992), S. 439-444.
53 Bei der Vertiefung standen sich allerdings der Wunsch nach Beschneidung deutscher Souveränität und der Wunsch nach Beibehaltung eigener Souveränität entgegen. Vgl. *Art*, Why Western Europe Needs the United States, S. 17; sowie *Hoffmann*, French Dilemmas, S. 128.
54 Vgl. Burying the General, in: The Economist, 20.4.1996, S. 33; sowie *Menon*, From Independence to Cooperation, S. 21.
55 Der Text des Briefes von Bundeskanzler Kohl und Präsident Mitterrand an den Ratsvorsitzenden der EG ist abgedruckt in: Europa-Archiv, Bd. 46, Nr. 11 (10.4.1991), S. D283.

der Regierungskonferenzen zu Politischer Union und Wirtschafts- und Währungsunion) die Erweiterung der bestehenden deutsch-französischen Brigade und ihre Umwandlung in ein gemeinsames Armeekorps bekannt.[56] Andere Mitgliedstaaten der EG wurden eingeladen, sich an diesem Unternehmen zu beteiligen. Die in der Folge entwickelten Pläne eines solchen „Eurokorps" sahen eine europäische Eingreiftruppe vor, die für humanitäre Einsätze in Katastrophenfällen genau so wie für friedenserhaltende Einsätze und Kampfaufträge bereit stehen sollte.[57]

Auch diese Strategie brachte jedoch nicht den gewünschten Erfolg. Unter anderem durch massiven amerikanischen und britischen Widerstand gegen die fehlende Zuordnung des Eurokorps an die NATO motiviert, bekundeten trotz anfänglichen Interesses zunächst keine weiteren Staaten ihre Intention, am Eurokorps teilzunehmen. Erst die sogenannte *Rifkindization*[58] des Verbandes, d. h. die Assignierung an NATO *und* WEU, ermöglichte anderen Staaten die Beteiligung.

Diese Lösung wirkte schließlich auch als Katalysator für die weitere Politik Frankreichs. Die Abneigung gegen die NATO und die unfruchtbaren Versuche, eine ESDI unter Verantwortung der EG oder mit Hilfe des Eurokorps zu etablieren, ließen Paris nämlich jetzt die WEU als Vehikel benutzen, um eine eigenständige europäische Rolle in Sicherheits- und Verteidigungsfragen zu definieren. Diese Strategie fand auch zunächst Unterstützung: Der Ministerrat beschloß im Juni 1992 auf dem Bonner Petersberg, bei Bedarf humanitäre, friedenssichernde sowie friedensschaffende Maßnahmen unter der Verantwortung der WEU durchzuführen. Auf die Bereitschaft zu derartigen Einsätzen hatte sich die NATO zu diesem Zeitpunkt noch nicht geeinigt.[59] Im Beschluß des Ministerrates wurde zudem betont, daß diese *Petersberg-Tasks* in Übereinstimmung mit der Charta der Vereinten Nationen vom Ministerrat der WEU zu beschließen seien - der Nordatlantikrat der NATO wurde in diesem Zusammenhang nicht erwähnt.

Nach diesem ersten Erfolg gelang es Frankreich noch ein zweites Mal, eine als sehr bedeutend angesehene Position im Ministerrat durchzusetzen: Dieses Gremium erneuerte im November 1993 (nach Inkrafttreten des Vertrages über die Europäische Union) die bereits im Vertragswerk von Maastricht enthaltene Bestimmung, nach der „Mitgliedstaaten der WEU ihre Koordinierung in Fragen der Allianz, die von erheblichem Interesse sind, verstärken [werden], um innerhalb der WEU vereinbarte Positionen in den Konsultationsprozeß der Allianz einzubringen."[60]

In der Praxis hat sich allerdings gezeigt, daß die beiden letztgenannten Aspekte, trotz der wichtigen Bedeutung für Frankreich, *de facto* in den Gremien von WEU und NATO keine Rolle spielen: Zum einen hat sich mittlerweile auch die NATO zur Bearbeitung von

---

56 Der Text des Briefes von Bundeskanzler Kohl und Präsident Mitterrand an den Ratsvorsitzenden der EG ist abgedruckt in: Europa-Archiv, Bd. 46, Nr. 22 (25.11.1991), S. D571-D574.
57 Vgl. Karl-Heinz *Kamp*, Ein Spaltpilz für das Atlantische Bündnis? In: Europa-Archiv, Bd. 47, Nr. 15/16 (25.8.1992), S. 445-452.
58 *Kamp*, Spaltpilz, S. 450 (v. a. Anm. 21).
59 Vgl. Abs. II der Petersberg-Erklärung vom 19.6.1992 mit dem Kommuniqué der Ministertagung des Nordatlantikrates vom 4.6.1992 in Oslo, sowie vom 17.12.1992 in Brüssel (v. a. Ziff. 3-5).
60 Erklärung zur Westeuropäischen Union im Vertragswerk von Maastricht (Abs. B 4).

friedenserhaltenden und friedensschaffenden Maßnahmen bekannt. Die institutionelle Ausstattung der WEU ist nach wie vor für eine ernsthafte Übernahme von *Petersberg-Tasks* nicht ausreichend. Nur unter Einsatz der *CJTF* und der politisch-militärischen Steuerung durch die neu installierte *Policy Coordination Group*[61] sind derartige Einsätze denkbar. Zum anderen wird der intendierten *Caucus*-Funktion der WEU, d. h. der Nutzung dieses Forums zur Herbeiführung europäischer Positionen und deren gemeinsame Einbringung in den Nordatlantikrat, von Beobachtern keine wesentliche Bedeutung eingeräumt. Schließlich zeigt auch Frankreichs bevorstehende Reintegration in die Militärstruktur der NATO, daß die erreichten Erfolge beim Bemühen, eine unabhängige ESDI zu etablieren, eher symbolischer Art waren.

3.3 Deutschland: Aufwertung der WEU zur Stabilisierung mittel- und osteuropäischer Staaten

Deutschland hatte Anfang der neunziger Jahre vor allem drei außen- und sicherheitspolitische Interessen: *Erstens* lag der Bundesregierung sehr viel am restlosen und raschen Abzug der ehemaligen sowjetischen Armee aus dem Ostteil Deutschlands und aus anderen Staaten Mitteleuropas. *Zweitens* war es wichtig, zur Stabilisierung der Staaten Mittel- und Osteuropas beizutragen, da zusätzlich zu den Aufbauleistungen für Ostdeutschland und den Hilfen für die Bürgerkriegsflüchtlinge aus dem ehemaligen Jugoslawien für weitere Immigranten in großer Zahl keine Mittel aufgebracht werden konnten, ohne das eigene politische System zu destabilisieren. Mindestens ebenso wichtig war die Hilfe zur demokratischen Einbettung der jeweiligen Armeen in die neuen demokratischen Strukturen der genannten Staaten. *Drittens* hatte Bonn das Interesse, den Partnern keinen Anlaß für Mißtrauen vor dem vereinigten, d. h. mächtigeren, Deutschland zu geben.[62]

Die Prioritäten bestanden für die Bundesregierung daher in der Heranführung mittel- und osteuropäischer Staaten an westliche Institutionen (ohne dabei russischen Widerstand zu provozieren) und in Ausbau und Reform dieser Institutionen (mit besonderen Blick auf die Interessen der wichtigsten Verbündeten, Frankreich und den USA). In diese Prioritätenliste waren jedoch Konflikte eingebaut: Zum einen handelte es sich bei den Staaten Mittel- und Osteuropas um ehemals sowjetisches Einflußgebiet. Schnell wurde es in Moskau üblich, auf westliche Einflußnahme in diesen Staaten mit dem Verweis auf eigene Interessen im *nahen Ausland* zu reagieren. Zum anderen waren die amerikanischen Bedingungen für eine fortgesetzte Präsenz in Europa zu akzeptieren, d. h. unter anderem die gegenüber anderen Institutionen dominante Rolle der NATO als Forum für

---

61 Vgl. Walther *Stützle*, In Berlin beschließt die NATO ihren größten Umbau seit der Gründung, in: Tagesspiegel, 1.6.1996.
62 Zu den Interessen, Prioritäten und Strategien der Bundesregierung siehe *Art*, Why Western Europe Needs the United States, S. 23-27; sowie Jeffrey J. *Anderson*/John B. *Goodman*, Mars or Minerva? A United Germany in a Post-Cold War Europe, in: Hoffmann/Keohane/Nye, After the Cold War, S. 23-62; sowie Peter *Schmidt*, European Security and Defence Identity (ESDI). A Brief Analysis from a German Point of View, Bericht der Stiftung Wissenschaft und Politik (SWP-IP 2883). Ebenhausen 1995.

die Behandlung sicherheitspolitischer Fragen.[63] Gleichzeitig galt es, französische Wünsche nach einer Beschneidung dieser Präsenz zu berücksichtigen. Eine Hierarchie in diese Prioritäten zu bringen, ist selbst im Nachhinein schwierig; ein internalisierter Imperativ zur multilateralen Einbindung der eigenen Außenpolitik half Bonn allerdings, Prioritätenkonflikte klein zu halten und nachhaltige Verstimmungen mit Frankreich, den USA und Rußland zu vermeiden.

Zunächst versuchte Bonn den engsten europäischen Partner, Frankreich, von den eigenen guten Absichten im Hinblick auf die Fortsetzung der europäischen Integration zu überzeugen. Die oben erwähnten deutsch-französischen Initiativen waren Ergebnis dieser Versuche. Das zukünftige sicherheitspolitische Europa-Engagement der USA - in den Jahren des Umbruchs mit Nabelschau und Wahlkampf beschäftigt, und zurückhaltend hinsichtlich einer führenden Rolle bei der Lösung des Balkan-Konfliktes - war zu dieser Zeit noch nicht abzuschätzen. Bonn bemühte sich jedoch, gegenüber Washington zu verdeutlichen, daß eine engere militärische Zusammenarbeit mit Frankreich letztlich der NATO zugute komme.[64]

Nachdem der Umbruch in Mittel- und Osteuropa in seiner vollen Tragweite erkennbar wurde, setzte sich Deutschland verstärkt für die rasche Annäherung und Anbindung dieser Staaten an westliche Institutionen ein. So betonte der deutsche Außenminister als Vorsitzender des WEU-Ministerrates im Dezember 1991:

„Wir brauchen eine Intensivierung von Dialog, Konsultation und Kooperation aller europäischen Organisationen mit den Ländern Mittel- Südost- und Osteuropas. Neben der KSZE denke ich vor allem an die Europäische Gemeinschaft, an den Europarat, an die NATO, aber ebenso an die WEU."[65]

Die Schaffung eines Konsultationsforums für diejenigen Staaten Mittel- und Osteuropas, die Europa-Abkommen mit der EU geschlossen haben, die Etablierung eines assoziierten Status für diese Staaten, sowie die Öffnung der im Zusammenhang mit dem CJTF-Konzept geplanten Strukturen sind maßgeblich auf deutsche Initiativen zurückzuführen. Es gelang Bonn jedoch nicht, die Partner auf Termine oder Kandidaten für eine Erweiterung der WEU (bzw. der NATO) festzulegen. Eine solche Festlegung mußte nicht nur die Interessen der westlichen Partner, sondern auch die Sensibilität Rußlands berücksichtigen.[66]

Die WEU eignete sich daher als passendes Instrument dafür, einen Großteil der eigenen Interessen durchzusetzen: Die enge Heranführung mittel- und osteuropäischer Staaten an die sicherheitspolitischen Strukturen des Westens und der Ausgleich zwischen der amerikanischen und der französischen Position konnten nahezu perfekt mit Hilfe der WEU verwirklicht werden. Gleichzeitig konnten auf diese Weise russische Widerstände gegen die Anbindung mittel- und osteuropäischer Staaten an die NATO respektiert wer-

---

63 Vgl. *Art*, Why Western Europe Needs the United States und *Nye/Keohane*, The United States and International Institutions in Europe after the Cold War, S. 104-126.
64 Vgl. *Kamp*, Spaltpilz, S. 448.
65 Rede des Bundesaußenministers vor der WEU-Versammlung in Paris, 4.12.1991.
66 Siehe jedoch: Russia Criticizes WEU Offer to East, in: International Herald Tribune, 13.5.1994.

den. Schließlich diente die Aufwertung der WEU auch der Rückversicherung für den Fall amerikanischen Disengagements.

Die ursprüngliche deutsche Haltung, die WEU als vierten Pfeiler der EU anzugliedern,[67] ist im Sommer 1996 der Präferenz für eine Verankerung der *Petersberg-Tasks* im revidierten Maastricht-Vertrag gewichen. Die Beistandspflicht des modifizierten Brüsseler Vertrages könnte dann in ein Protokoll zum EU-Vertrag umgewandelt werden, das nur von (bisherigen) WEU-Mitgliedstaaten unterzeichnet würde.[68] Damit wären der EU zwar militärische Kompetenzen übertragen, die Verteidigungsfunktion bliebe jedoch davon getrennt.

4. Funktion und Form der WEU nach der Aufwertung

Die Darstellung der Interessen, Prioritäten und Strategien Großbritanniens, Frankreichs und Deutschlands hat gezeigt, daß die WEU aus der Sicht ihrer Mitgliedstaaten durchaus unterschiedliche Funktionen erfüllt. Diese Beobachtung führt zu der Frage, welche Funktionen für die theoretische Beurteilung des Funktion-Form-Zusammenhangs relevant sind. Auch die empirische Analyse von Ausstattungsdefiziten der WEU bedarf der vorherigen Klärung dieser Frage.

4.1 Funktion und Form: Theoretische Präzisierung

Bei der Analyse internationaler Institutionen wird im Anschluß an Helga Haftendorn unterschieden zwischen *allgemeinen Funktionen* und *spezifischen Funktionen*[69] Als *allgemeine Funktion* wird der generelle, u. a. durch Regeln und Verfahren verursachte kooperative Einfluß von Sicherheitsinstitutionen auf die Mitgliedstaaten bezeichnet, als *spezifische Funktion* hingegen einer Institution explizit überantwortete Zuständigkeit und Verantwortung. Ein kritischer Blick auf die theoretische Annahme *form follows function*[70] zeigt jedoch, daß der Begriff *spezifische Funktion* weiterer Differenzierung bedarf, da sehr unterschiedliche Phänomene als spezifische Funktion bezeichnet werden können.

Selbst wenn gemeinsame Deklarationen meist als Kompromisse anzusehen sind und oft weiterbestehende Meinungsunterschiede der Verhandlungspartner überdecken, sind sie doch als Dokumente gemeinsamer Funktionszuweisung an eine Institution anzusehen. Eine derartige Funktionszuweisung bleibt jedoch so lange deklaratorisch, wie die operative Ausstattung der Institution nicht gewährleistet ist. Daher werden entsprechende Bestimmungen als *deklarierte Funktion* verstanden.

---

67 Vgl. *Hellmann*, Europe and the Future of the Transatlantic Security Link, S. 6.
68 Regierungskonferenz 1996. Zwischen Positionsbeschreibungen und Vertragsverhandlungen. Vortrag des Staatsministers im Auswärtigen Amt, Werner *Hoyer*, bei der Vertretung der Europäischen Kommission in Bonn, 11.6.1996 (zit. als Hoyer (1996); Redetext im Bestand des Verfassers).
69 Vgl. Helga *Haftendorn*, Sicherheitsinstitutionen in den internationalen Beziehungen. Eine Einführung, in diesem Band, S. 11-34 (16).
70 Vgl. Abschnitt 1 dieses Beitrags.

Als *potentielle Funktion* sind Aktivitäten zu bezeichnen, die durchzuführen sich eine Institution tatsächlich eignet. Bei dieser Art von Funktion handelt es sich daher um eine Kategorie, die von der vorhandenen operativen Ausstattung einer Institution ausgeht, d. h. von ihrem Regelsystem. Die Funktion wird als *potentiell* qualifiziert, da trotz vorhandener Ausstattung eine Funktion nicht immer ausgeübt wird. So wie die Verkehrspolizei üblicherweise mit einem Radarsystem ausgestattet ist, dieses jedoch nur in bestimmten Fällen einsetzt, so verfügt eine *Allianz* üblicherweise über die Möglichkeit militärischer Abschreckung, ohne dies ständig zu demonstrieren.

Ist eine *Allianz* jedoch militärisch aktiv (d. h. führt sie gelegentlich Übungen oder Kampfhandlungen durch), so kann von einer *realen* (oder *tatsächlichen*) *Funktion* gesprochen werden. Auch in diesem Fall ist von der adäquaten operativen Ausstattung der Institution auszugehen, da im anderen Fall die Funktion nicht ausgeübt werden kann.

Auf welche dieser Arten von Funktionen bezieht sich die theoretische Annahme *form follows function*? Auf die *potentielle Funktion* kann sie sich sinnvollerweise nicht beziehen, da bei der *potentiellen Funktion* bereits *per definitionem* von der notwendigen operativen Ausstattung ausgegangen wird. Aus demselben Grunde kann sich die theoretische Annahme nicht auf die *reale Funktion* beziehen. *Form follows function* kann sich daher nur auf die *deklarierte Funktion* beziehen. Die Annahme dient folglich dazu, Diskrepanzen zwischen der *deklarierten Funktion* einerseits und der *potentiellen* (und *realen*) *Funktion* andererseits aufzudecken.

Der Begriff *Form* kann mit weniger Aufwand präzisiert werden: Wie eingangs festgestellt, umfaßt *Form* die Mitgliedsstruktur und den Institutionalisierungsgrad (das Regelsystem) einer Institution. Die theoretischen Annahmen beziehen sich jedoch nur auf den Institutionalisierungsgrad; eine Annahme über die Entwicklung der Mitgliedschaft von Sicherheitsinstitutionen in Abhängigkeit vom Kooperationsproblem, d. h. von der zu bearbeitenden Funktion, trifft der Institutionalismus nicht.

4.2 Die neuen Funktionen

Wie im vorangegangenen Unterabschnitt diskutiert, sind für die vorliegende Untersuchung die *deklarierten Funktionen* der WEU relevant. Sie sind den theoretischen Annahmen zufolge je durch ein bestimmtes Kooperationsproblem gekennzeichnet, das weiter unten analysiert wird. Die deklarierten Funktionen werden anhand der Erklärungen des Ministerrats von Dezember 1991 (Erklärung zur WEU im Vertragswerk von Maastricht) bis Mai 1996 (Erklärung von Birmingham) identifiziert.

Neben den im folgenden aufgezählten neuen Funktionen soll die klassische Verteidigungsfunktion (Entgegnung einer militärischen Bedrohung) weiterhin als *deklarierte Funktion* der WEU angesehen werden. Als klassische Verteidigung werden hier militärische Aktivitäten zur Abschreckung und zur Abwendung eines (potentiellen) gegnerischen Angriffs auf das Territorium eines Mitgliedstaates (oder mehrerer Mitgliedstaaten) verstanden. In den untersuchten Dokumenten finden sich allerdings keine eindeutigen Verweise mehr auf diese Funktion der WEU. Die weiterhin gültige Referenz darauf im modifizierten Brüsseler Vertrag rechtfertigt jedoch die Bezeichnung dieser Funktion als - wenn auch residuale - *deklarierte Funktion*.

4.2.1 Friedensunterstützende Aufgaben

Als zentrale neue Funktion der WEU ist die Zuständigkeit zur Durchführung friedensunterstützender Maßnahmen zu sehen. Dabei handelt es sich um Maßnahmen zur Konfliktvermeidung und zum Krisenmanagement (einschließlich friedenserhaltender Maßnahmen unter der Autorität von OSZE oder Weltsicherheitsrat), aber auch um humanitäre Hilfe.

Diese neue Zuständigkeit wurde der WEU anläßlich des Ministerratstreffens vom Mai 1992 auf dem Bonner Petersberg übertragen. Die seitdem als *Petersberg-Tasks* bezeichneten Aufgaben sind vor allem aus zwei Gründen bedeutsam: Erstens stellen sie militärische Aktivitäten einer neuen Qualität dar, da sie nicht aufgrund eines Angriffs auf einen der Mitgliedstaaten, sondern aufgrund völkerrechtlicher Entscheidungen ausgeübt werden. Zweitens wurde der WEU die Zuständigkeit für *Petersberg-Tasks* zu einem Zeitpunkt überantwortet, als die NATO ähnliche Verantwortlichkeiten noch nicht übernommen hatte. Über die Beteiligung an derartigen Operationen entscheiden die Mitgliedstaaten jedoch im Einzelfall individuell.

4.2.2 Projektion von Sicherheit

Die Konsultation und Kooperation mit EU- und NATO-Mitgliedstaaten, die nicht gleichzeitig Mitglied der WEU sind, ist *per se* keine Neuerung im Funktionsspektrum der WEU. Die Intensität aber, mit der diese Funktion in allen Deklarationen des Ministerrats im untersuchten Zeitraum wiederholt wird, zeigt den hohen Stellenwert dieser Zusammenkünfte.

Während des bereits erwähnten Treffens des Ministerrats auf dem Petersberg wurde diese Funktion ausgeweitet auf diejenigen Staaten Mittel- und Osteuropas, die Europa-Abkommen mit der EG/EU abgeschlossen hatten oder mit denen derartige Abschlüsse bevorstanden.

Schließlich ist als weitere Neuerung im Funktionsspektrum der WEU der Dialog mit Rußland und der Ukraine sowie mit Staaten Nordafrikas anzusehen. Auch dieser Aspekt ist ein wichtiges Merkmal, da er beispielhaft den großen Funktionswandel von Sicherheitsinstitutionen nach dem Ende des Kalten Krieges verdeutlicht. Im Kommuniqué des Ministerrates vom Oktober 1984 hieß es noch: „[the Ministers, Anm. d. Verf.] ... called for continued efforts to ... strengthen deterrence and defence ..."[71] In der Kirchberger Erklärung vom Mai 1994 hingegen findet sich erstmals der Verweis auf den neuartigen Dialog mit Rußland: „Ministers ... agreed on the importance of developing dialogue and exchanges of information on issues of common concern between WEU and Russia."[72]

---

71 Erklärung von Rom, 27.10.1984.
72 Kirchberger Erklärung, 9.5.1994, I.9.

4.2.3 Schaffung eines europäischen Rüstungsmarktes

Den Erklärungen des Ministerrates kann neben der klassischen Verteidigungsfunktion und den vorgenannten neuen Funktionen als vierter und letzter Zuständigkeitsbereich der WEU Rüstungskooperation mit dem Ziel der Schaffung eines europäischen Rüstungsmarktes entnommen werden. Da die Bestimmungen des Vertrages zur Gründung der Europäischen Gemeinschaft „die Erzeugung von Waffen, Munition und Kriegsmaterial"[73] vom gemeinsamen Markt potentiell ausschließen, hat die WEU damit eine ergänzende Funktion übernommen.

4.2.4 Verteidigungskomponente der EU und europäischer Pfeiler der NATO

Die Bestimmung der WEU als „Verteidigungskomponente der Europäischen Union und ... Mittel der Stärkung des europäischen Pfeilers in der Atlantischen Allianz"[74] hat zwar deklaratorischen Charakter (und könnte daher zunächst als *deklarierte Funktion* verstanden werden), sie ist allerdings so allgemein formuliert, daß sich ihr (im Gegensatz zu den oben aufgezählten *deklarierten Funktionen*) nicht eindeutig eines der Kooperationsprobleme zuweisen lassen kann. Deshalb wird sie hier nicht als Funktion angesehen, sondern als politische Formel. Obwohl diese Formel auf ein besonderes Merkmal der WEU hinweist, hat sie für die vorliegende Analyse keine Bedeutung. Zur Diskussion der Hypothesen wird weiter unten vielmehr der Blick auf die tatsächlichen Verbindungen der WEU zu EU und NATO geworfen.

4.3 Die gewandelte Form

Bei der Untersuchung der Form gilt es, die Mitgliedsstruktur vom Regelsystem zu unterscheiden. Unter Regelsystem werden Gremien und Verfahren verstanden, die der Abstimmung, Entscheidung und Willensbildung dienen.

Die vielschichtige Mitgliedsstruktur ist eine Besonderheit der WEU, die sie von anderen Institutionen abhebt. Neben der vollen Mitgliedschaft[75] existieren nämlich seit 1991/92 drei neue Formen der Beteiligung: der Status des Beobachters, der Status des assoziierten Mitglieds und der Status des assoziierten Partners.[76] Damit gehören der WEU heute insgesamt 28 Staaten an - soviele wie sich als Mitglieder maximal im Hinblick auf künftige Erweiterungen der EU abzeichnen.

Als Beobachter teilzunehmen, wurden diejenigen Staaten der EU eingeladen, die der WEU nicht als Mitglied beitreten wollen. Es handelt sich dabei um Dänemark, Finnland,

---

73 Vgl. Art. 223 des EG-Vertrages in der Fassung vom 7.2.1992.
74 Erklärung zur Westeuropäischen Union im Vertragswerk von Maastricht.
75 Als zehntes Mitglied trat im März 1995 Griechenland der WEU bei.
76 Der Status des *Beobachters* und der Status des *assoziierten Mitglieds* haben ihren Ursprung in der Erklärung II der WEU-Mitgliedstaaten im Vertragswerk von Maastricht (Dezember 1991). Der Status des *assoziierten Partners* (ursprünglich *Konsultationspartner*) geht zurück auf die Erklärung von Petersberg (Juni 1992) bzw. die Erklärung von Kirchberg (Mai 1994).

Irland, Österreich und Schweden. Beobachterstaaten können an Treffen des Ministerrates teilnehmen, sofern der Ministerrat nicht durch die qualifizierte Mehrheit[77] seiner Mitglieder die Anwesenheit beschränkt. Sie können sich ferner auf Einladung an Arbeitsgruppen beteiligen sowie zu *Petersberg-Tasks* mit vollen Rechten und Pflichten beitragen.

Assoziierte Mitglieder sind diejenigen europäischen NATO-Staaten, die nicht Mitglied der EU sind (Island, Norwegen und die Türkei). Sie haben das Recht, (vorbehaltlich anderslautender Beschlüsse des Ministerrates mit qualifizierter Mehrheit) in vollem Umfang an Treffen des Ministerrates sowie seiner nachgeordneten Gremien teilzunehmen, nicht jedoch Beschlüsse zu blockieren, für die unter den Mitgliedern Konsens besteht. Ferner können sie sich am Planungsstab beteiligen, zu *Petersberg-Tasks* mit vollen Rechten und Pflichten beitragen sowie der WEU im Rahmen des Konzepts assignierter Truppen (FAWEU) Militäreinheiten zuordnen.

Die dritte neue Beteiligungsform stellt schließlich der Status des assoziierten Partners dar. Dabei handelt es sich um eine Einladung an alle mittel- und osteuropäischen Staaten, die Europa-Abkommen mit der EU abgeschlossen haben: Bulgarien, Estland, Lettland, Litauen, Polen, Rumänien, die Slowakei, Slowenien, Tschechien und Ungarn. Auch diese Staaten können - wie die assoziierten Mitglieder, jedoch nur vierzehntägig - an Treffen des Ministerrates teilnehmen. Darüberhinaus können sie in Einzelfällen eingeladen werden, sich an Arbeitsgruppen zu beteiligen, eine Verbindung zum Planungsstab halten und - vorbehaltlich anderslautender Beschlüsse des Ministerrates mit qualifizierter Mehrheit - zu *Petersberg-Tasks* mit vollen Rechten und Pflichten beitragen.

4.3.1 Eurogroup und IEPG/WEAG

Während der Hauptgrund für die Einrichtung des Beobachterstatus die seit Maastricht enge Bindung der WEU an die EG/EU ist,[78] kann als Ursache für die Schaffung des Status assoziierter Mitgliedschaft der Transfer der früheren NATO-Gremien Eurogroup und IEPG zur WEU gelten. Da Island, Norwegen und die Türkei nicht Mitglied der WEU sind, in den transferierten Gremien aber vollständigen Mitgliedsstatus haben, mußte eine neue Form der Mitgliedschaft definiert werden. Mit der Übernahme dieser europäischen NATO-Gremien, die für die Koordination des europäischen Beitrags in der NATO (Eurogroup) bzw. für Rüstungskooperation (IEPG) zuständig waren, wurden die regelmäßigen Treffen der Verteidigungsminister (und der nachgeordneten Ausschüsse) zu diesen Fragen der WEU zugewiesen. Die IEPG-Gremien tagen seit Mai 1993 unter dem neuen Namen *Western European Armaments Group* (WEAG).[79] Frankreich, an der Euro-

---

77 Als *qualifizierte Mehrheit* im Ministerrat der WEU und seinen nachgeordneten Gremien wird folgendes bezeichnet: die Mehrheit der Mitgliedstaaten oder die Hälfte der Mitgliedstaaten einschließlich der Präsidentschaft (siehe die Bestimmungen hierzu in der Petersberg-Erklärung).
78 In Art. J.4 des Vertrages zur Schaffung der Europäischen Union heißt es u. a.: „Die Union ersucht die Westeuropäische Union (WEU), die integraler Bestandteil der Entwicklung der Europäischen Union ist, die Entscheidungen und Aktionen der Union, die verteidigungsolitische Bezüge haben, auszuarbeiten und durchzuführen." In der Erklärung I zur WEU im Vertragswerk von Maastricht nehmen die WEU-Mitgliedstaaten diesen Artikel zur Kenntnis.
79 Das frühere Sekretariat der IEPG wurde durch ein Rüstungssekretariat innerhalb der WEU ersetzt.

group innerhalb der NATO nicht beteiligt, partizipiert seit dem Transfer in vollem Umfang an den entsprechenden Aktivitäten.

4.3.2   Planungs- und Analysekapazitäten

Außer dem Sekretariat verfügt die WEU über einen Planungsstab, ein Lagezentrum sowie über ein Satellitenzentrum. Der Planungsstab ist mit einer Aufklärungseinheit ausgestattet. Zur Aufklärung trägt auch das Satellitenzentrum bei, dessen Existenz auf Beschlüsse unmittelbar nach dem Einsatz der WEU während des zweiten Golf-Krieges zurückgeht.[80]

4.3.3   Zugeordnete Militäreinheiten

Außer dem *Eurocorps* sind der WEU zahlreiche militärische Einheiten zugeordnet, u. a. die Multinationale Division (Mitte), der britisch-niederländischen Amphibienverband, sowie der gemeinsame Maritimverband Frankreichs, Italiens, Portugals und Spaniens. Die Assignierung zur WEU schließt eine gleichzeitige Zuordnung zur NATO nicht aus.

Diese als *Forces Answerable to WEU* (FAWEU) bezeichneten Einheiten sind von den daran beteiligten Staaten generell für den Einsatz in *Petersberg-Tasks* vorgesehen. Im Planungsstab wird daher von der prinzipiellen Verfügbarkeit dieser Einheiten ausgegangen. Im Einzelfall ist allerdings nicht nur die tatsächliche Beteiligung der entsprechenden Staaten an einer Petersberg-Aufgabe, sondern auch das *d'accord* der beteiligten Staaten für den Einsatz spezieller Militäreinheiten erforderlich.

4.3.4   Alliierte Streitkräftekommandos (CJTF)

Das Konzept alliierter Streitkräftekommandos (*Combined Joined Task Forces* - CJTF) erlaubt der WEU unter bestimmten Bedingungen den Rückgriff auf multinational organisierte Truppen und Hauptquartiere aller Teilstreitkräfte der NATO. Diese Truppen und Hauptquartiere umfassen Kommandoeinrichtungen, Kontrollkapazitäten, Kommunikationsanlagen und Aufklärungseinheiten, und damit alle Elemente des C^3I-Komplexes (*command, control, communication, intelligence*), die für die Durchführung von Militäroperationen benötigt werden. Die Entscheidung über den Einsatz von CJTFs liegt beim Nordatlantikrat, der auch (mit Hilfe der neu eingerichteten *Policy Coordination Group*) die politisch-militärische Oberkontrolle derartiger Einsätze behält.[81]

Zu weiteren Details siehe Willem van *Eekelen*, WEU after two Brussels Summits, in: Studia Diplomatica, Bd. 47 (1994), Nr. 2, S. 37-48.

80   Siehe zu Satellitenaufklärung auch Vipin *Gupta*, New Satellite Images for Sale, in: International Security, Bd. 20, Nr. 1 (Sommer 1995), S. 94-125.

81   Vgl. Walther *Stützle*, In Berlin beschließt die NATO ihren größten Umbau seit der Gründung, in: Tagesspiegel, 1.6.1996; sowie Anthony *Cragg*, The Combined Joint Task Force concept. A key component of the Alliance's adaption, in: NATO Review, Bd. 44 (1996), Nr. 4, S. 7-10. Den Hinweis auf den C^3I-Komplex verdanke ich Franz H. U. *Borkenhagen*.

Der Rückgriff auf alliierte Streitkräftekommandos unter WEU-Kommando ist vorgesehen für die Bearbeitung von *Petersberg-Tasks*, er ist generell aber auch beim Einsatz für klassische Verteidigungsaufgaben denkbar. Die fallweise Beteiligung an CJTFs steht Staaten, die nicht Mitglied der NATO sind, prinzipiell offen. Die Implementierungsstreitkraft des Dayton-Vertrages (IFOR) basiert zwar nicht auf dem CJTF-Konzept, zeigt aber viele seiner Eigenschaften.

4.3.5 Abstimmungsverfahren

An der vorrangigen Anwendung der Einstimmigkeitsregel im Ministerrat (und den nachgeordneten Gremien) hat sich im Laufe der zahlreichen Reformen nichts geändert. Die im Zusammenhang mit der alten Funktion der Rüstungskontrolle gültigen Ausnahmen finden seit Abschaffung der Rüstungskontrollagentur (Ende der achtziger Jahre) keine Anwendung mehr. Im Hinblick auf die Einschränkung von Beteiligungsmöglichkeiten von Staaten mit dem Status von Beobachtern, assoziierten Mitgliedern oder assoziierten Partnern existiert jedoch das bereits erwähnte Prinzip einer qualifizierten Mehrheit.

4.4 Die Struktur des Kooperationsproblems und die Beziehungen zu EU und NATO

Die Übersicht auf die spezifischen Funktionen der WEU und auf ihre neue Form erlaubt nun die Diskussion der eingangs formulierten Thesen. Dabei geht es um zwei Aspekte: Erstens wird untersucht, ob die neuen Funktionen durch die Kooperationsprobleme *Collaboration* und/oder *Suasion* gekennzeichnet sind. Ist dies der Fall, dann wird die erste Hypothese bestätigt. Zweitens ist die Fähigkeit der WEU, auf Formelemente von EU und/oder NATO zurückzugreifen, zu behandeln. Gelingt dies, dann wird die zweite Hypothese unterstützt.

4.4.1 Das Kooperationsproblem der deklarierten Funktionen

Das innerinstitutionelle Management der klassischen Verteidigungsfunktion kann, wie Glenn H. Snyder gezeigt hat,[82] durch ein *Collaboration*-Problem gekennzeichnet sein. In diesem Fall hat es die Struktur des Gefangenendilemmas, dem klassischen Beispiel von *Collaboration*-Problemen.[83] Da die Handlungsoptionen der beteiligten Staaten - starkes Engagement bei gemeinsamen Aktivitäten mit dem Risiko von *entrapment* (d. h., in Konflikte von Bündnispartnern mit Drittstaaten ungewollt hineingezogen zu werden), oder Zurückhaltung mit dem Risiko von *abandonment* (d. h., bei eigenen Konflikten mit Drittstaaten von den eigenen Bündnispartnern im Stich gelassen zu werden) - aber von vielen unterschiedlichen Faktoren abhängen,[84] kann das Kooperationsproblem auch eine

---

82 Vgl. Glenn H. Snyder, The Security Dilemma in Alliance Politics, in: World Politics, Bd. 36, Nr. 4 (Juli 1984), S. 461-496.
83 Vgl. *Stein*, Coordination and Collaboration, S. 35, 41.
84 Snyder nennt in diesem Zusammenhang die direkte und die indirekte Abhängigkeit von den Bündnispartnern, die Spezifität der Bündnisvereinbarung, den Grad an Interessensgleichheit mit den Partnern im Fall von Konflikten mit Drittstaaten, sowie das bisherige Bündnisverhalten der

andere Struktur haben. Ist beispielsweise eine für alle akzeptable kooperative Strategie zur Abwendung gegnerischer Angriffe gefunden, so ist das Problem *Coordination*[85]; bestehen für die weniger mächtigen Mitgliedstaaten hingegen Anreize, ihr Engagement zu reduzieren (und damit den mächtigen Mitgliedstaaten zu schaden ohne diese jedoch von ihrem Engagement abzubringen) dann wird von *Suasion* gesprochen. *Assurance* ist nicht zu erwarten, da der Bündnisfall zu ungewiß ist, um auf eine rasche einheitliche Definition der Situation im Ernstfall vertrauen zu können.

Bei der Funktion, friedensunterstützende Maßnahmen durchzuführen, handelt es sich um die Struktur eines *Suasion*-Problems. Die an der WEU beteiligten Staaten können zwar generell Beschlüsse zur Vorbereitung und Durchführung von *Petersberg-Tasks* beschließen, das Gesamtunternehmen wird jedoch kaum beeinträchtigt, wenn einige weniger mächtige Staaten sich nicht aktiv beteiligen. Scheren beispielsweise drei kleinere Mitgliedstaaten aus einer gemeinsam beschlossenen See-Überwachungsaktion aus, dann wackelt nicht die ganze Operation, aber die überwachenden Staaten müssen die (materiellen und gegebenenfalls personellen) Kosten tragen, für die die drei *Spielverderber*[86] aufgekommen wären.

Der Projektion von Sicherheit liegt die Struktur eines *Assurance*-Problems zugrunde: Die gegenseitige Information und Konsultation zur aktuellen Situationsanalyse dient allen Mitgliedern bei der Formulierung eigener Interessen und Präferenzen. Solange die generelle Lageeinschätzung der Mitgliedstaaten im Hinblick auf die Dialogpartner etwa gleich bleibt, ist nicht mit einer Änderung des Kooperationsproblems zu rechnen. Rechnen sich aber beispielsweise einige Mitgliedstaaten einen besonderen Gewinn vom Ausbau des Dialogs mit nordafrikanischen Staaten aus, andere Mitgliedstaaten aber vom Ausbau des Dialogs mit Rußland, dann besteht - sofern beide Optionen nicht gleichzeitig verwirklicht werden können - ein *Coordination*-Problem.

Die vierte Funktion, die Schaffung eines gemeinsamen Rüstungsmarktes, trägt das Kennzeichen eines *Collaboration*-Problems: Die Rüstungsindustrie lebt nicht nur von staatlichen Aufträgen (und in der Regel ebenso von staatlichen Subventionen), sie gilt auch als sicherheitspolitisch sensibler Bereich. Daher liegt es im Interesse jeder Regierung, einen möglichst großen Teil der Rüstung im eigenen Land herzustellen. Gleichzeitig kann ein natürlicher Widerstand gegen den Verkauf eigener Produktion an andere Staaten gesehen werden, da mit dem Produkt auch Know-how über eigene Militärausstattung über die Grenze geht. Die Versuchung, möglichst viele Rüstungskomponenten im eigenen Land zu produzieren (und beim Export u. U. den Know-how-Transfer mit Blick auf die Einnahmen zu vernachlässigen), ist daher für einen Staat groß, selbst wenn andere Staaten generell zur Kooperation bereit sind. Insgesamt betrachtet ist das Ergebnis suboptimal, da die gemeinsame Herstellung (und gegebenenfalls Subvention) von Rüstungsmaterial mit niedrigeren Kosten verbunden wäre.

Partner. Vgl. *Snyder*, Security Dilemma, S. 475.
85 Vgl. *Keck*, Der Beitrag rationaler Theorieansätze zur Analyse von Sicherheitsinstitutionen, S. 44f.
86 Bei den Modellen des *Rational Choice-Ansatzes* handelt es sich um sogenannte Spiele. Deshalb können im konkreten Fall die ausscherenden Staaten als *Spielverderber* bezeichnet werden, da sie den an der Überwachung beteiligten Staaten schaden - und ihnen damit das *Spiel verderben*.

Wie diese Diskussion zeigt, sind zwei der neuen Funktionen der WEU, nämlich die Durchführung friedenssichernder Maßnahmen und die Schaffung eines gemeinsamen Rüstungsmarktes, durch die Kooperationsprobleme *Suasion* oder *Collaboration* gekennzeichnet. Damit bestätigt sich die eingangs formulierte erste Hypothese, nach der Funktionen zu erwarten waren, die auf *Suasion* und/oder *Collaboration* schließen ließen. Die Projektion von Sicherheit verweist auf *Assurance*. Da *Assurance* keinen hohen Institutionalisierungsgrad erwarten läßt, die Theorie einen hohen Institutionalisierungsgrad jedoch im Hinblick auf derartige Kooperationsprobleme nicht als kontraproduktiv ausschließt, ist dies kein Widerspruch zur ersten Hypothese.

4.4.2 Der Zugriff auf EU- und NATO-Ausstattung

Da die Gemeinsame Außen- und Sicherheitspolitik der EU bislang nicht über Planungs- und Analyseeinheiten verfügt, besteht für die WEU keine Zugriffsmöglichkeiten auf derartige Kapazitäten. Während der Regierungskonferenz zur Weiterentwicklung der EU zeichnet sich allerdings Übereinstimmung zur Schaffung solcher Einheiten ab.[87] Inwieweit sie die bestehenden Strukturen der WEU verdoppeln oder ergänzen kann, ist zum gegenwärtigen Zeitpunkt noch nicht abzusehen.

Die Arbeitsbeziehungen beider Institutionen sind durch Rahmenabkommen über eine Zusammenarbeit zwischen den jeweiligen Ministerräten und Sekretariaten sowie Informations- und Konsultationsmodalitäten zwischen WEU und Europäischer Kommission definiert. Ferner sind die Amtszeit der WEU-Präsidentschaft angepaßt worden, erste Treffen von EU- mit WEU-Arbeitsgruppen haben stattgefunden. Eine institutionelle Verknüpfung ist daher festzustellen.

Zugriffsoptionen der WEU auf Ausstattung der NATO wurden im Zusammenhang mit der Darstellung des CJTF-Konzeptes schon erwähnt. Für die Bearbeitung der deklarierten Funktionen durch die WEU ist dies ein sehr wichtiger Aspekt, da auf diese Weise erst wirkliche Einsatzmöglichkeiten gewährleistet werden.

Mit Blick auf die NATO kann daher auch die zweite Hypothese bestätigt werden: Die WEU kann in der Tat bei der Ausübung ihrer Funktionen um Ausstattungskomponenten der NATO ergänzt werden. Dieselbe Aussage hinsichtlich der EU kann derzeit noch nicht getroffen werden, da hierzu erst das Ende der Regierungskonferenz abgewartet werden muß.

5. *Ergebnisse und Ausblick*

Nach den vorangegangenen Überlegungen ist festzustellen, daß die beiden eingangs formulierten *Puzzles* gelöst werden konnten:

---

[87] Vgl. *Hoyer*, Regierungskonferenz 1996.

Erstens konnte der gemäß dem neorealistischen Konzept überraschende Ausbau der WEU nach dem Ende des Kalten Krieges - hier als *Aufwertung der WEU* bezeichnet - mit Hilfe des neoliberalen Institutionalismus und des *Rational Choice-Ansatzes* erklärt werden. Die WEU dient ihren Mitgliedstaaten trotz der explizierten Bündnisverpflichtung in Art. V des modifizierten Brüsseler Vertrages nicht mehr als Allianz. Ihr sind stattdessen neue Funktionen übertragen worden: die Durchführung friedensunterstützender Maßnahmen, die Projektion von Sicherheit, sowie die Schaffung eines europäischen Rüstungsmarktes.

Zweitens fand sich auch für die erstaunliche Diskrepanz zwischen den deklaratorisch hochgesteckten Zielen des Ministerrates und der auf den ersten Blick dürftigen Ausstattung der WEU eine Erklärung. Auch hier half der Institutionalismus, indem er die Aufmerksamkeit auf EU und NATO lenkte. Diese bilden, bei entsprechender Betrachtungsweise, zusammen mit der WEU *eine* Sicherheitsinstitution. Die Ausstattung der WEU kann durch Komponenten der NATO (im Rahmen des CJTF-Konzeptes) ergänzt werden. Damit verfügt die WEU über Ausstattungsmöglichkeiten, die ihr bei Bedarf die Bearbeitung all der ihr zugewiesenen Funktionen erlauben.

Die im Titel des Beitrags gestellte Frage läßt sich daher in der Weise beantworten, daß es sich in der Tat bei der WEU um das sicherheitspolitische Zentrum eines Netzwerks von Institutionen, und nicht um einen schlafenden Tiger, handelt.

Mit der Bestätigung der Hypothesen wird allerdings nichts über die Erklärungskraft der theoretischen Konzepte *Institutionalismus* und *Rational Choice* ausgesagt. Es kann von einer Bestätigung der Konzepte gesprochen werden, allerdings handelt es sich bei dem untersuchten Fall der WEU nicht um einen *hard case*, d. h. nicht um ein Phänomen, das die Annahmen der Theorie zu widerlegen verspricht.

Zum Schluß lassen sich vier Punkte aus der Untersuchung extrahieren:

1. Die WEU hat eine beachtliche funktionelle Flexibilität gezeigt. Während im vorliegenden Beitrag der Schwerpunkt lediglich auf die *deklarierten Funktionen* gelegt worden war, ist auch eine Untersuchung *potentieller* und *realer Funktionen* vielversprechend. Insbesondere die operative Zusammenarbeit mit NATO und EU auf dem Balkan könnte von Interesse sein.

2. Die WEU verfügt über einen im Vergleich mit EU und NATO niedrigen Institutionalisierungsgrad. Vor allem die Beibehaltung des dominierenden Prinzips der Einstimmigkeit im Ministerrat kann als Ursache dafür gesehen werden.

3. Die Mitgliedsstruktur der WEU hat sich dynamisch entwickelt. Mit doppelt so vielen Mitgliedstaaten wie im Jahr der Gründung als West-Union, sowie vier unterschiedlichen Formen der Beteiligung zeigt die WEU ein Phänomen, das bei keiner anderen Sicherheitsinstitution festzustellen ist.

4. Die WEU dient als Ersatzinstitution. Ehemalige NATO-Aufgaben wurden zur WEU transferiert; ihr wurden Aufgaben zugewiesen, für die sich innerhalb der EG/EPZ kein Konsens fand; sie dient darüber hinaus mit Hilfe des CJTF-

Konzepts als Rückversicherung für den Fall amerikanischer Zurückhaltung in Krisenfällen.

5. Unter theoretischen Gesichtspunkten wurde die WEU bislang vernachlässigt. Gleichwohl stellt sie ein Untersuchungsobjekt dar, das sich dafür eignet, theoretische Defizite aufzudecken und analytische Konzepte weiterzuentwickeln.

Im Zusammenhang mit der Konferenz zur Reform der Europäischen Union ist eine weitere Änderung von Funktion und Form der WEU zu erwarten. Im Sommer 1996 zeichnete sich ab, daß die *Petersberg-Tasks* zum Bestandteil des neuen Unionsvertrages werden könnten[88] und daß die Integration der WEU in die EU als langfristiges Ziel festgeschrieben wird. Der Ablauf des modifizierten Brüsseler Vertrages 50 Jahre nach seiner Unterzeichnung im Jahr 1948 läßt jedoch weitere interessante Entscheidungen erwarten.

---

88 Vgl. Thomas *Gack*, 'Neutrale' engagieren sich, in: Tagesspiegel, 25.7.1996; sowie: Politics this Week, in: The Economist, 27.7.1996, S. 22.

Die Europäische Integration als Sicherheitsinstitution

Michael Kreft

Die Europäische Integration kann als eine Institution verstanden werden, die eine Vielzahl von Subinstitutionen mit verschiedenen Funktionen und Formen umfaßt. Dazu gehören so unterschiedliche Gebilde wie die Europäische Gemeinschaft für Kohle und Stahl (EGKS), die Europäische Wirtschaftsgemeinschaft (EWG), die Europäische Atomgemeinschaft (Euratom), die Europäische Verteidigungsgemeinschaft (EVG), die Europäische Politische Zusammenarbeit (EPZ) oder das Europäische Währungssystem (EWS). Im Gegensatz zu ihren Subinstitutionen war die Europäische Integration bis Anfang der neunziger Jahre überwiegend eine informelle Institution; sie wurde jedoch mit dem Maastrichter Vertrag formalisiert und trägt nun den Namen Europäische Union (EU). Innerhalb dieser besteht eine Anzahl unterschiedlicher institutioneller 'Säulen' fort.

Im Unterschied zu allen anderen in diesem Band untersuchten Institutionen, gehört es nicht zu den zentralen Aufgaben der Europäischen Integration, die Sicherheit der Mitgliedstaaten zu gewährleisten. Die institutionellen Instrumente, die in den Subinstitutionen der Europäischen Integration entwickelt wurden, richteten sich im Kern vielmehr auf die wirtschaftliche Kooperation. Dennoch lohnt es sich, die Europäische Integration als Sicherheitsinstitution zu betrachten. Nicht erst seit der Einführung einer Gemeinsamen Außen- und Sicherheitspolitik (GASP) im Vertrag über die Europäische Union, sondern in allen Entwicklungsphasen der Europäischen Integration spielten sicherheitspolitische Erwägungen eine Rolle. Die Verbesserung der Sicherheitslage der Mitgliedstaaten muß deshalb als eine Nebenaufgabe begriffen werden.

Im folgenden soll deshalb der Zusammenhang zwischen Form und Funktion der Europäischen Integration im Politikfeld Sicherheit untersucht werden. Die allgemeinste Aussage, die über die Beziehung zwischen Form und Funktion zu finden ist, lautet: *form follows function*, d. h. die Form einer Institution leitet sich aus den ihr übertragenen Funktionen ab.[1] Die Frage nach dem 'Wie' ist der Frage nach dem 'Was' nachgeordnet. Diese Annahme besticht durch ihre leichte Nachvollziehbarkeit. Die Geschichte der Europäischen Integration als Sicherheitsinstitution stellt jedoch die allgemeine Gültigkeit dieser Hypothese in Frage. Die Entwicklung der Form und die der Funktionen stehen in einem komplizierteren Verhältnis, als die zitierte Kausalvermutung unterstellt.

Um dieses Verhältnis besser zu verstehen, wird die Europäische Integration in drei Phasen ihrer Entwicklung untersucht: In der Aufbauphase waren sicherheitspolitische Motive prägend für die europapolitischen Entscheidungen der staatlichen Akteure. Der Zweite Weltkrieg war der maßgebliche Anlaß für das Streben nach einem institutisierten Kooperationsrahmen in Europa. Bereits 1941 forderte der spätere französische Ministerpräsident Léon Blum:

---

[1] Vgl. dazu Helga *Haftendorns* Diskussion des Funktionalismus in: Sicherheitsinstitutionen in den internationalen Beziehungen. Eine Einführung, in diesem Band, S. 11-34 (20f).

„Aus diesem Krieg müssen endlich durch und durch starke internationale Einrichtungen und eine durch und durch wirksame internationale Macht hervorgehen, sonst wird er nicht der letzte gewesen sein."[2]

Mit dem Scheitern des wichtigsten Institutionalisierungsprojekts, der EVG, kam die Aufbauphase im sicherheitspolitischen Bereich weitgehend zum Stillstand. Der Schwerpunkt verlagerte sich auf wirtschaftspolitische Bereiche. Neue Versuche, außen- und sicherheitspolitische Initiativen umzusetzen, wie beispielsweise die Fouchet-Pläne der Jahre 1961 und 1962, scheiterten. Erst mit der Schaffung der EPZ wurde ein Institutionalisierungsprozeß eingeleitet, der auf eine Konsolidierung außenpolitischer Integration zielte, und damit früher oder später auf sicherheitspolitische Aufgaben stoßen mußte. In der Phase der europäischen Umbrüche der Jahre nach 1989 wurde diese Annäherung an sicherheitspolitische Aufgaben mit der Schaffung der GASP weitergeführt, die nach dem Vertrag über die Europäische Union (EUV) sämtliche Fragen umfaßt,

„welche die Sicherheit der Europäischen Union betreffen, wozu auf längere Sicht auch die Festlegung einer gemeinsamen Verteidigungspolitik gehört, die zu gegebener Zeit zu einer gemeinsamen Verteidigung führen könnte."[3]

Die Untersuchung dieser drei Phasen der Europäischen Integration ist von der Annahme geleitet, daß in unterschiedlichen historischen Entwicklungsstufen der Institution auch die Beziehung zwischen Funktion und Form variieren kann.

1. Begriffliche und theoretische Vorüberlegungen

Die Definition von Institutionen als „persistent and connected sets of rules (formal and informal) that prescribe behavioral roles, constrain activity, and shape expectations"[4] gestattet, Institutionen nicht nur horizontal, sondern auch vertikal abzugrenzen. Der vorliegende Beitrag macht sich diese Einsicht zunutze, indem er die sichtbaren Organisationen der Europäischen Integration als Subinstitutionen beschreibt, die jeweils eine Teilmenge einer umfassenden Institution bilden: Diese umfassende (Makro-) Institution ist die Europäische Integration.

Wie alle anderen Institutionen, besteht auch die Europäische Integration aus einem Satz von Regeln, der das Verhalten der Akteure berechenbarer machen soll. Dennoch unterscheidet sie sich von den in anderen Beiträgen dieses Band behandelten Institutionen in mehrfacher Hinsicht. Bis zum Inkrafttreten des Vertrages über die Europäische Union handelte es sich bei der Europäischen Integration um eine informelle und prozeßhafte Institution. Statt mit „einer Reihe von Organen"[5] ausgestattet zu sein, wurden im Rahmen der Europäischen Integration Subinstitutionen herausgebildet, die sich spezifi-

---

2 Zitiert nach Wilfried *Loth*, Der Weg nach Europa. Göttingen: Vandenhoeck 1990, S. 13.
3 Art. J.4 (1), Vertrag über die Europäische Union, in: Bulletin des Presse- und Informationsamtes der Bundesregierung, Nr. 16, (12.2.1992), S. 154.
4 Robert O. Keohane, International institutions and state power, Boulder, CO: Westview Press 1989, S.3.
5 *Haftendorn,* Sicherheitsinstitutionen in den internationalen Beziehungen, S. (20).

schen Politikbereichen widmeten. In ihnen wurden die Organe und Mechanismen zur Entscheidungsfindung entwickelt, deren jeweiliges Design die Kooperationsprobleme des entsprechenden Politikbereiches widerspiegelte. Auf der Ebene der Europäischen Integration fanden sich hingegen weder Organe, noch eine sichtbare, verhandelte Charta. Die Regeln, die in ihr wirkten, waren implizite Regeln, auf deren Existenz nur von ihrem Output her geschlossen werden kann. Kernstück des so zu konstruierenden Regelsatzes war der Imperativ der Integration. Um einen neuen Krieg in Europa zu verhindern, um Deutschland einzubinden, um den wirtschaftlichen Wiederaufbau nach dem Krieg zu erleichtern, und um dem sich abzeichnenden Ost-West-Gegensatz zu begegnen, wurde ein breit angelegtes Integrationswerk angestrebt. Es erscheint zulässig, in diesem Anliegen einen institutionellen Regelsatz zu vermuten, da andere Optionen offen gestanden hätten[6], und in unterschiedlichen Politikfeldern nach demselben Prinzip der Integration verfahren wurde.

Regeln sind insofern spezifisch, als sie sich auf einen zu regelnden Gegenstand beziehen. Die Regeln der Europäischen Integration beziehen sich auf die allgemeinen Beziehungen zwischen den europäischen Staaten. Insofern die Sicherheit dieser Staaten Teil dieser Gesamtbeziehungen ist, handelt es sich also bei den Sicherheitsfunktionen der Europäischen Integration um Teilfunktionen innerhalb einer Gesamtfunktion. So weit sich die Entwicklung seit dem Scheitern der EVG und dem Beitritt der Bundesrepublik Deutschland zur NATO zunehmend auf wirtschaftliche Aspekte der Beziehungen zwischen den europäischen Staaten konzentrierte, kann von Nebenfunktionen im Bereich Sicherheit gesprochen werden. Die eingangs vorgestellte Frage bezieht sich also zugleich auf die sicherheitspolitische Teilfunktion der Europäischen Integration im Rahmen der Gesamtfunktion des Arrangements der zwischenstaatlichen Beziehungen und auf ihre sicherheitspolitische Nebenfunktion innerhalb der sich vertiefenden[7] wirtschaftlichen Institutionalisierung.

Eine empirisch fundierte Beantwortung dieser Frage erfordert ein klares begriffliches Instrumentarium. Deshalb soll im folgenden der theoretische Kontext umrissen werden, innerhalb dessen sich die Analyse der Europäischen Integration als Sicherheitsinstitution bewegen soll.

1.1 Sicherheitsfunktionen und institutionelle Form der Europäischen Integration

Der Begriff der Funktion ist mehrdimensional. Grundsätzlich wird zwischen allgemeinen und spezifischen Funktionen von Institutionen unterschieden[8]. Die allgemeinen Funktionen beeinflussen das Verhalten der an den Institutionen beteiligten Staaten im Sinne kooperativer Verhaltensweisen, so daß trotz konkurrierender Interessen über einen längeren Zeitraum hinweg Kooperation zustande kommt. Dies geschieht vor allem durch die

---

6 Beispielsweise wäre hier an die Stalin-Noten des Jahres 1952 zu denken, die eine Neutralität für Deutschland vorsahen und eine jahrzehntelange Kontroverse in der Wissenschaft nährten.
7 Der umgangssprachliche Begriff der Vertiefung meint in diesem Beitrag die Vergrößerung der Verregelungsdichte.
8 Siehe hierzu *Haftendorn*, Sicherheitsinstitutionen in den internationalen Beziehungen, S. 16.

Bereitstellung und den Austausch von Information. Sofern die Institutionen auf langfristige Kooperation angelegt sind, zählt auch die Absicherung ihres Selbsterhalts zu ihren allgemeinen Funktionen. Demgegenüber bestehen die spezifischen Funktionen der Institution in den besonderen Aufgaben, die sie erfüllt. Bei Sicherheitsinstitutionen sind dies also Funktionen, die den an ihr beteiligten Staaten eine Zusammenarbeit bei der Gewährleistung ihrer Sicherheit - im Sinne des Schutzes ihrer territorialen Integrität, politischen Selbstbestimmung und wirtschaftlicher Wohlfahrt gegen eine militärische Bedrohung - erleichtern.

Eine weitere Unterscheidung von Funktionen kann anhand eines Vier-Felder-Schaubildes erläutert werden:

		Funktion	
		nicht erfüllt	erfüllt
Funktion	deklariert		
	nicht deklariert		

Schaubild 1: Dimensionen institutioneller Funktionen

Deklarierte Funktionen sind dabei diejenigen Funktionen, die die Mitgliedstaaten der Institution offiziell zuordnen, ohne daß damit bereits etwas darüber ausgesagt wäre, ob und inwiefern die Institution diese Funktionen tatsächlich erfüllt. Nicht deklarierte Funktionen hingegen sind Funktionen, die die Institution nach den Erwartungen der beteiligten Akteure zwar erfüllt, die ihr jedoch nicht explizit übertragen wurden.

Im Falle der Europäischen Integration muß diese Kategorisierung unter Berücksichtigung des besonderen Verhältnisses zwischen Haupt- und Nebenfunktionen vorgenommen werden. Diese analytische Trennung spiegelt sich nicht in der institutionellen Form wider. Zwar sind mit der EPZ und später der GASP spezielle Subinstitutionen für außen- und sicherheitspolitische Fragen ausgebildet worden. Instrumente der Außenhandelspolitik der EG können jedoch auch sicherheitsrelevante Funktionen erfüllen.

Daran wird zugleich die Notwendigkeit einer trennscharfen Definition der institutionellen Form deutlich: Die Form soll begriffen werden als die Gesamtheit der Regeln, Normen, Verfahren (Prozeduren) sowie Organe und Instrumente, die in einer Institution existieren.[9]

---

9   Ein weiteres Element der Form könnte in den Machtverhältnissen innerhalb der Institution gesehen werden. Dieser Aspekt soll hier unberücksichtigt bleiben, da er im vorliegenden Fall von untergeordneter Bedeutung für die Funktionen sein dürfte.

1.2 Die institutionentheoretische Analyse der Europäischen Integration

Theoriegeleitete Interpretationen der Europäischen Integration sind so vielfältig wie die Theorien der Internationalen Beziehungen insgesamt[10]. Sieht der Föderalismus (Fusionstheorie) in der Europäischen Integration den Versuch von Nationalstaaten, über eine immer stärkere Institutionalisierung einen Bundesstaat zu bilden, so erkennt eine neorealistische Betrachtungsweise[11] in der Europäischen Integration vielmehr den Versuch, diese Entwicklung zu verhindern, indem die Grenzen der Integration definiert und damit die *domaines réservés* der Nationalstaaten vertraglich gesichert werden. Der Erhalt der nationalen Souveränität wird als unveräußerliches Ziel der Nationalstaaten begriffen, und die Kooperation in Institutionen folgt Gesetzmäßigkeiten, die sich allein an den jeweiligen nationalen Prioritäten ausrichten. Nationalstaaten werden als egoistisch-rationale Nutzenmaximierer verstanden. Die Stabilität der Institution ist nur so lange gewährleistet, wie die mächtigsten Nationalstaaten an einer solchen interessiert sind.

Diese Dominanz der Mitgliedstaaten in der neorealistischen Betrachtung von Institutionen hat Konsequenzen für die Interpretation von Funktionen und Formen. Die Frage nach dem Zusammenhang zwischen beiden ist für den Neorealismus von untergeordneter Bedeutung. Von Interesse wäre allenfalls, inwiefern die mächtigsten Staaten an einem bestimmten Set von Funktionen und einem bestimmten institutionellen Design interessiert sind. Ein Interesse eines Staates, Souveränität abzugeben, erscheint im Realismus als unwahrscheinlich. Deshalb müßten auch institutionelle Formen, die einen solchen Souveränitätsverzicht mit sich bringen, als unwahrscheinlich gelten. Im Falle der Europäischen Integration läßt sich jedoch eben dieser Verzicht auf nationale Souveränität beobachten.

Der Neofunktionalismus[12] trägt diesem Phänomen Rechnung. Auch er sieht im Staat als egoistisch-rationalem Nutzenmaximierer den Träger von Kooperation. Er räumt jedoch der Institution zusätzlich eine Bedeutung bei der Festlegung von Funktionen und Formen ein. Die Kooperation, die mittels einer Institution zustande kommt, erzwingt weitergehende Kooperation:

„Once agreement is reached and made operative on a policy or set of policies pertaining to intermember or interregional relations, participants will find themselves compelled - regardless of their original intentions - to adopt common policies vis-à-vis nonparticipant third parties. Members will be forced to hammer out a collective external position (and in the process are likely to have to rely increasingly on the new central institutions to do it)."[13]

Damit werden Sachzwänge identifiziert, die aus der einmal begonnenen Kooperation erwachsen und notwendigerweise in neuer Kooperation resultieren. Die Kooperation

---

10 Vgl. hierzu Wolfgang *Wessels*, Von der EPZ zur GASP - Theorienpluralismus mit begrenzter Aussagekraft, in: Elfriede Regelsberger (Hrsg.), Die Gemeinsame Außen- und Sicherheitspolitik der EU. Profilsuche mit Hindernissen. Bonn: Europa Union Verlag 1993, S. 9-29.
11 Philip *Zelikow*, The Masque of Institutions, in: Survival, Bd. 38, Nr. 1 (Frühjahr 1996), S. 6-18.
12 Vgl. R. J. *Harrison*, Neo-Functionalism, in: A. J. R. Groom/P. Taylor (Hrsg.), Framework for International Cooperation. New York: St. Martin's Press 1990, S. 139-150.
13 Philip *Schmitter*, Three Neo-Functionalist Hypotheses about Regional Integration, in: International Organization, Bd. 23 (1969), Nr. 1, S. 161-166 (165).

beeinflußt also die außenpolitischen Präferenzen der Mitgliedstaaten. Dabei steht die Finalität der Kooperation nicht mehr zur politischen Disposition. Vielmehr baut der Funktionalismus auf der Annahme auf, daß die Kooperation letztlich zu einem föderativen Gebilde führe, auf das die Nationalstaaten immer mehr Souveränität übertragen. Dies unterscheidet den Funktionalismus vom Realismus.

Im Gegensatz von Neorealismus und Neofunktionalismus bezieht der neoliberale Institutionalismus[14] eine Zwischenposition. Auch er geht explizit von egoistisch-rationalen Nutzenmaximierern aus. Allerdings legt er keine föderative Finalität der institutionalisierten Kooperation zugrunde. Vielmehr betont er die kooperationsfördernde Wirkung von Institutionen. Diese kommt zweifach zum Tragen: Institutionen werden zur Umsetzung von Kooperationschancen genutzt und gleichzeitig tragen sie zur Stabilisierung bereits bestehender Kooperation bei. Ihre allgemeinen Funktionen liefern ihnen dazu die Grundlage. Dazu gehören vor allem die Schaffung von Erwartungssicherheit, der Informationsaustausch, und die Reduktion von Transaktionskosten.

Gehring regt eine analytische Trennung zwischen der Kooperation auf der Handlungsebene und der Kooperation auf der Kommunikationsebene an. Dabei werden auf der Kommunikationsebene Normen verabredet, die sodann auf der Handlungsebene befolgt werden sollen. Am Beispiel der Einführung der GASP läßt sich diese Unterscheidung folgendermaßen verdeutlichen: Die Verhandlungen um den Maastrichter Vertrag erzeugten Normen für die zukünftige Kooperation im Bereich der Außen- und Sicherheitspolitik. Deren Wirken auf der Handlungsebene bemißt sich an ihrer Befolgung, d. h. an ihrer Anwendung im außen- und sicherheitspolitischen Bereich. Wie im Folgenden noch zu zeigen sein wird, bleibt diese Kooperation auf der Handlungsebene derzeit noch hinter den durch die Normen geweckten Erwartungen zurück.[15] Das bedeutet, daß in der Europäischen Integration Verregelungen stattgefunden haben, die noch nicht in Verhaltensänderungen auf der Handlungsebene umgesetzt wurden. Die institutionelle Form bereitet also schon in der Gegenwart den Grund für Funktionen, die die EU auf der Handlungsebene im Bereich Sicherheit erst in der Zukunft übernehmen kann und deren Umrisse heute noch nicht erkennbar sind.

Im Prozeß der Kooperation, vor allem auf der Kommunikationsebene kann die Institution den Charakter eines Akteurs annehmen. Dann übt sie einen eigenständigen, d. h. nicht unmittelbar von den Interessen der beteiligten Staaten abhängigen Einfluß aus. Zwar verfügt die Institution nicht über eigene Machtressourcen. Die Bürokratie kann jedoch durch ihren Sachverstand überzeugende Argumente in die Verhandlungen einbringen, und damit ihr fehlendes Machtpotential teilweise kompensieren.

---

14 Thomas *Gehring*, Der Beitrag von Institutionen zur Förderung der internationalen Zusammenarbeit. Lehren aus der institutionellen Struktur der Europäischen Gemeinschaft, in: Zeitschrift für Internationale Beziehungen, Bd. 1 (1994), Nr. 2, S. 211-242.
15 Daß es hierfür einzelne Ausnahmen gibt, die entweder durch die Instrumentarien der EG ins Werk gesetzt wurden, oder sich auf beschränkte und weniger gewichtige Gegenstände bezogen, ist hier als die Ausnahme zu betrachten, die diesen Umstand bestätigt.

Diese Rolle der Institution kann durch ihre Form noch gestärkt werden. So ist das institutionelle Gefüge der Europäischen Integration darauf ausgelegt, mögliche Dilemmata zu vermeiden. Ein solches Dilemma könnte beispielsweise aus dem Zögern von Nationalstaaten resultieren, Initiativen zu ergreifen. Nutzenmaximierer werden sich damit zurückhalten, da eine Initiative mit der Offenbarung der eigenen Interessen verbunden ist, was für den Verhandlungsprozeß von Nachteil sein kann. Diesem Dilemma schafft die Institution dadurch Abhilfe, daß die Europäische Kommission mit einer umfassenden Initiativ-Kompetenz ausgestattet ist, die es den Mitgliedstaaten erspart, in die beschriebene Falle zu treten. Über die Formulierung und die ständige Anpassung der Initiative hat die Kommission einen beträchtlichen Einfluß auf den Verlauf der Verhandlungen und das zu erwartende Ergebnis.

Zweifel an der Implementierung eines gefaßten Entschlusses können ein weiteres Problem auf der Verhandlungsebene entstehen lassen. Auch hier hilft ein institutioneller Akteur: Der Europäische Gerichtshof (EuGH). Sind Staaten nicht bereit, andere Staaten zu verklagen, da sie befürchten, später von diesem Staat selbst verklagt zu werden, besteht die Möglichkeit, daß die Kommission den EuGH anruft und einen Mitgliedstaat verklagt. Hier besteht also eine Kette institutioneller Akteure, durch welche die Kooperation geregelt werden kann. Mit Gehring kann man deshalb zu dem Schluß kommen:

„Die Analyse der institutionellen Struktur der EG zeigt, daß das Design einer Institution in erheblichem Maße auf die Handlungen egoistisch-rationaler Akteure einzuwirken vermag. Es kann wesentlich zum Gelingen von Kooperation, die von den beteiligten Akteuren gemeinsam angestrebt wird, beitragen, aber es kann im gleichen Maße hinderlich wirken. Das institutionelle Design stellt darüber hinaus eine von den beteiligten Akteuren frei gestaltbare Größe dar, sofern Institutionen gezielt errichtet werden und der Herausbildung kooperativen Handelns nachfolgen. Die Institution selbst (unterschieden von der durch sie geförderten Kooperation) wird damit zu einem eigenständigen Einflußfaktor und zu einem wichtigen Untersuchungsgegenstand im Rahmen der Diskussion um institutionalisierte Kooperation im internationalen System."[16]

Die Aussage, daß das institutionelle Design dann zur „frei gestaltbaren Größe" wird, wenn die Institution noch nicht jenen Sachzwängen unterliegt, die sich aus einmal begonnener Kooperation ergeben, deutet darauf hin, daß die Zusammenhänge zwischen Funktion und Form mit den Entwicklungsstadien von Institutionen variieren. Eine Untersuchung dieser Zusammenhänge kann deshalb nur unter Berücksichtigung des jeweiligen institutionellen Entwicklungsstadiums vorgenommen werden. Dies soll im folgenden, empirischen Teil anhand dreier Phasen der Europäischen Integration versucht werden.

---

16 Ebd., S. 235.

2. Zusammenhänge zwischen Funktionen und Form in der institutionellen Aufbauphase

2.1 Die Phase des Aufbaus

In diese Phase fallen die Entstehung der Europäischen Integration als Institution und der wichtigsten Subinstitutionen mit ihren zentralen Organen sowie zahlreiche, bedeutende Projekte, deren Realisierung entweder nicht in Angriff genommen wurde oder scheiterte. Kennzeichnend für diesen Zeitraum ist es, daß eine Kooperationstradition, auf der der Institutionalisierungsprozeß hätte aufbauen können, nicht existierte. Das institutionelle Design war deshalb offen für die freie Gestaltung durch die Akteure. Dasselbe gilt für die spezifischen Funktionen, die der Institution übertragen werden sollten.

Die offene Frage nach Status und Rolle Deutschlands sowie die aufkommende Konfrontation der beiden Nuklearmächte Sowjetunion und USA ließen die Forderung nach Schaffung internationaler Institutionen laut werden.[17] Der Vertrag von Dünkirchen (1947), der Brüsseler Vertrag (1948) sowie der Washingtoner Vertrag (1949) waren Ausdruck dieser Entwicklung.

Als der Korea-Krieg eine deutsche Wiederbewaffnung als unausweichlich erscheinen ließ, regte der französische Premierminister René Pleven 1950 die Gründung einer Europäischen Verteidigungsgemeinschaft an, um die (west-)deutschen Streitkräfte in eine internationale Organisation einzubinden. Die Pläne zur EVG waren an eine Europäische Politische Gemeinschaft (EPG) gekoppelt, der eine Verfassung gegeben werden sollte. Beide Initiativen folgten den impliziten Regeln der Europäischen Integration, die eine Institutionalisierung der Kooperation verlangten. Als beide Projekte 1953 bzw. 1954 an den Vorbehalten Frankreichs scheiterten, wurde zunächst kein Versuch mehr unternommen, die Sicherheits- und Verteidigungspolitik zu vergemeinschaften. Die Gefahr eines Scheiterns der Kooperation insgesamt schien zu groß. So wurde jeder weitere Versuch, die auf die Regelung der allgemeinen Beziehungen zwischen den europäischen Staaten bezogene institutionelle Form der Europäischen Integration durch spezifische, sicherheitspolitische Regelsätze, Organe, oder Entscheidungsmechanismen zu vertiefen, zum gemeinschaftlichen Tabu. Die Entwicklung der Subinstitutionen der Europäischen Integration schritt insbesondere auf dem wirtschaftspolitischen Sektor voran, auf dem in den folgenden Jahren drei Organisationen gegründet wurden: Die EGKS, die Euratom und die EWG.

Doch diese Beschreibung der sichtbaren Entwicklung darf nicht darüber hinweg täuschen, daß die Europäische Integration auch sicherheitspolitische Funktionen erfüllte. Hier ist an die theoretischen Aussagen über den kooperationsfördernden Charakter von Institutionen anzuküpfen. Eine Betrachtung des Beispiels EVG kann dies deutlich machen. Es wurde bereits darauf hingewiesen, daß das Projekt der EVG nie zu einer institutionellen Form gemäß der hier zugrunde liegenden Definition führte. Im folgenden soll

---

17 Zur historischen Entwicklung sowie ihren Vorläufern siehe Walter *Lipgens* (Hrsg.), Documents on the History of European Integration, 4 Bände. New York/Berlin: De Gruyter 1985-1990. Eine knappe und übersichtliche Darstellung bietet *Loth*, Der Weg nach Europa.

jedoch gezeigt werden, daß die Kommunikation über die EVG dennoch sicherheitspolitische Wirkungen entfaltete.

2.2 Die Europäische Verteidigungsgemeinschaft als Beispiel

Im September 1950 regte der amerikanische Außenminister Dean Acheson die Schaffung einer westdeutschen Armee im Rahmen einer 'Europäischen Verteidigungsstreitmacht' der NATO an. Dieses Angebot zur Wiederbewaffnung Deutschlands rief seitens Frankreichs und Großbritanniens unmittelbar die Forderung nach einer möglichst starken, supranationalen Einbindung der deutschen Kontingente hervor. Vor allem aus französischer Sicht galt es gleichzeitig, eine Hegemonie der USA in Europa zu verhindern. So gewann die Europäische Integration eine eminent politische Qualität, die vielen als verfrüht erschien. Der Schritt zur Schaffung einer Politischen Gemeinschaft wurde notwendig, bevor eine Kooperationstradition in anderen Gebieten etabliert werden konnte. Jean Monnet schilderte diese Situation folgendermaßen:

„Die Umstände zwangen uns, die Zelte hinter uns abzubrechen: Die europäische Föderation wurde zu einem Nahziel... Die Armee, die Waffen und Basisproduktionen mußten unter eine gemeinsame Souveränität gestellt werden. Wir konnten nicht, wie wir es vorgesehen hatten, darauf warten, daß Europa eines Tages eine wachsende Konstruktion krönte, denn eine gemeinsame Verteidigung konnte von Anfang an nur unter einer gemeinsamen Oberhoheit konzipiert werden."[18]

Vor diesem Hintergrund schlug der französische Ministerpräsident René Pleven in einer Regierungserklärung am 24. Oktober 1950 vor, eine Sicherheitsorganisation mit sehr hohem Institutionalisierungsgrad zu bilden. Die europäischen Streitkräfte sollten einem europäischen Verteidigungsminister unterstellt werden, der einem Ministerrat verantwortlich sein sollte. Indirekt war es ein Ziel dieses Plans, eine Emanzipation Deutschlands im Rahmen einer gleichberechtigten NATO-Mitgliedschaft zu verhindern. Die europäischen Streitkräfte sollten sich aus den einzelnen Bataillonen derjenigen nationalen Streitkräfte zusammensetzen, die die nationalen Regierungen für die gemeinsame Verteidigung zur Verfügung stellten. Deutschlands Truppen wären als einzige vollständig der EVG unterstellt gewesen. Eine nationale Führungsfähigkeit der deutschen Truppen sollte dadurch verhindert werden, daß sämtliche Befehlshaber über der Ebene des Verbandskommandeurs durch die EVG gestellt worden wären.

Der EVG-Vertrag wurde im Mai 1952 unterzeichnet. Als in den USA ab dem Herbst 1953 eine Revision der Verteidigungskonzeption vorgenommen wurde, die auf eine Reduzierung der US-Präsenz in Europa hinauszulaufen schien, schwand Frankreichs Interesse an einer Europäisierung des französischen Verteidigungsbeitrages. Eine Europa-Armee hätte dem amerikanischen *Disengagement* Vorschub geleistet, was Frankreich angesichts der sowjetischen Bedrohung sowie der deutschen Ungewißheiten zu verhindern trachtete. Die EVG erschien so immer mehr als ein Instrument der USA. Der amerikanische Außenminister Dulles setzte sich nachdrücklich für die Ratifizierung des EVG-Vertrages

---

18 Zitiert nach *Loth*, Der Weg nach Europa, S. 93.

ein. In Frankreich verstärkte dies zusätzlich den Wunsch nach mehr Unabhängigkeit von den USA. Vor dem Hintergrund der wachsenden Bedeutung der Nuklearwaffen schien diese jedoch nur erreichbar, wenn eine eigene nukleare Bewaffnung entwickelt wurde. Dem stand wiederum die EVG entgegen. Verkörperte der Pleven-Plan ursprünglich den Versuch, zugleich mehr europäische Unabhängigkeit zu schaffen, die internationale Entspannung zu fördern, sowie die deutsche Wiederbewaffnung multilateral einzubinden, so kehrte sich nun die Perzeption der EVG in das Gegenteil: Sie schien eine amerikanische Truppenreduzierung erst zu ermöglichen, für die Entspannung irrelevant zu bleiben und die deutsche Wiederbewaffnung zu beschleunigen.

Die direkte Integration Deutschlands in die NATO erschien Frankreich angesichts dieser Entwicklung als weniger problematisch, da es dort als führendes Mitglied atomares Mitspracherecht einklagen und so gegenüber Deutschland den Sicherheitsvorsprung erhalten konnte, den die EVG nicht länger zu ermöglichen schien. Als die Ratifizierung des EVG-Vertrages am 29. August 1954 in der französischen Nationalversammlung von der Tagesordnung abgesetzt wurde, besiegelte dies das Projekt. Die Regeln, Prinzipien, Normen und Verfahren, die im Verhandlungsprozeß über die EVG diskutiert wurden, verblieben auf der Kommunikationsebene und wurden nicht auf die Handlungsebene übertragen.

Gleichwohl läßt sich feststellen, daß die langwierigen Verhandlungen über die EVG auf nationaler, europäischer und transatlantischer Ebene nicht ohne Wirkung blieben. So machten die wiederholten Versuche, durch neue Verhandlungsimpulse das Projekt doch noch zu retten, die grundsätzlich vorhandene Motivation aller Beteiligten für eine weitergehende Europäische Integration deutlich. Allerdings, und auch das ist eine Wirkung der Kommunikation über die EVG, blieb der sicherheitspolitische Bereich als der schwierigste und empfindlichste Integrationssektor ausgespart. Der Verhandlungsprozeß über die EVG stellte also eine Kooperation auf der Kommunikationsebene dar, die Einfluß auf weitere Kommunikationsprozesse ausüben konnte, ohne daß die konkreten institutionellen Formen, die für die Handlungsebene geplant waren, jemals in Kraft traten. Doch auch auf der Handlungsebene blieb die EVG durch ihr Scheitern nicht ohne Wirkung.

„Die Gefahr eines Scheiterns der westlichen Sicherheitsgemeinschaft vor Augen, fanden sich nun nämlich alle Verhandlungspartner zu Zugeständnissen bereit, die sie bislang immer vermieden hatten."[19]

So stimmte Frankreich nun dem direkten Beitritt der Bundesrepublik zur NATO zu, obwohl es dies vor den Verhandlungen über die EVG stets abgelehnt hatte. Adenauer war seinerseits bereit, mit Frankreich ein gesondertes Saarstatut auszuhandeln. Auch diese Forderung war vor den EVG-Verhandlungen durch die Bundesrepublik blockiert worden.

Zusammenfassend kann festgehalten werden, daß das Scheitern der EVG einen wichtigen Beitrag dazu leistete, die NATO zu stabilisieren und die Pariser Verträge vom 23. Oktober 1954 einschließlich der entsprechenden Zugeständnisse Frankreichs und der Bundesrepublik zu ermöglichen. Für die hier zugrundeliegende Fragestellung kann also

---

19 Ebd., S. 112.

eine einfache Aussage über den Zusammenhang zwischen den Funktionen und den Formen von Institutionen konstruiert werden. Institutionen können Funktionen erfüllen, ohne dafür einer spezifischen Form zu bedürfen. Das Beispiel der EVG zeigt, daß erst der Mangel und der explizite Verzicht auf die Schaffung entsprechender Regeln, Prozeduren und Organe die institutionelle Wirkung sicherstellten. Die Form, so die weitergehende Formulierung dieser Annahme, ist für die Erfüllung der Funktion von nachrangiger Bedeutung. Trotz der völligen Abwesenheit von sicherheitspolitischer Verregelung konnte die Europäische Integration eine sicherheitspolitische Funktion erfüllen; nämlich insofern, als die Befolgung ihrer Regeln einen Integrationsprozeß im sicherheitspolitischen Bereich förderte. Daß dieser Schritt scheiterte ist für die Bedeutung der Europäischen Integration in diesem Prozeß unwesentlich, da dennoch eine Wirkung erzielt wurde. Dies geschah freilich, ohne daß sich die Regelsätze der Institution ausschließlich und spezifisch auf sicherheitspolitische Gegenstände bezogen hätten. Zwischen der Form der Institution und ihren Teilfunktionen bestand also kein kausaler Zusammenhang.

3. Zusammenhänge zwischen Funktionen und Form in der institutionellen Konsolidierungsphase

Bei der Analyse der Phase der Konsolidierung[20] können in Anlehnung an Offe[21] zwei Dimensionen von Konsolidierung unterschieden werden: Eine vertikale Konsolidierung besteht dann, wenn die Akteure Regeln nicht mehr zur Disposition stellen, sondern sich grundsätzlich an sie halten; horizontale Konsolidierung ist hingegen dann vorhanden, wenn die institutionellen Domänen scharf voneinander abgegrenzt sind. Im Falle der Europäischen Integration bedeutet dies eine klar definierte und arbeitsteilige Abgrenzung der Funktionen der einzelnen Subinstitutionen.

Hinsichtlich der außen- und sicherheitspolitischen Funktionen der Europäischen Integration kann der Zeitraum zwischen der Schaffung der EPZ 1970 und der Unterzeichnung des Vertrages über die Europäische Union 1991 als ein Konsolidierungsprozeß betrachtet werden. Eine bereits vorhandene Kooperationstradition (im ökonomischen Bereich) wurde auf ein neues Problemfeld (Außen- und zunehmend auch Sicherheitspolitik) übertragen. Die Form der für das hinzugekommene Problemfeld neu zu schaffenden Institutionen stand nicht völlig zur freien Disposition der Akteure, da die Erfahrungen mit der Institutionalisierung in der Vergangenheit ihren Einfluß auf den Prozeß hatten. Hierin unterscheidet sich die Konsolidierungsphase von derjenigen des Aufbaus. Ein weiteres Unterscheidungsmerkmal ergibt sich daraus, daß diese Kooperationstradition nahezu ausschließlich im ökonomischen Bereich gebildet worden war. Sicherheitspolitische Aspekte hingegen wurden an den Rand bzw. darüber hinaus verdrängt. Was also in der Aufbauphase eine Teilfunktion der Europäischen Integration war (sicherheitspolitische Funktionen), wurde im Laufe der Zeit zunehmend zu einer Nebenfunktion degradiert.

---

20 Konsolidierung wird in diesem Beitrag nicht als Zustand begriffen, sondern als Prozeß.
21 Vortrag von Claus *Offe* an der Freien Universität Berlin, 30.4.1996.

3.1 Die Phase der Konsolidierung

Auf dem Gipfeltreffen der sechs damaligen Mitgliedstaaten im Dezember 1969 in Den Haag wurde beschlossen, die Europäische Integration vor der anstehenden Erweiterung des Mitgliederkreises institutionell zu vertiefen. Im Rahmen dieses Beschlusses wurden die Außenminister beauftragt, zu prüfen,

> „wie, in der Perspektive der Erweiterung, am besten Fortschritte auf dem Gebiet der politischen Einigung erzielt werden können, [um] einem vereinten Europa den Weg zu bahnen, das seine Verantwortung in der Welt von morgen übernehmen ... kann."[22]

Dieser Auftrag resultierte 1970 im Luxemburger Bericht, mit dem die EPZ eingeführt wurde[23]. Die übergeordnete Funktion der EPZ, wie sie im Luxemburger Bericht beschrieben wurde, war es, „Fortschritte auf dem Gebiet der politischen Einigung"[24] durch engere Zusammenarbeit in der Außenpolitik zu erzielen. Zur Erfüllung dieser Funktion wurden zwei Strategien gewählt:

1. „ ... durch die regelmäßige Unterrichtung und Konsultation eine bessere gegenseitige Verständigung über die großen Probleme der internationalen Politik zu gewährleisten;"

2. „ ... die Harmonisierung der Standpunkte, die Abstimmung der Haltungen und, wo dies möglich und wünschenswert erscheint, ein gemeinsames Vorgehen zu begünstigen und dadurch die Solidarität zu festigen."[25]

In dieser Zweiteilung spiegelt sich die analytische Trennung in Kommunikation und Handlung wider. Zunächst sollte in Form von Unterrichtung, Konsultation, Harmonisierung und Abstimmung eine Kommunikation eingeleitet werden, die unter bestimmten Bedingungen zu gemeinsamem Handeln führen sollte. Die EPZ wurde als Rahmen für die Schaffung kooperationsfördernder Normen verstanden, und erst in zweiter Linie für die Formulierung und Durchführung einer gemeinschaftlichen Politik. Es wurden halbjährliche Konsultationen im Rahmen des Außenministerrats eingerichtet, die in dringenden Fällen durch außerordentliche Sitzungen ergänzt werden konnten. Die Geschäftsführung des Außenministerrates wurde der Präsidentschaft der EG übertragen. Dem Rat wurde das Politische Komitee an die Seite gestellt, das sich aus den politischen Direktoren der Außenministerien zusammensetzte und in vierteljährlichen Konsultationen die Kontinuität der EPZ sicherstellen sollte. Nur im Falle der direkten Auswirkung eines EPZ-Beschlusses auf die Belange der Gemeinschaften wurde auch die Kommission zur Stellungnahme aufgefordert. Im Rahmen 'formloser Kolloquien' sollte auch die Parlamentarische Ver-

---

22 Kommuniqué der Konferenz der Staats- und Regierungschefs der EG-Mitgliedstaaten vom 2.12.1969 in Den Haag, abgedruckt in: *Auswärtiges Amt* (Hrsg.), Europäische Politische Zusammenarbeit auf dem Weg zu einer Gemeinsamen Außen- und Sicherheitspolitik. Dokumentation. Bonn 1992, S. 29f.
23 Vgl. Luxemburger Bericht: Erster Bericht der Außenminister an die Staats- und Regierungschefs der EG-Mitgliedstaaten vom 27. Oktober 1970, abgedruckt in: ebd., S. 31-37.
24 Ebd., S. 31.
25 Ebd., S. 33.

sammlung an der EPZ teilnehmen. Bereits im Luxemburger Bericht wurde das Ziel formuliert, diese Institution weiterzuentwickeln und ein nächstes, weitergehendes Dokument angekündigt.

Zwei Jahre später forderten die Staats- und Regierungschefs der EG-Mitgliedstaaten auf dem Pariser Gipfeltreffen vom 21. Oktober 1972 die Umwandlung der „Gesamtheit der Beziehungen der Mitgliedstaaten in eine Europäische Union."[26] Bis 1975 sollten die Organe der Gemeinschaften dazu einen Bericht ausarbeiten. Hier kam also ein neuer Aspekt hinsichtlich der Funktion von Institutionen hinzu: Der EPZ wurde die spezifische Funktion übertragen, sich selbst zu stabilisieren, sei es durch eine Modifikation ihrer Form, sei es durch ein eigenes Auftreten ihrer Organe gegenüber den sie legitimierenden Mitgliedstaaten.

Der Kopenhagener Bericht von 1973 ließ die Funktionen der EPZ unverändert. Er faßte lediglich die bereits gesteckten Ziele etwas klarer und baute die Verregelungen aus. Die Ministertreffen sollten fortan jährlich stattfinden, Arbeitsgruppen wurden eingerichtet, das Politische Komitee sollte sich so oft wie nötig treffen.[27] Weiterhin wurde eine Gruppe Europäischer *Korrespondenten* eingerichtet, die sich aus Diplomaten der Außenministerien zusammensetzte und ausschließlich die EPZ betreuen sollte. Um die Kommunikation zu erleichtern, wurde auch ein Telex-Netz (COREU) installiert, das die Abstimmung unter den Mitgliedstaaten im Rahmen der EPZ technisch vereinfachen sollte.

Am 14. Dezember 1973 veröffentlichten die Außenminister in Kopenhagen ein „Dokument über die europäische Identität"[28], in dem die eigenständige Identität Europas in allen Bereichen der internationalen Politik postuliert, die sicherheitspolitischen Aufgaben jedoch an die NATO abgegeben wurden. Diejenigen Staaten, die zugleich der EG und der NATO angehörten, erklärten, daß es keine Alternative zu der Sicherheit gebe, die die Kernwaffen der Vereinigten Staaten und die Präsenz der nordamerikanischen Streitkräfte in Europa gewährleisteten. Über die Staaten, die nicht Mitglieder der NATO waren, schwieg das Dokument. Das aber bedeutet, daß die eigenständige europäische Identität in allen Bereichen der internationalen Politik, also auch der Sicherheitspolitik, die in diesem Dokument definiert wurde, eine gespaltene war. Sie wurde im sicherheitspolitischen Bereich aufgeteilt zwischen Mitgliedern und Nicht-Mitgliedern der NATO.

Das Verhältnis von EPZ und EG blieb Gegenstand zentraler Auseinandersetzungen. Aufgrund gleicher Mitgliedschaft war ein enger Zusammenhang zwischen beiden gegeben. Eine inhaltliche Kopplung beider Institutionen wurde 1973 im Zuge der Erweiterung um Dänemark, Großbritannien und Irland sichtbar: Die Mitgliedschaft in einer der beiden Institutionen war nur unter der Bedingung möglich, daß sich der betreffende Staat auch an der jeweils anderen Institution beteiligte. Daneben ist eine Ähnlichkeit der Entscheidungsprozesse der EPZ mit denjenigen der Römischen Verträge festzustellen. So erfüllte das Politische Komitee der EPZ nahezu identische Aufgaben, wie der Ausschuß der

---

26 Erklärung der Konferenz der Staats- und Regierungschefs der EG-Mitgliedstaaten vom 21.10.1972 in Paris, ebd., S. 37-40.
27 In der Praxis fanden die Treffen einmal pro Monat statt.
28 Ebd., S. 52f.

Ständigen Vertreter in der EG: Beide berieten Tagesordnungen für die Ratstreffen, und beide setzten Arbeitsgruppen und Unterausschüsse für besondere Fragen ein.

„Darüber hinaus waren die Mechanismen und Methoden der Politischen Zusammenarbeit auch dort, wo sie nicht dem vom EWG-Vertrag vorgegebenen Rahmen entsprechen, durchaus nicht neu und nicht einzigartig. Denn sie gleichen den Verfahren, die man im EG-Jargon als *Concertation* bezeichnet; diese Methode ist vor allem von den Finanzministern entwickelt worden, um Bereiche untereinander abzustimmen, die noch nicht in die Zuständigkeit der Kommission fallen."[29]

Ab 1974 wurde die Kommission an allen Besprechungen und Treffen der EPZ beteiligt.

Trotz der unübersehbaren institutionellen Verwandtschaft von EG und EPZ unter dem Dach der Europäischen Integration blieben erhebliche Unterschiede bestehen, die sich nicht nur aus den spezifischen Funktionen der Institutionen erklären lassen. Auffallend ist dabei der Unterschied in der Abtretung von nationalen Entscheidungskompetenzen. Während im Rahmen der EG zahlreiche nationale Befugnisse an die Institution abgetreten worden waren, wurde ein Souveränitätsverzicht zugunsten der EPZ vermieden. Insofern blieb eine institutionelle Kluft zwischen EPZ und EG bestehen.

Deren Überbrückung wurde zwar von einzelnen Mitgliedstaaten betrieben, konnte jedoch nur schleppend umgesetzt werden. Ein erster Schritt hierzu wurde auf dem Gipfeltreffen der Staats- und Regierungschefs in Paris am 10. Dezember 1974 unternommen, auf dem diese - so der Wortlaut des Kommuniqués „beschlossen, dreimal jährlich ... als Rat der Gemeinschaft und im Rahmen der politischen Zusammenarbeit zusammenzutreten".[30] Damit war der Europäische Rat als EPZ und EG übergreifendes Organ der Europäischen Integration geschaffen.

Einen weiteren Qualitätssprung in der Vereinigung beider Institutionen sowie in der Ausweitung der Zuständigkeiten der EPZ hätte der Tindemans-Bericht von 1975 gebracht, dessen Vorschläge jedoch nicht umgesetzt wurden. Für die Untersuchung der Funktion der europäischen Institutionen ist er dennoch von Relevanz, da er einerseits aufzeigt, in welche Richtung die Ambitionen gingen, und andererseits klar macht, wo die Grenzen dieser Entwicklung Mitte der siebziger Jahre lagen. Der Bericht, benannt nach dem belgischen Premierminister Leo Tindemans, sah ein einheitliches europäisches Entscheidungszentrum für alle Fragen, seien es jene der Gemeinschaften, oder jene der EPZ, vor. Darüber hinaus sollte der Bereich der Zuständigkeiten auf die Sicherheitspolitik ausgedehnt werden:

„Notre action doit devenir commune dans tous les domaines essentiels de nos relations extérieures qu'il s'agisse de politique étrangère, de sécurité, de relations économiques, de cooperation."[31]

---

29 David J. *Allen*/William *Wallace*, Die Europäische Politische Zusammenarbeit. Modell für eine europäische Außenpolitik? Bonn: Europa Union Verlag 1976, S. 14.
30 Abgedruckt in: *Auswärtiges Amt*, Europäische Politische Zusammenarbeit, S. 59.
31 Vgl. *Documentation Française* (Hrsg.), L'Europe des Communautés. Paris 1993, S. 152.

Dieser Vorschlag hätte die Sicherheitspolitik zu einer speziellen Funktion der EPZ gemacht. Statt dessen stagnierte die Formulierung neuer Funktionen und das Umsetzen der bisherigen Aufgaben in den folgenden Jahren.

Die Lähmung wurde erst überwunden, als Lord Carrington am 17. November 1980 in Hamburg die mangelnde Effizienz der EPZ angesichts des sowjetischen Einmarsches in Afghanistan beklagte. Daraufhin wurde im Oktober 1981 der Bericht von London verabschiedet, mit dem die Verfahren gestärkt und die Rolle der Nationalstaaten geschwächt wurde.[32] Es galt fortan das Prinzip, daß kein Mitgliedstaat mehr eine nationale Position vertreten sollte, ohne vorher die anderen Mitgliedstaaten konsultiert zu haben. An weiteren Neuerungen brachte der Londoner Bericht eine Ausdifferenzierung der Bürokratie und die Stärkung der Präsidentschaft. Durch die Schaffung der Troika[33] wurde ein höheres Maß an Kontinuität und Stabilität der außenpolitischen Kooperation angestrebt. Darüber hinaus wurde erstmals die äußere Sicherheit als Gegenstand der EPZ aufgeführt: Die Regierungschefs vereinbarten, „in der politischen Zusammenarbeit bestimmte wichtige außenpolitische Fragen zu erörtern, die die politischen Aspekte der Sicherheit berühren."[34]

Die Genscher-Colombo-Initiative vom 4. November 1981 zu einer Europäischen Akte sah drei Reformvorhaben vor:

1. Stärkere Betonung der politischen Finalität der europäischen Einigung,
2. Schaffung eines einheitlichen Entscheidungsrahmens und gleichzeitig die Ausdehnung der Zuständigkeiten auf die Kulturpolitik und die Sicherheitspolitik,
3. Neudefinition des Verhältnisses zwischen den einzelnen Subinstitutionen der neu zu schaffenden Gesamtinstitution.

Als jedoch Dänemark Einwände gegen die Einbeziehung sicherheitspolitischer Aspekte erhob und Griechenland in einer Zusatzerklärung klarstellte, daß es nur zu einer Außenpolitik bereit sei, die seinen Nationalinteressen entspreche, war auch dieses Projekt zunächst blockiert.

Ein neuer Anlauf wurde auf dem Gipfel von Fontainebleau im Juni 1984 unternommen, auf dem eine Ad-hoc-Arbeitsgruppe (*Dooge-Komitee*) eingerichtet wurde, die die EPZ neu überdenken sollte. Auf dem Abschlußbericht des *Dooge-Komitees* aufbauend, erteilte der Europäische Rat im Juni 1985 einer Regierungskonferenz den Auftrag, einen Vertrag über eine „gemeinsame Außen- und Sicherheitspolitik" auszuarbeiten. Das Ergebnis dieser Regierungskonferenz war die Einheitliche Europäische Akte (EEA). Diese ist ein völkerrechtlicher Vertrag ohne gemeinschaftsrechtliche Qualität. Die Politikträgerschaft verbleibt bei den Mitgliedstaaten. Die EEA hat jedoch erstmals seit den Anfängen einer außenpolitischen Kooperation völkerrechtlich verbindlich die Tätigkeit der Gemeinschaft mit der EPZ der Mitgliedstaaten verknüpft. In Titel III führte die EEA erstmals rechtskräftig Prozeduren und Instrumente ein, mit denen die außenpolitischen Funktio-

---

32 *Auswärtiges Amt*, Europäische Politische Zusammenarbeit, S. 65-73.
33 In der Troika arbeitet der Außenminister, der die Präsidentschaft ausübt, mit seinem Vorgänger sowie mit seinem Nachfolger zusammen.
34 *Auswärtiges Amt*, Europäische Politische Zusammenarbeit, S. 70.

nen erfüllt werden sollten. Ihre Besonderheit liegt darin, daß sie eine rechtliche Verbindung zwischen der außenpolitischen Kooperation der Mitgliedstaaten und der Tätigkeit der Gemeinschaften herstellte. Allerdings fand eine weitere Funktionsfestlegung nicht statt. Die EEA schrieb lediglich die bereits existierenden Funktionen der Institution fort. Was hingegen die Form angeht, so stellte die EEA einen Qualitätssprung dar.

Zusammenfassend kann also die Phase zwischen der Schaffung der EPZ und der Einheitlichen Europäischen Akte insofern als eine Phase der vertikalen Konsolidierung beschrieben werden, als die in Den Haag 1969 getroffene Entscheidung, fortan auch außenpolitisch zu kooperieren, von allen Mitgliedstaaten akzeptiert und nicht mehr zur Disposition gestellt wurde. Die Konflikte um die weitere Ausgestaltung der EPZ kreisen zwar um die Frage, welche Ziele zu welchem Preis und mit welcher Strategie anzuvisieren seien, sie brachten aber die Kooperation innerhalb der Europäischen Integration nicht in Gefahr. Was die horizontale Konsolidierung angeht, so hat die Beschreibung der Entwicklung deutlich gemacht, daß es eine wesentliche Frage innerhalb der EPZ war, wie die spezifischen Funktionen zwischen den unterschiedlichen Subinstitutionen der Europäischen Integration verteilt werden sollten. Die Lösung wurde schließlich darin gefunden, daß die beiden beteiligten Subinstitutionen EG und EPZ einander möglichst eng angenähert, und die Abgrenzungen möglichst klar definiert wurden. Auch horizontal kann also von einer Konsolidierung gesprochen werden. Dabei ist der jeweilige Grad der Konsolidierung an dieser Stelle nicht von Bedeutung. Entscheidend für die Charakterisierung der untersuchten Phase ist lediglich, daß ein Prozeß der Verstärkung der Konsolidierung im Gange war.

Untersucht man, wie diese Konsolidierung zustande kam, so tritt ein einfaches Muster zutage: Die institutionelle Form war stets das Ergebnis der Übertragung von Funktionen. Schaubild 2 gibt eine Übersicht über die Entwicklungsschritte der EPZ. Sie zeigt, daß die Entwicklung der Form zeitlich auf die Entwicklung der Funktion folgte. Die Entscheidung über die Veränderung der Funktionen auf einem Treffen führte zu einer Weiterentwicklung der Form auf dem nächsten Treffen. Dabei ist diese zeitliche Abfolge nicht mit den kausalen Wirkungszusammenhängen zu verwechseln. Sie kann allerdings zur Veranschaulichung dienen.

Damit kann ein zweites Zwischenergebnis formuliert werden: In der Phase der Konsolidierung korrespondierten institutionelle Funktion und Form der Europäischen Integration gemäß der eingangs bereits vorgestellten These *form follows function*.

3.2 Die EPZ in der KSZE als Beispiel

Eines der zentralen außenpolitischen Aktionsfelder der Europäischen Integration während ihrer Konsolidierungsphase waren die KSZE-Verhandlungen 1973-1975. Die Kommission der EG verhandelte über den Zweiten Korb (Handel) im Namen der neun EG-Mitgliedstaaten. Die Kommissionsbeamten waren dabei Teil der Delegation des Mitgliedstaates, der die Präsidentschaft inne hatte. Darüber hinaus gab es für die politischen Fragen ein EPZ-Diskussionsforum (*caucus*), auf dem Standpunkte festgelegt wur-

Anlaß	Funktion	Form
Den Haag, Dezember 1969	Fortschritte bei der politischen Einigung	keine Neuerungen
Luxemburger Bericht 1970	keine Neuerungen	AM-Konsultation, Präsidentschaft, Pol. Komitee
Pariser Gipfel 1972	Gemeinschaft soll selbst am Reformprozeß beteiligt werden (Selbsterhalt)	keine Neuerungen
Kopenhagener Bericht 1973	keine Neuerungen	Jährliche Ministertreffen, Arbeitsgruppen, Eur. Korrespondenten, COREU, monatliche Treffen des Pol. Kom.
Tindemans-Bericht 1975	Sicherheitspolitik	keine Neuerungen
Londoner Bericht 1981	„politische Aspekte der Sicherheit"	Generelle Konsultationspflicht Troika
Genscher-Colombo-Initiative 1981	Sicherheitspolitik	keine Neuerungen
Dooge-Komitee 1985	keine Neuerungen	Formalisierungen, Schaffung des EPZ-Sekretariats
EEA 1987	keine Neuerungen	Verknüpfung von EG und EPZ

Schaubild 2: Übersicht über die Entwicklung von Funktion und Form der EPZ

den, die die Mitgliedstaaten gemeinsam vertraten. Die Wirkung dieses Diskussionsforums ist schwer zu messen, da einerseits der Sprecher der EPZ zugleich ein Vertreter des Mitgliedstaates war, der die Präsidentschaft innehatte und andererseits neben dem EPZ-Diskussionsforum auch ein NATO-Diskussionsforum abgehalten wurde, das ähnliche oder dieselben Fragen behandelte. Das Verhältnis dieser beiden Diskussionsforen zueinander beschreibt John Maresca, 1973-1975 Vertreter der USA bei den KSZE-Verhandlungen, mit folgenden Worten:

„The Western consultation process was the principal device for ensuring unity, and in spite of the U.S. low profile, it worked fairly well. The NATO caucus, in which the U.S. participated, was effectively sporadically. Probably the EC-Nine caucus was even more useful. Ironically, the Nine were able to come to joint positions largely because of U.S. disinterest. The degree of U.S. interest in an issue appeared to have a direct, inversely proportional relationship to the Nine's ability to formulate and maintain a joint position. An informal two-tiered allied consultation process emerged, under which the Nine consulted first, then took their position into the NATO caucus. Firm agrement among the Nine usually determined the attitude of the NATO caucus. These arrangements worked most of the time, although there were instances in which the differences in the U.S. and European appreciation of the importance of an issue complicated them."[35]

---

35 John J. *Maresca*, To Helsinki. The Conference on Security and Cooperation in Europe, 1973-1975. Durham/London: Duke University Press 1985, S. 47.

Eine Wirkung der EPZ ist also nur in solchen Fällen nachweisbar, in denen die Position der EPZ im Widerspruch zu derjenigen der USA lag und sich durchsetzte. Stimmten beide überein, so war nicht auf Anhieb zu erkennen, ob der entscheidende Anstoß von der EPZ gegeben wurde.

Ein Diskussionsgegenstand innerhalb des NATO-Diskussionsforums war die Mittelmeererklärung, die die italienische Delegation 1974 in den Verhandlungsprozeß einbrachte. Die USA sahen zu keinem Zeitpunkt die Notwendigkeit einer Mittelmeererklärung, da sie unnötige Verzögerungen durch den Zusammenhang mit dem arabisch-israelischen Konflikt befürchteten. Für die EPZ, die im Begriff war, einen *europäisch-arabischen Dialog* aufzunehmen, war die Mittelmeererklärung von größerer Bedeutung. Die EPZ setzte sich im NATO-Caucus durch, mit dem Ergebnis, daß auf KSZE-Ebene eine Arbeitsgruppe zu diesem Thema eingerichtet wurde. Daran beteiligte sich vor allem die maltesische Delegation so energisch, daß am Ende Malta und Zypern soviel Druck auf die anderen Staaten ausüben konnten, daß diese letztlich eine Mittelmeererklärung akzeptieren mußten, die viel weiter ging, als ursprünglich vorgesehen war. Unter anderem enthielt sie die Forderung nach einer Verringerung der sowjetischen und amerikanischen Flotten im Mittelmeer. Es ist die Ironie der Geschichte, daß die EPZ in diesem Fall sich mit einer Erklärung durchsetzte, die eigentlich ihren eigenen Präferenzen widersprach. Es war die EPZ, die den maltesischen Premierminister Mintoff in eine Position manövriert hatte, in der er den Rest der KSZE-Staaten erpressen konnte.[36]

Dieser Aspekt ist an dieser Stelle jedoch weniger wichtig als die Tatsache, daß die Europäische Integration durch ihre Subinstitution EPZ sicherheitspolitische Wirkungen innerhalb der KSZE-Verhandlungen entfalten konnte. Das Vorgehen enstprach der Funktion, die die EG-Staats- und Regierungschefs bereits vier Jahre früher formuliert hatten: Das wirkungsvolle Auftreten der Europäischen Integration auf der internationalen Bühne. Als die KSZE sich als Plattform für eine solche Vorgehensweise anbot, wurden die entsprechenden Formen gefunden, mit denen die Funktion erfüllt werden konnte: Die Kommissionsvertreter und der EPZ-Caucus, und die Regeln, gemäß denen diese beiden Organe arbeiteten.

4. Zusammenhänge zwischen Funktionen und Form in der institutionellen Umbruchphase

4.1 Die Umbruchphase der Europäischen Integration seit dem Ende des Kalten Krieges

Befindet sich das internationale System im Umbruch, so verringert sich der Konsolidierungsgrad der Institutionen nahezu zwangsläufig. Seine Erhöhung wird zum institutionellen Ziel. Eine Anpassung sowohl hinsichtlich der Funktionen als auch der Form wird notwendig. Drei dabei auftretende Konflikttypen lassen sich nach Offe unterscheiden. Der erste Typ ist der Verteilungskonflikt. Er ist mit Hilfe der existierenden institutionellen Regeln über einen *bargaining*-Prozeß zu lösen. Die Institution selbst wird dabei in den seltensten Fällen grundsätzlich zur Disposition gestellt. Dieser Konflikttyp kann des-

---

36 Siehe *Maresca*, To Helsinki, S. 45-47.

halb als konsolidierungsfreundlich betrachtet werden. Der zweite Konflikttyp verläuft zwischen unterschiedlichen Regime- oder Institutionstypen. Hier steht der Regelsatz der Institution sowie das institutionelle Design selbst auf dem Prüfstand. Dieser Typ muß deshalb als deutlich weniger konsolidierungsfreundlich eingeschätzt werden. Beim dritten Konflikttyp stehen sich Identitäten und Ideologien gegenüber. Hier ist nicht nur die Institution in Frage gestellt, sondern sogar die Kooperation. Daher muß dieser Konflikttyp als besonders konsolidierungsfeindlich angesehen werden.[37]

In der Europäischen Integration lassen sich während des Umbruchs Ende der achtziger Jahre alle drei Konflikttypen nachweisen. Dabei resultierten die Konflikte der ersten Kategorie, Verteilungskonflikte, nicht zwangsläufig aus dem Umbruch des Systems. Sie sind auch aus der Perspektive der anhaltenden Integration heraus - gewissermaßen als institutionelle Routine - zu verstehen. Darin unterscheiden sich die Konflikte um die Regelung der Fischfangquoten keineswegs von denjenigen um den europäisch-arabischen Dialog. Die beiden anderen Kategorien von Konflikten stehen hingegen in einem engen Zusammenhang mit den systemischen Umbrüchen. Die Verhandlungen um den Vertrag über die Europäische Union waren vor allem ein Konflikt um unterschiedliche Institutionstypen. Die Ratifizierungsdebatten in den einzelnen Mitgliedstaaten illustrieren diese Annahme. Bundesstaat oder Staatenbund, Erweiterung oder Vertiefung, Säulen- oder Baumkonstruktion[38], Freihandelszone oder 'Europäisches Haus', differenzierte oder einheitliche Integration: Alle diese Konflikte sind dem zweiten Konflikttyp zuzurechnen. Auch der dritte Konflikttyp ist in der Europäischen Integration latent vorhanden. So lassen beispielsweise die Diskussionen über die Rolle des vereinten Deutschlands durchaus ideologische Argumentationsmuster erkennen. Fragen der Amtssprache, oder der kulturellen Selbstbestimmung hingegen sind eindeutig an Identitäten geknüpft. Alle diese Konflikte sind dem dritten Typus zuzurechnen.

Unter diesen Bedingungen des Umbruchs unterzeichneten die Staats- und Regierungschefs im Dezember 1991 in Maastricht den Vertrag über die Europäische Union (Maastrichter Vertrag), der am 4. November 1993 in Kraft trat. Mit diesem Vertrag wurde aus der informellen Institution 'Europäische Integration' die formelle Institution und Organisation 'Europäische Union'. Die Gemeinsame Außen- und Sicherheitspolitik wurde als gleichberechtigte Säule neben die Europäische Gemeinschaft gestellt. Damit ist die Unterscheidung in ökonomische Haupt- und sicherheitspolitische Nebenfunktionen nur noch begrenzt haltbar. Aus der Nebenfunktion wird zunehmend eine Hauptfunktion.[39]

---

37 Es muß hier auf die idealtypische Ausgestaltung dieser Kategorisierungen hingewiesen werden. Da sich auch in erfolgreichen Institutionen, wie beispielsweise der NATO immer neue Transitionswellen auswirken und so das statische Element von Institutionen konterkarieren, kann davon ausgegangen werden, daß es im Sinne der obigen Beschreibung keine vollständig konsolidierten Institutionen gibt. Konsolidierung muß deshalb als Annäherungswert verstanden werden.
38 Mit den beiden Begriffen wurden zwei unterschiedliche Integrationsmodelle bezeichnet. Dabei bestand das Säulenmodell aus unterschiedlichen, sich selbst tragenden, institutionellen Säulen, wie EG, GASP und Innen- und Justizpolitik, die von der EU gewissermaßen als Dach überwölbt werden. Das Baummodell sah hingegen die unterschiedlichen Subinstitutionen als organische Äste des institutionellen Stammes EU, die von dieser abhängen.
39 Der Vorsitzende der CDU/CSU-Bundestagsfraktion, Wolfgang *Schäuble*, bezeichnete in einem Vortrag an der FU Berlin am 13.5.1996 die Gemeinsame Außen- und Sicherheitspolitik angesichts

4.2 Die GASP im Vertrag über die Europäische Union

Der Maastrichter Vertrag ist, wie die EEA, ein völkerrechtlicher Vertrag mit einer heterogenen Rechtsnatur[40]. Er ist in drei von sieben Titeln ein Änderungsvertrag, der die Verträge der Europäischen Gemeinschaften modifiziert. Regelungen über die GASP finden sich dagegen nur in denjenigen Bestandteilen, die nicht Änderungsvertrag sind, sondern einen neuen Vertrag bilden, nämlich in Titel I und V. Das bedeutet, daß die GASP ebenso wie die EPZ nicht auf einem gemeinschaftsrechtlichen Fundament ruht. Dies wird auch dadurch deutlich, daß Art. L dem Europäischen Gerichtshof in Angelegenheiten der GASP jegliche Zuständigkeit abspricht.[41] Dennoch ist die Verknüpfung mit der Gemeinschaft im Vergleich zur EPZ enger ausgestaltet.

Das Drei-Säulen-Modell vereint die Europäische Gemeinschaft, die Gemeinsame Innen- und Justizpolitik und die GASP unter einem einzigen organisatorischen Dach. Da jedoch die gemeinschaftsrechtlichen Bestimmungen für die GASP keine Anwendung finden, wird unter Juristen unterschieden zwischen den 'Säulen aus Granit' (Gemeinschaftsrecht) und denjenigen aus 'Sandstein' (GASP, Innen- und Justizpolitik).

Als eines der institutionellen Ziele wurde in Art. C EUV das Kohärenzgebot festgeschrieben. Die Außen- und Sicherheitspolitik wurde explizit eingeschlossen. Diese inhaltliche und funktionale Einbeziehung der GASP in den allgemeinen Zielkatalog der EU wurde auch institutionell umgesetzt: Art. C II.2 verweist die Zuständigkeit für die Umsetzung des Kohärenzgebotes an den Europäischen Rat und an die Kommission. Damit wird das Gemeinschaftsorgan Kommission mit einer eigenen Handlungsermächtigung in die GASP eingeführt. Allerdings ist eine klare Abstufung der Kompetenzen nicht vorgenommen worden, so daß es im Zweifelsfall zu einer institutionellen Machtfrage kommen dürfte.

Da die GASP eine Weiterentwicklung der EPZ ist, lohnt der Vergleich zwischen den beiden Institutionen. Drei analytische Kategorien sollen hier berücksichtigt werden: Der Grad der Konsolidierung, die institutionellen Funktionen sowie die institutionelle Form.

Was die Konsolidierung angeht, so zeigte die Untersuchung der EPZ, daß von einem über Zeit ansteigenden Grad der Konsolidierung gesprochen werden kann. Die institutionellen Regeln und Verfahren wurden weitgehend eingehalten und allmählich weiterentwickelt. Dabei tauchten zu keiner Zeit Konflikte des dritten Typs auf. Die Kooperation selbst geriet niemals in Gefahr. Für die GASP hingegen fällt diese Beurteilung anders aus. Die Konflikte des Umbruchs, die die gesamte Europäische Union betreffen, sind auch in der GASP nachzuweisen. Die Regeln, Verfahren und Organe der GASP sind sehr umstritten.[42] So nimmt beispielsweise in der öffentlichen Berichterstattung der Streit um

---

der neuen Lage in Europa sogar als die zentrale Aufgabe der Europäischen Union.

[40] Günter *Burghardt*/Gerd *Tebbe*, Die Gemeinsame Außen- und Sicherheitspolitik der Europäischen Union - Rechtliche Struktur und politischer Prozeß, in: Europarecht, Nr. 1/2 (Januar-Juni 1995), S. 1-20.

[41] Insofern bleibt die GASP hinter den Regeln der geplanten Europäischen Verteidigungsgemeinschaft der fünfziger Jahre zurück..

[42] Dies wird anhand der Diskussionen über die Regierungskonferenz 1996 besonders deutlich. Zum Beispiel: Ob das neue Organ eines europäischen Außenministers geschaffen werden soll, ist umstritten.

die institutionelle Ausgestaltung der GASP einen weit größeren Raum ein, als die tatsächlich von der Union geführte Außen- und Sicherheitspolitik. Die Frage der Anerkennung der Nachfolgerepubliken des ehemaligen Jugoslawien ließ 1991 auch ideologische Argumentationsmuster auftauchen, die die GASP zusätzlich belasteten. So kann also für die GASP eine weit weniger hohe vertikale Konsolidierung festgestellt werden als für die EPZ.

Was die Funktionen angeht, so ist offensichtlich, daß der Maastrichter Vertrag die sicherheitspolitischen Funktionen der EU erheblich ausweitet. Art. 30 der EEA beschränkte die sachgegenständliche Reichweite der EPZ auf die Außenpolitik. Art. 6 verkündete zwar die Wünschbarkeit einer Sicherheitszusammenarbeit, klammert sie jedoch faktisch aus. Zugleich wurden im Rahmen der EPZ Gegenstände behandelt, die nicht die gemeinschaftliche Außenpolitik der EG, sondern externe Probleme der Mitgliedstaaten untereinander betrafen, wie zum Beispiel Auslieferungsabkommen oder das Verbot doppelter Strafverfolgung. Der GASP wurde hingegen ein denkbar breites Feld an Funktionen übertragen: Sie ist zuständig für alle Fragen der Außen- und Sicherheitspolitik, für alle Fragen der Sicherheit und auf längere Sicht der Verteidigungspolitik, sowie eventuell eine gemeinsame Verteidigung. Folgende Funktionen wurden der GASP zudem deklaratorisch zugewiesen:

- Wahrung der gemeinsamen Werte, der grundlegenden Interessen und der Unabhängigkeit der Union;

- Stärkung der Sicherheit der Union und ihrer Mitgliedstaaten, Wahrung des Friedens und Stärkung der internationalen Sicherheit;

- Förderung der internationalen Zusammenarbeit;

- Stärkung der Demokratie und der Rechtsstaatlichkeit sowie

- Achtung der Menschenrechte und Grundfreiheiten.

Die Breite dieser Funktionsbestimmungen führt dazu, daß die Abgrenzung der Funktionen zwischen den unterschiedlichen Subinstitutionen schwieriger wird. So fallen in den Bereich der GASP auch Funktionen, die bislang von der EG wahrgenommen wurden. Dazu zählen die Entwicklungszusammenarbeit (Art. 130 U-Y EUV), die Gemeinsame Handelspolitik (Art. 110-116 EUV) sowie die Verhängung von Wirtschaftssanktionen[43] gegen Drittstaaten (Art. 228a EUV). Diese Abgrenzungsschwierigkeiten resultieren aus der mangelnden Präzision und dem hohen Grad an rein deklaratorischen Funktionszuweisungen. Sie sind zugleich Ausdruck geringer horizontaler Konsolidierung.

---

43 Die Einführung der GASP hat zu einer Konkurrenz mit Art. 228 (früher EWG-Vertrag, nun EUV) geführt, in der die GASP dominiert. Art. 228 wurde so verändert, daß in Zukunft Wirtschaftssanktionen nur noch nach einer vorherigen Gemeinsamen Position im Rahmen der GASP möglich sind. Früher sah Art. 228 hingegen eine Mehrheitsentscheidung für die Verhängung von Wirtschaftssanktionen vor. Die Annahme einer gemeinsamen Position erfordert jedoch Einstimmigkeit. So kann eine Wirtschaftssanktion, die per Mehrheitsentscheidung in der EG möglich wäre, durch ein Veto in der GASP verhindert werden. Die GASP manifestiert sich in diesem Lichte also als Hemmschuh für eine gemeinschaftliche Außenpolitik.

Darüber hinaus klafft eine Lücke zwischen der Breite der deklarierten Funktionen und der relativ geringen politischen Bedeutung der Mehrzahl der bisher unternommenen außenpolitischen Maßnahmen. Ihr Spektrum reicht von Beobachtung (beispielsweise Wahlbeobachtung in Rußland und Südafrika) über klassische Diplomatie (beispielsweise der Stabilitätspakt für Europa) bis hin zu Hilfsaktionen (beispielsweise humanitäre Hilfsleistungen im ehemaligen Jugoslawien, oder die Administration der kroatischen Stadt Mostar). An diesen Aktionen fällt auf, daß sie einerseits überwiegend reaktiv sind sowie daß sie nicht die vordringlichsten außenpolitischen Fragen aufgreifen, sondern sich auf Probleme von eher untergeordnetem Stellenwert beziehen. Hier dürfte der Hauptgrund für die Unzufriedenheit der Bevölkerungen mit der GASP zu suchen sein. Dieser Kritik mag allerdings mit dem Argument begegnet werden, daß die Konsensfindung und damit die Begründung weiterer kooperationsfördernder Normen in brisanteren Fragen unwahrscheinlicher sei. Es sei deshalb wünschenswert, auf dem Umweg über eher unbedeutende Gegenstände eine Kooperationstradition zu schaffen, die später auf immer wichtigere Themen ausgedehnt werden könne. Diese Argumentation erklärt freilich die Kooperation solange zum Selbstwert und degradiert die außenpolitischen Probleme zur Experimentiermasse dieser Kooperation, wie die GASP auf der Kommunikationsebene verharrt und nicht auf die Handlungsebene transformiert wird.

Faßt man den Vergleich zusammen, so ergibt sich, daß der GASP im Vergleich zur EPZ ein weitaus breiteres Spektrum an Funktionen übertragen wurde. Dabei handelt es sich jedoch zugleich um ein sehr viel diffuseres Feld von deklarierten Funktionen, die einerseits weniger klar von den Funktionen anderer Institutionen abgegrenzt sind, und die andererseits bislang nicht zu einer entsprechenden Umsetzung führten.

Hinsichtlich der Form fällt auf, daß die GASP über wesentlich stärkere Regeln und Verfahren verfügt. Darauf deutet schon der Sprachgebrauch hin: Verweist der Begriff der Gemeinsamen Außen- und Sicherheitspolitik auf den gemeinschaftlichen Charakter dieser Politik, so betont die Bezeichnung EPZ den Aspekt der zwischenstaatlichen Kooperation. Weiterhin wird die EEA von „Vertragsbestimmungen" geregelt, während die GASP „Bestimmungen" folgt. Die EEA wurde von Hohen Vertragsparteien vereinbart, die GASP von Mitgliedstaaten. Art. J.4 I. EUV spricht von einer „Politik der Union". Damit macht die GASP die Union zum Politikträger in außenpolitischen Angelegenheiten. Der Vorsitz vertritt nicht mehr die EPZ/GASP, sondern die Union. (Art. J.5. EUV) Unter Juristen ist zwar umstritten, ob damit eine Völkerrechtssubjektivität der GASP vorliegt. Im Falle der Union ist dies jedoch eindeutig der Fall. Da die GASP nun zur Politik der EU geworden ist, dürfte es sich bei dieser Frage allerdings eher um eine akademische handeln. Denn wenn Drittstaaten mit der Union als Vertretung der Mitgliedstaaten sprechen und handeln, liegt die Völkerrechtssubjektivität quasi automatisch vor.

Die fünf EPZ-Organe (Präsidentschaft, Politisches Komitee, Europäische Korrespondentengruppe, Arbeitsgruppen, Sekretariat sowie die Ministertreffen unter Beteiligung eines Kommissionsmitglieds) blieben erhalten, wenngleich sie auf der Agenda der Revisionskonferenz 1996/97 stehen und eine Weiterentwicklung zu erwarten ist. Bedeutsam ist in diesem Zusammenhang allerdings erneut der einheitliche Rahmen der Union, der die GASP stärker als früher die EPZ einbettet.

In der EPZ kamen folgende Verfahren zur Anwendung:

- Multilaterale Vorwegunterrichtung und Konsultation zum Zweck der Abstimmung,
- Standpunktangleichung und Durchführung gemeinsamer Maßnahmen,
- Einzelstaatlich-autonome Berücksichtigung der Standpunkte der Partner und der Wichtigkeit der Festlegung gemeinsamer europäischer Standpunkte,
- Multilaterale Entwicklung gemeinsamer Grundsätze und Ziele,
- Konsensuale Festlegung gemeinsamer Standpunkte,
- Einzelstaatlich-autonomer Verzicht auf unnötige Konsensbehinderung,
- Einzelstaatlich-autonome Vermeidung kohärenzschädlichen Verhaltens,
- Konsensuales Auftreten auf internationalen Konferenzen.

Im Maastrichter Vertrag wurden diese Verfahren grundsätzlich beibehalten. Das Verfahren der multilateralen Unterrichtung wurde allerdings durch regelmäßige Zusammenarbeit im Rat ersetzt. Dadurch, sowie durch die verstärkte Beteiligung von Kommission (J.8.III., IV, J.9 EUV) und Parlament (J.7 EUV), erscheinen die Regeln und Verfahren der GASP im Vergleich zu denjenigen der EPZ als gestrafft.

Dasselbe kann für die Handlungsmöglichkeiten festgestellt werden. Der EPZ standen die Möglichkeiten der Erklärung, der Demarche, der Kontaktmission, des Vorschlages, der politischen Maßnahme, des Abbruchs politischer Kontakte, der Verkleinerung diplomatischer Vertretungen sowie wirtschaftlicher Sanktionen zur Verfügung. In der GASP wurde dieser Katalog möglicher Maßnahmen beibehalten. Hinzu kam allerdings ein neuer Handlungsakt: Die Gemeinsame Aktion. Art. 3. IV. EUV legt fest, daß Gemeinsame Aktionen verbindlich sind. Zwar hat diese Verbindlichkeit keinen gemeinschaftsrechtlichen Charakter und unterliegt nicht in der Zuständigkeit des EuGH, die politische Bindungskraft ist jedoch bei der GASP deutlich stärker als bei der EPZ. Zu diesem Zwecke wurde die GASP administrativ gestärkt durch:

- Bessere Einbeziehung des Parlaments (Art. J.7.EUV),
- Die Möglichkeit, die Finanzierung aus dem Unionsbudget zu leisten,
- Einbeziehung der nationalen und gemeinschaftlichen diplomatischen Missionen in die Umsetzung gefällter Entscheidungen,
- Stärkung des Ratssekretariats und seiner Zusammenarbeit mit der Kommission,
- Erhebliche Personalaufstockung im Ratssekretariat,
- Umzug der WEU von London nach Brüssel,
- Schaffung eines ständigen WEU-Rates, der sich jede Woche trifft,
- Schaffung einer 'Cellule de Prospective' der WEU,

- Schaffung einer Arbeitsgruppe für Sicherheitspolitik beim Rat,
- Zusammenfassung der Beamten, die früher in der Kommission für die EPZ zuständig waren, in einer eigenen Generaldirektion I A.

Für die Annahme einer Gemeinsamen Aktion ist weiterhin Einstimmigkeit im Rat notwendig. Zugleich ist es jedoch erstmals möglich, bei der Durchführung der Gemeinsamen Aktion Problemstellungen zu identifizieren und einstimmig festzulegen, über die im Bedarfsfall mit Mehrheit abgestimmt werden kann. So eng begrenzt dieser Ausschnitt sein mag: Für die institutionelle Form ist diese Regelung bedeutsam, da sie eindeutig in die Souveränität der Nationalstaaten eingreift. Darüber hinaus legt der EU-Vertrag fest, daß die WEU mit der Durchführung Gemeinsamer Aktionen beauftragt werden kann.[44]

Zusammenfassend kann also festgestellt werden, daß die institutionelle Form der GASP im Vergleich zu derjenigen der EPZ erheblich verstärkt wurde. Alte Verfahren wurden ausgebaut, die Organe der Institutionen wurden stärker beteiligt, und neue Verfahren wurden eingeführt. Die Verregelungsdichte hat zugenommen.

Zum gegenwärtigen Zeitpunkt erscheint es verfrüht, die GASP einer Bilanz zu unterziehen. Gleichwohl zwingt die Regierungskonferenz 1996/97 dazu, den bisher erreichten Stand einer Beurteilung zu unterziehen. So sehen einige Kommentatoren die GASP noch als ein Experiment in der Testphase. Allein die Tatsache, daß es zu einer Kooperation kommt, gilt als Zeichen dafür, daß in der Zukunft mehr zu erwarten sei. Zu einer solchen Sicht kommt Franco Algieri:

„Die Mitgliedstaaten der Gemeinschaft sind mit der Jugoslawienkrise nicht in ein tradiertes nationales Verhalten zurückgefallen, sondern bemühen sich kontinuierlich im Rahmen von Verhandlungen um Lösungsvorschläge. Dieser Umstand kann Anlaß zu der Vermutung geben, eine kollektive Lernerfahrung der europäischen Staaten gegenüber früheren Fällen habe stattgefunden, und die damit verbundene Überwindung eines tradierten Sicherheitsverhaltens könnte ein Hinweis auf eine Sicherheitsgemeinschaft sein."[45]

Die Europäische Kommission kritisiert hingegen in ihrem Bericht für die Überprüfungskonferenz 1996, daß die GASP bisher nicht besonders erfolgreich war und daß die Bestimmungen im Vertrag nicht optimal umgesetzt worden sind:

„Il faut constater que, autant à cause des faiblesses du traité que d'une interpretation excessivement restrictive de ses dispositions on n'est pas parvenu à son meilleur usage possible."[46]

Tatsächlich kam das Mehrheitsprinzip in Fragen der Umsetzung Gemeinsamer Aktionen oder Positionen bisher nicht ein einziges Mal zur Anwendung. Alle Entscheidungen,

---

44 Vgl. den Beitrag von Peter *Barschdorff*, Die Westeuropäische Union nach ihrer Aufwertung: Zahnloser Tiger oder Zentrum eines Netzwerks von Institutionen? In diesem Band, S. 137-164.
45 Franco *Algieri*, Die Zwölf auf dem Prüfstand - der schwierige Übergang von der EPZ zur GASP, in: Integration, Bd. 16 (1993), Nr. 3, S. 173-178 (177).
46 *Commission Européenne* (Hrsg.), Conférence Intergouvernemental 1996. Rapport de la Commission pour le groupe de réflexion. Brüssel/Luxemburg 1995, S. 7.

selbst diejenigen, bei denen es nicht verlangt gewesen wäre, wurden einstimmig getroffen. Es wird weiterhin nach dem Verfahren Einstimmigkeit plus einseitige Erklärung vorgegangen, das bereits für die EPZ kennzeichnend war. Nach Angaben der Kommission werden derzeit ca. zwei Erklärungen pro Woche abgegeben, obwohl der Vertrag ein solches Instrument gar nicht mehr für die GASP vorsieht.

Im Hinblick auf die Fragestellung läßt dieser Befund einen wesentlichen Zusammenhang zwischen Funktion und Form der GASP sichtbar werden: Die offizielle Funktionsbestimmung für die GASP bleibt diffus. Die Entwicklung der Form nährte sich weitgehend aus der Kooperationstradition der EPZ. Wo sie jedoch ausgebaut wurde, da geschah dies präzise und eindeutig. Sie folgte dabei jedoch nicht den vorgegebenen Funktionen. Die Entwicklung der Form ist in der Phase des Umbruchs von der Entwicklung der Funktionen losgelöst. Die GASP verfügt über Verfahren und Regeln, die bislang noch gar nicht zur Anwendung kamen, d. h. für die es bisher noch keine institutionelle Funktion gab. Daran wird deutlich, daß Institutionen in Umbruchsituationen über neue institutionelle Formen verfügen können, die von der Funktionsfestlegung noch nicht abgedeckt sind. Es bleibt abzuwarten, ob in solchen Fällen die Funktion der Form folgt.

5. Zusammenfassung

Der vorliegende Beitrag untersucht die Europäische Integration als Sicherheitsinstitution. Als Institution kann die Europäische Integration insofern betrachtet werden, als sie einen Satz impliziter Regeln zur kooperativen Ausgestaltung der Beziehungen zwischen den europäischen Staaten durch Integration bereitstellt. Unter ihr wurden zahlreiche Subinstitutionen entwickelt, wobei auch einige Institutionalisierungsprojekte scheiterten. Als Sicherheitsinstitution kann die Europäische Integration insofern betrachtet werden, als die Sicherheit ein Teilaspekt dieser Institution war. Mit dem Scheitern der EVG wurde diese Teilfunktion zu einer Nebenfunktion, da der wirtschaftliche Sektor ins Zentrum der Institutionalisierung gerückt wurde.

Das Anliegen des Aufsatzes ist es, Hypothesen über Zusammenhänge zwischen Form und Funktion der Europäischen Integration im Politikfeld Sicherheit zu formulieren. Da die Gewährleistung von Sicherheit bis zum Maastrichter Vertrag nicht zu den Hauptaufgaben der Europäischen Integration zählte, lautete die Fragestellung: Welche Zusammenhänge bestehen zwischen der institutionellen Form der Europäischen Integration und ihren Nebenfunktionen im Problemfeld Sicherheit? Eine mögliche Antwort darauf bietet der Funktionalismus, der vermutet, daß die Form der Funktion folgt. Zweifel an dieser einfachen Aussage motivieren diesen Beitrag. Um die Frage zu beantworten, wurden drei unterschiedliche Phasen der Entwicklung der Europäischen Integration ausgewählt und näher untersucht: Die Aufbauphase, die Konsolidierungsphase und die Umbruchphase.

Während der Aufbauphase, die sich an das Ende des Zweiten Weltkrieges anschloß, konnte nicht auf einer Kooperationstradition aufgebaut werden. Die Zusammenarbeit mußte neu etabliert werden. In diesen Zeitraum fallen der Aufbau der wichtigsten Subinstitutionen sowie zahlreiche Projekte, deren Realisierung nicht zustande kam. Als

Ergebnis kann festgehalten werden, daß die Europäische Integration in ihrer Aufbauphase sicherheitspolitische Funktionen erfüllte, ohne daß dafür spezifische Formen entwickelt wurden. Am Beispiel der EVG wird dies nachvollzogen: Die Subinstitution wurde nie geschaffen, erlaubte der Europäischen Integration aber dennoch, eine sicherheitspolitische Funktion zu erfüllen, indem sie unter anderem den Anstrengungen der NATO zum Erfolg verhalf.

Anders in der zweiten Phase. In der Etappe der EPZ von 1969 bis 1989 stand die institutionelle Form nicht mehr zur völlig freien Disposition der Akteure. Sie wurde durch die bereits gebildete Kooperationstradition beeinflußt. Unter diesen Bedingungen wurden allmähliche Fortschritte in der Definition außen- und sicherheitspolitischer Funktionen erzielt, die in regelmäßigen Abständen zu einer entsprechenden Anpassung der Formen führte. Hier kann also für die Regel *form follows function* durchaus Gültigkeit beansprucht werden. Das Beispiel der Verhandlungen über die Mittelmeererklärung im Rahmen der KSZE 1974 macht diesen Zusammenhang sichtbar.

Für die dritte Phase, die mit dem Vertrag über die Europäische Union begann und bis heute fortdauert, ist eine Aussage über den Zusammenhang zwischen Form und Funktion komplizierter: In dieser Zeitspanne entwickelte sich die Form schneller und weitergehender als die Festlegung der Funktionen. Dies wird besonders dann deutlich, wenn man die Bestimmung der Funktionen im Vertrag selbst und in begleitenden Dokumenten von den tatsächlich geführten Politiken der Mitgliedstaaten hinsichtlich der GASP unterscheidet. Der politische Wille zur Kooperation im Rahmen der GASP reicht weniger weit, als die Verregelung im Maastrichter Vertrag erwarten und zulassen würde. In diesem Lichte erscheint die GASP als eine Grenzlinie, mit der der gemeinschaftlichen Außenpolitik ein Riegel vorgeschoben werden soll. Die institutionellen Formen entbehren teilweise einer Funktion. Dies kann interpretiert werden, als das Ergebnis erfolgreicher Verhandlungen auf der Kommunikationsebene. Es wurden Normen und Verfahren entwickelt, die von Normen und Verfahren abgeleitet wurden, die bereits früher auf der Kommunikationsebene vereinbart wurden. Das bedeutet aber, daß die Kooperation selbst zu der vorliegenden institutionellen Form der EU geführt hat, und daß die Mitgliedstaaten nicht bereit sind, die Ergebnisse der Kommunikationsebene auf die Handlungsebene zu übertragen. Der hierfür fehlende Konsens entspricht der mangelnden Präzision der Funktionsbestimmungen.

Für eine institutionalistische Betrachtungsweise ist diese Einsicht allerdings von weitreichender Bedeutung. Sie deutet darauf hin, daß die Institution selbst aktiv ihre Entwicklung mitgestalten kann. Dabei kann sie institutionelle Formen hervorbringen, die den Funktionsbestimmungen der Mitgliedstaaten vorausgreifen. Eine lineare Kausalvermutung, die eine Ableitung der Form aus den übertragenen Funktionen unterstellt, erscheint also fragwürdig.

Nukleare Nichtverbreitung als Aktionsfeld von NATO und GASP

Henning Riecke

1. Einführung

Die Tatsache, daß immer mehr Staaten die technologische Fähigkeit erlangen, Kern- und andere Massenvernichtungswaffen herzustellen, stellt die Sicherheitspolitik der westlichen Industriestaaten vor eine neue Herausforderung. Angesichts des Risikos, daß regionale Großmächte der sogenannten Dritten Welt über nukleare, biologische oder chemische Waffen verfügen, können westliche Sicherheitsinstitutionen ihren Zweck, die Sicherheit ihrer Mitgliedstaaten zu gewährleisten, mit den traditionellen Instrumenten immer weniger erfüllen. Dieser Beitrag befaßt sich mit der Anpassung zweier zentraler westlicher Sicherheitsinstitutionen, der Nordatlantischen Allianz (NATO) und der Gemeinsamen Außen- und Sicherheitspolitik der Europäischen Union (GASP), an die neuen Rahmenbedingungen. Im Mittelpunkt steht die wachsende Gefahr der Proliferation von Kernwaffen.

Regionale Nuklearmächte wie Indien und Israel haben längst bewiesen, daß auch weniger entwickelte Staaten in der Lage sind, weitgehend selbständig und unentdeckt eigene Kernwaffen herzustellen. Dennoch war die Entdeckung nach dem zweiten Golfkrieg, daß der Irak trotz seiner Mitgliedschaft im Nichtverbreitungsvertrag über nukleare Waffen (NVV) und trotz der Kontrollen der Internationalen Atomenergiebehörde (IAEO) ein geheimes Kernwaffenprogramm aufbauen konnte, ein Schock: Dieser führte zu der Erkenntnis, daß sich der Markt für die relevante Technologie immer schwerer kontrollieren läßt und daß das bestehende Regimesystem verändert werden muß, um den sich daraus ergebenden Risiken begegnen zu können. Dies bedeutet eine neue Ausgangslage für die westliche Sicherheitspolitik.

Sicherheitspolitische Entscheidungen werden von den Nationalstaaten im westlichen Staatensystem allerdings kaum noch einseitig, sondern meist in multilateraler Zusammenarbeit und Konsultation getroffen. Dies betrifft auch die nukleare Nichtverbreitungspolitik. NATO und GASP sind die wichtigsten Organisationen, in denen die westlichen Staaten ihre Nichtverbreitungspolitik abstimmen. Beide Institutionen verfügen über unterschiedliche Instrumentarien, um politische Ziele gegenüber Dritten zu erreichen - Abschreckung und militärischer Druck auf seiten des Nordatlantischen Bündnisses, Diplomatie und wirtschaftlicher Druck auf seiten der GASP. Beide Organisationen haben angesichts des gestiegenen Risikos nicht nur eine gemeinsame Positionsbestimmung über den Charakter und die Auswirkungen einer möglichen Bedrohung durch die Verbreitung von Nuklearwaffen vorgenommen, die traditionellen Instrumente - etwa Verteidigungsdispositive im Fall der NATO oder diplomatische Prozeduren in dem der GASP - auf diese neue Risikoeinschätzung hin ausgerichtet und darüber hinaus neue Gremien geschaffen und neue Verfahren in Gang gesetzt, durch die die bestehenden Strukturen ergänzt werden.

Eine solche Wandlungsfähigkeit ist nicht selbstverständlich. Nach realistischer Auffassung sind entweder eine gemeinsam perzipierte Bedrohung, wie durch die UdSSR in der Zeit des Kalten Krieges, oder der stabilisierende Einfluß eines Hegemons die wichtigsten Faktoren, die den Zusammenschluß von Staaten in Sicherheitsinstitutionen bewirken. Sie determinieren auch deren Bestand.[1] Die Erklärungskraft dieses Ansatzes ist begrenzt, wie unten weiter ausgeführt werden wird. Das Ziel dieses Beitrages ist es, mit Hilfe von institutionalistischen Hypothesen weitergehende Erklärungen für die Anpassungsvorgänge in den beiden Organisationen zu finden und empirisch zu überprüfen.

Aus realistischer Sicht ist mit der Beendigung des Kalten Krieges eine wichtige Bestandsgrundlage der NATO ins Wanken geraten, denn das Bündnis war gegen die östliche Bedrohung ausgerichtet. Nach dem Ende der Blockkonfrontation und dem Aufbau kooperativer Beziehungen zu Rußland und den ehemaligen Ostblockstaaten liegt eine klar identifizierbare Bedrohung für die westlichen Industriestaaten nicht mehr vor. Die NATO-Staaten haben allerdings neue, diffuse und wenig berechenbare Sicherheitsrisiken identifiziert - zum Beispiel Instabilitäten an der Peripherie des Bündnisses oder Kern- und andere Massenvernichtungswaffen in den Händen antiwestlich eingestellter regionaler Großmächte wie des Iran. Die Mitglieder haben an der Kooperation im Bündnis festgehalten und ihm neue spezifische Funktionen im Bereich friedenserhaltender und -schaffender Maßnahmen sowie des Stabilitätstransfers zugewiesen.[2] Es ist dabei nicht nur der amerikanische Einfluß, der die NATO-Anpassung bewirkt hat. Das wachsende politische Gewicht einzelner NATO-Staaten und die schwindende Bedeutung der Nukleargarantie durch die USA haben die amerikanische Hegemonialstellung im westlichen Lager relativiert, auch wenn die Federführung für institutionelle Anpassungen noch immer in Washington liegt.

Die GASP hing weit weniger als die NATO von einer Bedrohung durch die Sowjetunion ab. Das Ziel einer gemeinsamen Außenpolitik der Europäischen Gemeinschaftsstaaten wurde seit Ende der sechziger Jahre von dem Wunsch motiviert, Europa mit einer Stimme sprechen zu lassen. Die Europäische Politische Zusammenarbeit (EPZ), die Vorgängerin der GASP, bestimmte die Handlungsfelder, in denen sie tätig wurde, nicht nur entsprechend dem Stand der Ost-West-Beziehungen, wie es aus realistischer Sicht anzunehmen wäre. Auch die GASP ist heute eng mit der Dynamik der Europäischen Integration verknüpft. Entgegen der realistischen Perspektive ist in ihr ebenfalls nicht allein

---

1   Vgl. John J. *Mearsheimer*, Back to the Future. Instability in Europe After the Cold War, in: International Security (zit. als IS), Bd. 15, Nr. 1 (Sommer 1990), S. 5-56 (5f.); Kenneth N. Waltz, The Emerging Structure of International Politics, in: IS, Bd. 18, Nr. 2 (Herbst 1993), S. 11-79 (76). Zu den realistischen Erwartungen bezüglich der Kohäsion von Allianzen vgl. auch Gunther *Hellmann/* Reinhard *Wolf*, Neorealism, Neoliberal Institutionalism, and the Future of NATO, in: Security Studies, Bd. 3, Nr. 1 (Herbst 1993), S. 3-43 (10-13); sowie Robert B. *McCalla*, NATO's persistence after the cold war, in: International Organization (zit. als IO), Bd. 50 (1996), Nr. 3, S. 445-475 (450-456).
2   Zur Terminologie der Institutionenanalyse anhand ihrer spezifischen und allgemeinen Funktionen vgl. Helga *Haftendorn*, Sicherheitsinstitutionen in den internationalen Beziehungen. Eine Einführung, in diesem Band, S. 11-34 (16).

der Einfluß der großen EU-Staaten ausschlaggebend. Die außenpolitische Koordination der EU-Mitglieder erhält wichtige Impulse durch die Schwerpunktsetzung kleinerer Staaten, wenn diese die EU-Präsidentschaft innehaben (im Fall der gemeinsamen Position zur Nichtverbreitung war dies zum Beispiel Irland).

Neorealistische Erklärungsmuster scheinen die Dynamik in den beiden Organisationen nicht genügend erklären zu können. Die Annahme ist gerechtfertigt, daß auch bei Fehlen einer Bedrohung oder einer Hegemonialkonstellation der Fortbestand von Institutionen für die Mitgliedstaaten vorteilhaft ist.

Der neoliberale Institutionalismus vermutet diese Gründe in den kooperationsfördernden Funktionen von Institutionen.[3] Demnach gehen Staaten als rational kalkulierende Akteure institutionelle Bindungen ein, weil sie sich auf lange Sicht Gewinne aus der Kooperation versprechen. Die mit der Einbindung verbundene Aufgabe der Autonomie der staatlichen Akteure wird durch die Kooperationsgewinne kompensiert. Es muß keine klare Bedrohung vorliegen, um die Zusammenarbeit vorteilhaft erscheinen zu lassen. Aus dieser Erwartung läßt sich auch der Fortbestand einer Institution trotz der veränderten Rahmenbedingungen erklären. Drei Fragenkomplexe liegen der folgenden Analyse der institutionellen Anpassungsprozesse zugrunde.

1. Welche spezifischen Funktionen hat die jeweilige Institution? Welche Probleme kollektiven Handelns stellen sich in den entsprechenden Problembereichen und wie wird mit ihnen umgegangen?
2. Wie wirkte sich der Wandel der Rahmenbedingungen auf die spezifischen Funktionen und auf die bestehenden Probleme kollektiven Handelns aus?
3. Welche Anpassungen wurden in den Institutionen vorgenommen, um deren Problemlösungskapazität zu verbessern?

Im ersten Abschnitt dieses Artikels werden Hypothesen über den Zusammenhang von Funktion und Form in Sicherheitsinstitutionen entwickelt. Diese werden in den zwei folgenden Abschnitten anhand der Aktivitäten der NATO und der GASP auf dem Gebiet der Nichtverbreitung von Kernwaffen empirisch überprüft.

2. Probleme kollektiven Handelns und der Wandel von Sicherheitsinstitutionen

Im Verständnis des neoliberalen Institutionalismus liegt die Einrichtung, der Bestand und die Weiterentwicklung von Institutionen im Interesse der Mitgliedstaaten, da diese die Kooperation zwischen ihnen erleichtern. Eine Veränderung der Rahmenbedingungen, die zur Etablierung der Institution motiviert haben, bewirkt in institutionalistischer Sicht nicht deren Auflösung. Die politischen und materiellen Kosten für die Neubildung einer Institution sind höher, als diejenigen für die Anpassung an die neuen Gegebenheiten. Aus

---

3   Vgl. Robert O. *Keohane*, After Hegemony. Cooperation and Discord in World Political Economy. Princeton, NJ: Princeton University Press 1986, S. 85-109; Lisa *Martin*, Interest, power, and multilateralism, in: IO, Bd. 46 (1992), Nr. 4, S. 765-792.

dieser Perspektive wird davon ausgegangen, daß angesichts der neuen Bedingungen eher eine Anpassung der Institution als der Aufbau einer neuen Institution geschieht.[4]

Die Kooperation liegt also auch unter den neuen Bedingungen im Interesse der Staaten. Sie wird aber erschwert durch Probleme kollektiven Handelns, die Stabilität und Dauerhaftigkeit der Kooperation gefährden. Dabei werden hier drei Idealtypen von Problemen unterschieden: Kollaborationsprobleme, Koordinationsprobleme und Überzeugungsprobleme.[5] Institutionen dienen dazu, diesen Problemen entgegenzuwirken, damit kooperatives Handeln möglich wird. Verändern sich Rahmenbedingungen, unter denen eine Institution etabliert wurde, und verändern sich damit die Probleme kollektiven Handelns, so ist zu erwarten, daß die neue Problemstruktur den Anstoß zu einem Wandel der Institution gibt. Ausgehend von einem Blick auf die drei Problemtypen werden in diesem Abschnitt Hypothesen über die institutionelle Anpassung gebildet, die gemäß dem neoliberalen Institutionalismus zu erwarten ist.

Kollaborationsprobleme liegen vor, wenn einzelne Akteure zusammenarbeiten könnten, um ein gemeinsames Ziel zu erreichen, aber zugleich Anreize bestehen, aus der Zusammenarbeit auszubrechen. Die Defektion, also die Verweigerung der Zusammenarbeit, führt zu kurzfristigen Vorteilen für den Ausbrecher, auch wenn damit die weitere langfristige Zusammenarbeit erschwert wird. Dies gilt insbesondere dann, wenn die eigene Defektion geheimgehalten und nicht durch eine Verweigerung des Gegenüber bestraft werden kann. Dementsprechend kann sich auch ein Akteur zur Kooperationsverweigerung entschließen, wenn er das Verhalten seines Gegenüber nicht erkennen kann. Würde ein Akteur einseitig kooperieren, ohne daß sein Gegenüber dasselbe tut, dann würde er selbst größere Nachteile in Kauf nehmen, als wenn beide Seiten defektierten. Unkenntnis oder Unsicherheit über das gegnerische Verhalten legt also Kooperationsverweigerung nahe. Ein Kriterium für das Vorhandensein eines Kollaborationsproblems ist, daß ein relevanter Akteur (ohne den die Kooperation zusammenbricht) kurzfristige Vorteile darin sehen kann, die Zusammenarbeit aufzugeben. Ein anderes ist die Bindung des eigenen Nutzens aus der Kooperation an diejenige des anderen Akteurs.

Entsprechungen dieses Problemtyps finden sich z. B. bei bilateralen Abrüstungsbemühungen. Wenn eine Seite sich an eine Vereinbarung hält und bestimmte Waffensysteme

---

[4] Zu diesem sogenannten 'Sperrklinken'-Effekt und zur Adaptationsfähigkeit von Institutionen vgl. *Haftendorn*, Sicherheitsinstitutionen in den internationalen Beziehungen, S. 28.

[5] Vgl. Otto *Keck*, Der Beitrag rationaler Theorieansätze zur Analyse von Sicherheitsinstitutionen, in diesem Band, S. 35-56. Zur spieltheoretischen Herleitung von Problemen kollektiven Handelns vgl. auch Arthur *Stein*, Coordination and Collaboration. Regimes in an Anarchic World, in: IO, Bd. 36 (1982), Nr. 2, S. 294-324. Lisa *Martin* führt den Typ des Überzeugungsproblems (*suasion problems*) ein. Ihre vierte Kategorie, Versicherungsprobleme (*assurance problems*), bei denen die Akteure übereinstimmende Interessen an einer Lösung haben, sich also nur gegenseitig den Fortbestand dieser Interessenkonvergenz versichern müssen, ist für diesen Aufsatz nicht von Bedeutung. Vgl. *dies.*, Interest, power, and multilateralism, S. 765-792. Die Anwendung des Ansatzes auf Institutionen des NV-Regimes, den Nichtverbreitungsvertrag (NVV) und die *Nuclear Suppliers Group* (NSG), unternehmen Richard T. *Cupitt*/William J. *Long*, Multilateral Cooperation and Nuclear Nonproliferation, in: Zachary Davis/Benjamin Fraenkel (Hrsg.), The Proliferation Puzzle. Why Nuclear Weapons Spread (and What Results), Sonderausgabe von Security Studies, Bd. 2, Nr. 3/4 (Frühjahr/Sommer 1993), S. 332-342.

abbaut, so zieht sie daraus nur dann Vorteile, wenn die Gegenseite das gleiche tut. Ist dies nicht der Fall, sondern rüstet die Gegenseite unentdeckt weiter, befindet sich der kooperierende (abrüstende) Staat im Nachteil.

Koordinationsprobleme haben dagegen einen anderen Charakter. Sie bezeichnen, bei genereller Übereinstimmung über den Zweck der Zusammenarbeit, Konflikte über die Wahl der gemeinsamen Strategie. Interessenunterschiede bestehen nur über Wege zu einem gemeinsam angestrebten Ziel. Wenn einmal die unterschiedlichen Interessen koordiniert und eine der verschiedenen Lösungen ausgehandelt werden konnten, hat ein einzelner Akteur keinen Anreiz, aus der kooperativen Strategie auszubrechen. Die Kooperation setzt sich von selbst durch, wenn eine Vereinbarung einmal getroffen wurde. Wenn sich die Situation grundlegend ändert, gibt es allerdings Anreize für ein Ausbrechen aus der Zusammenarbeit; dann nämlich kann möglicherweise ein Staat ein Interesse entwickeln, die bisherige Lösung aufzugeben. Die Neudefinition eines Koordinationsproblems kann so durch einen einflußreichen Staat oder eine Staatengruppe angeregt werden. Lisa Martin identifiziert dieses Vorgehen als Ursache einer Krise eines Koordinationsproblems: „... crises arise in coordination games when some exogenous force leads an important state to challenge the existing conventions, even though this challenge will be costly in the short term."[6] In diesem Fall ist zu erwarten, daß die Zusammenarbeit öffentlich aufgekündigt wird, aber mit dem Ziel ihrer Neuverhandlung bzw. Anpassung. Die Neueinschätzung durch einen relevanten Akteur zeichnet allerdings das Koordinierungsproblem nicht allein aus, jede Kooperation kann zerbrechen, wenn sich ein wichtiger Akteur gegen die Zusammenarbeit und für ein unilaterales Vorgehen entscheidet. Ein Kriterium für ein Koordinationsproblem allerdings ist es, wenn es außer diesem Motiv, die Vereinbarung zu verändern, keinen Anreiz gibt, aus der Kooperation auszubrechen.

Ein Beispiel für ein Koordinationsproblem wäre z. B. die Verhandlungen über ein gemeinsames Rüstungsprojekt, bei dem die beteiligten Staaten sich über die Arbeitsteilung bei der Entwicklung der einzelnen Bauelemente einigen müssen. Nachdem eine Verteilung vereinbart worden ist, hat kein Staat mehr Interesse daran, andere Bauteile zu konstruieren, als diejenigen, für deren Entwicklung er zuständig ist.

Überzeugungsproblemen liegen, anders als bei den beiden vorgenannten Problemtypen, Asymmetrien in der Machtverteilung und unterschiedliche Interessen an einer kooperativen Bearbeitung zugrunde. Ein hegemonialer Staat oder eine Staatengruppe hat in einer solchen Situation ein Interesse, ein öffentliches Gut selbst dann zur Verfügung zu stellen, wenn sich seine kleineren Partner nicht daran beteiligen. Diese könnten allerdings in den Genuß des Gutes kommen, ohne sich selbst zu dessen Lieferung beizutragen; d. h. sie könnten *free riding* betreiben. Der Anreiz zur Defektion ist hoch, denn die kleineren Staaten erhalten das von ihnen am meisten präferierte Ergebnis, wenn sie die Zusammenarbeit verweigern und der Hegemon weiter das öffentliche Gut gewährleistet. Daher besteht das Problem für den Hegemon darin, durch Drohung oder Belohnung seine Partner von der Kooperation zu 'überzeugen'. Ein Kriterium für das Vorhandensein eines Über-

---

6 *Martin*, Interest, power and multilateralism, S. 790.

zeugungsproblems ist allerdings, daß keiner der kleineren Partner das öffentliche Gut gefährden kann, indem er die Kooperation verläßt.

Ein Beispiel für ein Überzeugungsproblem: Ein hegemonialer Staat ist der wichtigste Rohstoffabnehmer eines anderen Staates, der einen Völkerrechtsbruch begangen hat. Der Hegemon verhängt ein Embargo über diesen Rohstoff und bemüht sich darum, andere Staaten zur Beteiligung zu bewegen. Diese können das öffentliche Gut der Bestrafung des Völkerrechtsbrechers genießen. Sie können aber dieses Gut nicht gefährden, wenn sie weiterhin kleinere Mengen des Rohstoffes abnehmen.

Jeder der drei Problemtypen führt in komplexen Entscheidungssituationen dazu, daß die Kooperation nicht von selbst zustande kommt. Institutionen können helfen, Kooperation zu etablieren, indem sie kooperationsfördernde 'Dienstleistungen', ihre allgemeinen Funktionen, erbringen.[7] Angesichts der verschiedenen Kooperationsprobleme sind jeweils andere institutionelle Lösungen zu erwarten. In neoliberaler Sicht bestimmt die Art des Kooperationsproblems die Art der institutionellen Regeln, die die Akteure eingehen, um die Kooperation selbsttragend zu machen.

Da bei Kollaborationsproblemen ein Anreiz zur Kooperationsverweigerung besteht, wenn sie unentdeckt bleiben kann oder wenn die Unsicherheit über das kooperative Verhalten des Gegenüber besteht, ist zu erwarten, daß die Institutionen als allgemeine Funktionen Informationsaustausch und Verifikationsmaßnahmen zur Verfügung stellen, um Transparenz und Vertrauen herzustellen. So kann die Zusammenarbeit stabilisiert werden. Ferner sind Sanktionsmechanismen, mit denen eine Kooperationsverweigerung eines Akteurs bestraft werden kann, erforderlich. Die Akteure, die in einer Institution integriert sind, treffen nicht mehr nur die kurzfristige Entscheidung zwischen Kooperation und Defektion in der jeweiligen Situation, sondern sie müssen die Bedeutung der langfristigen Beziehungen zu ihren Partnern in die Kalkulation mit aufnehmen (*shadow of the future*).

Bei Koordinationsproblemen, in denen eine von mehreren Lösungen ermittelt werden muß, die von den Beteiligten unterschiedlich präferiert werden, greifen die allgemeinen Funktionen der Institution in der Verhandlungsphase. Sie liegen in der Bereitstellung von normativen Bezugspunkten für die Auswahl einer Lösung. Demselben Zweck dienen Präzedenzlösungen oder die Beratung von Lösungsvorschlägen eines Akteurs, die im Rahmen der Institution angeboten werden.

Bei der Bearbeitung von Überzeugungsproblemen können Institutionen es dem Hegemon erleichtern, durch eine Verknüpfung seines Verhaltens mit dem in anderen Politikfeldern (*linkages*) ein System von Druck und Belohnung zu etablieren, das die Zusammenarbeit stabilisiert. Auch können die Institutionen dem Hegemon Informationen über die Kooperationswilligkeit seiner Partnerstaaten vermitteln. Für die kleineren Staaten dagegen kann die Einbindung in Institutionen wichtig sein, weil die asymmetrische Kooperation dadurch an Legitimation gewinnt und innenpolitisch leichter vermittelt werden kann.

---

7 Vgl. *Haftendorn*, Sicherheitsinstitutionen in den internationalen Beziehungen, S. 4.

Bei einer Veränderung der Rahmenbedingungen läßt sich der Wandel einer Institution auf verschiedenen Analyseebenen untersuchen. Ein Wandel der Rahmenbedingungen kann die hergebrachten spezifischen Funktionen einer Institution unter den neuen Bedingungen obsolet werden lassen und eine Neudefinition notwendig machen. Die neuen spezifischen Funktionen werfen ebenfalls Probleme kollektiven Handelns auf. Dem müssen die allgemeinen Funktionen einer Institution gerecht werden.

Hypothesen, die auf neoliberalen Auffassungen beruhen, lauten:

1. Wenn eine Veränderung der Rahmenbedingungen zu einer solchen Neudefinition der spezifischen Funktionen einer Sicherheitsinstitution führt, die im Kreise ihrer Mitglieder ein Kollaborationsproblem entstehen läßt, dann werden die allgemeinen Funktionen der Institution darauf abzielen, die Erwartungsstabilität zu erhöhen. Sie betreffen daher den Austausch von Informationen, Verifikationsmaßnahmen und Sanktionsmechanismen.

2. Wenn eine Veränderung der Rahmenbedingungen zu einer solchen Neudefinition der spezifischen Funktionen einer Sicherheitsinstitution führt, die im Kreise ihrer Mitglieder ein Koordinationsproblem entstehen läßt, dann werden die allgemeinen Funktionen der Institution darauf abzielen, von verschiedenen Lösungen eine bestimmte zu vereinbaren. Sie betreffen daher die Bereitstellung von normativen Bezugspunkten, Präzedenzlösungen oder anderen Vorgaben.

3. Wenn eine Veränderung der Rahmenbedingungen zu einer solchen Neudefinition der spezifischen Funktionen einer Sicherheitsinstitution führt, die im Kreise ihrer Mitglieder ein Überzeugungsproblem entstehen läßt, dann werden die allgemeinen Funktionen der Institutionen darauf abzielen, dem hegemonialen Partner die Verknüpfung mit anderen Gegenstandsbereichen zu erleichtern und den kleineren Staaten die Mitsprache zu ermöglichen, die die Zusammenarbeit legitimiert.

3. Proliferationsrisiken am Ende des 20. Jahrhunderts

Das Ende der Blockkonfrontation, aber auch davon unabhängige wirtschaftliche und technologische Entwicklungen haben die Bedingungen für die nukleare Weiterverbreitung verändert. Durch den Erwerb von Nuklearwaffen und die entstehenden Abschreckungsoptionen können Staaten Vorteile in regionalen Konflikten erwarten, oder sie erhoffen sich eine gleichberechtigte Rolle, wenn ein Nachbar bereits über Kernwaffen verfügt. Die Entwicklung des indischen Kernwaffenpotentials (1974 durch eine 'friedliche' Kernexplosion demonstriert) ist als Reaktion auf die chinesische Atombombe zu verstehen; Pakistans Proliferationsbemühungen wiederum als Reaktion auf diejenigen Indiens. Die israelische Nuklearaufrüstung kann arabische Staaten dazu veranlassen, sich Nuklearwaffen zuzulegen, und so fort. Hier wirken sich die Zwänge des Sicherheitsdilemmas aus, nach dem eine Anstrengung, die ein Staat zur Erhöhung seiner Sicherheit unternimmt (z. B. der Erwerb von Kernwaffen), die Sicherheit der anderen Staaten beeinträchtigen kann. Diese können sich gezwungen sehen, ihrerseits Maßnahmen zu ergreifen, um den möglichen Nachteil zu kompensieren, was zu einer Eskalation der Aufrüstung führt. Die Furcht vor irakischen Massenvernichtungswaffen im Zweiten Golfkrieg zeigt ferner, daß Nuklearwaffen die Handlungsspielräume solcher Staaten erweitern können, die für die Durchsetzung ihrer außenpolitischen Ziele zum Völkerrechtsbruch bereit sind und in diesem Fall eine Gegenwehr der internationalen Gemeinschaft zu erwarten hätten. Staaten können also durchaus ein rationales Interesse haben, sich Nuklearwaffen zuzulegen.

Neben Indien, Pakistan und Israel, die wahrscheinlich über Kernwaffen bzw. deren Komponenten verfügen, gibt es noch weitere Staaten, denen Kernwaffenprogramme unterstellt werden. Außer dem Irak, dessen Kernwaffenprogramm gemäß der UN-Sicherheitsratsresolution 687 vom 3. April 1991 unter langfristigen Implementationskontrollen vernichtet wurde, sind dies Nordkorea und der Iran, ferner Syrien, Algerien und Libyen. Angesichts der Erwartungen über eine weit höhere Anzahl von Kernwaffenstaaten zum Ende des Jahrhunderts, die Anfang der sechziger Jahre verbreitet waren[8], zeugt diese begrenzte Anzahl von der Wirkung, die das NV-Regime bislang gehabt hat. Die Umstände, unter denen die Proliferation im jeweiligen Fall erfolgt, haben sich seit dem Ende der sechziger Jahre, als der Nichtverbreitungsvertrag (NVV) ausgehandelt und unterzeichnet wurde, allerdings geändert.[9]

Einige Faktoren sprechen dafür, daß die Entwicklung von Nuklearwaffen bzw. die Beschaffung einzelner Komponenten heute leichter zu bewerkstelligen ist als vor dreißig Jahren. Die technologische Basis in den Staaten der sogenannten Dritten Welt befähigt einige von ihnen schon seit langem zur friedlichen Nutzung der Kernenergie. Dies ist auch ein Ergebnis des Tauschhandels, der im NVV festgeschrieben wurde: Die Nuklearwaffenstaaten und andere industriell fortgeschrittene Staaten sagten den weniger entwickelten Mitgliedern die technologische Unterstützung bei der friedlichen Nutzung der Kernenergie zu. Diese Entwicklung erhöht das Risiko, daß proliferationswillige Staaten die friedliche Kernenergie zu militärischen Zwecken nutzen. Allerdings ist der Ausbau der zivilen Kernenergie in den Schwellen- und Entwicklungsländern ins Stocken geraten. Noch zu Beginn der achtziger Jahre war man davon ausgegangen, daß die Kernenergie eine ständig zunehmende Rolle in der Weltenergieversorgung spielen würde. Mitte der neunziger Jahre sind dagegen lediglich in neun Schwellen- und Entwicklungsländern (Argentinien, Brasilien, China, Indien, Mexiko, Pakistan, Südafrika, Südkorea, Taiwan) Leistungsreaktoren in Betrieb. Verschiedene Programme verzögerten sich oder wurden auf Eis gelegt. Gründe für diesen Trend sind die hohen Kosten der Kernkraft verglichen mit anderen Energieträgern und die Verschuldung der Entwicklungsländer.[10]

---

8 Hier genügte ein Hinweis auf die Warnung von US-Präsident John F. Kennedy aus dem Jahre 1963, der für das folgende Jahrzehnt die Entstehung einer Welt mit 15 bis 25 Atommächten voraussah. Vgl. Public Papers of the Presidents of the United States: John F. Kennedy 1963. Washington DC: US General Printing Office 1964, zit. nach David *Fischer*, Stopping the Spread of Nuclear Weapons. The Past and the Prospects. London/New York: Routledge 1992, S. 5.
9 Vgl. Joachim *Krause*, Proliferationsrisiken und -szenarien in den 90er Jahren, in: ders. (Hrsg.), Kernwaffenverbreitung und internationaler Systemwandel. Neue Risiken und Gestaltungsmöglichkeiten. Baden-Baden: Nomos 1994, S. 19-67.
10 Vgl. Hans *Michealis*/Carsten *Salander* (Hrsg.), Handbuch Kernenergie. Kompendium der Energiewirt-

Eine größere Anzahl von Staaten gehören inzwischen zu den nuklearen Lieferländern. Einige, wie Argentinien und Brasilien sind bereits in die Exportkontrollregime der Lieferländer integriert; u. a. nehmen sie teil an den Sitzungen des Zangger Komitees und der Nuclear Suppliers Group (NSG). Andere Lieferländer tun sich mit der Übernahme der harten Exportkontrollregeln deutlich schwerer. China z. B. weigert sich, als Bedingung für seine Nuklearexporte sogenannte 'Umfassende IAEO-Sicherungsmaßnahmen' im Empfängerland zu verlangen.[11]

Zahlreiche Experten sehen das Risiko, daß in den Nachfolgestaaten der Sowjetunion die staatliche Kontrolle über waffenfähiges Spaltmaterial im militärischen und zivilen Sektor zu schwach ist. Der internationale Nuklearschmuggel hat allerdings nicht die befürchteten Ausmaße angenommen, was in erster Linie auf die mangelnde Nachfrage zurückgeführt werden kann. Das Risiko, daß Spaltmaterial für den illegalen Handel abgezweigt ist, ist aber nicht beseitigt.[12]

Zwei Entwicklungen schränken allerdings den Handlungsspielraum der wenigen Proliferationskandidaten ein. Zum einen wächst der diplomatische Druck seitens der Industriestaaten, allen voran der USA, auf die Schwellenländer, die nukleare Option fallenzulassen und die ausschließlich friedliche Ausrichtung ihrer Nuklearprogramme unter Beweis zu stellen. Die Kampagne der USA gegen Nordkorea und, mit geringerem Erfolg, gegen den Iran, sind Beispiele dafür. Es gibt Beispiele für einen Rücktritt vom Kernwaffenstatus: Südafrika hat nach Offenlegung seines Kernwaffenprogrammes zu Beginn des Jahres 1990 seine sechs bestehenden Atombomben vernichtet[13]; Kanada, Schweden oder Ägypten haben ihre Programme schon vor langer Zeit abgebrochen.

Zum anderen haben sich die westlichen Staaten, zusammen mit einer großen Mehrheit der Unterzeichnerstaaten des NVV, zur Anpassung und Stärkung des bestehenden Nichtverbreitungsregimes verpflichtet. Als die Entdeckung des Umgehungsversuchs des Irak die Schwächen etwa des Safeguardsystems der IAEO offenlegte, haben die Mitgliedstaaten der Internationalen Atomenergiebehörde ein Reformprogramm ('93+2') eingeleitet. Dieses soll die bestehenden Instrumente der Verifikationsagentur durch eine Effektivierung der Verwaltung oder durch häufigere Ausübung des Rechtes auf Sonderinspektionen außerhalb des vereinbarten Turnus stärken und neue Maßnahmen ent-

---

schaft und Energiepolitik 1995. Frankfurt am Main: Verlags- und Wirtschaftsgesellschaft der Elektrizitätswerke 1995, S. 389f. Selbst diese nicht immer neutrale Publikation weist auf den genannten Trend hin. Vgl. ferner Beatrice *Fisher* u. a. (Hrsg.), Handbook of Nuclear Countries 1992/1993. Berlin: Lexigraphisches Institut 1992.

11 Vgl. David *Fischer*, The London Club and the Zangger Committee. How effective?, in: Kathleen Bailey/Robert Rudney (Hrsg.), Proliferation and Export Controls. National Institute for Public Policy, Fairfax, VA. Lanham, MD u. a.: University Press of America 1993, S. 39-48; Tadeusz *Strulak*, The Nuclear Suppliers Group, in: The Nonproliferation Review, (zit. als NPR), Bd. 1, Nr. 1 (Herbst 1993), S. 2-29. Zur Exportbedingung 'Umfassende Sicherungsmaßnahmen' unten S. 33.

12 Vgl. William C. *Martel*/Steven E. *Miller*, Controlling Borders and Nuclear Exports, in: Graham Allison u. a. (Hrsg.) Cooperative Denuclearization. From Pledges to Deeds. Center for Science and International Affairs (CSIA Studies in International Security, Nr. 2). Cambridge, MA 1993, S. 198-225; *Krause*, Proliferationsrisiken und -szenarien in den 90er Jahren, S. 29-37

13 Vgl. Frank V. *Pabian*, South Africa's Nuclear Weapon Program. Lessons for U.S. Nonproliferation Policy, in: NPR, Bd. 3, Nr. 1 (Herbst 1995), S. 1-19.

wickeln, um geheime kerntechnologische Aktivitäten aufzudecken, z. B. die Überwachung der Radioaktivität in der Umwelt und der Ausstoß an Wärmeenergie bestimmter Anlagen. Die Gruppe der nuklearen Lieferländer begegnete den Schwächen der Exportkontrollregime, indem sie eine Liste sensitiver Mehrzweckgüter erstellte, die für die zivile wie militärische Nutzung geeignet sind, mit dem Ziel, den Handel mit ihnen lizenzpflichtig zu machen. Gleichzeitig bemühte sie sich um Aufnahme der neuen Lieferländer. Nicht zuletzt war die unbegrenzte Verlängerung des Nichtverbreitungsvertrages im Mai 1995 eine wichtige Stärkung des Regimes.

Da die nukleare Verbreitung auch in geographischer Nähe zu Europa geschehen oder möglich ist, wird eine direkte Bedrohung des Territoriums der NATO-Staaten durch Kernwaffen aus Staaten am Rande des Bündnisses in den Bedrohungsanalysen der NATO nicht mehr ausgeschlossen. Im Nahen Osten besitzt Israel Nuklearwaffen und der Iran steht im Verdacht, mit seinem zivilen Nuklearprogramm militärische Ziele zu verfolgen; im Maghreb zählen Algerien und Libyen zu den Proliferationskandidaten.[14] Voraussetzung für eine Bedrohung ist aber auch das Vorhandensein von Trägersystemen, weitreichenden Raketen oder Bombern. Deshalb unterliegt inzwischen auch die Raketentechnologie intensiven Exportkontrollen.[15]

Ferner können Maßnahmen zur Friedenserzwingung, die etwa die NATO oder die WEU mit einem Mandat der Vereinten Nationen durchführen, dem Risiko eines Einsatzes von Massenvernichtungswaffen ausgesetzt sein. Die NATO-Staaten haben in den neunziger Jahren die Durchführung von Operationen zur Friedenserhaltung und erzwingung den spezifischen Funktionen des Bündnisses hinzugefügt. Würden derartige Einsätze gegen Staaten geführt, die über Nuklear- oder andere Massenvernichtungswaffen verfügen, könnten diese gegen NATO-Truppen eingesetzt werden. Im Zweiten Golfkrieg, in dem Irak über chemische und über bakteriologische Waffen verfügte, lag eine solche Gefährdung der Koalitionstruppen im Bereich des Möglichen.

Andere Risiken, die durch nukleare Verbreitung entstehen könnten, würden die westeuropäischen Staaten indirekt betreffen. Regionale Konflikte in der Peripherie des Bündnisses könnten sich verschärfen, wenn sich eine Partei Kern- oder andere Massenvernichtungswaffen zulegte. In diesem Fall sind Rüstungsspiralen denkbar, da sich die Nachbarstaaten durch einen solchen Schritt zur Nachrüstung gezwungen sehen könnten. Die Möglichkeit, daß sich nichtstaatliche Akteure wie Bürgerkriegsparteien oder Terroristengruppen Nuklearwaffen beschaffen, wird von seiten westlicher Experten häufig hingewiesen.[16]

---

14 Vgl. Matthias *Dembinski*, The Threat of Nuclear Proliferation To Europe, in: Bailey/Rudney, Proliferation and Export Controls, S. 1-13.
15 Die seit 1987 bestehende Übereinkunft zwischen sieben Lieferländern von Raketentechnologie sieht eine Harmonisierung der Exportkontrollen für die betreffende Technologie und Mehrzweckgüter vor. Seit 1991 wurde das Kontrollregime durch eine Ausrichtung auf Trägersysteme für alle Arten von Massenvernichtungswaffen, erhöhte Standards und die Einbeziehung neuer Lieferländer reformiert. Vgl. Guidelines for Sensitive Missile-Relevant Transfers, in: Darryll *Howlett*/Ben *Sanders* (Hrsg.), Nuclear Non-Proliferation. A Reference Handbook. Harlow: Longman 1992, S. 313-320, sowie Johannes *Preisinger*, Deutschland und die nukleare Nichtverbreitung. Zwischenbilanz und Ausblick. Bonn: Europa Union Verlag 1993, S. 64-68.
16 Vgl. Joachim *Krause*, The proliferation of weapons of mass destruction. The risks for Europe, in:

Das dichter werdende Netz von Nichtverbreitungsinstitutionen kann diese Proliferationsrisiken vermindern. Technologietransfers können unterbrochen, Geheimhaltung erschwert und so die materiellen und politischen Kosten für den Atomwaffenerwerb in die Höhe getrieben werden. Die Anpassung und Stärkung dieser Institutionen gehört daher zu den obersten Prioritäten der USA und der westeuropäischen Staaten. Aber auch die Funktionen der Institutionen NATO und GASP, in denen sie gemeinsam agieren, werden unter den veränderten Bedingungen neu definiert. In den folgenden beiden Abschnitten werden einzelne spezifische Funktionen der untersuchten Sicherheitsinstitutionen, deren Erfüllung durch die gewachsenen Proliferationsrisiken schwieriger geworden ist, und die daraufhin unternommenen institutionellen Anpassungen untersucht.

4. Nukleare Nichtverbreitung und die Anpassung der NATO

Es lassen sich drei spezifische Funktionen der NATO identifizieren, bei deren Erfüllung die Allianz die veränderten Proliferationsbedingungen berücksichtigen muß. Erstens hat das atlantische Bündnis die Funktion, europäische Schwellenländer durch die Einbindung ins Bündnis vom Nuklearwaffenerwerb abzuhalten. Diese Aufgabe betraf in der Geschichte der NATO vor allem die Bundesrepublik Deutschland und Italien. Zweitens existiert die klassische Funktion der Abschreckung und Verteidigung gegenüber potentiellen Gegnern, von denen einige über Nuklearwaffen verfügen. Als dritte Funktion kommt seit den neunziger Jahren die Funktion der Friedenserhaltung bzw. -erzwingung unter dem Mandat der Vereinten Nationen hinzu. Die Veränderungen des Bündnisses, die die NATO-Staaten als Reaktion auf die Proliferationsrisiken vereinbart haben, werden daraufhin untersucht, wie sie den Problemen kollektiven Handelns Rechnung tragen, die bei der Erfüllung dieser drei spezifischen Funktionen entstehen.

4.1 Nukleare Nichtverbreitung innerhalb der NATO

Seit Mitte der fünfziger Jahre, d. h. seit dem Beitritt der Bundesrepublik Deutschland und Italiens, hat die NATO eine Nichtverbreitungsfunktion nach innen. Der gleichzeitige Beitritt der beiden Staaten zur NATO und zur WEU war Teil einer Ersatzlösung, die 1954 nach dem Scheitern der Europäischen Verteidigungsgemeinschaft (EVG) notwendig wurde. Ein wichtiges Ziel der EVG war es, einen deutschen Beitrag zur westlichen Verteidigung und damit die westdeutsche Aufrüstung durch die Einbindung in eine kollektive Streitmacht zu ermöglichen. In den Gründungsverträgen der EVG waren darüber hinaus zahlreiche mehr oder minder kaschierte Restriktionen für die Bundesrepublik enthalten, die diese von der nuklearen Option fernhalten sollten. Nachdem die Ratifikation der Verträge im August 1954 in der französischen Assemblée Nationale gescheitert war, wurde als Alternative der Beitritt der beiden Staaten zu NATO und WEU ausgehandelt, wobei der Verzicht der Bundesrepublik auf die Herstellung atomarer, biologischer und

---

Paul Cornish/Peter van Ham/Joachim Krause, Europe and the challenge of proliferation. Institute for Security Studies. Western European Union (Chaillot Paper, Nr. 24). Paris: Mai 1996, S. 5-21. Für dieses Szenario sind allerdings noch keine erwiesenen Präzedenzfälle bekannt geworden

chemischer Waffen durch eine freiwillige Selbstverpflichtung erfolgte. Dem deutschen Verzicht schlossen sich die Benelux-Länder an, die bereits Mitglieder der NATO waren.

Als Mitglied der Nordatlantischen Allianz beteiligte sich die Bundesrepublik an der westlichen Verteidigung, als Mitglied der WEU unterwarf sie sich bestimmten Rüstungskontrollauflagen. Ihr Verzicht auf die Herstellung von ABC-Waffen geschah auf der Grundlage ihrer Integration in eine kollektive Verteidigungsorganisation, die die Sicherheit Westdeutschlands auch ohne eine deutsche Atombombe gewährleistete.[17] Ihren Beitritt zum NVV im Jahre 1969 koppelte die Bundesrepublik direkt an den Fortbestand der NATO.[18] Eine Auflösung des Bündnisses hätte für Bonn einen Anlaß geboten, die Rücktrittsoption in Art. XI.1 des Vertrages wahrzunehmen.

Noch bei den Verhandlungen über die äußeren Aspekte der deutschen Vereinigung, speziell bei der Frage, ob das vereinte Deutschland Mitglied der NATO bleiben sollte, war die Abneigung gegen eine nuklear aufgerüsteten Bundesrepublik virulent. Vor allem Frankreich hatte den Nichtkernwaffenstatus zur Bedingung für seine Zustimmung für die Vereinigung gemacht. Auch Diplomaten aus Washington und Moskau diskutierten die nukleare Aufrüstung der Bundesrepublik als mögliche Folge eines Austrittes des vereinten Landes aus der NATO.[19] Die Bestätigung des ABC-Verzichtes wäre völkerrechtlich nicht notwendig gewesen, da die deutsche Vereinigung nach Art. 23 GG - der Beitritt der fünf neuen Bundesländer - den Fortbestand des ABC-Verzichtes der Bundesrepublik außer Frage ließ.[20] Dennoch hatte die interne Nichtverbreitungsfunktion der NATO hier noch eine eine politische Bedeutung.

In Westeuropa entstand also, vor allem mit Hilfe der NATO, ein Sicherheitsmilieu, das die nukleare Aufrüstung von Schwellenländern wie der Bundesrepublik, Italien, aber auch Belgien, der Niederlande oder Spanien[21] unnötig machte. Dessen Grundlage war die Beistandsoption aus Art. 5 NATO-Vertrag und die Einbeziehung amerikanischer und britischer Nuklearwaffen in die strategische Verteidigungsplanung der Allianz. Diese

---

17 Vgl. Hanns Jürgen *Küsters*, Souveränität und ABC-Waffenverzicht. Deutsche Diplomatie auf der Londoner Neunmächte-Konferenz 1954, in: Vierteljahrshefte für Zeitgeschichte, Bd. 42 (1994), Nr. 4, S. 499-536, sowie Henning *Riecke*, Die Bundesrepublik Deutschland als Nichtkernwaffenstaat. Der Einfluß der Alliierten Vorbehaltsrechte auf den Bonner Kernwaffenverzicht, in: Helga Haftendorn/ders. (Hrsg.), „... die volle Macht eines souveränen Staates ...". Die Alliierten Vorbehaltsrechte als Rahmenbedingung westdeutscher Außenpolitik. 1949-1990. Baden-Baden: Nomos 1996, S. 187-226 (196-205).
18 Vgl. Note und Erklärung der Bundesregierung anläßlich der Unterzeichnung des NV-Vertrages am 28.11.1969, in: *Presse- und Informationsamt der Bundesregierung* (Hrsg.), Vertrag über die Nichtverbreitung von Kernwaffen. Dokumentation zu deutschen Haltung und über den deutschen Beitrag. Bonn 1969, S. 64-69.
19 Vgl. die Warnung von US-Außenminister James Baker III. an Michael Gorbatschow, zit. in: Michael R. *Beschloss*/Strobe *Talbott*, Auf höchster Ebene. Das Ende des Kalten Krieges und die Geheimdiplomatie der Supermächte. 1989-1991. Düsseldorf u. a.: Econ 1993, S. 245.
20 Vgl. *Riecke*, Die Bundesrepublik Deutschland als Nichtkernwaffenstaat, S. 218f.
21 Diese NATO-Staaten stünden einer Liste von Ländern entnommen, die zur Entwicklung von Kernwaffen in der Lage wären. Sie sind in der Kategorie derjenigen Länder zu finden, die zu dieser Entwicklung nur einige Monate, höchstens aber fünf Jahre benötigen würden. Demnach würden Dänemark und Norwegen höchstens zehn, Griechenland, Portugal und die Türkei 15 Jahre benötigen. Vgl. *Fischer*, Stopping the Spread of Nuclear Weapons, S. 251f.

Konstellation stellt sich als ein Tauschhandel dar: nuklearer Beistand gegen Nuklearwaffenverzicht. Die USA und Großbritannien stellen ihre Kernwaffenpotentiale als kollektives Gut den westeuropäischen Schwellenländern zur Verfügung.

Welchen Charakter hat das Problem kollektiven Handelns, das sich hier stellt? Es besteht darin, daß bei abnehmender Glaubwürdigkeit der nuklearen Schutzgarantie der USA die Nichtkernwaffenstaaten in der NATO sich veranlaßt sehen könnten, die Aufrüstung mit Kernwaffen anzustreben. Die USA als Schutzmacht, die den Großteil des strategischen nuklearen Potentials der NATO stellt, kann sich unter Umständen der Kooperation entziehen, indem sie im Bündnisfall ihre Kernwaffen nicht zur Verteidigung eines Alliierten freigibt. Eine Vorstufe dieser möglichen Verweigerung tritt aber bereits dann ein, wenn die Bündnisverpflichtung der USA an Glaubwürdigkeit verliert, etwa durch entsprechende Signale aus Washington (z. B. indem die isolationistischen Stimmen im außenpolitischen Entscheidungsprozeß zunehmen). Die Nichtkernwaffenstaaten der NATO würden ihrerseits die Kooperation verweigern, wenn sie trotz der NATO-Schutzgarantie nationale nukleare Potentiale anstreben würden.

In der Geschichte der NATO geschah eine solche Defektion bereits zweimal, durch die Kernwaffenprogramme von Großbritannien (erster Atomtest 1957) und Frankreich (1960). Beide Fälle erscheinen auf den ersten Blick als ein Fehlschlag der Problemlösungskapazität der NATO. Die Programme der beiden Bündnispartner waren allerdings älter als der oben skizzierte Tauschhandel zwischen den USA und den europäischen Schwellenländern. Schon in den frühen vierziger Jahren hatte sich in der britischen Regierung die Überzeugung gefestigt, daß Nuklearwaffen ein entscheidendes Instrument künftiger Sicherheitspolitik sein würden, nicht nur im Krieg gegen Nazideutschland, sondern auch gegenüber dem kommenden Gegner Sowjetunion. Britische Wissenschaftler waren während des Zweiten Weltkriegs an der Entwicklung der amerikanischen Atombombe beteiligt gewesen. In Frankreich begannen die Vorbereitungen für ein Kernwaffenprogramm in den Reihen der Militärs kurz nach dem Krieg. Bei beiden Staaten bestand zudem ein starkes Bestreben, sich von der entstehenden Supermacht USA unabhängig zu machen. Vor allem Frankreich sah die 'Kooperation' mit Kosten in Form eines Verlustes an nationaler Souveränität verbunden und schätzte sie deshalb geringer als die 'Verweigerung' durch einen nationalen Alleingang.[22]

Diese Konstellation ist eng mit dem Glaubwürdigkeitsproblem der Erweiterten Abschreckung verwandt. Eine nukleare Abschreckungsdrohung, die die USA auf die Alliierten des westlichen Bündnisses ausdehnt, kann für die gegnerische Macht nicht die gleiche Glaubwürdigkeit haben, wie eine Abschreckung, die sich nur auf das amerikanische Territorium bezieht. Die Interessen der USA waren bei einem direkten sowjetischen Angriff unmittelbarer gefährdet, als bei einer Operation in Westeuropa oder Berlin. Das Glaubwürdigkeitsproblem stellt sich also nicht nur im Verhältnis zur UdSSR, der die

---

22   Vgl. Nicholas J. *Wheeler*, The dual imperative of Britain's nuclear deterrent. The soviet threat, alliance politics and arms control, in: Mark Hoffmann (Hrsg.), UK arms control in the 1990s. Manchester/New York: Manchester University Press 1990, S. 32-52 (34f.); Marcel *Duval*/Dominique *Mongin*, Histoire des Forces Nucléaires Françaises. Paris: Presses Universitaires Françaises 1993, S. 15-42.

Abschreckung galt, sondern auch im Verhältnis zu den Staaten unter dem nuklearen Schutzschirm. „... deterring a general Warsaw Pact move into Western Europe or provocations that might lead to war remains easier than reassuring West Europeans".[23]

Einem System der Erweiterten Abschreckung liegt eine andere Art der Kooperation zugrunde, als der gemeinsamen Abschreckung in einer klassischen Allianzsituation. In der letzteren versprechen gleich starke Verbündete einander, Abschreckungspotentiale zur Abwehr eines stärkeren Staates aufrechtzuerhalten und einzusetzen. Auch hier ist die Glaubwürdigkeit des Beistandsversprechens nicht selbstverständlich, doch liegt bei beiden Allianzpartnern ein Interesse an der Kooperation vor, da sie ansonsten beide im Kriegsfall unterliegen würden. Es besteht also kein Anreiz zur Defektion.[24] Konflikte bestünden nur über die gemeinsame Strategie, was in diesem Fall auf die Existenz eines Koordinationsproblems hindeuten würde. Die Situation der Erweiterten Abschreckung - deren Gegenleistung in der hier untersuchten Konstellation der Nuklearwaffenverzicht ist - ist aber eine andere. Ein Staat wie die Bundesrepublik könnte, innerhalb der Logik der Abschreckung, durchaus ein Interesse an der Defektion haben. Ein verstecktes Nuklearwaffenprogramm hätte, bei Fortbestand der Erweiterten Abschreckung, die sicherheitspolitischen Handlungsoptionen für die Zukunft erweitern können. Besonders dann, wenn die nukleare Schutzgarantie der USA ins Wanken geraten wäre, wäre die kooperierende (d. h. nuklearwaffenfreie) Bundesrepublik mit dem schlechtesten Ergebnis, der einseitigen Kooperation, konfrontiert gewesen. Dies hätte auch dann geschehen können, wenn Unsicherheiten über die zu erwartende Kooperationsbereitschaft der Schutzmacht aufgekommen wären. Im Hinblick auf die oben entwickelten Kriterien zeigt sich, daß für die Bundesrepublik ein Anreiz zur Defektion durchaus bestand und die Resultate ihres Handelns, aber auch dessen anderer Schwellenländer, mit dem der USA eng verknüpft waren. Dies spricht für ein Kollaborationsproblem.

Die Abgrenzung zum Überzeugungsproblem ist schwieriger. Tatsächlich ist die Erweiterte Abschreckung ein kollektives Gut, an dessen Lieferung die USA durchaus ein Interesse hatten. Es hätte das globale Machtgleichgewicht deutlich zuungunsten der Vereinigten Staaten verändert, wenn die Sowjetunion mit militärischen Mitteln oder Druck ihre Stellung in Westeuropa ausgebaut hätte - von der Gefährdung der 'westlichen Werte' einmal abgesehen. Der Bindung der amerikanischen Interessen an die Verteidigung der westeuropäischen Partner diente auch die Stationierung von US-Soldaten in Europa. Sie wären durch eine militärische Auseinandersetzung mit der Sowjetunion gefährdet gewesen, und dies machte sie zu einem Faustpfand für die Glaubwürdigkeit des nukleare Schutzschirmes über Westeuropa. Es ist aber fraglich, ob Washington das kollektive Gut der Erweiterten Abschreckung weiter gewährleistet hätte, wenn die Bundesrepublik aus

---

23 James M. *Garrett*, Central Europe's Fragile Deterrent Structure. New York u. a.: Harvester/Wheatsheaf 1990, S. 44. Zur Problematik der Glaubwürdigkeit in der Erweiterten Abschreckung vgl. Stephen J. *Cimbala*, Extended Deterrence. The United States and NATO Europe. Lexington, MA/Toronto: Lexington Books, S. 133-140; Michael J. *Mazarr*, START and the Future of Deterrence. Basingstoke/London: Macmillan 1990, S. 106-129, sowie Ifestos *Panayotis*, Nuclear Strategy and European Security Dilemmas. Towards an Autonomous European Defence System? Aldershot u. a.: Avebury 1988, S. 95-100.
24 Vgl. *Keck*, Der Beitrag rationaler Theorieansätze zur Analyse von Sicherheitsinstitutionen, S. 52.

einem Unabhängigkeitsbestreben heraus Nuklearwaffen entwickelt hätte. Die Verbreitung von Kernwaffen in Westeuropa, ganz abgesehen von den Implikationen für das globale Nichtverbreitungssystem, wären Anlaß für die USA gewesen, ihre Garantie für den Defekteur zu überdenken. Die USA konnten allerdings nicht den Schutzschirm für ein Land des Bündnisses verweigern, für die anderen dagegen nicht. Der Tauschhandel wäre daher nur dann zusammengebrochen, wenn genügend westeuropäische Staaten die Kooperation verweigert hätten.

Das dem Tauschhandel zugrundeliegende Problem gleicht also am ehesten einem Kollaborationsproblem. Demnach ist zu erwarten, daß im Rahmen einer Institution Informationen über die jeweilige Politik des Verbündeten verbreitet und Verifikations- und Kontrollmechanismen etabliert werden können, um Vertrauen in die kooperationswillige Haltung des Gegenüber zu stärken. Die Integration der Bundesrepublik in die WEU ermöglichte Maßnahmen zur Verifikation der Erfüllung der verschiedenen Rüstungsbeschränkungen, die die Bundesrepublik durch ihre Mitgliedschaft in der Organisation eingegangen war. Dies sollte eine versteckte Defektion durch die Entwicklung von Nuklearwaffen erschweren. Durch die US-Truppenstationierung, aber auch durch die Dislozierung amerikanischer taktischer und später Mittelstreckenwaffen in Westeuropa als Teil des NATO-Abschreckungsdispositives wurde die Erwartungsstabilität für die europäischen Partner erhöht.

Trotzdem mußte die NATO bereits einmal mit institutionellen Anpassungen auf eine Veränderung der Rahmenbedingungen für die interne Nichtverbreitungsfunktion reagieren. Als Ende der fünfziger Jahre Fortschritte in der Raketentechnologie die Sowjetunion in die Lage versetzten, weitreichende Trägersysteme zu entwickeln und damit direkt das Territorium der Vereinigten Staaten zu bedrohen, geriet die bislang gültige NATO-Strategie der Massiven Vergeltung, die einen schnellen und umfassenden Einsatz der amerikanischen Kernwaffen als Antwort auf einen konventionellen sowjetischen Angriff vorsah, in die Kritik. In der *strategic community* der Vereinigten Staaten wuchsen die Zweifel daran, ob diese die eigene Vernichtung riskieren sollten, um die europäischen Allianzpartner zu schützen. Als die Kennedy-Regierung 1962 im nationalen Rahmen eine Strategieänderung hin zu einer Flexiblen Erwiderung unternahm, verlor die amerikanische Nukleargarantie bei den westeuropäischen Partnern an Glaubwürdigkeit. Künftig war die sofortige Drohung mit dem Einsatz von Kernwaffen gegen die Sowjetunion nicht mehr gegeben, und weite Teile einer kriegerischen Auseinandersetzung würden in Mitteleuropa geführt werden.

Parallel zu dem sechs Jahre andauernden Prozeß, in dem die Bündnismitglieder die neue Strategie für die NATO übernahmen, kam es zu diversen institutionellen Veränderungen, die insgesamt der Beteiligung der Bündnispartnern in die nuklearpolitischen Entscheidungsprozesse der Allianz dienten.[25] Zunächst wollten die USA durch den Plan einer kollektiven NATO-Atomstreitmacht (MLF) dem schwindenden Vertrauen in ihre Schutzgarantie Rechnung tragen und die europäischen Schwellenländer von nuklearen

---

25 Zur Strategiedebatte und den Anpassungsprozessen der NATO vgl. Helga *Haftendorn*, Kernwaffen und die Glaubwürdigkeit der Allianz. Die NATO-Krise von 1966/67. Baden-Baden: Nomos 1994.

Alleingängen fernhalten. Die MLF sollte also der spezifischen Funktion der Nichtverbreitung innerhalb der Allianz dienen. Dieser Plan scheiterte aber Ende 1965 im Rahmen eines Strategiewechsels der US-Regierung hin zu einem bilateralen Entspannungsdialog mit der Sowjetunion, der unter anderem die Verhandlungen zum Nichtverbreitungsvertrag ermöglichte. Weitere Gründe waren der britische Unwillen, die nationaler Verfügung über seine Nuklearwaffen aufzugeben, französische Ressentiments gegen eine deutschen Beteiligung und innenpolitische Friktionen in Bonn und Washington.

Um vor allen Dingen die Deutschen, deren Traum einer nuklearen Teilhabe unerfüllt blieb, zu versöhnen und den Tauschhandel unter den geänderten Bedingungen neu zu definieren, wurden seit Mitte 1965 Alternativkonzepte einer Mitsprache von NATO-Staaten bei der nuklearen Einsatzplanung diskutiert. Auf Grundlage der sich verstetigenden Konsultationsarbeit in verschiedenen NATO-Komitees - dem *Special Committee*, eingerichtet auf Initiative von US-Verteidigungsminister McNamara, und der Arbeitsgruppe für Nuklearen Planung (NPWG) - wurde im Sommer 1966 die Gründung der Nukleare Planungsgruppe (NPG) beschlossen, die im darauffolgenden April zum ersten Mal tagte. In der NPG gab es vier ständige und drei, später vier rotierende Mitglieder.[26] Ohne daß die Bündnispartner eine Einsatzentscheidung für Nuklearwaffen erhielten, ermöglichte die Arbeit der NPG doch eine größere Transparenz der Einsatzbedingungen von zunächst den taktischen Nuklearwaffen. Damit wurde der Glaubwürdigkeitsverlust relativiert und das Problem um die mögliche Kooperationsverweigerung der USA im Ernstfall entschärft. Diese Entwicklung war neben anderen eine Voraussetzung dafür, daß Deutschland und Italien dem Vertrag über die nukleare Nichtverbreitung beitreten konnten.

Betrachten wir die Form dieser institutionellen Lösung. Die geringe Mitgliederzahl macht eine effektive Planungsarbeit möglich und eine Blockade der Konsultation wenig wahrscheinlich. Die USA teilen sich in bezug auf die Einsatz*planung* zwar die Kompetenz mit den Bündnispartnern - wobei Einsatzrichtlinien für die gesamten der NATO assignierten Nuklearstreitkräfte erst 1986 vorlagen[27] -, gaben die Einsatz*entscheidung* aber nicht aus der Hand. Eine weitergehende Mitsprache der Verbündeten bei der Einsatzentscheidung hätte kaum zur Festigung der Glaubwürdigkeit beigetragen. Die Konsultation innerhalb der Planungsgruppe und die höhere Spezifität des Nukleareinsatzes bauten aber die Unsicherheit über das Verhalten der Führungsmacht ab. Durch die Vereinbarung von Regeln und Richtlinien für den Einsatz der nuklearen Systeme wurde dem Bedürfnis der Allianzpartner nach Erwartungsstabilität begegnet.

Aus dieser Analyse ergeben sich einige interessante Schlußfolgerungen für die Gegenwart, denn beim anvisierten Beitritt neuer Mitglieder aus Ostmitteleuropa zur NATO muß die interne Nichtverbreitungsfunktion der NATO berücksichtigt werden.[28] Für bei-

---

26 Die ständigen Mitglieder der NPG waren die USA, Großbritannien, die Bundesrepublik Deutschland und Italien. Vgl. ebd., S. 166-180. Zur Option einer nuklearen Beteiligung und den frühen institutionellen Entwicklungen vgl. auch Christoph *Hoppe*, Zwischen Teilhabe und Mitsprache. Die Nuklearfrage in der Allianzpolitik Deutschlands 1959-1966. Baden-Baden: Nomos 1993.
27 Vgl. *Haftendorn*, Kernwaffen und die Glaubwürdigkeit der Allianz, S. 182.
28 Der Beitritt ist bereits beschlossen, auch wenn die Modalitäten noch offen sind und eine versöhnliche Haltung Rußlands noch unsicher ist. Vgl. für die Prüfung der Beitrittsmodalitäten die Gipfel-

trittswillige Staaten in geographischer Nähe zur Großmacht Rußland dürfte die Schutzgarantie im Bündnisrahmen eine besondere Bedeutung haben.

Zwei Einschränkungen müssen allerdings gemacht werden: Erstens gibt es derzeit bei den ehemaligen Warschauer-Pakt-Staaten keine Aspirationen auf Nuklearwaffen. Alle ostmitteleuropäischen Staaten sind Mitglieder im Nichtverbeitungsvertrag, alle haben sich anläßlich der Verlängerungsentscheidung im Mai 1995 eindeutig zur unbegrenzten Verlängerung des Vertrages bekannt.[29] Auch aus technologischer Sicht ist die Proliferationsgefahr gering: Kurzfristig kann keiner der ostmitteleuropäischen Staaten ohne fremde Hilfe Kernwaffen entwickeln. Keiner verfügt über Wiederaufarbeitungstechnologie oder Anreicherungstechnologie, die als Voraussetzung für ein selbständiges umfassendes Kernwaffenprogramm angesehen werden können. Denkbar wäre allenfalls ein Interesse, sich Teile der nuklearen Hinterlassenschaft aus der Sowjetunion anzueignen.[30]

Eine Ausnahme zu diesem positiven Bild bietet lediglich die Ukraine, eine der drei nichtrussischen Nachfolgerepubliken der UdSSR, auf deren Territorium sowjetische Kernwaffen stationiert waren. Sie hatte für eine Übergangszeit an der Verfügung über diese Waffen festgehalten. Kiew mußte durch Sicherheitsgarantien und Kompensationen aus Moskau und Washington zu einem Verzicht und dem Beitritt zum START II Vertrag und dem NVV bewegt werden. In der Trilateralen Vereinbarung vom 14. Januar 1994 bekräftigten die USA und die UdSSR gegenüber der Ukraine die Prinzipien der KSZE-Schlußakte über Gewaltlosigkeit und Grenzsicherheit. Sie bestätigten ihre negativen Sicherheitsgarantien, d. h. sie sehen von nuklearen Angriffen oder Drohungen gegen die Ukraine ab. Die USA sagten Kiew zudem technische und finanzielle Unterstützung für die Abrüstung in Höhe von 175, später 350 Mio. US-Dollar zu. Für die abzugebenden Spaltstoffe erhielt die Ukraine von den beiden anderen Staaten Brennelemente für Kernkraftwerke. Inzwischen - zum 1. Juni 1996 - wurde der letzte strategischen Sprengkopf aus der Ukraine nach Rußland gebracht.[31]

Die zweite Einschränkung betrifft die verringerte Bedeutung, die Nuklearwaffen heute haben. Dem liegen die Rüstungsbegrenzungs- und Abrüstungsvereinbarungen aus den siebziger und achtziger Jahren zwischen den Supermächten (die SALT-, START- und INF-

---

erklärung des Nordatlantikrates, in: NATO Brief, Bd. 42 (1994), Nr. 1, S. 30-33.
29 Zu den Unterzeichnern des Vorschlags zur unbegrenzten Verlängerung des Vertrages gehörten alle ostmitteleuropäischen Staaten, die auch im NATO-Kooperationsrat sind, außer Moldawa, vgl. NPT/Conf.1995/L.2 vom 5.5.1995.
30 Obwohl die technologischen Voraussetzungen für ein hochentwickeltes Kernwaffenprogramm fehlen, finden sich in der oben zitierten Liste von Schwellenländern die Visegrad-Staaten Polen, (damals noch) Tschechoslowakei und Ungarn in der Kategorie der Staaten, die höchstens fünf Jahre für die Entwicklung einer Atomwaffe benötigen würden. Vgl. *Fischer*, Stopping the Spread of Nuclear Weapons, S. 252. Vgl auch Erwin *Häckel*/Karl *Kaiser*, Kernwaffenbesitz und Kernwaffenabrüstung: Bestehen Gefahren der nuklearen Proliferation in Europa? In: Joachim Krause (Hrsg.), Kernwaffenverbreitung und internationaler Systemwandel. Neue Risiken und Gestaltungsmöglichkeiten. Baden-Baden: Nomos 1994, S. 239-262 (257).
31 Vgl. Victor *Zaborski*, Nuclear disarmament and nonproliferation. The evolution of the Ukrainian case. Center for Science and International Affairs. Harvard University (CSIA discussion paper). Cambridge MA, Mai 1994; sowie Ukraine: Alle Atomwaffen sind abgezogen, in: Frankfurter Rundschau, 3.6.1996.

Verträge³²), aber auch die kooperativen Beziehungen zugrunde, die die ehemaligen WVO-Staaten untereinander und die westlichen Staaten mit Rußland entwickelt haben. Zudem hat die strategische Verteidigung als Abschreckung gegen eine konventionelle Übermacht, über die die UdSSR verfügte, an Gewicht verloren: Durch die Verträge über konventionelle Streitkräfte in Europa (VKSE I aus dem Jahre 1990 und Ia von 1992) ist ein konventionell geführter Überraschungsangriff unmöglich geworden. Die Kernwaffenoption hat daher heute für die ostmitteleuropäischen Staaten nicht mehr den gleichen Rang wie sie es Mitte der sechziger Jahre für Deutschland hatte.³³

Den NATO-Staaten bieten sich zwei parallele Strategien an, um die nukleare Nichtverbreitung in Ostmitteleuropa zu unterstützen: Die NATO-Mitgliedschaft einiger Staaten, die in den Genuß der Erweiterten Abschreckung kommen können, und die Ausübung einer Stabilisierungsfunktion in ganz Europa, die diejenigen Staaten davon abhalten kann, ihre Sicherheit in die eigenen Hände zu nehmen, die nicht NATO-Mitglied werden können. Diesem indirekten Zweck dienen der Nordatlantische Kooperationsrat (NACC) und das Kooperationsprogramm der Partnerschaft für den Frieden. Die NATO kann ferner auch direkt die nukleare Nichtverbreitung in der Region unterstützen. Seit der Gründung des NACC im Juni 1992 ist die Proliferation von Massenvernichtungswaffen Thema seiner Arbeitspläne. In seinem Rahmen wurde die gemeinsame Unterstützung von Abkommen über das Verbot chemischer und biologischer Waffen und der Verlängerung des Nuklearen Nichtverbreitungsvertrages beraten. Die Institution war also geeignet, die Prinzipien über die Bedeutung der Nichtverbreitung in der Sicherheitspolitik zu etablieren.³⁴

Der direkte Tauschhandel zwischen den USA und den westeuropäischen Nichtkernwaffenstaaten läßt sich aber kaum mit den ostmitteleuropäischen Staaten wiederholen, solange diese nicht Mitglied des Bündnisses sind. Ein Teil der Staaten des ehemaligen Warschauer Paktes hat die Aussicht, in absehbarer Zeit selbst Mitglied der NATO zu werden. Dies sind vor allem Polen, die Tschechische Republik und Ungarn. Für den Fall

---

32 Strategic Arms Limitation Talks (SALT): Nach dem SALT I-Interimsvertrag, in Kraft getreten am 3.10.1972, wurde die Anzahl der strategischen Systeme in der UdSSR und den USA für fünf Jahre oder bis zu einem weitergehenden Vertrag eingefroren. Das Folgeabkommen SALT II über Obergrenzen, unterzeichnet am 18.6.1979, trat nie in Kraft. Die Strategic Arms Reduction Talks führten zu zwei Verträgen (START I in Kraft 1992, START II, unterzeichnet Januar 1993 und noch nicht in Kraft). Start II sieht bis 2003 die Vernichtung schwerer Interkontinentalraketen und solcher mit Mehrfachsprengköpfen sowie die Reduzierung seegestützter Interkontinentalraketen vor. Die Zahl der Atomsprengköpfe wird auf 3000-3500 auf jeder Seite reduziert. Im Vertrag über die Intermediate Nuclear Forces (INF), in Kraft getreten am 1.6.1988, verpflichteten sich beide Supermächte, ballistische und Lenkraketen mittlerer Reichweite (500-5500 km) abzurüsten und nicht mehr herzustellen.
33 Der Relativierung der Nuklearwaffen entsprachen die NATO-Staaten, indem der nuklearen Komponente im neuen strategischen Konzept von 1991 nur mehr eine verminderte Bedeutung zugewiesen wurde, vgl. The Alliance's New Strategic Concept. Agreed by the Heads of State and Government participating in the meeting of the North Atlantic Council in Rome, 7.-8.11.1991, Art. 40, in: NATO Review, Bd. 39 (1991), Nr. 6, S. 25-32. (29). Vgl. ferner zum Neuen Strategischen Konzept nach den Gipfel von Rom Olaf *Theiler*, Der Wandel der NATO nach dem Ende des Ost-West-Konfliktes, in diesem Band, S. 101-136 (123)
34 Vgl. NAKR, Arbeitsplan für Dialog, Partnerschaft und Zusammenarbeit 1996/1997, Politische und Sicherheitsbezogene Themen, Abs. 02, in: NATO Brief, Bd. 44 (1996), Nr. 1, S. 28-30 (28).

eines Beitritts ost-mitteleuropäischer Staaten müßten diese allerdings in diejenigen Institutionen einbezogen werden, die das Kollaborationsproblem hinsichtlich der Glaubwürdigkeit des amerikanisch gestützen Nuklearschirmes verringern. Bei der Vorbereitung der Osterweiterung folgen die Bündnismitglieder offenbar den gleichen Überlegungen.

Im Auftrag der Außenminister[35] erstellte der Ständige Rat mit Beratung durch die Militärbehörden eine Studie über die Erweiterung, in der die Modalitäten der Aufnahme neuer Mitglieder ausgearbeitet wurden. Diese lag im Herbst 1995 vor und wurde den Mitgliedern der Partnerschaft für den Frieden vorgestellt, dem System bilateraler Abkommen über Verteidigungskooperation zwischen der NATO und ostmitteleuropäischen Staaten. Zum einen wird in ihr untersucht, wie die NATO auch mit einer höheren Mitgliederzahl effektiv bleiben kann, zum anderen werden die Rechte und Pflichten dargelegt, welche die Beitrittskandidaten erwarten.[36] Die Studie enthält mehrere kategorische Aussagen, die einem zu erwartenden neuen Glaubwürdigkeitsproblem entgegenwirken können. Jede Erweiterung geschieht auf der Grundlage „that new members will enjoy the rights and assume all obligations of membership under the Washington Treaty".[37] In der Studie heißt es weiter, die NATO müsse sicherstellen, daß alle militärischen Verpflichtungen der Allianz, speziell nach Art. 5, auch nach einer Erweiterung eingehalten werden können. Neue Mitglieder kommen dabei, in Übereinstimmung mit dem Strategischen Konzept der NATO aus dem Jahre 1991, in den Genuß der alliierten Sicherheitsgarantie auf der Grundlage der strategischen NATO-Nuklearstreitkräfte.[38] Die nukleare Planung des Bündnisses und auch die derzeitige nukleare Aufstellung müßten allerdings vorerst nicht geändert werden und genügten den Erfordernissen auch einer erweiterten NATO. Auch sei nicht *a priori* die Stationierung von Nuklearstreitkräften in den neuen Mitgliedsländern erforderlich, obwohl langfristig die Implikationen der Erweiterung für die Nuklearstrategie geprüft werden müßten. Die neuen Mitglieder werden allerdings gleichberechtigt in die bestehenden Strukturen integriert: „New members will, as do current members, contribute to the development and implementation of NATO's strategy, including its nuclear components; new members should be eligible to join the Nuclear Planning Group and its subordinate bodies and to participate in nuclear consultation during exercise and crisis."[39]

Bei der Formulierung einer Beitrittsstrategie muß allerdings den erheblichen russischen Vorbehalten gegen die Osterweiterung der NATO Rechnung getragen werden. Als Teil einer Kampagne, Moskaus Ressentiments abzubauen, hat daher die NATO auf ihrem

---

35 Vgl. Kommuniqué der Ministertagung des Nordatlantikrates vom 1.12.1994, Abs. 6, in: NATO Brief, Bd. 42, Nr. 6-1 (November/Dezember 1994-Januar/Februar 1995), S. 26-28 (26).
36 Vgl. Study on NATO Enlargement, September 1995. Vgl. auch Robert E. *Hunter*, Die Erweiterung der NATO als Teil einer Stabilitätsstrategie für Mitteleuropa, in: NATO Brief, Bd. 42 (1994), Nr. 3, S. 3-8 (4).
37 Vgl. Study on NATO Enlargement, Kap. 1B, Principles of Enlargement, Art. 4, S. 3.
38 Ebd. Kap. 4A, Maintaining the Effectiveness of the Alliance to Perform its Core Functions and New Missions, Art. 44 und 45b, S. 15f.
39 Ebd. Kap. 4B., The Military and Defence Implications of Enlargement. IV. Nuclear Forces, Art. 58, S. 20; vgl. auch Richard *Nelson*, Nuclear Weapons and European Security. Atlantic Council Program on International Security, in: (NATODATA-) Bulletin, Bd. VI, Nr. 13 (31.10.1995), NATO Integrated Data Service, nataodata@cc1.kuleuven.ac.be, 31.10.1995.

Ratstreffen in Brüssel im Dezember 1996 zugesichert, daß auf dem Boden der beitretenden Staaten keine Atomwaffen stationiert werden.[40] Dieses Versprechen steht zwar dem Prinzip der Gleichbehandlung entgegen, doch gibt es auch andere NATO-Staaten, die die Stationierung von Nuklearwaffen des Bündnisses auf ihrem Territorium verweigern (z. B. Spanien). Angesichts der skizzierten kooperativen Beziehungen zu Rußland und der allgemeinen Entwertung der nuklearen Option berühren derartige Beitrittsmodalitäten weder die Sicherheitsinteressen der NATO-Staaten noch die der Beitrittskandidaten. Die Zusicherung ist vielmehr eine Voraussetzung dafür, daß die Osterweiterung überhaupt ohne erhöhte Spannungen zwischen der NATO und Rußland erfolgen kann. Die Stationierung von Atomwaffen in Osteuropa ist zudem mit der Brüsseler Absichtserklärung nicht für alle Zeit verbaut: Ein grundlegender Wandel der europäischen Sicherheitslandschaft würde es ermöglichen, den Verzicht in weiterer Zukunft zu überdenken.

Zusammenfassend ist festzuhalten, daß die interne Nichtverbreitungsfunktion der NATO immer noch vorhanden ist, wenn auch nur 'schlafend'. Sie ergibt sich aus der Konstellation der Erweiterten Abschreckung und bestimmt nicht die tägliche Aufgabenstellung der Gremien des Bündnisses. Sie muß auch bei einer erweiterten Mitgliederzahl erfüllt werden. Das zugrundeliegende Kollaborationsproblem geriet in den sechziger Jahren in eine Krise, ohne sich grundsätzlich zu verändern, als die Glaubwürdigkeit der Erweiterten Abschreckung ins Wanken geriet. Die institutionelle Reaktion war die Bildung von Organen, die die Transparenz erhöhten, indem sie eine verstärkte Beteiligung der westeuropäischen Staaten an den nuklearstrategischen Entscheidungsprozessen ermöglichten.[41] Die Planungen für den Einsatz der nuklearen Komponente der NATO verregelten die Verpflichtungen der USA unter Art. 5 und erhöhten so die Erwartungsstabilität auf seiten der europäischen NATO-Staaten. Umgekehrt gingen sie im Nichtverbreitungsregime und in der WEU die Verpflichtung ein, keine Nuklearwaffen zu entwickeln und ermöglichten die Verifikation ihrer Verpflichtungen. Anläßlich der Osterweiterung könnte eine neue Krise des Kollaborationsproblems drohen, wenn die Erweiterte Abschreckung für das Territorium der ostmitteleuropäischen Staaten nicht mehr glaubwürdig sichergestellt wird. Die Beteiligung der Beitrittskandidaten an der NPG und den nuklearstrategischen Entscheidungen ist die Voraussetzung dafür, das dies nicht geschieht.

---

40 Diese Zusicherung bekräftigte auch US-Außenminister Warren Christopher in seiner Rede vor dem NATO-Rat. Zu der Kampagne gehört daneben das westliche Entgegenkommen, gemäß russischen Forderungen den Vertrag über konventionelle Streitkräfte in Europa neu auszuhandeln sowie die Einladung, eine Charta über politische und militärische Zusammenarbeit mit Rußland zu verabschieden, mit der u. a. die Konsultation zwischen Rußland und der NATO über Friedensoperationen in Europa institutionalisiert werden soll. Vgl. William *Drozdiak*, NATO Acts To Soothe Moscow on Expansion, in: International Herald Tribune, 11.12.1996.
41 Interessanterweise ergab sich bei den Bemühungen, institutionelle Veränderungen zur Lösung des Kollaborationsproblems zu finden, ein Koordinationsproblem. Verschiedene von den Akteuren präferierten unterschiedliche Alternativen, hauptsächlich die Beteiligungsformen in MLF und NPG, standen zur Auswahl. Die Organe der NATO spielten bei der Formulierung dieser Lösungen allerdings keine dominante Rolle gegenüber den Hauptstädten.

4.2 Verteidigung und Friedensoperationen angesichts neuer Proliferationsrisiken

Das Risiko der Verbreitung von Nuklear- und anderen Massenvernichtungswaffen ist eine wichtige Rahmenbedingung für die Erfüllung der spezifischen NATO-Funktion der kollektiven Verteidigung, ebenso wie der neu hinzugetretenen Funktionen der Krisenreaktion, der Friedenssicherung und -erzwingung. Das Risiko der nuklearen, chemischen und biologischen Aufrüstung in Konfliktgebieten ist eine Herausforderung für die Krisenreaktionsfähigkeit der NATO, da ihre Schnellen Einsatztruppen unter Umständen der Gefahr eines Angriffs mit Massenvernichtungswaffen ausgesetzt sein können. Die Strategie, Streitkräftestrukturen, die Luftabwehr und die Ausrüstung der Truppen im Bündnis werden angesichts der erhöhten Proliferationsrisiken einer diffusen Bedrohung mit Nuklear- und anderen Massenvernichtungswaffen angepaßt.

Die Initiative zur Anpassung der NATO an die neuen Proliferationsrisiken kam Ende 1993 von den Vereinigten Staaten. Sie bemühten sich, das Konzept der *Defense Counterproliferation Initiative* (DCI) in die NATO einzubringen.[42] Mit diesem Konzept reagierten sie auf die Einschränkung der militärischen Einsatzfähigkeit der US-Streitkräfte im Falle einer Bedrohung durch Massenvernichtungswaffen. Die Erfahrung im Golfkrieg hatte ihnen die Grenzen ihrer Fähigkeit zur Kriegführung gezeigt. Eine Operation wie *Desert Storm* wäre kaum möglich gewesen, hätte der Irak Nuklearwaffen besessen und mit diesen die Truppen der Koalition oder die Hauptstädte der Anrainerstaaten bedroht.

Das Konzept der *Counterproliferation* hat die Anpassung der militärischen Potentiale der USA und seiner Verbündeten zum Ziel, um die Fähigkeit zur Kriegführung angesichts der Proliferationsrisiken aufrechtzuerhalten und diesen durch militärische Abschreckung zu begegnen. Im Bündnis wurde bereits ein Konsens über den Charakter der Bedrohung und die Notwendigkeit einer Reform hergestellt. Derzeit befinden sich die Bündnisstaaten am Beginn eines Verhandlungsprozesses über die Anpassung der Streitkräftestrukturen und Ausrüstungen.

Eine übereinstimmende Bedrohungsperzeption innerhalb einer Allianz wie der NATO ermöglicht eine gemeinsame Verteidigungspolitik und ihre Implementation durch Streitkräfteplanungen und Beschaffungsentscheidungen. Zur klassischen Bedrohung durch einen möglichen Angriff auf NATO-Territorium gesellen sich mittlerweile mögliche Einschränkungen für NATO-Operationen des *peacekeeping* zwischen Kriegsparteien, die über Massenvernichtungswaffen verfügen. Diese spezifische Funktion tangiert nicht nur humanitäre, sondern auch nationale Sicherheitsinteressen, wenn Operationen im UN-Auftrag der Stabilisierung in Regionen an der Peripherie des Bündnisses dienen. Es gibt dabei mehrere Kombinationsmöglichkeiten zwischen politischen und militärischen Strategien gegen eine Bedrohung und mehrere Optionen für die Anpassung der Streitkräftestrukturen.

---

42 Zur neuen Schwerpunktsetzung der USA vgl. Clinton Warns of Perils Ahead Despite Cold War's End. Rede des US-Präsidenten vor den UN am 27.9.1993, in: U.S. Policy Information and Texts, Nr. 99 (29.9.1993), S. 3-7 (5f.). Die Vorarbeiten für die *Defense Counterproliferation Intiative* datieren allerdings noch in der Zeit der Bush-Administration, vgl. Harald *Müller*/Mitchell *Reiss*, Counterproliferation. Putting New Wine in Old Bottles, in: Washington Quarterly, Bd. 18 (1995), Nr. 2, S. 143-154 (144).

Die beteiligten Staaten haben dabei unterschiedliche Präferenzen, sowohl was die Gewichtung einer politischen im Vergleich zu einer militärischen Reaktion betrifft, als auch was die entsprechenden Beschaffungen angeht. Im Vorfeld der Kooperation können so Konflikte entstehen. Hierbei liegt ein Koordinationsproblem vor. Die einzelnen Staaten haben aus dieser Sicht kein Interesse, die Streitkräftestrukturen auf einem Stand zu belassen, der ihre Einsatzfähigkeit in Krisensituationen begrenzt, so daß die NATO im Ernstfall erpreßbar wäre. Ein Beharren auf den bestehenden Strukturen, etwa aus Unsicherheit über die jeweils richtigen Beschaffungsmaßnahmen, käme einer Kooperationsverweigerung gleich, an der keiner der Beteiligten ein Interesse hätte.

In der Tat sind die Anreize für eine Defektion gering. Es besteht zwar die Möglichkeit für *free riding*: Kleinere Staaten haben die Möglichkeit, ohne eigene Kosten Nutzen aus einer funktionsfähigen Allianz zu ziehen. Ihre mögliche Kooperationsverweigerung, d. h. die Verweigerung oder Verzögerung ihrer Beteiligung an der kollektiven Aufgabe, selbst wenn sie die Bedrohungsperzeption teilen, läßt die Zusammenarbeit aber nicht kollabieren. Der Anteil kleinerer Staaten an den NATO-Streitkräften und an den kollektiven Lasten ist gering. Dieses Kriterium spricht durchaus für die Zuordnung zum Überzeugungsproblem im Verhältnis der großen Allianzpartner zu den kleineren. Ohne die Zusammenarbeit der größeren Partner ist ein Umbau des Bündnisses allerdings nicht möglich.[43]

Es gibt für diese Staaten noch andere Gründe dafür, die Defektion zu vermeiden. Ein solches Verhalten könnte in einer hochinstitutionalisierten Organisation wie der NATO unfreiwillige *linkages* zur Folge haben, bei denen die Partner als Reaktion auf die Verweigerung des Akteurs selbst die Kooperation in anderen Bereichen verweigern und dadurch die Allianzkohäsion in Mitleidenschaft gerät. Die Nachteile einer solchen Entwicklung gingen weit über die Vorteile hinaus, die ein Staat durch das 'Trittbrettfahren' bei der Streitkräfteanpassung gewinnen würde. Vor allem aber ist es der hohe Integrationsgrad der NATO, der Defektion, also Verzögerung der Anpassung, für die stärkeren Staaten nicht nur unvorteilhaft, sondern beinahe unmöglich macht. Wenn einmal ein Staat die Notwendigkeit akzeptiert, seine Truppen beispielsweise mit neuer Schutzausrüstung zu versorgen, also auch ein eigenständiges Interesse daran vorliegt, und diese Truppen zu einem großen Teil (bzw. fast vollständig wie im Fall der Bundesrepublik) in die NATO eingebunden sind, dann führt an einem koordinierten Vorgehen kein Weg vorbei. Nur so können Lücken geschlossen werden, die bei einer uneinheitlichen Ausrüstung bei Operationen mit mehreren Teilnehmern entstehen würden (einzelne Partner wären im Einsatz verwundbarer als andere) und durch Zusammenarbeit Kosten gespart werden. Der Anreiz zur Defektion fehlt also aus mehreren Gründen, die Betrachtung der Konstellation als Koordinationsproblem wird daher aufrechterhalten.

---

43 Die USA bemühen sich im übrigen bei der Multilateralisierung der *Counterproliferation* nicht vorrangig darum, die Kosten für ein schlagkräftiges Instrumentarium zur Bekämpfung von Proliferanten, das sie allein aufrechterhalten könnten, auf die Schultern der NATO-Mitglieder zu verteilen. Vielmehr ist es ihre Absicht, die Verwundbarkeit der US- und der NATO-Truppen zu senken, um diese nicht zum Ziel eines gegnerischen Angriffs werden zu lassen und auf diese Weise einen möglichen Kontrahenten vom Erwerb von Massenvernichtungswaffen abzuhalten.

Die Funktionen, die Institutionen erfüllen können, sind darauf ausgerichtet, eine von allen Mitgliedern getragene Lösung zu erleichtern. Hilfreich sind hier die Bereitstellung von Bezugspunkten für die Politik, also völkerrechtliche Dokumente oder ein gemeinsamer Informationsstand zu einem Gegenstand. Im Laufe der Zeit können sich Probleme wiederholen, so daß auch ein Rückgriff auf institutionelle Präzedenzlösungen erfolgen kann. Ebenso können im Rahmen der Institution deren Organe oder einzelne Mitglieder Lösungsvorschläge präsentieren oder vermitteln.

Die Entscheidungssituation vor dem Hintergrund der 'Krise', in die die Streitkräftestruktur der NATO durch die neue Schwerpunktsetzung der Vereinigten Staaten geriet, entspricht den oben skizzierten Erwartungen über die Neudefinition eines Koordinationsproblems durch einen relevanten Akteur. Die verteidigungspolitische Umsetzung der amerikanischen Neuorientierung, politisch und militärisch stärker auf die Verbreitung von Massenvernichtungswaffen zu reagieren, mußte notwendigerweise die Struktur der Allianz mit einbeziehen. Ferner lag es im Interesse der USA, die Kosten für die Führungsrolle, die sie nach dem Ende des Kalten Krieges im Bereich der nuklearen Nichtverbreitung an sich gezogen hatte, mit anderen westlichen Staaten zu teilen. Die anderen Bündnismitglieder akzeptierten, daß das alte Koordinationsgleichgewicht, vor allem nach der Ausweitung der traditionellen Funktionen der NATO auf die stabilitätserhaltende Friedenssicherung, für die Akteure nicht mehr den optimalen Nutzen liefern konnte.

Der amerikanischen Initiative war eine Konsensbildung in der NATO über den Charakter der Risiken vorausgegangen. Die Verständigung im Bündnis darüber, daß die neuen Verbreitungsrisiken eine Neudefinition der Bedrohungsszenarien rechtfertigen, zeigte sich sich bereits in den Passagen über neue globale Sicherheitsrisiken in der NATO-Erklärung von Rom im November 1991.[44] In den Kommuniqués der folgenden Jahre befaßten sich die NATO-Gremien immer nachdrücklicher mit der Proliferationsgefahr. Im Mittelpunkt standen die Sorge um die Kontrolle des waffenfähige Spaltmaterials in der ehemaligen Sowjetunion, die Denuklearisierung der Ukraine, die Verlängerung des NVV und der Beitritt der ehemaligen Sowjetrepubliken zu diesen Verträgen, die Lage in Nordkorea und die Entwicklung eines Verifikationssystems.[45] Die Herausbildung eines Konsenses der NATO-Staaten über diese Punkte war die Voraussetzung dafür, daß die Anpassung des Bündnisses möglich wurde und die Neubehandlung des Koordinationsproblems in Angriff genommen werden konnte.[46]

---

44 Vgl. Rome Declaration on Peace and Cooperation, Art. 19, issued by the NAC Meeting in Rome, 7.-8.11.1991, in: NATO Review, Bd. 39 (1991), Nr. 6, S. 19-21 (21). Vgl. auch Michael *Rühle*, View from NATO. NATO and the Coming Proliferation Threat, in: Comparative Strategy, Bd. 13 (1994), Nr. 3, S. 313-320.
45 Vgl. Kommuniqué der Ministertagung des Nordatlantikrates vom 17.12.1992 in Brüssel, in: NATO Brief, Bd. 40 (1992), Nr. 6, S. 28-30 (30); Kommuniqué der Ministertagung des Verteidigungsplanungsausschusses und der NPG in Brüssel vom 25./26.5.1993, in: NATO Brief, Bd. 41 (1993), Nr. 4, S. 27-29 (29); Erklärung der NATO-Verteidigungsminister in Brüssel vom 29.5.1993, in: NATO Brief, Bd. 41 (1993), Nr. 2, S. 34-35 (34f.); sowie das Kommuniqué der Ministertagung des NATO-Rates in Athen vom 10.6.1993, in: NATO Brief, Bd. 41 (1993), Nr. 3, S. 31-33 (33).
46 Diese Situation entspricht einer gemeinsamen Situationsdefinition, wie sie Otto *Keck* vorsieht, Vgl. Rationales kommunikatives Handeln in den internationalen Beziehungen: Ist eine Verbindung von

Im Oktober 1993 legte der amerikanische Verteidigungsminister Les Aspin den Verteidigungsministern der NATO einen neuen Strategieentwurf für die amerikanischen Streitkräfte vor, der als Richtlinie für die weitere NATO-Planung dienen sollte.[47] Dieser Strategieentwurf umfaßte fünf Punkte[48]:

1. Verdeutlichung der neuen, aggressiven Nichtverbreitungspolitik gegenüber allen beteiligten Parteien. Dazu gehörte die Information der einzelnen Truppenteile über die neuen Gefahren, wobei die jeweiligen Planungsstäbe mit neuen Richtlinien zur Verteidigungsplanung ausgestattet werden. Ferner wurde im Pentagon eine Stelle für einen Assistent Secretary geschaffen, der die *Counterproliferation Initiative* koordiniert.

2. Beschaffung von Material, mit dem Massenvernichtungswaffen lokalisiert und zerstört werden können (*counterforce*). Dies betraf zum Beispiel Artilleriemunition mit einer besonders großen Eindringtiefe gegen Bunker, Programme zur Ortung und Zerstörung mobiler Raketenbasen und die Entwicklung einer *Theater Missile Defence*, d. h. einer Raketenabwehr gegen nichtstrategische Flugkörper.

3. Entwicklung neuer Strategien für den Umgang mit Gegnern, die Massenvernichtungswaffen besitzen. Den Teilstreitkräften wurde befohlen, ihre Einsatzfähigkeit unter den Bedingungen des Gebrauchs von Massenvernichtungswaffen zu melden und Pläne für ein militärisches Vorgehen gegen solche Gegner zu entwerfen.

4. Sammlung nachrichtendienstlicher Informationen über Proliferationskandidaten. Die Fähigkeiten der Geheimdienste sollten verbessert werden, und der CIA-Direktor erhielt einen zusätzlichen Stellvertreter. Ferner wurde ein Nonproliferationszentrum eingerichtet, um Expertenwissen zu bündeln.

5. Koordinierung der internationalen Zusammenarbeit zur Bekämpfung der Proliferation. Die diplomatische Großoffensive richtete sich vor allem an die NATO-Mitglieder, die für die Zusammenarbeit gewonnen werden sollten. Bilaterale Expertentreffen der USA mit Deutschland und Japan ergänzten die Meinungsbildung.

Mit dem Brüsseler NATO-Gipfel im Januar 1994 begann der Reformprozeß, mit dem die NATO auf die neuen Bedrohungen ausgerichtet werden sollte. Die Staats- und Regierungschefs erklärten die Proliferation von Massenvernichtungswaffen zu einer Bedrohung für die internationale Sicherheit. Sie beschlossen die Bildung von zwei Arbeitsgruppen, die die politischen und militärischen Implikationen der neuen Risiken für das Bündnis behandeln sollten.[49] Eine Hochrangige Politisch-Militärische Arbeitsgruppe für

---

Rational-Choice-Theorie und Habermas' Theorie des Kommunikativen Handelns möglich? In: Zeitschrift für Internationale Beziehungen, Bd. 2 (1995), Nr. 1, S. 5-48 (24-28).
47 *Rühle*, View from NATO, S. 314.
48 Vgl. Rolf *Hallerbach*, „Counter Proliferation". Neue Zauberformel Amerika gegen Terrorwaffen, in: Europäische Sicherheit, Bd. 43 (1994), Nr. 3, S. 139-140. Das Konzept war auch Ausdruck des Bemühens der Streitkräfte, in Zeiten budgetärer Engpässe Anlaß für neue Beschaffungsmaßnahmen zu finden und bestehende weiterzuführen. Die Clinton-Adminstration gewann zudem gegenüber ihren konservativen Kritikern an Profil. Vgl. *Müller/Reiss*, Counterproliferation, S. 144f.
49 Vgl. Gipfelerklärung des Nordatlantikrates, in: NATO Brief, Bd. 42 (1994), Nr. 1, S. 30-33.

Proliferation (SGP), unter dem Vorsitz des Beigeordneten Generalsekretärs für Politische Angelegenheiten, befaßt sich mit der Prüfung von Maßnahmen zur Unterstützung der bestehenden Rüstungskontroll- und Nichtverbreitungsabkommen. Die Hochrangige Verteidigungspolitische Gruppe für Proliferationsfragen (DGP), deren Vorsitz gemeinsam von einem US- und einem europäischen Offizier ausgeübt wird (bis 1995 ein Franzose, danach ein Brite, inzwischen ein Italiener), berät die Anpassung der NATO-Streitkräfte an die neuen Bedingungen. Beide Gruppen treffen sich in einem *Joint Committee*.

Die beiden Gruppen erstellten zunächst einen 'Politischen Rahmen des Bündnisses zum Problem der Verbreitung von Massenvernichtungswaffen'.[50] In diesem Dokument, das auf der NATO-Ratstagung in Istanbul im Juni 1994, ein halbes Jahr nach der aggressiv vorgetragenen amerikanischen Initiative, verabschiedet wurde, wurde das Ziel der gemeinsamen Nichtverbreitungspolitik klar umrissen: Proliferation in anderen Staaten als den offiziellen Atommächte sollte verhindert, und, falls sie bereits geschehen war, rückgängig gemacht werden. In dem Dokument wurde das bestehende Nichtverbreitungsregime sowie die unbegrenzte Verlängerung des NVV unterstützt. Die zentrale Aussage war, daß durch die Aktivitäten der NATO die bestehenden Übereinkommen gestärkt, aber nicht ersetzt werden sollten.

Die NATO unterschied fortan zwischen einer politischen und einer militärischen Dimension des Problems und gab den politischen Nichtverbreitungsstrategie ein größeres Gewicht als den militärischen. Diese Schwerpunktsetzung ging auf die Kritik einiger europäischer Staaten, vor allem Deutschlands, zurück, die zögerten, die militärische Ausrichtung des *Counterproliferation*-Konzeptes für die NATO zu übernehmen. Die beiden europäischen Kernwaffenstaaten Frankreich und Großbritannien hatten zwar bereits ähnliche Überlegungen über die Einsatzfähigkeit ihrer Streitkräfte angesichts der ABC-Risiken angestellt.[51] Deutschland und andere Staaten aber befanden, daß die klassische, politische Nichtverbreitungspolitik nicht durch eine militärische verdrängt werden sollte, schon gar nicht in einer sensiblen Umbruchphase in verschiedenen Dimensionen des Nichtverbreitungsregimes, wie z. B. den laufenden Teststoppverhandlungen oder der anstehenden NVV-Verlängerung.[52] Obendrein brachten die Europäer nicht soviel Begeisterung für die notwendigen Beschaffungsmaßnahmen auf wie die Amerikaner.[53]

Die militärische Dimension nahm dementsprechend nur geringen Raum in dem Dokument ein. Immerhin wurde festgestellt, mit den herkömmlichen Mitteln könne die Proliferation nicht immer verhindert werden, der Irak und Nordkorea seien dafür Beweis genug.

---

50 Politischer Rahmen des Bündnisses zum Problem der Verbreitung von Massenvernichtungswaffen. Nordatlantikrat, Gipfeltreffen in Istanbul, 9.6.1994, in: NATO Brief, Bd. 42 (1994), Nr. 3, S. 28f.
51 Vgl. Robert *Joseph*, Proliferation, Counter-Proliferation and NATO, in: Survival, Bd. 38, Nr. 1 (Frühjahr 1996), S. 111-130 (116-118).
52 Vgl. hierzu die Deutsche 10-Punkte-Initiative zur Nichtverbreitungspolitik vom Dezember 1993. Punkt zehn stellt klar, daß militärische Zwangsmaßnahmen nach Kap. VII. der UN-Charta nur die *ultima ratio* darstellen, in: Deutscher Bundestag, 12. Wahlperiode, Drucksache 12/6985, S. 85f.
53 Vgl. Berthold *Meyer*/Harald *Müller*/H.-J. *Schmidt*, NATO 96: Bündnis im Widerspruch. Hessische Stiftung für Friedens- und Konfliktforschung (HSFK-Report, Nr. 3). Frankfurt am Main 1996, S. 33; sowie *Rühle*, View from NATO, S. 314.

Die Verbesserung der Verteidigungsfähigkeit der NATO sei daher notwendig. Auch sollte das Verteidigungsdispositiv eine Rolle bei den diplomatischen Bemühungen spielen.

Die militärische Implikationen wurden in der Folge von der DGP geprüft.[54] Die Arbeitsgruppe folgte einem dreistufigen Programm. Die erste Stufe umfaßte eine Beurteilung der wachsenden Gefahren durch die Proliferation von Massenvernichtungswaffen auf der Grundlage von Geheimdienstinformationen der Mitgliedstaaten. In der zweiten Stufe wurden die Auswirkungen der neuen Situation auf das Verteidigungsdispositiv der NATO untersucht. Die Ergebnisse dieser Phase wurden im November 1995 veröffentlicht. Das Dokument 'NATO's Response to Proliferation of Weapons of Mass Destruction' enthielt eine Reihe von Vorschlägen zur Prävention, z. B. verbesserte Beobachtung und die Sammlung von Geheimdienstinformationen, aber auch eine 'Verteuerung' der nuklearen Option für Schwellenländer durch glaubwürdige Abschreckung, die durch die Reaktionsfähigkeit der NATO gewährleistet wird. Eine Mischung von konventionellen aktiven und passiven Waffen mit komplementärer Unterstützung durch Nuklearwaffen soll die Einsatzfähigkeit gegen Kern- und andere Massenvernichtungswaffen gewährleisten. Damit wird der militärische Wert derartiger Systeme geschmälert, wodurch die Abschreckung auch gegen eine nicht klar identifizierbare Bedrohung gewährleistet werden soll.[55]

Ferner wurde das Ziel formuliert, nicht nur einen Angriff mit Massenvernichtungswaffen abzuwehren, sondern auch potentielle Verbreiter vom Erwerb solcher Waffen abzuhalten. Als Kapazitäten, die die NATO zu diesem Zweck zu entwickeln hat, werden strategische und operationale nachrichtendienstliche Fähigkeiten, weiträumige Bodenüberwachung, Ausrüstung zur Vorwarnung bei B- und C-Angriffen und individuelle Schutzausrüstungen, verbesserte Kommunikations- und Kommandoausrüstung und eine Luftverteidigung für dislozierte Truppen gegen taktische ballistische Flugkörper genannt. In der dritten Stufe ermittelte die DGP die Defizite der vorhandenen Potentiale und erarbeitete Vorschläge, wie sie zu beheben wären. Dies bezog sich auf mögliche Beschaffungs- und Kooperationsvorhaben. In diesem Zusammenhang wurden auf Weisung der Verteidigungsminister die bündnisinternen Prozeduren der Streitkräfteplanung beschleunigt. Die DGP entwickelte 39 separate Aktionspläne über die Verbesserung der Potentiale, die auch die technologischen Voraussetzungen und finanziellen Erfordernisse der Projekte beinhalten. Die DGP wird in der Folge die Durchführung der Aktionspläne überwachen.[56] Diese Ergebnisse wurden auf der Berliner NATO-Ratstagung im Juni 1996 zur Kenntnis genommen.[57] Die Beschaffungsmaßnahmen sind allerdings nicht auf

---

54 Vgl. Gregory *Schulte*, Die Antwort auf das Proliferationsproblem und die Rolle der NATO, in: NATO Brief, Bd. 43 (1995), Nr. 4, S. 15-19; Robert *Joseph*, Proliferation, Counter-Proliferation and NATO.
55 Vgl. NATO's Response To Proliferation of Weapons of Mass Destruction. Press Release (95) 124, (29.11.1995). NATO Integrated Data Service, nataodata@cc1.kuleuven.ac.be, 29.11.1995.
56 Vgl. Ashton B. *Carter*/David B. *Omand*, Maßnahmen gegen die Gefahren der Verbreitung von Massenvernichtungswaffen. Anpassung des Bündnisses an das neue Sicherheitsumfeld, in: NATO Brief, Bd. 42 (1994), Nr. 5, S. 10-15 (14f.). Carter war der für die CPI zuständige *Assistant Secretary* im Pentagon. Er und der Brite Omand waren 1995 die beiden DGP-Vorsitzenden.
57 Vgl. Kommuniqué der Ministertagung des Nordatlantikrates am 3.6.1996 in Berlin, Kap. 11, in: Bulletin des Presse- und Informationsamtes der Bundesregierung (zit. als Bulletin), Nr. 47

counterforce-Maßnahmen ausgerichtet, d. h. präventive Schläge gegen Produktions- oder Lagerstätten von Massenvernichtungswaffen, einem besonders umstrittenen Bestandteil der DCI.[58]

Die Anforderung einer verbesserten Luftverteidigung kommt einer Entwicklung in der NATO entgegen, die älter als die amerikanische *Counterproliferation*-Intiative ist. Zwischen Juni 1992 und August 1993 erarbeitete das NATO-Air Defence Committee (NADC) einen Rahmenplan für eine Erweiterte Luftabwehr mit Ausrichtung auf taktische Raketen als logische Fortsetzung der bestehenden integrierten Luftverteidigung. Im Oktober 1994 entwarf das NATO-Hauptquartier SHAPE einen Beschaffungsplan für die taktische Flugkörperabwehr des Kommandoraumes Europa, um den Schutz der sogenannten *NATO-Guideline Area*, aber auch den der Streitkräfte zu gewährleisten. SHAPE, das NADC und die Konferenz der nationalen Luftwaffendirektoren der NATO (CNAD), die eine Arbeitsgruppe mit acht Teilnehmern unter amerikanischem Vorsitz zur Prüfung von Kooperationsvorhaben eingesetzt hat, arbeiten gemeinsam an diesem Rahmenplan weiter. Die CNAD wiederum gehört zu den Organen, die die DGP bei ihrer Arbeit in der dritten Stufe, bezüglich der Beschaffungserfordernisse, unterstützt.[59] Diese Einbettung der Ad Hoc-Arbeitsgruppen in bestehende institutionelle Strukturen ist ein Beispiel dafür, wie die Organisation zur Herausbildung von gemeinsam getragenen Lösungen beigetragen hat.

Eine institutionenübergreifende verstetigte Zusammenarbeit mit den Arbeitsgruppen der Gemeinsamen Außen- und Sicherheitspolitik, die im nächsten Abschnitt beschrieben werden, kam im übrigen nicht zustande. Ein Austausch über die Arbeit der beiden Organisationen findet allenfalls zwischen den nationalen Vertretern in den Hauptstädten der Mitgliedstaaten statt. Dies liegt an der unterschiedlichen Ausrichtung der beiden Institutionen. Während die GASP im Begriff ist, das politische Instrumentarium zu entwickeln, verfügt die NATO über das militärische Instrumentarium, ohne daß allerdings eine 'Arbeitsteilung' explizit vereinbart worden wäre.

Die Veränderung der Rahmenbedingungen der spezifischen Verteidigungsfunktionen der NATO führten zu einem Anpassungsdruck für die Streitkräftestrukturen der Allianz. Dieser Druck erhöhte sich, weil nicht mehr nur die kollektive Verteidigung gegen eine diffuse Bedrohung, sondern auch die spezifische Funktion der Friedenserhaltung und erzwingung hinzukam - möglicherweise gegen einen Gegner, der über Nuklear- und andere Massenvernichtungswaffen verfügt. Angeregt wurde die Veränderung durch die öffentliche 'Verweigerung' des wichtigsten Akteurs, der USA, für die bisherige Zusammenarbeit nicht mehr den neuen Anforderungen genügte. Dies warf neue Koordinationsprobleme auf: Eine Konsensbildung über die Bedrohung selbst war nicht schwierig, wohl

---

(12.6.1996), S. 505-511 (508).
58 So die Ausführungen von Oberstleutnant Günther F. C. *Forsteneichner*, Presse- und Informationsabteilung des Strategic Headquarter Allied Powers Europe (SHAPE), Mons, Belgien bei einem Briefing am 6.2.1997. Ein Bündniskonsens über derartige Maßnahmen sei nicht herzustellen.
59 David *Martin*, Auf dem Weg zu einem Rahmenkonzept des Bündnisses für eine erweiterte Luftabwehr/taktische Flugkörperabwehr, in: NATO Brief, Bd. 44 (1996), Nr. 3, S. 32-35; sowie *Rühle*, View from NATO, S. 319.

aber die Einigung auf eine Schwerpunktsetzung zwischen militärischen und politischen Maßnahmen und auf eine angemessene, umfassende und integrierte Strategie des Bündnisses inklusive einer neuen Ausstattung der NATO-Truppen.

Die Organisation NATO erfüllte, wie eingangs angenommen, zu Beginn der Kooperation allgemeine Funktionen zur Bearbeitung des Koordinationsproblems im Rahmen der Strategiewahl und der Beschaffungspolitik. Hierzu gehört die Möglichkeit, im Rahmen der Institution Informationen zu sammeln und unter den Mitgliedstaaten zu verbreiten. Diesem Ziele dient auch die Vernetzung der verschiedenen Arbeitsgruppen und Fachgremien innerhalb der Organisation. In den an der Abstimmung beteiligten Expertengremien gelang es, Bezugspunkte für die weitere Planung erhalten.

Das Verhältnis derjenigen Staaten, die die Hauptlast an der Reform der Streitkräftestrukturen tragen, zu den kleineren Staaten gleicht im übrigen eher einem Überzeugungsproblem, denn die Anpassung wird nicht scheitern, wenn Bündnispartner wie Griechenland oder Dänemark die eigenen Streitkräfte nicht in die neue Planung integrieren oder Mittel für Technologiekooperation zurückhalten. Selbst in diesem Fall kommen diese Staaten in den Genuß der verbesserten Verteidigungsfähigkeit, beispielsweise der Verbesserungen der Luftabwehr oder der Aufklärung, die von den stärkeren Verbündeten bereitgestellt wurde. Eine Einschätzung, wie innerhalb der NATO mit diesem Problem umgegangen werden wird, ist allerdings verfrüht. Die Anpassung ist nicht abgeschlossen und es ist noch nicht erkennbar, ob die kleineren Verbündeten mit Zuckerbrot oder Peitsche von der Kooperation 'überzeugt' werden.

5. Die Europäische Politische Zusammenarbeit und die Gemeinsame Außen- und Sicherheitspolitik

Die Gemeinsame Außen- und Sicherheitspolitik der Europäischen Union besteht hauptsächlich in der intergouvernementalen Positionsabstimmung in ausgewählten Bereichen der Außenpolitik, sie beinhaltet aber zunehmend auch gemeinsame Aktionen der fünfzehn Unionsmitglieder. In der GASP findet unter anderem eine Abstimmung der nationalen Nichtverbreitungspolitiken statt. Da dieses Thema den Außenhandel und damit die Kompetenzen der ersten Säule der EU tangiert, ist auch eine Abstimmung mit den Organen der Gemeinschaft erforderlich.

Zentrale Fragen des Außenhandels mit Nukleargütern liegen in der Hand der Europäischen Atomgemeinschaft (EURATOM).[60] Seit 1957 organisiert die EURATOM den internen Markt für Brennmaterial, stellt durch Kontrolle der Produktion und des Handels sicher, daß dieses Material für zivile Zwecke verwendet wird, und fördert Forschung und Investitionen auf dem Gebiet der zivilen Nutzung der Kernenergie.

---

60 Vgl. Harald Müller, European Nuclear Non-Proliferation after the NPT Extension. Achievements, Shortcomings and Needs, in: Cornish/van Ham/Krause, Europe and the challenge of proliferation, S. 33-54 (33-37); Darryl A. Howlett, EURATOM and nuclear Safeguards. Basingstoke: Macmillan 1990.

Die EURATOM hat eine zweifache Funktion. Zum einen soll sie die Kernindustrie fördern mit dem Ziel der Steigerung des Lebensstandards in der Gemeinschaft. Dazu soll sie die Versorgung der Gemeinschaftsstaaten mit Spaltmaterial und der relevanten Ausrüstung sicherstellen. Formal ist sie die Eigentümerin allen Spaltmaterials im zivilen Bereich der Kernenergie, doch in der Realität bedeutet dies wenig, denn sie schränkt die Entscheidungsfreiheit der Mitgliedstaaten und der Unternehmen nicht ein. Zum anderen soll mit Hilfe eines umfassenden Safeguardsystems, das in den Unionsstaaten die Funktion der Sicherungsmaßnahmen der IAEO übernahm, sichergestellt werden, daß die Kerntechnologie der Nichtkernwaffenstaaten nur für friedliche Zwecke eingesetzt wird. Kontrolliert wird allerdings nur das Spaltmaterial in nichtmilitärischen Anlagen. Es gibt also auch in der Europäischen Gemeinschaft eine interne Nichtverbreitungsfunktion. In den letzten Jahren fanden einige institutionelle Anpassungen der EURATOM statt, z. B. die Kooperation mit den GUS-Republiken auf dem Gebiet der Nuklearsicherheit, eine Neudefinition des Verhältnisses zur IAEO oder seit 1991 die Förderung der Fusionsforschung. Sie haben ihre Ursache aber nicht in den gestiegenen Proliferationsrisiken, sondern in den Veränderungen, die mit der Auflösung der UdSSR verbunden sind, oder im Auslaufen des Kooperationsvertrages mit der IAEO.

Wichtige spezifische Funktionen in bezug auf die Verhinderung der Proliferation in nichteuropäischen Staaten hatte auch die Europäische Politische Zusammenarbeit (EPZ), die 1970 eingerichtete Vorgängerin der GASP. In dieser wurde die intergouvernementale außenpolitische Konsultation aufgenommen, zunächst mit dem Ziel, in den Ost-West-Beziehungen, vor allem auf der KSZE, eine gemeinsame Position zu finden. Ferner wurden Gespräche mit den Staaten im Nahen Osten aufgenommen. Seit 1974 trafen sich die Staats- und Regierungschefs im Europäischen Rat, der jeweils durch die Außenminister vorbereitet wurde. Ein Politisches Komitee, bestehend aus den Politischen Direktoren der Außenministerien, trifft sich regelmäßig und ist mit der Vorbereitung dieser Treffen betraut. Entsprechend den Beschlüssen der Einheitlichen Europäischen Akte sollten die Gemeinschaftsstaaten in der EPZ auch die „Koordinierung ihrer Standpunkte in wirtschaftlichen und politischen Aspekten der Sicherheit" vornehmen.[61] Seit 1986 wurde die Kommission in die Treffen der EPZ einbezogen.

Im Rahmen der EPZ wurde 1981 eine Arbeitsgruppe zur nuklearen Nichtverbreitung ins Leben gerufen (*Comité Nucléaire*, CONUC). Diese Zusammenarbeit wurde zum einen durch die aggressive Nonproliferationspolitik der USA motiviert, die 1978 mit dem *Nuclear Non-Proliferation Act* enge Richtlinien für den Re-export amerikanischer Wiederaufbereitungstechnologie in Drittstaaten gesetzt hatte.[62] Zum anderen ließ der sich durch die technologische Entwicklungsfähigkeit von Schwellenländern der Dritten Welt verändernde Nulearstatus die Koordination notwendig erscheinen. Zu den ersten Aufgaben der

---

61 Vgl. Einheitliche Europäische Akte, Luxemburg, 17.2.1986/Den Haag, 28.2.1986, Art. 6a, Auszug in: *Auswärtiges Amt* (Hrsg.), Europäische Politische Zusammenarbeit (EPZ) auf dem Weg zu einer Gemeinsamen Außen- und Sicherheitspolitik (GASP). Dokumentation. Bonn 1992, 9. Aufl., S. 82-89 (86).
62 Vgl. Helga *Haftendorn*, Krise des internationalen Nuklearsystems. Nuklearpolitik im Widerstreit politischer, ökonomischer und sicherheitspolitischer Interessen, in: Aus Politik und Zeitgeschichte, Nr. 5 (3.2.1979), S. 3-27 (7f.).

Arbeitsgruppe gehörte die Klärung der Rolle der Kommission als Vertreterin der Gemeinschaft in Nuklearfragen sowie die Verständigung über die Übernahme der sogenannten Londoner Richtlinien für den Nuklearen Transfer der NSG durch die Staaten der Gemeinschaft.[63]

Zur Arbeit der CONUC gehörte ferner die Vorbereitung gemeinsamer Stellungnahmen in internationalen Verhandlungen und Organisationen. Obwohl diese Zusammenarbeit sich im Laufe der Jahre immer mehr intensivierte, gaben die Positionsbestimmungen immer nur den jeweils kleinsten gemeinsamen Nenner wieder. Dennoch gelang durch die laufende Koordinierung der Positionen eine Annäherung, die unten genauer beschrieben wird.[64] Neben dieser Arbeitsgruppe zur nuklearen Nichtverbreitung gab es auch Gruppen zu den B- und C-Waffen-Regimen oder zur globalen Abrüstung, mit dem Schwerpunkt auf der Abrüstungskonferenz in Genf.

Mit dem Inkrafttreten des Vertrages von Maastricht 1992 wurde die außenpolitische Zusammenarbeit zu einer der drei Säulen der Europäischen Union aufgewertet. Gleichzeitig wurde das Instrument der Gemeinsamen Aktion (GA) geschaffen „in den Bereichen, die denen wichtige gemeinsame Interessen der Mitgliedstaaten bestehen".[65] Eine GA ist für die Stellungnahme und das Vorgehen der Mitgliedstaaten bindend. Der Rat kann bestimmen, daß im Rahmen einer GA über einzelne Fragen mit qualifizierter Mehrheit entschieden werden kann.

Für die europäische Integration als Sicherheitsinstitution lassen sich zwei nichtverbreitungsrelevante spezifische Funktionen identifizieren: erstens die Harmonisierung des Außenhandels der Union mit Nukleargütern unter sicherheitspolitischen Gesichtspunkten und zweitens die Einflußnahme auf die Weiterentwicklung des NV-Regimes. Die institutionellen Anpassungen der EPZ/GASP bestand in der stetigen Ausweitung der Koordination in der zuständigen Arbeitsgruppe CONUC auf alle Felder, die Relevanz für die nukleare Nichtverbreitung hatte.

5.1 Harmonisierung des Außenhandels der Union mit Nukleargütern unter sicherheitspolitischen Gesichtspunkten

Bis zur Etablierung von internationalen Regimen zur Kontrolle von nuklearen Exporten Mitte der siebziger Jahre achteten die Lieferländer in der Europäischen Gemeinschaft wenig darauf, die zivile Nutzung der exportierten Güter sicherzustellen. Frankreich war in den sechziger Jahren mit der Lieferung eines Forschungsreaktors und einer Wiederaufbereitungsanlage am Aufbau des Nuklearwaffenprogrammes in Israel beteiligt. Deutsch-

---

63 Vgl. *Müller*, European Nuclear Non-Proliferation after the NPT Extension, S. 39f.; Julien *Goens*, The Opportunities and Limits of European Co-operation in the Area of Non-Proliferation, in: Harald Müller (Hrsg.), A European Non-Proliferation Policy. Prospects and Problems. Oxford: Clarendon Press 1987, S. 31-70 (44f.).
64 Vgl. zu diesem Prozeß Harald *Müller*, West European Cooperation on Nuclear Proliferation, in: Reinhard Rummel (Hrsg.), Toward Political Union. Planning a Common Foreign and Security Policy in the European Community. Boulder u. a.: Westview 1992, S. 187-207.
65 Vertrag über die Europäische Union vom 7.2.1992, Titel V, Art. J3, Auszug in: ebd, S. 113-132 (119f.).

land lieferte Schwerwassertechnologie an Indien, das 1974 einen Nukleartest (laut offiziellen Erklärungen zu 'friedlichen Zwecken') unternahm.[66] Nach der Unterzeichnung des NVV begannen allerdings Verhandlungen über Regelungen zur Exportkontrolle, denn in Erfüllung des Art. 3, Abs. 2 des Vertrages konnten Lieferungen von Nukleargütern nur erfolgen, wenn die Empfängerländer IAEO-Sicherungsmaßnahmen akzeptierten. Im sogenannten Zangger-Komitee handelten zwischen 1971 und 1974 eine Gruppe von fünfzehn Staaten eine Liste sensitiver Materialien aus, deren Export an Bedingung der IAEO-Sicherungsmaßnahmen gebunden sein sollte. Teilnehmer waren u. a. die Gemeinschaftsstaaten Dänemark, Bundesrepublik Deutschland, Großbritannien, Irland, Italien, und die Benelux-Staaten. Frankreich, das seinerzeit kein Unterzeichnerstaat des NVV war, nahm nicht teil.[67] Um dem zunehmenden Nuklearhandel besser zu begegnen, wurde 1974 unter Einschluß Frankreichs die Nuclear Suppliers Group gegründet, die sich bis 1977 auf noch umfassendere Kontrollisten einigte, die Londoner Richtlinien. Die betreffenden Güter sind u. a. Spaltmaterial wie Plutonium 239, angereichertes Uran (mit einem höheren Anteil als dem natürlichen des spaltbaren Isotops U235); nichtnukleare Materialien, die zum Reaktorbetrieb notwendig sind; Reaktortechnologie, d. h. vollständige Anlagen, aber auch geeignete Druckbehälter oder Kühlpumpen; Anreicherungs- und Wiederaufbereitungstechnologie.[68] Gemeinschaftsstaaten in der NSG waren die Bundesrepublik, Frankreich und Großbritannien.

Seit Mitte der siebziger Jahre existieren also Richtlinien zur Kontrolle von Nuklearexporten, aber nicht alle Gemeinschaftsstaaten hatten sie akzeptiert. Im Hinblick auf das Ziel, die Verbreitung von Nukleartechnologie zu verhindern, die zum Bau von Kernwaffen genutzt werden konnte, mußten diese Exportkontrollen von allen Lieferländern der Union gleichermaßen eingehalten werden. Andernfalls hätten die jeweiligen nationalen Exportbeschränkungen durch Re-exporte über anderen EG-Staaten umgangen werden können. Die Vereinheitlichung der nationalen Exportpolitiken konnte aber nicht von der Kommission direkt übernommen werden, weil die Produktion und der Handel von Rüstungsgütern, die für die Wahrung nationaler Sicherheitsinteressen notwendig sind, im EG-Vertrag in Art. 223 explizit von der Jurisdiktion der Gemeinschaft ausgenommen sind. Gemeinschaftsstaaten können alle diesbezüglichen Informationen zurückhalten.[69] Deshalb wurde die Aufgabe, die Exportkontrollen zu koordinieren, der intergouvernementalen EPZ zugewiesen.

---

66 Vgl. *Müller*, West European Cooperation on Nuclear Proliferation, S. 190.
67 Als IAEO-Dokument trägt diese 'Triggerliste' die Bezeichnung INFCIRC/209.
68 Vgl. Guidelines for Nuclear Transfers, London, 21.9.1977, in: *Howlett/Sanders*, Nuclear Non-Proliferation, S. 305-312 (Die IAEO-Bezeichnung ist INFCIRC/254.).
69 Art. 223, Abs. 1, lit. b EGV lautet: „Jeder Mitgliedstaat kann die Maßnahmen ergreifen, die seines Erachtens für die Wahrung seiner wesentlichen Sicherheitsinteressen erforderlich sind, soweit sie die Erzeugung von Waffen, Munition und Kriegsmaterial oder den Handel damit betreffen. Diese Maßnahmen dürfen auf dem Gemeinsamen Markt die Wettbewerbsbedingungen hinsichtlich der nicht eigens für militärische Zwecke bestimmten Waren nicht beeinträchtigen." Vertrag über die Gründung der Europäischen Gemeinschaften in der Fassung vom 7.2.1992, Art. 223, in: Europäische Gemeinschaft und Europäische Union. Die Vertragstexte von Maastricht. Bonn: Europa Union Verlag 1992, S. 17-169 (161).

Um die Zuordnung dieser Kooperationsform zu einem der Problemtypen vorzunehmen, werfen wir einen Blick auf die Anreize zur Defektion. Die beteiligten Staaten, d. h. die großen Lieferländer, die den Markt unter sich aufteilen, könnten auf den ersten Blick Interesse am Bruch der Vereinbarungen haben, denn der uneingeschränkte Export von Nukleartechnologie auf einem weitgehend kontrollierten Markt bringt für die exportierenden Unternehmen Wettbewerbsvorteile. Dies könnte ein Lieferland dazu bewegen, die Zügel in der Exportkontrolle locker zulassen. Die einzelnen Exporte stellen meist nur kleine Schritte auf dem Weg zu einem neuen und bedrohlichen militärischen Potential im Empfängerland dar. Die gewichtigen sicherheitspolitischen Folgen der Exporte, selbst wenn sie von einem staatlichen Akteur grundsätzlich gesehen werden, wiegen daher im Einzelfall deren wirtschaftlichen Vorteile nicht auf. Der Weg zu einer harmonisierten Exportkontrollpolitik wird also durch dieses Problem behindert, vor allem in bezug auf Mehrzweckgüter, deren militärischer Charakter nicht eindeutig ist. Diese Kollaborationsprobleme wurden durch eine Zusammenarbeit in der Exportkontrolle überwunden. Durch die Kommunikation über das gemeinsame Ziel, die Verbreitung von Atomwaffen zu verhindern, wurde eine Situation geschaffen, in der die Staaten Interesse an der Kooperation gewannen und nur noch über die Charakteristika bzw. den Umfang der Exportkontrollen verhandelten. Damit liegen im Bereich der Exportkontrollen eher Koordinationsprobleme vor, denn die Kooperation aufgrund der einmal ausgehandelten Vereinbarungen stellt ein Gleichgewicht dar.[70]

Die Frage über die Kompetenzverteilung im Handel mit strategisch bedeutsamen und anderen Rüstungsgütern tauchte auf, als die Kommission forderte, die Konvention über den physischen Schutz von Nuklearmaterial von 1978 mitzuunterzeichnen. Gleichzeitig beanspruchte sie die Autorität über den Handel mit Spaltmaterial. Frankreich sah Sicherheitsfragen tangiert und legte Einspruch mit Verweis auf Art. 223 ein. Der Europäische Gerichtshof entschied zwar zugunsten der Kommission, doch wurde die Angelegenheit nicht gegen die Interessen eines wichtigen Mitgliedslandes weiterverfolgt. Die EPZ-Arbeitsgruppe zur Nichtverbreitung erhielt den Auftrag, die Angelegenheit intergouvernemental zu regeln. Sie erarbeitete eine Erklärung über die Annahme der Londoner Richtlinien, die der Rat im Herbst 1984 verabschiedete. Diese befaßte sich auch mit dem innergemeinschaftlichen Handel und enthielt Regeln für den Re-export in Nichtgemeinschaftsstaaten. Unter anderem legte sie fest, daß dafür eine Notifikation erforderlich war. In der Folge übernahmen auch diejenigen EG-Staaten die Londoner Richtlinien, die dies bislang noch nicht getan hatten.[71]

Die Arbeitsgruppe organisierte auch den Informationsaustausch über die Entwicklung in den Schwellenländern und über die eigenen Nuklearexporte. 1986 konnten sich die EG-Länder auf ein Embargo für Nuklearexporte an Südafrika einigen. Die Organe der EPZ waren also der Ort, an dem sich die Mitgliedstaaten über Handlungsmaxime ihrer

---

70 *Cupitt* und *Long* verstehen kollektive Exportkontrolle generell als ein *Dilemma of Common Aversion*, was einem Koordinationsproblem entspricht. Vgl. Multilateral Cooperation and Nuclear Nonproliferation, S. 334f.
71 Vgl. Harald *Müller*, West European Cooperation on Nuclear Proliferation, S. 195; sowie *ders.* European Nuclear Non-Proliferation after the NPT Extension, S. 39f.

Nichtverbreitungspolitik verständigten, durch Informationsaustausch und Erarbeitung gemeinsamer Positionen wurden Bezugspunkte für koordiniertes Handeln geschaffen.

Ein Problem blieb aber die uneinheitliche Übernahme der Bedingung, daß Empfängerländer von Nuklearexporten umfassende Sicherungsmaßnahmen (*full scope safeguards*) akzeptierten, d. h. daß diese Staaten, nicht nur die ihnen gelieferten Anlagen, sondern ihren gesamten Nuklearkreislauf den Kontrollen der IAEO unterwerfen. Diese Exportbedingung war bereits seit 1974 von den USA propagiert worden.[72] Mitte der siebziger Jahre hatte die Bundesrepublik sensitive Technologie an den NVV-Nichtunterzeichner Brasilien geliefert, ohne die Bedingung umfassender Sicherheitsmaßnahmen zu erfüllen, und war darum in die Kritik der Depositarstaaten des NVV geraten, der USA, der UdSSR und Großbritanniens. In der Folge stellte Bonn die Exporte von Wiederaufbereitungstechnologie ein.[73] Als die Niederlande vor der NVV-Überprüfungskonferenz von 1985 einen Vorstoß zu einer Gemeinschaftserklärung über nukleare Nichtverbreitung unternahmen, weigerten sich Deutschland, Italien und Belgien, die Forderung nach Umfassenden Sicherungsmaßnahmen als Bedingung für Nuklearexporte zu übernehmen.[74] Angesichts der Skandale über die deutsche Beteiligung an der Errichtung von Chemiewaffenfabriken in Libyen straffte Bonn seine Exportkontrollen.[75] Deutschland akzeptierte die Bedingung umfassender Sicherungsmaßnahmen bei Nuklearexporten nach langem Zögern erst im Jahre 1990. Auf der vierten NVV-Überprüfungskonferenz in Genf verkündete die Bundesregierung ihre Entscheidung, zusammen mit einer Bestätigung des ABC-Verzichtes für das vereinte Deutschland. Frankreich, Belgien und Italien zogen 1991 nach, so daß die betreffende Exportbedingung zur Gemeinschaftsposition erhoben werden konnte.[76] Von der Grundlage dieses Konsenses aus initiierten die Gemeinschaftsstaaten eine Verschärfung der NSG-Regeln. Die gesamte Gruppe der Lieferländer, die bei der Etablierung der Exportkontrollregeln die Federführung innehat, beschloß insgesamt die Übernahme der Umfassenden Sicherungsmaßnahmen im April 1992.[77]

---

72 Vgl. Matthias *Dembinski*, Weltordnung und Sicherheit. Amerikanische Nonproliferationspolitik nach dem Ende des Ost-West-Konfliktes, in: ders./Peter Rudolf/Jürgen Wilzewski (Hrsg), Amerikanische Weltpolitik nach dem Ost-West-Konflikt. Baden-Baden: Nomos 1994, S. 307-347 (315).

73 Vgl. Lothar *Wilker*, Nuklearexport- und Nichtverbreitungspolitik - Ein Prioritätenkonflikt für die Bundesrepublik? In: ders. (Hrsg.), Nuklearpolitik im Zielkonflikt. Die Verbreitung der Kernenergie zwischen nationalem Interesse und internationaler Kontrolle. Köln: Verlag Wissenschaft und Politik 1980, S. 77-105 (81-84); sowie *Preisinger*, Deutschland und die nukleare Nichtverbreitung. S. 147-173.

74 Vgl. *Müller*, West European Cooperation on Nuclear Proliferation, S. 196.

75 Vgl. Harald *Müller*, Nach den Skandalen. Deutsche Nichtverbreitungspolitik. Hessische Stiftung für Friedens- und Konfliktforschung (HSFK Report, Nr. 5). Frankfurt am Main, Mai 1989.

76 Die Interessenkonvergenz nutzten die EG-Staaten auch, um 1991 auf dem Ratstreffen von Luxemburg eine Kriterienliste über Waffenexporte zu verabschieden. Die Kriterien betrafen die Erfüllung internationaler Rüstungskontrollabkommen, die Einhaltung der Menschenrechte im Empfängerstaat, innere Spannungsfreiheit, äußere Friedfertigkeit, die Einstellung zum Terrorismus und dem Völkerrecht sowie die Sicherung der Nukleargüter gegen Diebstahl oder Re-export. Vgl. Schlußfolgerung des Vorsitzes des Europäischen Rates zur 47. Ratssitzung am 28./29.6.1991 in Luxemburg, Anlage VII: Erklärung zur Nichtverbreitung und Ausfuhr von Waffen, in: Bulletin, Nr. 78 (9.7.1991), S. 634.

77 Vgl. Arrangements adopted at the Meeting of Adherents to the Nuclear Suppliers Guidelines, Warschau, 31.3.-3.4.1992. Statement on Full Scope Safeguards, in: PPNN Newsbrief, Nr. 18 (Sommer 1992), S. 14.

Auf der gleichen Sitzung etablierte die NSG auf amerikanische Anregung ein neues Exportkontrollregime für sogenannte Mehrzweckgüter. Die zugrundeliegende Liste umfaßt u. a. Materialien wie hochreines Magnesium oder spezielles Aluminium, Anreicherungstechnologie, zu der auch Lasertechnologie oder korrosionsbeständige Ventile gehören; Technologie für Präzisionssprengungen und andere für Kernwaffentests geeignete Technologien sowie weitere Komponenten für die Schwerwasserproduktion[78]. Wenige Monate später wurde in der GASP-Arbeitsgruppe eine Modell-Liste für nukleare Technologie und die sogenannten Mehrzweckgüter erstellt, um die nationalen Kontrollregelungen zu vereinheitlichen. Im Dezember 1994 rief der Rat eine GA ins Leben, die unionsweite Regeln für den Transfer von Mehrzweckgütern festlegte. Diese Regeln betrafen neben nuklearen *dual use*-Gütern auch Chemiewaffen- und Raketentechnologie.[79]

Im Jahr 1991 regten die Staaten der EU in ihrer Luxemburger Erklärung an, ein System der umfassenden Meldepflicht für Exporte von Kernmaterial und betreffende Technologie an die IAEO zu etablieren. Obwohl auch Teil der Reformvorschläge des IAEO-Sekretariats, fand dieses Projekt keine Mehrheit im IAEO-Gouverneursrat.[80] Die Unionsstaaten unternahmen daher zunächst eine Selbstverpflichtung, den unionsinternen Handel mit Urankonzentrat der EURATOM und die Nuklearexporte an Drittstaaten bei der Wiener Behörde zu notifizieren. Zweck der Initiative ist es auch, durch diese Transparenz gezieltere Inspektionen der IAEO zu ermöglichen.[81] In all diesen Schritten spielte die Kommission eine wichtige Rolle beim Aufbau von Exportkontrollbürokratien in den kleineren Unionsstaaten und bei der Aufstellung von Kontrollisten.[82] Die bestehende GASP-Arbeitsgruppe nahm sich der weiteren Harmonisierung der nationalen Exportkontrollregelungen an, erstellte im Jahre 1992 zunächst eine entsprechende Synopse, die noch große Diskrepanzen zwischen den nationalen Kontrollsystemen aufzeigte.

Zwei Faktoren bedingten die Annäherung der Exportkontrollregelungen der Staaten der Europäischen Union. Zum einen zwangen die Gegebenheiten des gemeinsamen Marktes die Mitgliedstaaten, die Kontrollvereinbarungen des NSG mit den Verfahren der Europäischen Gemeinschaft in Einklang zu bringen. Zum anderen gewann bei den großen Lieferländern die sicherheitspolitische Orientierung in der Exportkontrolle Vorrang vor der wirtschaftspolitischen. Grund hierfür war die wachsende Bedrohungswahrnehmung hinsichtlich der Fähigkeit einiger Schwellenländer, aus ihren zivilen Nuklearprogramme

---

78 Vgl. Guidelines for Transfers of Nuclear-Related Dual-Use Equipment, Material, And Related Technology, in: ebd., S. 13f.
79 Vgl. Geoffrey *van Ouden*, European Arms Export Controls, in: Cornish/van Ham/Krause, Europe and the challenge of proliferation, S. 64-71 (69f.).
80 Vgl. PPNN Newsbrief, Nr. 18 (Sommer 1992), S. 4.
81 Vgl. *Preisinger*, Deutschland und die nukleare Nichtverbreitung, S. 55f. Der Gouverneursrat einigte sich im Februar 1993 darauf, daß das Sekretariat ein System des zunächst freiwilligen *Universal Reporting* über alle Exporte, Importe und die Produktion von Nuklearmaterial und -technologie installieren sollte. Das Sekretariat entwarf hierzu eine Liste mit Waren, vgl. PPNN Newsbrief, Nr. 21 (1. Vierteljahr 1993), S. 6 und Nr. 23 (3. Vierteljahr 1993), S. 12.
82 Vgl. Jan Theodor *Hoekema*, The European Perspective on Proliferation Export Controls, in: Bailey/ Rudney, Proliferation and export controls, S. 79-85 (82).

militärische Anwendungen zu entwickeln. Ein Beispiel ist die westliche Sorge vor Kernwaffenprogrammen in Argentinien und Brasilien in den siebziger Jahren.[83]

Die nukleare Exportkontrolle konfrontierte die Westeuropäer mit einem Koordinationsproblem. Eine zentrale Regelung durch die Kommission fiel dem Unwillen einiger Staaten zum Opfer, nationale Kompetenzen im Außenhandel aufzugeben. Die Unionsstaaten griffen daher auf das Instrument der intergouvernementalen Abstimmung in der EPZ/GASP zurück. Die Gremien der außenpolitischen Zusammenarbeit, d. h. die Arbeitsgruppen für die Vorbereitung und der Rat für die Beschlüsse, leisteten einen wichtigen Beitrag zur Herausbildung eines unionsweiten Konsenses über nukleare Exportkontrollen. Sie schufen eine gemeinsame Informationsbasis und setzten Bezugspunkte, von denen aus der interne Konsensbildung weitergeführt und nach außen Einfluß auf die Exportkontrollregime des NSG genommen wurde.[84]

5.2 Einflußnahme auf die weitere Entwicklung des NV-Regimes

Kurz nach der Unterzeichnung des Maastricht-Vertrages wurde die Nichtverbreitung von Massenvernichtungswaffen als eines der zentralen Aufgabenfelder der GASP identifiziert. Mit der Bündelung der Ressourcen der Unionsstaaten sollte das politische Gewicht der Europäer mit dem Ziel erhöht werden, die NV-Regime zu stärken. Strategien, um dieses Ziel zu erreichen, sind beispielsweise das Bemühen der Gemeinschaft, in den jeweiligen Gremien der NV-Regime mit einer Stimme zu sprechen oder geschlossen gegenüber Staaten aufzutreten, deren Politik beeinflußt werden soll. Anders als die Harmonisierung der Exportpolitik, die ihren Impuls von der Notwendigkeit bezog, die Beschlüsse der NSG integrationsverträglich anzuwenden, war die hier untersuchte Politikkoordinierung durch die steigende Proliferationsgefahr und den Reformbedarf des NV-Regimes motiviert.

Den gebündelten Aktivitäten der Unionsstaaten, vor allem aber den gemeinsam vertretenen Positionen, liegt ein 'kleinster gemeinsamer Nenner' zugrunde. In ihm spiegelt sich die Übereinkunft wieder, die alle EU-Mitglieder gemeinsam vertreten können, ohne ihre Position ganz aufzugeben. Eine solche Übereinkunft entspricht der Lösung eines Koordinationsproblemes, denn von verschiedenen, von den Akteuren unterschiedlich präferierten Kooperationsformen wurde eine ausgewählt. Eine Defektion, die die Kooperation zusammenbrechen ließe, liegt im Interesse keines Staates. Sie wäre politisch teuer und würde den Nachteil mit sich bringen, auf die Hebelkraft der kollektiven Interessenvertretung der Westeuropäer zu verzichten. Wir schließen also auf die Existenz von Koordinationsproblemen.[85] In den hier untersuchten Situationen sind es allerdings verschiedene

---

83 Vgl. Wolf *Grabendorff*, Bedingungsfaktoren und Strukturen der Nuklearpolitik Brasiliens, in: Wilker, Nuklearpolitik im Zielkonflikt, S. 47-76. Zur Annäherung der beiden Länder seit den achtziger Jahren vgl. Julio C. *Carasales*, The Argentine-Brazilian Rapprochement, in: NPR, Bd. 2, Nr. 3 (Frühjahr/Sommer 1995), S. 39-48.
84 Vgl. zu dem gesamten Komplex Harald *Müller* (Hrsg.), European Non-Proliferation Policy. 1988 - 1992. (La cité européenne 1); Brüssel: European Interuniversity Press 1992; ders. (Hrsg.), Nuclear Export Controls in Europe. (La cité européenne 6). Brüssel: European Interuniversity Press 1995.
85 Diese Koordinationsprobleme müssen getrennt von den Kooperationsproblemen betrachtet werden, bezüglich derer die Union eine gemeinsame Position zu entwickeln versucht.

Ebenen, auf der die Zusammenarbeit verweigert werden kann. So schmälert es den Wert der Kooperation auf Grundlage des kleinsten gemeinsamen Nenners kaum, wenn ein Staat in seinen öffentlichen Erklärungen zu einem politischen Gegenstand andere Nuancen setzt als in der Unionslinie vorgesehen. Dies kann schließlich auch geschehen, um Signale in den gemeinschaftsinternen Meinungsbildungsprozeß zurückzusenden mit dem Ziel, die Neuverhandlung der bisherigen Lösung zu erreichen. Folgenreicher ist die Defektion dann, wenn sie die mögliche Wirkung der EU-Kooperation einschränken würde. Dies wäre z. B. der Fall, wenn ein Staat entgegen einem verabredeten Abstimmungsverhalten votieren oder die zugesagte Beteiligung an einer finanziellen Kontribution der EU zu einem Verhandlungsergebnis verweigern würde. Ein solcher Anreiz liegt aber im Fall der GASP-Abstimmung über gemeinsame EU-Positionen nicht vor, auch nicht bei den kleineren Staaten. Daher kommt die Klassifikation als Kollaborationsproblem nicht in Frage. Auch haben in Gremien, die nach dem überwiegend nach dem Konsensprinzip arbeiten (z. B. der IAEO-Gouverneursrat), die kleineren Unionsstaaten die gleiche Stimme wie die mächtigeren, diese können also ihr politisches Gewicht nicht als 'öffentliches Gut' zur Verfügung stellen: Die Abstimmung wirft also auch keine Überzeugungsprobleme auf.

Die Koordinierungsleistung im Rahmen der GASP baut auf der institutionellen Zusammenarbeit seit Beginn der achtziger Jahre auf. Normative Bezugspunkte für die Koordination sind zum einen die bestehenden NV-Verpflichtungen in anderen Institutionen wie dem NVV oder der NSG, zum anderen die Prinzipien für die nationale Nichtverbreitungspolitik der Unionsstaaten, die im Europäischen Rat festgelegt wurden, etwa beim Ratstreffen von Dublin oder Luxemburg (s. unten). Tatsächlich gelang es der EU, in verschiedenen Gremien als Gemeinschaft aufzutreten und ihren Positionen damit mehr Gewicht zu verleihen. Die Einflußnahme auf die Weiterentwicklung des Exportkontrollregimes wurde im letzten Abschnitt bereits angedeutet. Aber auch in anderen Regimedimensionen war man in der EPZ/GASP um Koordinierung bemüht, zum Beispiel in bezug auf die Verbesserung der IAEO-Sicherungsmaßnahmen.

Anläßlich der Vorstellung des Jahresberichtes des IAEO-Generaldirektors vor der UN-Generalversammlung im Jahre 1983 hatte die Arbeitsgruppe eine erste gemeinsame Stellungnahme vorbereitet, in der die Gemeinschaftsstaaten sich zur Nichtverbreitung bekannten und die Bedeutung der Sicherungsmaßnahmen unterstrichen. 1989 kam es zu einer ersten gemeinsamen Stellungnahme vor der IAEO-Generalversammlung, vorgetragen von Frankreich. Seitdem präsentiert jährlich das Land, das die EU-Präsidentschaft innehat, eine Erklärung im Namen der Union vor der Generalversammlung der Behörde. Im Frühjahr 1992 reichten die EG-Staaten auf der UN-Vollversammlung eine gemeinsame Initiative zur Stärkung der IAEO-Safeguards ein, die unter anderem auf die stärkere Anwendung bereits bestehender Instrumente der Wiener Behörde und auf ein größeres Schwergewicht auf die proliferationsgefährlichen Schwellenländer abzielte.[86]

---

86 Vgl. David *Fischer*, Multilateral Nuclear Diplomacy. The IAEA and Other International Bodies, in: Harald Müller (Hrsg.) Nuclear Non-proliferation policy as part of the EU's Common Foreign and Security Policy (Working Document, Nr. 86). Brüssel: Center for European Policy Studies 1994, S. 59-80 (69-72), sowie *Müller*, European Nuclear Non-Proliferation after the NPT Extension, S. 41, 43.

Ein wegweisendes Dokument hinsichtlich der Orientierung der GASP auf eine gemeinsame Nonproliferationspolitik war die Erklärung über Nichtverbreitung 1990 auf dem Ratstreffen in Dublin.[87] Die Unterstützung der Nichtverbreitung und des NVV zeigte ein neues Maß an Einheitlichkeit, auch weil Frankreich, damals noch nicht Unterzeichner des NVV, die Erklärung mittrug. Am Caucus der EG-Staaten auf der folgenden Überprüfungskonferenz des NVV nahm Frankreich als Beobachter teil. Paris, das nach der Erfahrung des Zweiten Golfkriegs eine Reorientierung seiner Nichtverbreitungspolitik vorgenommen hatte, erklärte 1991 die französische Absicht zum NVV-Beitritt. Dadurch konnte in der Ratserklärung von Luxemburg die Aufforderung aufgenommen werden, daß alle Staaten, die noch keine Unterzeichner waren, diesen Schritt tun sollten.[88]

Nach dem Inkrafttreten des Vertrages von Maastricht identifizierten die Unionsstaaten die Nichtverbreitung als wichtigen Politikbereich für die Arbeit der GASP. Die Koordinierungsdichte nahm weiter zu. Zahlreiche Stellungnahmen des Rates betrafen die Verlängerung des NVV, die Situation in den Schwellenländern, das nukleare Erbe der Sowjetunion oder einen umfassenden nuklearen Teststop.

Mit besonderer Energie wurde die Überprüfungs- und Verlängerungskonferenz in New York im Frühjahr 1995 vorbereitet. Auf dem Ratsreffen im Juli 1994 in Korfu wurde zu diesem Zweck auf Anregung Belgiens und Deutschlands eine Gemeinsame Aktion beschlossen und das Ziel formuliert, das NV-Regimesystem zu stärken und auf eine unbegrenzten und vorbehaltlose Verlängerung hinzuwirken. Sowohl die Durchführung einer Gemeinsamen Aktion als auch das Ziel der unbegrenzten Verlängerung waren in der Union nicht unumstritten. In einigen Unionsstaaten war die Überzeugung verbreitet, die Verlängerung müßte stärker an Abrüstungsbemühungen der Kernwaffenstaaten gebunden werden.[89] Das Instrumentarium der Außenpolitischen Zusammenarbeit bot verschiedene Anhaltspunkte an für eine Verständigung auf eine bestimmte Form der Kooperation. Die Einigung auf dem Ratstreffen im Ionischen Meer kann also als Verständigung auf ein bestimmtes von verschiedenen Gleichgewichten zur Lösung des Koordinierungsproblems gesehen werden.

Ziele der GA waren, Staaten, die noch nicht NVV-Mitglied waren, zum Beitritt zu bewegen, sie zur Teilnahme an der Überprüfungs- und Verlängerungskonferenz und den restlichen Sitzungen des Vorbereitungsausschusses aufzufordern und einen Konsens über die unbegrenzte Verlängerung des Vertrages herbeizuführen.[90] Die Maßnahmen, die ergriffen wurden, um diese Ziele zu erreichen, umfaßten gemeinsame Stellungnahmen,

---

87   Schlußfolgerung des Vorsitzes des Europäischen Rates zur 44. Ratssitzung am 25./26.6.1990 in Dublin, Anlage VI: Erklärung zur Nichtverbreitung von Kernwaffen, in: Bulletin, Nr. 84 (30.6.1990), S. 730f.
88   Vgl. Erklärung zur Nichtverbreitung und Ausfuhr von Waffen, Luxemburg, S. 634.
89   Vgl. allgemein zu den Vorbereitungen und zum Auftreten der Westeuropäer in New York die umfassende Studie David *Fischer*/Harald *Müller*, United Divided. The Europeans at the NPT Extension Conference (PRIF Report, Nr. 40). Hessische Stiftung für Friedens- und Konfliktforschung. Frankfurt, November 1995.
90   Vgl. Décision du Conseil, 25.7.1994, in: Journal officiel des Communautés européennes, Nr. L/205/1 (8.8.1994).

Demarchen an Nichtmitglieder und direkte Kontakte in den jeweiligen Regierungen, sowohl durch Vertreter der Troika-Staaten[91], als auch bilateral zwischen Unionsmitgliedern und Staaten, deren Unterstützung für die unbegrenzte Verlängerung unsicher war. Bei dem Bemühen, Stimmen für die unbegrenzte Verlängerung zu sammeln, ergab sich eine Arbeitsteilung, die den diversen Sonderbeziehungen zwischen Unions- und Drittstaaten Rechnung trug, z. B. ehemaligen Kolonien. Frankreichs Aufmerksamkeit galt dem frankophonen Afrika; Spanien wirkte in Lateinamerika, und Deutschland versuchte, seinen Einfluß in Indonesien und im Iran geltend zu machen.[92] Auf diese Weise konnte eine erhebliche Unterstützung für den Vertrag mobilisiert werden. Die USA und andere forcierten die unbegrenzte Verlängerung mit gleicher Energie. Dennoch hatten die Europäer einen wichtigen Anteil an der konzertierten Vorbereitung der Verlängerungskonferenz.

Auf der Konferenz zeigte sich die Kohäsion der fünfzehn vor allem in einem gemeinsamen Papier über die Erfüllung der Art. I und II (Nichtweitergabe durch Kernwaffenstaaten bzw. Nichtverbreitung durch Nichtkernwaffenstaaten).[93] Die EU-Staaten leisteten auch wichtige Beiträge für die Verlängerungsentscheidung. Gegen Ende der Konferenz versuchte eine Gruppe arabischer Staaten, ein Dokument durchzusetzen, mit dem Israel, bei dem ein Nuklearwaffenarsenal vermutet wird, zur Annahme von IAEO-Safeguards aufgerufen werden sollte. Die Staaten knüpften ihre Zustimmung zur unbegrenzten Verlängerung an die Verabschiedung dieses Dokumentes. Die westlichen Staaten waren dazu jedoch nicht bereit, um Israel nicht zu isolieren. Durch bilaterale Kontakte mit den arabischen Staaten gelang es, einen Kompromiß herbeizuführen.[94]

Allerdings zeigten sich in den Main Committees, in denen die Verhandlungen über das Überprüfungsdokument durchgeführt wurden, auch die Grenzen der Zusammenarbeit. Z. B. kam es zu Konflikten über die Verpflichtung zur nuklearen Abrüstung. Die Einlassungen des EU-Mitgliedes Schweden über die Eliminierung aller Nuklearwaffen gingen weit über die spärlichen Passagen der gemeinsamen Eröffnungserklärung hinaus, die von der EU-Präsidentschaft Frankreich vorgetragen worden war. In den Verhandlungsrunden des Main Committee I über die nukleare Abrüstung verließ Schweden zusammen mit Irland und Österreich den Konsens der EU-Staaten, und legte schärfer formulierte Passagen vor. Im Main Committee III legte Frankreich im Namen der EU ein seit Monaten vorbereitetes Papier über Art. IV (Recht auf friedliche Nutzung der Kernenergie) vor, das eine Verteidigung der Exportkontrollen enthielt. Zu diesem Punkt kam aber keine

---

91 Dies sind die Staaten der jeweiligen Präsidentschaft, ihre Vorgänger und Nachfolger. Im zweiten Halbjahr 1994 waren dies Deutschland, Griechenland und Frankreich.
92 Vgl. *Fischer/Müller*, United Divided, S. 19f.
93 Vgl. ebd., S. 31.
94 Die Konferenz nahm die unbegrenzte Verlängerung des Vertrages am 11.5.1995 ohne Abstimmung an (NPT/CONF.1995/L.6), in einem Paket mit Prinzipien über die Nichtverbreitung (L.5) und einem Beschluß über die verstärkte Implementationskontrolle (L.4), die Überprüfungskonferenzen weiterhin alle fünf Jahre, in den jeweils drei Jahren zuvor aber Vorbereitungssitzungen vorsieht. Eine weitere Resolution (L.8) ruft zur Universalität des Vertrages auf und unterstützt eine Nuklearwaffenfreie Zone im Nahen Osten. Die letzte Resolution beruht auf dem arabischen Entwurf. Die NVV-Depositarstaaten USA, Rußland und Großbritannien hatten daraufhin eine abgeschwächte Resoultion unterstützt, in der Israel unerwähnt blieb. Ein Überprüfungsdokument über die Vertragserfüllung von 1990 bis 1995 konnte nicht verabschiedet werden.

gemeinsame Politik zustande, da sich einige EU-Staaten - Dänemark, Finnland, Irland, die Niederlande, Österreich und Schweden - der sogenannten 'Gruppe der 11' anschlossen, die auf NVV-Überprüfungskonferenzen traditionell vermittelnd zwischen den Industrieländern und den Staaten der Dritten Welt einwirkte. Deren Vorbereitung hatte bereits im Jahr 1993, also vor der GA und dem Beitritt der Skandinavier und Österreichs zur EU begonnen. Diese Spaltung verhinderte auch eine Einigung auf eine gemeinsame Sprache zu Art. III (Safeguards; Exportbedingungen).[95] Die Brüche zwischen den Unionsstaaten in einigen substantiellen Fragen verweisen auf die Gräben, die zwischen den Kernwaffenstaaten und den Kernwaffengegnern in der Union, den Lieferländern und den Staaten ohne Nuklearprogramme verlaufen.[96]

Die Aufwertung der Gemeinsamen Außen- und Sicherheitspolitik als solcher ist nicht auf die Veränderung der Proliferationsrisiken zurückzuführen, sondern auf die Dynamik des europäischen Integrationsprozesses. Die GASP hat es den EU-Staaten erleichtert, die Veränderungen der sicherheitspolitischen Rahmenbedingungen zu erkennen, sich über einen Kooperationsbedarf zu konsultieren, und Formen und Inhalte einer gemeinschaftlichen Politik zu festzulegen. Hierfür bot sie eine Reihe von Instrumenten. Die Dualität von einerseits einer gemeinschaftlichen Meinungsbildung unter Beteiligung der Kommission und der Durchführung in den Händen der Unionsstaaten oder der Troika andererseits hat sich als vielversprechendes Modell erwiesen. Die Gräben, die auf der New Yorker Konferenz aufgetreten sind, zeigen, welche Aufgaben noch zu bewältigen sind, bevor die GASP eine gemeinsame Nichtverbreitungspolitik vertreten kann. Die institutionelle 'Anpassung' stellt sich bei der GASP weniger als ein abgeschlossener Vorgang, sondern als ein permanenter Prozeß dar. Er ist so selbst eine zentrale Aufgabe der Organisation.

6. Schlußfolgerungen

Die beiden Studien haben einen Einblick in die Anpassungsvorgänge von Institutionen gegeben, die unter dem Eindruck eines neuen Bedrohungsszenarios die Fortsetzung der Zusammenarbeit zwischen westlichen Industriestaaten ermöglichen. Die Untersuchung dieser Prozesse war das erste Ziel dieses Beitrages. Beide Institutionen haben sich als flexibel genug erwiesen, auf diese Veränderung mit der Herausbildung neuer spezifischer Funktionen zu reagieren. Dennoch traten zur Anpassungsfähigkeit der Institutionen weitere Faktoren dazu, die eine katalytische Wirkung entfalteten. Im Fall der NATO waren dies der energische Reformdruck aus den USA, im Fall der EU die Dynamik der Integration, die zu einer Harmonisierung der Positionen zwang.

---

95 Vgl. *Fischer/Müller*, United, Divided, S. 31f.
96 *Fischer* und *Müller* weisen auf die Ironie hin, daß durch das Schwergewicht der GA auf der diplomatischen Vorbereitung der Vertragsverlängerung keine substantielle Vorbereitung der Konferenz mehr zustande kam. Die Europäer hatten nicht mehr die Energie und Zeit, die für die Bildung einer gemeinsame Position in derart umstrittenen Fragen nötig gewesen wäre. Ebd., S. 43f.

Der problemorientierte Ansatz erwies sich als hilfreich, um den Fortbestand der NATO auch ohne direkte externe Bedrohung erklären zu können. Es gelang ebenfalls, die einzelnen Facetten der Zusammenarbeit in der EPZ/GASP aufzuzeigen, um die institutionelle Dynamik nach der Auflösung der Bipolarität besser zu verstehen. Es sind weitaus komplexere Kooperationsbedürfnisse als die Abwehr einer klaren Bedrohung, die nach dem Ende des Ost-West-Konfliktes den Fortbestand der Institutionen vorteilhaft erscheinen lassen und den Akteuren die Neuausrichtung von NATO und GASP nahelegen. Erst mithilfe des problemorientierten Ansatzes konnten - zusätzlich zu den neuen Funktionen der Institutionen - die der Kooperation zugrundeliegenden Situationen und die kausale Zusammenhänge zwischen ihnen und der institutionellen Reaktion herausgearbeitet werden. Im Vergleich mit den traditionellen Theorieansätzen bedeutet dies einen Fortschritt. Die Reform der NATO wäre zum Beispiel aus der Sicht des Neorealismus wie die Entstehung einer - ebenfalls zeitlich begrenzten - neuen Institution anstelle der alten Allianz erschienen (also auch ihre Anpassungen im Hinblick auf die Proliferation von Massenvernichtungswaffen). Der traditionelle Neoliberalismus hätte diesen Prozeß damit erklärt, daß die Akteure angesichts einer ungewissen Zukunft aus Kostengründen eher an einer kooperationsfördernden Institution festhalten, als eine neue zu gründen. Selbst damit wäre aber die institutionelle Dynamik bei der Lösung eines Koordinationsproblemes ausgeblendet worden, die mithilfe des Ansatzes der Probleme kollektiven Handelns gezeigt werden konnte. Diese Dynamik erschließt sich aus der Logik der Bearbeitung der Probleme kollektiven Handelns, dem (nicht grenzenlosen) Einfluß relevanter Akteure und der Präsentation neuer Lösungen durch die Institutionen selbst.

Das zweite Ziel dieses Beitrages war die Überprüfung des Ansatzes der Probleme kollektiven Handelns als Leitfaden für die Analyse der Empirie. Problematisch bei diesem Vorgehen war die Identifikation und Abgrenzung der Problemtypen bei komplexen und dauerhaften Situationen mit mehreren Akteuren. Die Kriterien, die eingangs entwickelt wurden, speziell der Anreiz zur Defektion, erwiesen sich dabei als hilfreich. Abschließend muß aber auf verschiedene Konstellationen hingewiesen werden, in denen Probleme kollektiven Handelns parallel und aufeinander bezogen existieren können. Dies erschwert die Anwendung des Ansatzes.

Probleme kollektiven Handelns können nebeneinander existieren. Dies ist der Fall, wenn eine Gruppe größerer Staaten untereinander vereinbart, ein kollektives Gut herzustellen. Sie tragen dazu ein Kollaborationsproblem aus. Ihre kleineren Verbündeten genießen das Gut, ohne sich an den Kosten beteiligen zu müssen - hier liegt ein Überzeugungsproblem vor. Diese Parallelität der beiden Problemtypen war im Fall der NATO-Streitkräftereform und bei der langwierigen Abstimmung zur unionsweiten Exportkontrollregeln der EU-Mitglieder anzutreffen. Die Machtasymmetrien führen dazu, daß sich nicht alle Akteure in einer Institution in der gleichen sozialen Situation befinden. Läßt man diesen Umstand außer Acht, verwischt diese Parallelität die Grenzen zwischen Kollaborations- und Überzeugungsproblemen. Derartige Abgrenzungsschwierigkeiten tauchten bei der Untersuchung der internen Nichtverbreitungsfunktion der NATO auf. Das übereinstimmende Kriterium des Anreizes zur Defektion und die Tatsache, daß die stärkeren Partner die Zusammenarbeit (den Tauschhandel 'Erweiterte Abschreckung' gegen 'Nichtverbreitung') wie ein kollektives Gut weiterführen können, darf nicht den Blick vom Fortbestand eines Kollaborationsproblems zwischen den relevanten Akteuren ablenken. Nicht jede Konstellation, in der einzelne kleinere Partner die Kooperation nicht zum Zusammenbruch bringen können, läßt auf die Dominanz eines Überzeugungsproblemes schließen. Bei den stärkeren Verbündeten wird die Kooperation immer noch durch die gleichen Kollaborationsprobleme erschwert.

Probleme kollektiven Handelns gehen auseinander hervor. Die Herausbildung einer institutionellen Strategie zur Lösung eines Kollaborationsproblemes wirft ein Koordinationsproblem auf. Diese Verschränkung war bei der institutionellen Bearbeitung der internen Nichtverbreitungsfunktion der NATO zu beobachten, etwa bei Verhandlungen darüber, mit welcher institutionellen Lösung dem sich verschärfenden Kollaborationsproblem begegnet werden sollte. Die Spieltheorie, die dem Ansatz zu den Problemen kollektiven Handelns zugrunde liegt, behandelt diesen Effekt im 'Folktheorem'. Die Auswahl verschiedener Strategien durch die Spieler bei wiederholten Kollaborationsspielen, die auf der Ebene der 2x2 Spiele durchaus eine Verregelung der Zusammenarbeit darstellt, gleicht einem Koordinationsproblem.[97]

Dies führt zu einer noch unterbelichteten allgemeinen Funktion von Institutionen, die oben schon angedeutet wurde: die Formulierung von Lösungen für die Koordinationsprobleme auf der 'Meta-Ebene', auf der die Anpassung von Institutionen selbst verhandelt wird. Eingangs war auf die Trägheit von Institutionen hingewiesen worden, die auf der Tatsache beruht, daß die Anpassung von Institutionen niedrigere finanzielle und materielle Kosten nach sich zieht als die Neubildung. Dieser 'Sperrklinken'-Effekt hat nicht nur mit den Kosten zu tun, sondern auch mit dem Umstand, daß aus den Institutionen selbst Anregungen für die Neuausrichtung der Zusammenarbeit kommen können. Die NATO-Streitkräftereform und die Nichtverbreitungsbemühungen der GASP boten hierfür ein Beispiel. Vor allem diese letztgenannte allgemeine Funktion, die noch nicht in den theoretischen Apparat des neoliberalen Institutionalismus integriert ist, sollte in hypothesengeleiteten Untersuchungen weiter operationalisiert werden.

Es gibt Übergänge zwischen unterschiedlichen Problemen kollektiven Handelns. Durch die Bereitstellung von Informationen und Konsultationsroutinen ermöglichen Institutionen die Herausbildung von gemeinsam getragenen Überzeugungen und Werten. Die Präferenzen der einzelnen Akteure wandeln sich und gleichen sich einander an. Interessenüberschneidungen werden hergestellt, wodurch der Wert der Kooperation wächst und der Anreiz zur Defektion sinkt. Es kommt zu einem Wandel eines Kollaborationsproblems zu einem Koordinationsproblem. Der Prozeß, in dem die wirtschafts- vor der sicherheitspolitischen Orientierung der Exportkontrollen westeuropäischer Lieferländer den Vorrang gewann, gleicht einem solchen Übergang.[98] Im Prinzip, wenn auch in diesem

---

97 Vgl. *Keck*, Der Beitrag rationaler Theorieansätze zur Analyse von Sicherheitsinstitutionen, S. 40; sowie Shaun P. *Hargreaves* Heap/Yanis *Varoufakis*, Game Theory. A Critical Introduction. London/New York: Routledge 1995, S. 170-174.
98 Einen solchen 'Lerneffekt' beschreiben auch Klaus Dieter *Wolf*/Michael *Zürn*, Regeln für und wider den Markt. Internationale Regime als Mittel der Analyse von internationalen Technologietransfers, in: Ulrich Albrecht (Hrsg.), Technologiekontrolle und internationale Politik. Die inter-

Beitrag nicht sichtbar, sind ebenfalls Übergänge von *Überzeugungs-* zu Kollaborationsproblemen denkbar, wenn kleinere Staaten sich durch technischen und wirtschaftlichen Fortschritt mit der Zeit zu relevanten Akteuren entwickeln und in der Folge mit ihrer Defektion das kollektive Gut gefährden können.

Eine problemorientierte Untersuchung über die Harmonisierung der Exportkontrollen unter Einbeziehung neuer Lieferländer könnte diese Annahme über die ineinander übergehenden Problemtypen untersuchen. Staaten in einem frühen Stadium der technologischen Entwicklung, die sich erst zu relevanten Exporteuren entwickeln, können die Exportkontrolle insgesamt nicht gefährden, sie können kooperieren oder nicht, ohne daß das kollektive Gut in Gefahr gerät, das die relevanten Akteure gemeinsam durch ihre Kontrollen bereitstellen (Überzeugungsproblem). Wenn sie ihre technologische Basis ausgebaut haben, besteht diese Gefahr sehr wohl und sie müssen eingebunden werden (Kollaborationsproblem). Das Moment der Verifikation in der Exportkontrolle, daß durch das Notifikationssystem für Nuklearexporte bei der IAEO institutionalisiert würde, könnte einem Kollaborationsproblem mit den neuen Lieferländern entgegenwirken. Im günstigsten Fall gewinnt die sicherheits- über die wirtschaftspolitische Orientierung die Überhand, die Akteure 'lernen' unter Einfluß der Exportkontrollen dazu, was ihre Präferenzen verändert. Ein Anreiz zur Defektion liegt dann nicht mehr vor (Koordinationsproblem).

Die Weiterentwicklung des Ansatzes der Probleme kollektiven Handelns muß darauf abzielen, die Trennschärfe zwischen problematischen Situationen zu erhöhen, indem verschränkte und verbundene Probleme identifiziert werden können. Nur so kann der Ansatz zur Grundlage für eine Analyse institutioneller Funktionen herangezogen werden. Die weitere Theoriebildung in dieser Richtung ist für die Disziplin unabdingbar, denn die zunehmende Komplexität und Interdependenz der internationalen Beziehungen spiegelt sich in der multifunktionalen und hochintegrierten Struktur zahlreicher Organisationen wieder. Diese Parallelität macht allzu einfache theoretische Modelle mehr und mehr obsolet.

---

nationale Steuerung von Technologietransfers und ihre Folgen. Opladen: Westdeutscher Verlag 1989, S. 30-75 (55).

Bedingungen institutioneller Leistungsfähigkeit am Beispiel des Konfliktes im ehemaligen Jugoslawien

Vera Klauer

Das Ausmaß der menschlichen Tragödie in Bosnien-Herzegowina ist für viele ein Grund, vom Versagen und Scheitern der internationalen Gemeinschaft und ihrer Institutionen zu sprechen. Die Liste der Mißerfolge des internationalen Konfliktmanagements im ehemaligen Jugoslawien ist lang. Den Vermittlern von KSZE/OSZE, EG/EU[1] und UNO gelang es nicht, das Auseinanderbrechen Jugoslawiens zu verhindern. Sie konnten die Konfliktparteien nicht zur Einhaltung der vereinbarten Waffenstillstandsabkommen bewegen. Die von ihnen erarbeiteten Friedenspläne blieben ohne Konsequenzen. Die UN-Truppen versagten bei dem Versuch, den Frieden zu wahren, ethnische Säuberungen zu verhindern und die Zivilbevölkerung in den von der UNO eingerichteten Schutzzonen gegen Angriffe zu verteidigen. Der amerikanische Sondergesandte für das ehemalige Jugoslawien Richard Holbrooke bezeichnete das Scheitern des Westens als das größte Versagen im Sinne kollektiver Sicherheit seit den dreißiger Jahren.[2]

Angesichts der Bilanz dieses brutalen Krieges und des ungewissen Friedens mag es zynisch erscheinen, nach den Erfolgen des internationalen Engagements auf dem Balkan zu fragen. Dennoch hat es diese gegeben: Es gelang, eine Ausweitung des Konfliktes und die Verwicklung von NATO-Mitgliedern in das Konfliktgeschehen zu verhindern. Die Stationierung von Blauhelmtruppen in Makedonien war als präventive Maßnahme erfolgreich. Unter amerikanischem Druck kam ein Friedensabkommen für Bosnien-Herzegowina zustande, dessen Implementierung in einer gemeinsamen Anstrengung von OSZE und NATO unter russischer Beteiligung gewährleistet wird.

Die Veränderungen des internationalen Systems haben ein Dilemma für internationale Institutionen mit sich gebracht: Die Erwartungen an internationale Institutionen und die Nachfrage nach der Behandlung neuer und alter Probleme durch Institutionen ist gestiegen. Den gestiegenen Erwartungen entsprechend hat die Tätigkeit vieler Institutionen wie etwa der Vereinten Nationen stark zugenommen.[3] Durch die Beendigung des Ost-West-Konfliktes haben sich neue Handlungsmöglichkeiten ergeben. So ist der UN-Sicherheitsrat nicht mehr durch die Gefahr eines Vetos einer der beiden Supermächte blockiert; auch die EU hat an außenpolitischem Handlungsspielraum gewonnen.

---

1   Bei Ausbruch der Kriege auf dem Balkan (1991/1992) handelte es sich noch um KSZE und EG. Die KSZE wurde zum 1.1.1995 in OSZE umbenannt; die Europäische Union kam mit Inkrafttreten des Vertrages von Maastricht am 4.11.1993 zustande.
2   Richard *Holbrooke*, America, a European Power, in: Foreign Affairs, Bd. 74 (1995), Nr. 2, S. 38-51 (40).
3   Zu dem Anwachsen von UN-*peacekeeping*-Missionen und der erhöhten Tätigkeit der UNO vgl. Bruce *Russett*/Barry *O'Neill*/James *Sutterlin*, Breaking the Security Council Restructuring Logjam, in: Global Governance, Bd. 2, Nr. 1 (Januar-April 1996), S. 65-80; ferner U.N. Peacekeeping Operations Past and Present, Project on Peacekeeping & The United Nations. Council for a Livable World Education Fund, Washington, DC, Mai 1996.

Der Zusammenbruch kommunistischer Systeme hat eine Reihe von Folgeproblemen wie Sezessionskriege und ethnische Konflikte mit sich gebracht. Die Möglichkeiten der bestehenden Institutionen, diesen Herausforderungen gerecht zu werden, sind jedoch nicht in gleichem Maße erweitert worden. Zum einen befinden sich internationale Institutionen noch in einem Reformprozeß, in dem ihre Mittel und Instrumente den veränderten Bedingungen des internationalen Systems angepaßt werden; zum anderen haben sich die Interessen einflußreicher Staaten verändert, was eine verminderte Einsatzbereitschaft oder andere Präferenzen bei der Wahl von Institutionen zur Folge hat.

Betrachtungen über Erfolg und Mißerfolg von Institutionen beziehen sich auf deren Wirkung. Die Bilanz institutionellen Handelns im Jugoslawienkonflikt gibt Anlaß zu der Frage, warum Institutionen sich für die Bearbeitung des Konfliktes Aufgaben gestellt haben, die sie nicht erfüllen konnten, und warum Staaten andere Institutionen wählten, als zu erwarten gewesen wäre. Hier ist etwa an die Übernahme von *peacekeeping*-Operationen durch die NATO zu denken. Es wäre zu erwarten gewesen, daß die UNO im Sinne eines erweiterten *peacekeeping* ihre Regeln und Instrumente verändert hätte, indem zum Beispiel ein stehendes Heer unter UN-Kommando eingerichtet worden wäre.

In diesem Zusammenhang ist zu fragen, welche Faktoren die Leistung oder das Scheitern einer Institution in einem spezifischen Problembereich bestimmen. Warum wählen Staaten zur Behandlung eines Problems Institutionen, die nicht oder nur begrenzt für die Bewältigung einer Aufgabe geeignet sind? Wie erklärt der neoliberale Institutionalismus die Leistungsfähigkeit von Institutionen und ihr Scheitern?

Im vorliegenden Beitrag werden die Bedingungen der Leistungsfähigkeit internationaler Institutionen am Beispiel des Konfliktes im ehemaligen Jugoslawien untersucht. In den Vorüberlegungen zu einer Konzeptualisierung institutioneller Leistungsfähigkeit wird der Zusammenhang zwischen Form und Funktion erklärt sowie die Bedeutung staatlicher Präferenzen und Interessen für den Grad von Leistungsfähigkeit. Auch der Einfluß der Art des Problems und seiner Wahrnehmung durch staatliche Akteure soll untersucht werden. Welche Rolle spielte es etwa, daß das vorliegende Problem als humanitäres anstatt als Sicherheitsproblem angesehen wurde?

Anhand dreier Beispiele werden Situationen dargestellt, in denen es der EU, der UNO und NATO[4] nicht gelungen ist, die ihnen gestellten Aufgaben in angemessener Art und Weise zu erfüllen.

---

4 EU, UNO und NATO sind sehr unterschiedliche Sicherheitsinstitutionen. Die EU befindet sich im Rahmen der GASP noch in dem Prozeß ihre Funktion für regionale Sicherheit aufzubauen. Die NATO ist ein regionales Verteidigungsbündnis, das im Begriff ist, seine Funktionen auf Probleme außerhalb seines Gebietsbereichs auszuweiten. Die UNO hingegen umfaßt theoretisch alle Bereiche zwischenstaatlicher Beziehungen und hat bis auf einige Ausnahmen universalen Geltungsanspruch.

1. Bedingungen von Leistungsfähigkeit

Die Leistungsfähigkeit einer Institution zeigt sich in der Erfüllung einer der Institution übertragenen Aufgabe in einer angemessenen Art und Weise.[5] Staaten gründen Institutionen oder kooperieren in Institutionen, weil sie von dieser Zusammenarbeit einen erhöhten Nutzen und verminderte Kosten erwarten.[6] Eine Institution erfüllt ihre allgemeine Funktion[7], wenn sie die Kooperation unter ihren Mitgliedern ermöglicht und erleichtert. Sie erfüllt ihre spezifische Funktion, wenn sie in der Lage ist, ein bestimmtes Problem effektiv und effizient zu bearbeiten.[8]

Die Veränderungen des internationalen Systems haben neue Sicherheitsprobleme mit sich gebracht. Hier ist vor allem an die Vielzahl ethnischer Konflikte zu denken. Neue Sicherheitsprobleme stellen neue Herausforderungen an internationale Institutionen, auf die diese mit der Veränderung ihrer Funktionen bzw. ihrer Ziele und Aufgaben reagieren. Die Veränderung von Funktionen ist vielfach eingeleitet worden. Die NATO dient als Instrument kollektiven Krisenmanagements außerhalb des Bündnisgebietes. In der Agenda für den Frieden wurde die erweiterte *peacekeeping*-Funktion der Vereinten Nationen vorgestellt. Die EU hat sich eine außen- und sicherheitspolitische Funktion gegeben. Diesen Veränderungen von Funktionen folgte aber nicht immer eine angemessene Anpassung der institutionellen Form. Die Leistungsfähigkeit einer Institution hängt in einer sich wandelnden Welt von ihrer Fähigkeit zur Anpassung an neue Bedingungen ab.

Da der Einsatz einer oder mehrerer Institutionen zur Lösung eines Problems von den Entscheidungen von Staaten abhängig ist, ist es für die institutionelle Leistungsfähigkeit von Bedeutung, daß Staaten das vorliegende Problem wahrnehmen und identifizieren, um eine geeignete Institution zu wählen.[9] Mit der Wahl einer Strategie bestimmen Staa-

---

5   Der Begriff der Leistungsfähigkeit ist vom englischen Begriff der „effectiveness", wie Oran Young ihn gebraucht, zu unterscheiden. Young trennt „performance" von „effectiveness". „Effectiveness" bezeichnet im Sinne Youngs das Maß institutioneller Wirkung. Die Wirkung einer Institution zeigt sich in der Implementierung („implementation") von Zielen und Aufgaben, in der Einhaltung („compliance") der Regeln und Normen durch die beteiligten Akteure und im Fortbestand („persistence") der Institution unter veränderten Bedingungen. Der hier verwendete Begriff der Leistungsfähigkeit richtet sich vor allem auf die Implementierung von Zielen und Aufgaben. Vgl. Oran R. *Young*, The effectiveness of internationl institutions. Hard cases and critical variables, in: James N. Rosenau/Ernst Otto Czempiel (Hrsg.), Governance Without Government. Order and Change in World Politics. Cambridge, MA: Cambridge University Press 1995, S. 160-194 (162).
6   Vgl. Robert O. *Keohane*/Lisa *Martin*, The Promise of Institutionalist Theory, in: International Security Bd. 20, Nr. 1 (Sommer 1995) S. 39-51 (42).
7   Vgl. Helga *Haftendorn*s Unterscheidung zwischen allgemeiner und spezifischer Funktion bzw. expliziten und impliziten Aufgaben. Sicherheitsinstitutionen in den internationalen Beziehungen. Eine Einführung, in diesem Band, S. 11-34 (16).
8   Die Bearbeitung eines bestimmten Problems ist *effektiv*, wenn eine beabsichtigte Wirkung erreicht wird, die unter Umständen lang andauert. Die Bearbeitung eines bestimmten Problems ist *effizient*, wenn eine beabsichtigte Wirkung mit einem Minimum an Zeit und Aufwand erreicht wird. Effizienz mag nicht immer für die Wahl einer Institution von Bedeutung sein. Sie ist jedoch nicht unwesentlich, geht man vom Kosten-Nutzen-Kalkül staatlicher Akteure aus.
9   Vgl. Celeste *Wallander*, Assessing Security Missions after the Cold War. Strategies, Institutions, and the Limits of a Generalized Approach, Center for International Affairs, Harvard Universität, Cambridge 1996 (Unveröffentlichtes Manuskript), S. 2f.

ten den *Output* institutionellen Handelns. Die staatliche Strategie wird jedoch nicht nur von der Art des Problems und der Problemanalyse (bzw. der Wahrnehmung des Problems) bestimmt, sondern auch von der jeweiligen Präferenzstruktur der beteiligten Staaten. Ihrer Präferenzstruktur entsprechend verfolgen Staaten bestimmte Interessen und Ziele.

Divergieren die Präferenzen der beteiligten Staaten, kann es zu Kooperations- oder Koordinationsproblemen kommen, etwa weil Uneinigkeit über die Wahl der geeigneten Institution(en) besteht. In beiden Fällen (d. h. bei Kooperations- und Koordinationsproblemen) ist entsprechend dem neoinstitutionalistischen Ansatz zu erwarten, daß die existierenden Institutionen Rückwirkungen auf staatliches Verhalten haben, indem sie die Bewältigung sowohl von Koordinations- als auch von Kooperationsproblemen erleichtern, aber auch, indem sie staatliche Präferenzen beeinflussen. Von einem Scheitern oder geringer Leistungsfähigkeit ist dann zu sprechen, wenn es einer Institution nicht gelingt, durch ihre Verfahren, Regeln und Normen staatliches Verhalten im Sinne von Kooperation zu beeinflussen, und sie darum ihre Funktion nicht erfüllt.

Institutionelle Leistungsfähigkeit ist nicht in gleichem Maße von den Interessen und Präferenzen der Mitgliedstaaten abhängig, sondern die Interessen einflußreicher Staaten am Einsatz einer Institution zur Lösung eines spezifischen Problems sind von besonderer Bedeutung, da Institutionen auf die Bereitstellung von Ressourcen durch ihre Mitgliedstaaten angewiesen sind. Im Bereich Sicherheit sind dies v. a. militärische Ressourcen. Im Falle des Jugoslawienkonfliktes hätte die Bereitstellung solcher Ressourcen eine glaubhafte Androhung und eventuelle Anwendung militärischer Mittel zur Friedenserzwingung bedeutet.[10] Die Leistungsfähigkeit einer Sicherheitsinstitution ist vom Führungswillen mächtiger Staaten[11] oder einer einflußreichen Staatengruppe abhängig.[12] Die fünf Staaten, die in der internationalen Kontaktgruppe zusammengetreten sind, sind derzeit die Staaten mit dem größten Einfluß auf europäische Sicherheitsfragen. Diese Staaten wären aufgrund ihres militärischen und politischen Gewichts in der Lage gewesen, militärisch zu intervenieren, um den Konflikt zu beenden.

Um Aussagen über die Leistungsfähigkeit verschiedener Institutionen im Jugoslawienkonflikt machen zu können, sollen folgende Aspekte untersucht werden: Mit welchen deklarierten Aufgaben und Zielen gingen die verschiedenen Institutionen die Konflikte im ehemaligen Jugoslawien an? In welchem Maße erfüllten die Institutionen diese Aufgaben? Um zu klären, warum bestimmte Aufgaben nicht erfüllt wurden, sollen zwei Fra-

---

10 Schätzungen zufolge wäre eine erfolgreiche militärische Intervention mit der Stationierung einer 60.000 bis 75.000 Mann starken Truppe möglich gewesen. Vgl. Jane M. O. *Sharp*, Appeasement, Intervention and the Future of Europe, in: Lawrence Freedman, Military Intervention in European Conflicts. Oxford: Blackwell Publishers 1994, S. 34-55 (49).
11 Macht wird hier verstanden als die Fähigkeit, einen bestimmten Outcome herbeizuführen. Während formale Macht im Rahmen einer Institution von Abstimmungsregeln abhängig ist, bedeutet informelle Macht die Fähigkeit, andere im Sinne der eigenen Interessen zu beeinflussen. Dies ist vom Führungswillen eines Staates oder einer Staatengruppe zu unterscheiden.
12 Vgl. Robert O. *Keohane*/Joseph S. *Nye*, Introduction. The End of the Cold War in Europe, in: Robert O. Keohane/Joseph S. Nye/Stanley Hoffmann (Hrsg.), After the Cold War. International Institutions and State Strategies in Europe. Cambridge, MA: Harvard University Press 1993, S. 18.

gen beantwortet werden: Waren die formulierten Aufgaben und Ziele durch die entsprechenden Institutionen aufgrund deren Form und Funktion zu bewältigen? Welche Ziele und Interessen verfolgten die beteiligten Staaten (die Mitgliedstaaten) mit dem Einsatz bestimmter Institutionen? Entsprachen diese staatlichen Interessen und Ziele den von den Institutionen formulierten Aufgaben?

Dabei muß die internationale Situation berücksichtigt werden, da das Ende des Kalten Krieges eine Veränderung von Prioritäten und Konzepten nationaler Interessen mit sich gebracht hat. Auch die Präferenzen haben sich verändert. Institutionen sind in der folgenden Untersuchung sowohl abhängige als auch unabhängige Variablen. Sie sind abhängige Variablen, da ihre Wirkung von exogenen Faktoren wie der internationalen Situation, staatlichen Präferenzen oder dem spezifischen Problem abhängt. Sie sind unabhängige Variablen, da ihre institutionellen Charakteristika (endogene Faktoren) in einem spezifischen Problembereich Rückwirkungen auf politische *Outcomes* haben können.[13]

Die folgende Analyse beschränkt sich auf drei Institutionen, die zu verschiedenen Phasen des Konfliktgeschehens auf dem Balkan von besonderer Bedeutung waren oder als Hauptakteur in der Konfliktbearbeitung auftraten: EU (bzw. EG), UNO und NATO. Wo es nötig ist, werden andere Institutionen, die eine wichtige Rolle spielten, wie etwa die OSZE oder die WEU, in der Darstellung berücksichtigt. Da im Sinne obiger Konzeptualisierung von institutioneller Leistungsfähigkeit die Machtverteilung und das Vorhandensein einer Führungsmacht von Bedeutung sind, werden die Interessen und Präferenzen der fünf Mitglieder der Kontaktgruppe[14] zur Erklärung von Leistungsfähigkeit herangezogen.

2. Konfliktmanagement im ehemaligen Jugoslawien

2.1 Problemlage und Problemwahrnehmung

Warnungen vor der Gefahr eines (gewaltsamen) Auseinanderbrechens der jugoslawischen Föderation kursierten früh in den Medien, wurden aber nur wenig zur Kenntnis genommen. Im November 1990 wurde eine Einschätzung der Lage in Jugoslawien durch den amerikanischen Geheimdienst (National Intelligence) bekannt, in der dieser vor dem Zusammenbruch Jugoslawiens warnte.[15] Obwohl sich seit Ende der achtziger Jahre die Zeichen einer ernsten Krise in Jugoslawien mehrten, fand dieses Thema in der internationalen Politik wenig Beachtung. Für die Einschätzung der Problemlage in den Jahren 1990/1991 ist die allgemeine internationale Situation von Bedeutung. Im Zentrum amerikanischer und europäischer Aufmerksamkeit standen der Golfkrieg und die Entwicklungen in der Sowjetunion. Zudem waren für die Amerikaner der Nahost-Friedensprozeß von Bedeutung, während die Europäer mit den Auswirkungen der deutschen Wiedervereinigung und den Verhandlungen über den Maastrichter Vertrag beschäftigt waren.

---

13 Zu Institutionen als abhängige und unabhängige Variablen vgl. Robert O. *Keohane*, International Institutions and State Power, Boulder, CO: Westview 1989, S. 10.
14 Die Mitglieder der Kontatktgruppe sind Frankreich, Großbritannien, Deutschland, USA und Rußland.
15 Vgl. The New York Times, 28.11.1990.

Nachdem Europäer und Amerikaner in der ersten Phase des Konfliktes die Einheit Jugoslawiens zu wahren versucht hatten, fanden sie sich durch den Krieg zwischen Serbien und Slowenien vor das Problem eines schnell eskalierenden ethnischen Konfliktes gestellt. Sie waren daraufhin gezwungen, ihre Strategie zu ändern, indem sie die Auflösung Jugoslawiens akzeptierten und Wege suchten, die daraus entstehenden Krisen zu regeln.

Ein wichtiger Aspekt der gescheiterten Versuche, den Konflikt durch internationales Engagement zu beenden, liegt in der divergierenden Wahrnehmung des Problems auf dem Balkan durch die politischen Akteure.[16] Die stärksten Meinungsverschiedenheiten zeigten sich hinsichtlich des Krieges in Bosnien-Herzegowina. Aus amerikanischer Sicht handelte es sich um einen Akt serbischer Aggression, mit dem die Verwirklichung eines Großserbiens verfolgt wurde. In Europa und Kanada überwog hingegen die Ansicht, daß es sich um einen Bürgerkrieg als Folgeerscheinung des Zusammenbruchs des kommunistischen Systems handelte, der alte ethnische Konflikte neu aufflammen ließ.

Aus diesen Sichtweisen zogen die jeweiligen Akteure unterschiedliche Folgerungen, wie dem Problem zu begegnen sei. In Europa vertraten viele (v. a. diejenigen, die willens waren Truppen zu entsenden) die Ansicht, daß die Konflikte zwar durch Sanktionen gegen Serbien zu regeln seien, aber nur in Verbindung mit einem Waffenstillstand und einem Abkommen aller drei Konfliktparteien, das die Gebietsstreitigkeiten unter ihnen kläre. Aus amerikanischer Sicht (und aus Sicht jener, die keine Truppen nach Bosnien entsandt hatten) mußte der serbische Aggressor bestraft werden. Ein Waffenstillstandsabkommen sei inakzeptabel, wenn es die gewaltsam geschaffenen Gebietsveränderungen festschreibe. Ein politisches Abkommen müsse daher die von den Serben bewirkten Gebietsverhältnisse wieder rückgängig machen.

Die divergierenden Auffassungen hatten erhebliche Kooperationsprobleme unter den beteiligten Staaten zur Folge.[17] Der bedeutendste Streitpunkt zwischen den Hauptakteuren war die Art und Weise sowie der Zeitpunkt eines stärkeren militärischen Eingreifens und insbesondere der Anwendung von NATO-Luftangriffen. Darüber hinaus wurde kontrovers diskutiert, ob sich die Anwendung militärischer Gewalt auf die Unterstützung humanitärer Hilfe beschränken sollte, oder ob sie im Sinne einer Friedenserzwingung eingesetzt werden sollte. Daraus entstanden Differenzen auf drei Ebenen: innerhalb der EU, zwischen der EU und den USA und schließlich zwischen den NATO-Mitgliedern und Rußland.

Innerhalb der EU gab es vor allem Meinungsverschiedenheiten zwischen Frankreich und Großbritannien hinsichtlich eines robusteren *peacekeeping*. Während Frankreich bereits zu einem frühen Zeitpunkt für die Anwendung von Luftschlägen gegen die bosnischen Serben plädierte, bestand Großbritannien darauf, den Einsatz militärischer Mittel zur Unterstützung humanitärer Hilfslieferungen zu begrenzen.

---

16 Vgl Susan L. *Woodward*, Balkan Tragedy. Chaos and Dissolution after the Cold War. Washington, DC: The Brookings Institution 1995, S. 7f.
17 Bei einem Kooperationsproblem sind die betroffenen Akteure zwar zu einer Zusammenarbeit bereit, aber aufgrund unterschiedlicher Interessen und Präferenzen wird diese erschwert. Vgl. Lisa *Martin*, Interests, power, and multilateralism, in: International Organization, Bd. 46 (1992), Nr. 4, S. 765-792.

Während sich die Europäer im Rahmen der EU-UN-Friedensverhandlungen um eine diplomatische Regelung des Konfliktes bemühten, propagierten die Amerikaner, die an den Friedensverhandlungen nicht direkt beteiligt waren und keine Bodentruppen zur Verfügung gestellt hatten, bei jeder Verschärfung der Krise ihre *lift-and-strike*-Politik.[18] Diese Politik beinhaltete die Aufhebung des Waffenembargos gegen Bosnien-Herzegowina und Luftangriffe auf serbische Stellungen.

Nach dem Anschlag auf den Marktplatz von Sarajewo im Februar 1994 einigten sich die transatlantischen Akteure auf die Androhung von NATO-Luftangriffen gegen serbische Stellungen, woraufhin die NATO den Serben ein Ultimatum zum Abzug schwerer Waffen aus der Ausschlußzone (*exclusion zone*) stellte. In dieser Situation kam es schließlich zu heftigen Differenzen zwischen Rußland und den NATO-Mitgliedern.

2.2 Interessen und Ziele

Die geringe Beachtung, die den Entwicklungen in Jugoslawien anfangs geschenkt wurde, ist ein Indiz für die Interessenlage westlicher Akteure. Die direkten bzw. vitalen Sicherheitsinteressen Europas oder der USA wurden durch die Konflikte auf dem Balkan nicht berührt. Nur im Hinblick auf ein Überschwappen in andere Regionen wurde die Situation in Jugoslawien als ein Sicherheitsproblem angesehen. Eine Ausweitung nach Makedonien oder den Kosovo hätte die Gefahr einer Verwicklung der Türkei und Griechenlands oder einiger anderer Nachbarländer Jugoslawiens mit sich gebracht.

Aus dieser Interessenlage erklären sich die Ziele, die sich die internationale Staatengemeinschaft für die Bearbeitung der Konflikte setzte. Diese Ziele waren die Eindämmung des Konfliktes und das Verhindern eines *Spillover*-Effekts. Ein weiteres Ziel bestand darin, humanitären Beistand zu leisten. Dieses Ziel erklärt sich aus der Rücksichtnahme auf die Präferenzen der eigenen Wähler und dem Einfluß von Werten und Normen, wie etwa dem Schutz von Menschenrechten.[19] In diesem Sinne wurde die Auflösung Jugoslawiens in den Anfangsstadien vor allem als ein humanitäres Problem angesehen. Dementsprechend gering war die Bereitschaft, Truppen zu stellen und Verluste unter den eigenen Soldaten hinzunehmen, um einen Frieden zu erzwingen.

Im Verlauf des Konfliktes veränderte sich die Interessenlage der Hauptakteure. Der Balkan wurde in dem Moment zu einem Sicherheitsproblem für den Westen, als sich die Meinungsverschiedenheiten unter den Bündnispartnern verschärften und die Glaub-

---

18 Zur Jugoslawienpolitik der USA vgl. Thomas *Paulsen*, Die Jugoslawienpolitik der USA 1989-1994. Begrenztes Engagement und Konfliktdynamik. Baden-Baden: Nomos 1995.
19 Diese beiden Erklärungsfaktoren können hier nicht näher untersucht werden. In einer Studie über die Haltung der amerikanischen und europäischen Bevölkerung zu einer militärischen Intervention zeigt Richard Sobel jedoch, daß große Teile der jeweiligen Bevölkerung einer Intervention zustimmten oder zugestimmt hätten. Vgl. Richard *Sobel*, U.S. and European Attitudes toward Intervention in the Former Yugoslavia: Mourir pour la Bosnie? In: Richard H. Ullman (Hrsg.), The World and Yugoslavia's Wars. New York: The Council on Foreign Relations 1996, S. 145-181. Zum Einfluß kultureller Faktoren auf die Bildung von Präferenzen vgl. Jeffrey W. *Legro*, Culture and Preferences in the International Cooperation Two-Step, in: American Political Science Review, Bd. 90 (1996), Nr. 1, S. 118-137.

würdigkeit ihrer Institutionen auf dem Spiel stand. Ferner liefen die Blauhelmtruppen Gefahr, als eine Kriegspartei in den Konflikt hineingezogen zu werden. Mit diesen Veränderungen änderte sich auch die Wahrnehmung des Problems und die Zielsetzungen. Der Schutz der eigenen Truppen und die Verhinderung einer Desavouierung internationaler Institutionen wurde zum vorrangigen Beweggrund für die weitere Vorgehensweise. Das Ergebnis dieser veränderten Problemwahrnehmung zeigte sich in einem entschiedeneren Vorgehen seit dem NATO-Ultimatum im Frühjahr 1994 und führte schließlich im August 1995 zur Anwendung von Luftangriffen gegen serbische Stellungen, die zu einer Beendigung des Krieges beitrugen.

Der folgende Abschnitt analysiert die Aufgaben und deklarierten Ziele einzelner Institutionen und bewertet ihre Wirkung.

3. *Die Leistungsfähigkeit von EU, UNO und NATO*

Für die Untersuchung der Wirkung von Institutionen in der Konfliktbehandlung auf dem Balkan sollen drei Phasen internationalen Engagements unterschieden werden, in denen jeweils eine der drei Institutionen als Hauptakteur gelten kann. In der ersten Phase (1991 - Januar 1992) waren die Europäer bzw. die EG die Hauptakteure. Die Vereinten Nationen waren zwar bereits seit September 1991 involviert, sie übernahmen aber erst ab Januar 1992 eine aktivere Rolle. Die zweite Phase, in der die UNO zum Hauptakteur wurde, dauerte bis zur Gründung der Kontaktgruppe im Frühjahr 1994. Mit der Gründung der Kontaktgruppe übernahmen die USA eine aktive Rolle in den Friedensverhandlungen. Das Frühjahr 1994 ist in mehrfacher Hinsicht ein Wendepunkt. Es markiert den Höhepunkt einer Krise zwischen Europäern, Amerikanern und Russen, in deren Folge die Amerikaner schrittweise die Führung in den Friedensverhandlungen übernahmen und ein Friedensabkommen zwischen bosnischen Muslimen und bosnischen Kroaten vermittelten.[20] Im Frühjahr 1994 stand die NATO im Mittelpunkt der Debatte um ein entschiedeneres Vorgehen gegen die Serben.

Die dritte Phase ist gekennzeichnet durch die Entwicklung zu einem entschiedenen Einsatz von NATO-Luftangriffen zwischen dem Frühjahr 1994 und August 1995 sowie wachsendem amerikanischen Druck auf die Konfliktparteien, der schließlich zu dem Friedensabkommen von Dayton führte. Der Sommer 1995 mit der Rückeroberung der Krajina durch Kroatien, dem serbischen Überfall auf die Schutzzonen Srebrenica und Zepa und den darauf folgenden NATO-Luftangriffen leitete das Ende dieser Phase ein, das durch die Verhandlungen in Dayton im Herbst 1995 markiert wird. In dieser dritten Phase dominierte die Rolle der NATO sowohl im Hinblick auf die Wirkung von Institutionen auf das Konfliktgeschehen als auch auf die Bedeutung staatlicher Präferenzstruktur.

---

20 Ende 1993 trug ein Konflikt zwischen den ehemals verbündeten Kroaten und Muslimen zu einer Verschärfung der Krise in Bosnien-Herzegowina bei. Zu der amerikanischen Vermittlung zwischen den Parteien vgl. David *Owen*, Balkan Odyssey, New York: Harcourt Brace 1995, S. 268-270.

3.1 Europäische Gemeinschaft / Europäische Union

Mit dem Beginn des Krieges zwischen Slowenien und Serbien sowie zwischen Kroatien und Serbien verfolgten die Europäer im Rahmen der EG das Ziel, die Konflikte ohne militärische Intervention zu beenden.[21] In der ersten Phase internationalen Engagements (Sommer 1991 - Januar 1992) stellten sich der EG zwei Aufgaben. Zum einen bemühten sich die EG-Vermittler, die Konfliktparteien zu einem Waffenstillstand zu bewegen. Zum anderen sollte ein Friedensabkommen ausgehandelt werden, in dem die Fragen der Gebietsaufteilung geklärt würden.

Um diese Aufgaben zu erfüllen, entsandte die EG zunächst ihre Ministertroika[22], die ihre Guten Dienste zur Vermittlung zwischen den Konfliktparteien anbot. Der Konflikt zwischen Slowenien und Serbien wurde relativ schnell und mit geringen Verlusten an Menschenleben beendet. Dies lag zum einen daran, daß die jugoslawische Volksarmee von der guten militärischen Vorbereitung der Slowenen überrascht worden war, und zum anderen daran, daß es in Slowenien keine große serbische Minderheit wie in Kroatien und Bosnien-Herzegowina gab. Es fiel daher beiden Seiten relativ leicht, den Konflikt einzustellen. Angesichts der Krieges zwischen Kroatien und Serbien[23] wurde eine EG-Friedenskonferenz eingerichtet, die unter dem Vorsitz Lord Carringtons, dem ehemaligen britischen Außenminister und früheren NATO-Generalsekretär, ein Friedensabkommen unter den Konfliktparteien aushandeln sollte.

Der Friedenskonferenz war eine Schiedskommission unter dem Vorsitz des französischen Richters Robert Badinter beigestellt. Die EG hatte an die Anerkennung der Unabhängigkeitserklärungen Bedingungen bezüglich des Schutzes der Menschen- und Minderheitenrechte geknüpft. Die Badinter-Kommission sollte die Erfüllung dieser Bedingungen für jede der einzelnen Teilrepubliken des ehemaligen Jugoslawien überprüfen.[24] Auf deutschen Druck[25] hin erkannte die EG im Januar 1992 die Unabhängigkeit Sloweniens und Kroatiens an. Mit der Anerkennung Kroatiens setzten sich die EG-Mitglieder über ihre eigenen Prinzipien hinweg. Während die Badinter-Kommission keine Bedenken ge-

---

21 Vgl. Entretien avec Alain *Juppé*, Diplomatie francaise: Le deuxième souffle, in: Politique Internationale, Nr. 61 (Herbst 1993), S. 13-32 (16): „nous renoncerions par avance à l'usage de la force." Es gab zwar Vorschläge für eine militärische Unterstützung der EG-Vermittlungsversuche, diese wurden aber von den meisten Mitgliedern abgelehnt. Die Ablehnung eines militärischen Eingreifens wurde damit begründet, daß nur die UNO die Autorität zu einer militärischen Intervention ohne die Zustimmung der Konfliktparteien habe. Vgl. James B. *Steinberg*, International Involvement in the Yugoslavia Conflict, in: Lori Fisler Damrosch (Hrsg.), Enforcing Restraint. Collective Intervention in Internal Conflicts. New York: Council on Foreign Relations Press 1993, S. 27-75 (50).
22 Die erste Troika bestand aus den Außenministern Italiens, Luxemburgs und den Niederlanden. Bei diesem ersten Vermittlungsversuch prägte der luxemburgische Außenminister Jacques Poos den Ausspruch von der „Stunde Europas", der ihn seitdem verfolgt.
23 Vgl. zum Krieg in Kroatien und dem Vorgehen der EG im einzelnen Jonathan *Eyal*, Europe and Yugoslavia. Lessons From a Failure. London: Royal United Services Institute for Defence Studies 1993, S. 27-54.
24 Zur EG-Friedenskonferenz und der Schiedskommission vgl. Bulletin der Europäischen Gemeinschaft, Nr. 7/8 (1991) und Nr. 9 (1991).
25 Vgl. Hans W. *Maull*, Germany in the Yugoslav Crisis, in: Survival, Bd. 37, Nr. 4 (Winter 1995/96), S. 99-130.

gen die Anerkennung Sloweniens und Makedoniens hatte, kamen im Falle Kroatiens Zweifel an der Erfüllung der Auflage, der serbischen Minderheit in Kroatien ausreichende Rechte einzuräumen, auf. Kroatien wurde dennoch anerkannt, während Makedonien, das die Bedingungen erfüllte, aus Rücksicht auf Griechenland nicht anerkannt wurde.

Zur Überwachung der Waffenstillstandsabkommen wurden zunächst 50 dann 300 EG-Beobachter entsandt. Anfangs war die Friedenskonferenz an die Bedingung eines Waffenstillstandes geknüpft worden. Als dieser jedoch reihenweise von den Konfliktparteien (in der Regel von den bosnischen Serben) gebrochen wurde, wurde dieses Konzept fallengelassen. Damit entstand jedoch eine Situation, in der es mehr als unwahrscheinlich war, daß die EG in der Lage sein würde, die ihr gestellte Aufgabe zu bewältigen. Die Taktik der Konfliktparteien, auf dem Schlachtfeld erzielte Ergebnisse auf der Friedenskonferenz festschreiben zu lassen, hatte schon vor dem Krieg in Bosnien-Herzegowina begonnen, wo sie Erfolg und Scheitern der Friedensverhandlungen diktierte. Die einzige Möglichkeit, in dieser Situation an den gesetzten Zielen festzuhalten, wäre die Erzwingung des Waffenstillstandes durch militärische Mittel gewesen. Die EG verfügte jedoch nicht über eigene militärische Mittel.

Von französischer Seite und von anderen EG-Mitgliedern war daher der Vorschlag gemacht worden, europäische Truppen zwischen den Konfliktparteien zu stationieren, um so einen Waffenstillstand zu sichern.[26] Auch die Kroaten hatten die Europäer bedrängt, militärisch zu intervenieren. Die WEU sollte mit diesem Auftrag betraut werden. Die Verwirklichung eines solchen Einsatzes der WEU scheiterte jedoch aus mehreren Gründen. Unter Berufung auf das Prinzip der Nichteinmischung in innere Angelegenheiten drohte die serbische Seite, daß sie eine derartige Intervention als feindlichen Akt im Sinne einer Invasion ansehen würde. Unter den EG-Mitgliedern gab es zwei Lager. Die einen befürworteten eine WEU-Aktion, während die anderen strikt dagegen waren. Es herrschte lediglich Einvernehmen darüber, daß ein solcher Schritt nur unternommen werden könnte, wenn Konsens unter den EG- und WEU-Mitgliedern über einen Einsatz herrsche und außerdem alle Konfliktparteien zustimmten.[27] Es gab aber noch einen weiteren Grund. In der Zeit von 1989 und Ende 1991 herrschten Spannungen zwischen den Europäern und Amerikanern bezüglich der künftigen Rolle der NATO und einer Stärkung der WEU. Die Bush-Administration warnte Europa davor, die WEU in einer Weise zu stärken, die die Bedeutung der NATO unterminieren würde.[28]

Im Rahmen dieser Gegebenheiten entschied sich die EG, Sanktionen gegen Jugoslawien zu verhängen. Es wurden aber diejenigen Teilrepubliken von den Sanktionen ausgenommen, die den auf der Friedenskonferenz entworfenen Verfassungsvorschlag akzep-

---

26 Vgl. Jolyon *Howorth*, The Debate in France over Military Intervention in Europe, in: Lawrence Freedman (Hrsg.), Military Intervention in European Conflicts. Oxford: Blackwell Publishers 1994, S. 106-124 (113f.).
27 Vgl. Steven L. *Burg*, The International Community and the Yugoslav Crisis, in: Milton J. Esman/Shibley Telhami (Hrsg.), International Organizations and Ethnic Conflict. Ithaca/London: Cornell University Press 1995, S. 235-271 (244).
28 Zu diesen Spannungen vgl. Catherine *McArdle Kelleher*, The Future of European Security. An Interim Assessment. Washington, DC: Brookings Institution 1995, S. 11f., 57f.

tierten. Um diese Umstände zu beurteilen, muß in Erinnerung gerufen werden, daß Slowenien und Kroatien zu diesem Zeitpunkt noch nicht anerkannt waren. Die EG behandelte also die Teilrepubliken unterschiedlich, hielt aber zur selben Zeit an der Anerkennung des jugoslawischen Staates als Einheit fest.[29]

Da die EG-Vermittler in den Friedensverhandlungen auf der Stelle traten und sich die Auseinandersetzungen zwischen Serben und Kroaten verschärften, erschien vielen die Einschaltung der UNO als ein Ausweg aus dem Dilemma. Ein Eingreifen der Vereinten Nationen war bereits in Verbindung mit dem slowenisch-serbischen Konflikt diskutiert worden. Eine UN-Mission war aber aus mehreren Gründen zu diesem Zeitpunkt nicht durchführbar. Der UN-Generalsekretär Pérez de Cuellar lehnte ein Eingreifen ab, da dies eine Verletzung des Grundsatzes der Nichteinmischung in innere Angelegenheiten bedeuten würde und Slowenien kein Mitglied der Vereinten Nationen sei.[30] Die Sowjetunion machte deutlich, daß sie im Sicherheitsrat ihr Veto gegen eine UN-Aktion einlegen würde.[31]

Die Mitglieder der EG einigten sich darauf, den UN-Generalsekretär um Unterstützung bei den Friedensverhandlungen zu bitten. Im folgenden Abschnitt sollen einige Aspekte des UN-Engagements dargestellt werden.

3.2 UNO

Die UNO erweiterte im Verlauf des Konfliktes auf dem Balkan schrittweise ihren Aufgabenkatalog und verfolgte verschiedene Ziele. Es lassen sich drei Aufgaben unterscheiden. In Bezug auf den Krieg in Kroatien bestand ihre Aufgabe darin, die EG-Friedensbemühungen durch Teilnahme an den Friedensverhandlungen und durch die Entsendung einer *peacekeeping*-Truppe zu unterstützen. Im Rahmen des Konfliktmanagements in Bosnien-Herzegowina beinhalteten die Aufgaben die Gewährleistung humanitärer Hilfe, den Schutz der Zivilbevölkerung und die Verhandlung über einen Friedensplan in Zusammenarbeit mit der EU. Eine dritte Aufgabe stellte sich der UNO in der Vermeidung einer Ausweitung des Konfliktes nach Makedonien. Diese Aufgaben lassen sich unter dem allgemeinen Ziel zusammenfassen, die Friedensbemühungen der EG bzw. EU zu unterstützen.

Die UNO unternahm folgende Schritte, um ihre Aufgaben zu erfüllen. Nachdem der UN-Vermittler Cyrus Vance ein Abkommen zwischen Kroatien und Serbien ausgehandelt hatte, entsandte sie eine *peacekeeping*-Mission nach Kroatien (UNPROFOR I), die den Waffenstillstand sichern sollte.[32] Obwohl der Waffenstillstand häufig gebrochen wurde und beide Konfliktparteien sich nur bedingt an die im Vance-Plan enthaltenen Abmachungen hielten[33], blieben die Verhältnisse in Kroatien bis zur kroatischen Offensive zur

---

29 Vgl. James B. *Steinberg*, International Involvement in the Yugoslav Conflict, S. 37.
30 Vgl. ebd., S. 38.
31 Vgl. The Washington Post, 20.7.1991. Die sowjetische Ablehnung zu diesem Zeitpunkt läßt sich mit der Sorge erklären, daß aus den Entwicklungen in Jugoslawien kein Präzedenzfall für Sezessionsbestrebungen in der UdSSR werden sollte.
32 Vgl. Vereinte Nationen, Sicherheitsrat S/RES/743 (1992), 21.2.1992.
33 Vgl. Bericht des Generalsekretärs an den UN-Sicherheitsrat S/24848, 24.11.1992.

Rückeroberung der Krajina relativ unverändert. Durch die Einrichtung von Schutzzonen und die Stationierung von UN-Blauhelmen wurde die Situation gewissermaßen eingefroren und die Feindseligkeiten weitgehend eingestellt. Diese Situation stand jedoch im Widerspruch zu dem EG-Grundsatz, daß gewaltsam geschaffene Gebietsveränderungen nicht hingenommen werden dürften. Zum Zeitpunkt der Stationierung hatten die Serben ein Drittel des kroatischen Gebietes in ihrer Gewalt.[34] Die Ziele und Vorgehensweisen beider Institutionen hatten so eine gegenseitige Einschränkung der Leistungsfähigkeit zur Folge.

Die anderen beiden Ziele, die im Vance-Abkommen formuliert worden waren, konnten von der UNO nicht erfüllt werden. Es gelang weder, die Schutzzonen zu demilitarisieren noch die ehemaligen Bewohner in diese Gebiete zurückzuführen.[35] Dies gab der kroatischen Regierung mehrmals Anlaß zu der Drohung, einer Verlängerung des UN-Mandats nicht zuzustimmen und die kriegerischen Auseinandersetzungen wiederaufzunehmen. Die Tatsache, daß es UNPROFOR nicht gelang, die schweren Waffen in den Schutzzonen einzuziehen, war von folgenreicher Bedeutung für die Enklave Bihac im Norden Bosnien-Herzegowinas. Die in den kroatischen Schutzzonen stehenden serbischen Truppen wurden unter Umgehung des Waffenembargos von Serbien aus unterstützt und konnten ihre Kräfte konsolidieren, um im November 1994 die bosnische Armee in Bihac zurückzuschlagen.[36]

Im Sommer 1992 verlagerte sich der Schwerpunkt der UN-Aktionen auf den Konflikt in Bosnien-Herzegowina. Ob die UNO die Aufgaben, die sie sich hier gestellt hatte, würde erfüllen können, war von Anfang an ungewiß. Im Mai 1992 stellte der UN-Generalsekretär fest, daß die Situation in Bosnien-Herzegowina keine UN-Mission zuließe.[37] Vier Prinzipien bestimmen *Peacekeeping*-Aufträge im traditionellen Sinne: Die Konfliktparteien müssen ihr Einverständnis zur Stationierung von Blauhelmtruppen geben, die Blauhelmtruppen müssen unparteiisch sein; es darf keine Waffengewalt angewandt werden, es sei denn zur Selbstverteidigung; die UNO mischt sich nicht in die inneren Angelegenheiten der Konfliktparteien ein. Weitere Voraussetzungen für eine *peacekeeping*-Mission sind, daß ein Waffenstillstand zwischen den Konfliktparteien herrscht und daß die Blauhelmtruppen mit ausreichenden Ressourcen zur Erfüllung des Auftrages ausgestattet sind. Im Falle Bosnien-Herzegowinas herrschte weder ein Waffenstillstand zwischen den Konfliktparteien, noch war ein Minimum an Kooperations- und Konsensbereitschaft seitens der Konfliktparteien zu erwarten.

---

34 Vgl. Steven L. *Burg*, The International Community and the Yugoslav Crisis, S. 247. Eine Festschreibung gewaltsam geschaffener Gebietsveränderungen wiederholte sich in drastischer Weise in Bosnien-Herzgowina. Dort hatten bosnische Serben zwei Drittel des Gebietes in ihrer Gewalt und zwangen die Vermittler diesen Verhältnissen in den Friedensplänen Rechnung zu tragen.
35 James *Gow*, Nervous Bunnies. The International Community and the Yugoslav War of Dissolution. The Politics of Military Intervention in a Time of Change, in: Lawrence Freedman, Military Intervention in European Conflicts, S. 14-33 (17).
36 Vgl. Thomas G. *Weiss*, Collective Spinelessness. U.N. Actions in the Former Yugoslavia, in: Richard H. Ullmann (Hrsg.), The World and Yugoslavia's Wars, S. 59-96 (66, 72).
37 Vgl. Bericht des Generalsekretärs an den UN-Sicherheitsrat S/23900, 12.5.1992.

Trotz dieser Bedingungen wurde UNPROFOR II[38] nach Bosnien-Herzegowina entsandt. In Resolution 761 wurden die Blauhelme beauftragt, die Bedingungen zur Durchführung humanitärer Hilfe zu schaffen, sowie die Sicherheit und das Funktionieren der Flughafens von Sarajewo sicherzustellen.[39] Im Verlauf der Eskalation des Krieges und dem Ausbruch diverser Krisen in Bosnien-Herzegowina wurde das Blauhelm-Mandat ständig erweitert. Der größeren Verantwortung und einer Unmenge von Resolutionen folgte jedoch nicht eine entsprechende Ausstattung von UNPROFOR. Zwei Beispiele, wie UNPROFOR ihre Aufgaben nicht erfüllen konnte, sollen hier kurz dargestellt werden.

Zur Gewährleistung der Durchführung humanitärer Hilfe war das entsprechende Mandat in der Weise erweitert worden, daß es den Gebrauch von Waffengewalt gemäß Kapitel VII der UN-Charta einschloß.[40] Dennoch wurden unzählige Hilfstransporte nach Sarajewo und andere Enklaven in Bosnien-Herzegowina überfallen und an der Weiterfahrt gehindert. Es gibt keinen Fall, in dem Blauhelme serbische Angreifer mit Waffengewalt daran gehindert hätten, sich der Konvois zu bemächtigen oder sie wieder zurückzuschicken. Hierfür gibt es zwei Erklärungen. Zum einen bedeuteten die „rules of engagement"[41] für die Blauhelmtruppen ein Hindernis, da das Feuer nur zur Selbstverteidigung und als Antwort auf einen Beschuß eröffnet werden durfte. Zum anderen bestand seitens der UNO die Sorge, daß eine Verteidigung der Hilfskonvois mit Waffengewalt als Parteinahme für eine Konfliktpartei bewertet werden könnte, womit die Blauhelme zur Kriegspartei geworden wären. Stattdessen änderte sich das Ziel der Verteidigung der Hilfskonvois in das Ziel, die Blauhelme nicht zur Kriegspartei werden zu lassen und sie sowie ziviles UN-Personal vor Angriffen zu schützen.

Die Durchführung humanitärer Hilfe unterlag dem Grundsatz, daß die Konfliktparteien ihre Zustimmung zur Durchfahrt eines Hilfskonvois durch von ihnen besetztes Gebiet geben mußten. Damit wurde den Konfliktparteien die Möglichkeit gegeben, die Verteilung humanitärer Hilfsmittel zu kontrollieren. Die Kontrolle dieser Verteilung bedeutete eine wichtige Grundlage zur Machtausübung über bestimmte Gebiete. Zum einen konnten die eigenen Truppen versorgt werden (etwa die Hälfte der Hilfsgüter wurde zur Versorgung von Soldaten gebraucht), zum anderen konnten die feindlichen Truppen von der Versorgung abgeschnitten werden.[42]

Das zweite Beispiel für die Nichterfüllung von Aufgaben, die die UNO sich gestellt und in zahlreichen Resolutionen deklariert hatte, betrifft den Schutz der Zivilbevölkerung in den Sicherheitszonen. In den UN-Resolutionen 819 und 824[43] waren Sarajewo, Zepa,

---

38 UNPROFOR II (Bosnien-Herzegowina) unterscheidet sich von UNPROFOR I (Kroatien) v. a. durch die Form der Finanzierung. UNPROFOR I wurde aus dem UN-*peacekeeping* Budget bezahlt, UNPROFOR II wurde dagegen durch direkte Beiträge einzelner Mitgliedstaaten finanziert. Vgl. James B. *Steinberg*, International Involvement in the Yugoslav Conflict, S. 71.
39 Vgl. Vereinte Nationen, Sicherheitsrat, S/RES/761 (1992), 29.6.1992.
40 Vgl. Vereinte Nationen, Sicherheitsrat, S/RES/770 (1992), 13.8.1992.
41 Vgl. Bruce D. *Berkowitz*, Rules of Engagement for U.N. Peacekeeping Forces in Bosnia, in: Orbis, Bd. 38 (1994), Nr. 4, S. 635-646.
42 Vgl. hierzu Susan L. *Woodward*, Balkan Tragedy, S. 319f.
43 Vereinte Nationen, Sicherheitsrat, S/RES/819 (1993), 16.4.1993; S/RES/824 (1993), 6.5.1993. (Das Konzept der Schutzzone war aus den Erfahrungen mit den Schutzzonen für die kurdische Be-

Tuzla, Gorazde und Bihac zu Schutzzonen erklärt worden. Diese Städte mit einer mehrheitlich muslimischen Bevölkerung befanden sich in serbisch besetztem Gebiet. Die Schutzzonen sollten frei von bewaffneten Angriffen oder anderen Feindseligkeiten sein. Da die bosnischen Serben ihre Angriffe auf die Schutzzonen fortsetzten, erweiterte der Sicherheitsrat das UNPROFOR-Mandat, das den Gebrauch von Waffengewalt zur Selbstverteidigung und zur Abschreckung weiterer Angriffe autorisierte.[44] Außerdem wurden für den Fall der Nichtbeachtung Luftangriffe durch die NATO angedroht.

Im Juli 1995 starteten die bosnischen Serben eine Offensive im Osten Bosniens, wo sich vier der sechs Schutzzonen befanden. Als erstes fiel Srebrenica den Serben zum Opfer, die nach dem Abzug der holländischen Blauhelmeinheit ein Massaker unter der männlichen muslimischen Bevölkerung anrichteten.[45] Das nächste Opfer war Zepa, wo die ukrainische Blauhelmeinheit den bosnischen Serben das Feld überlassen mußte. Das folgende Ziel war Gorazde. Da die Blauhelmeinheiten aufgrund ihrer auf Selbstverteidigung beschränkten Ausrüstung und der „rules of engagement" den serbischen Angreifern nicht gewachsen waren, zogen sie aus den betroffenen Gebieten ab und überließen die Zivilbevölkerung ihrem Schicksal.

Unterdessen brach in der internationalen Staatengemeinschaft und unter den Mitgliedern der Kontaktgruppe eine Krise über die Anwendung von NATO-Luftangriffen aus.[46] Die Entscheidung über die Anwendung von Luftangriffen erfolgte nach dem sogenannten *dual-key*-Prinzip. Demnach mußten Luftangriffe, die vom UNPROFOR-Befehlshabenden angefordert wurden, sowohl von der NATO als auch vom UN-Generalsekretär sowie dem UN-Sonderbeauftragten für Bosnien-Herzegowina genehmigt werden. Dadurch wurde der Entscheidungsprozeß erheblich verlangsamt.

Yasushi Akashi, der Sonderbeauftragte für Bosnien-Herzegowina, und Generalsekretär Boutros Ghali lehnten Luftangriffe in der Regel aus Sorge um die UN-Bodentruppen ab. Das Ziel, die Zivilbevölkerung zu schützen, und das Ziel, die Blauhelme zu schützen, führten zu der paradoxen Situation, daß die Erfüllung der einen Aufgabe die Nichterfüllung der anderen Aufgabe zur Folge hatte. Die Anwesenheit der Blauhelme verhinderte lange Zeit einen effektiven Einsatz von Luftschlägen und damit einen effektiven Schutz der Zivilbevölkerung.

3.3 NATO

Obwohl sich die Aufgaben der NATO im Laufe des Konfliktes schrittweise erweiterten, hatte sie anders als EU und UNO einen klarer begrenzten Auftrag. Der wichtigste Unterschied liegt darin, daß sie als ausführendes Organ im Auftrag der UNO handelte. Ihr Ziel

---

völkerung in Nord Irak übernommen worden.).
44 Vereinte Nationen, Sicherheitsrat, S/RES/836 (1993), 4.6.1993.
45 Vgl. David *Rohde*, Graves Found That Confirm Bosnia Massacre, in: The Christian Science Monitor, 16.11.1995.
46 Vgl. Patrick *Moore*, Confusion in the White House while France demands action, in: OMRI (Open Media Research Institute) Daily Digest, Bd. 1, Nr. 136 (14.7.1995); Patrick *Moore*, Confusion reigns over international role in conflict, in: OMRI Daily Digest, Bd. 1, Nr. 139 (19.7.1995).

war es, die gemeinsamen Friedensbemühungen von EU und UNO militärisch zu unterstützen, indem sie ihre Mittel und Instrumente für *peacekeeping*-Aufträge zur Verfügung stellte.[47] Im einzelnen war die NATO mit der Erfüllung von vier Aufgaben betraut. In Zusammenarbeit mit der WEU überwachte sie das von EU und UNO verhängte Waffen- und Wirtschaftsembargo, ferner das Flugverbot über Bosnien-Herzegowina. Drittens war sie beauftragt, UNPROFOR beim Schutz der Sicherheitszonen zu unterstützen, und schließlich sollte sie den Schutz des UN-Personals gewährleisten. Sie operierte als ausführendes Organ unter UN-Mandat. Schwierigkeiten bei der Erfüllung von Aufgaben ergaben sich aus fehlenden Verfahrensregeln zur interinstitutionellen Zusammenarbeit und aus dem Dilemma von Luft- und Bodenoperationen, bei denen die Sicherheit der Blauhelmsoldaten in Gefahr geraten konnte.

Die Probleme der Zusammenarbeit mit anderen Institutionen bezogen sich vor allem auf die UNO, in geringerem Maße auf die WEU. Von Juli 1992 bis zum Juni 1993 überwachten NATO und WEU getrennt die UN-Sanktionen in der Adria. Es dauerte fast ein Jahr, bis sie ihre getrennten Operationen zur Überwachung des Waffen- und Wirtschaftsembargos zu einer gemeinsamen Operation zusammenlegten. Erst im Juni 1993 einigten sich beide Organisationen auf ein einheitliches Verfahren. Im Rahmen gemeinsamer Befehlsstrukturen und unter der Autorität der Ratsversammlungen beider Organisationen führten sie erfolgreich die *Operation Sharp Guard*[48] durch.

Anders als bei der Überwachung und Durchsetzung des Wirtschafts- und Waffenembargos, bei der die NATO eigenverantwortlich handelte, arbeitete sie bei den drei anderen Aufgaben eng mit der UNO zusammen. Diese Zusammenarbeit wurde durch ein doppeltes Dilemma erschwert. Mangelnde Einigkeit und Bereitschaft unter den Allianzmitgliedern machte die Anwendung von Luftschlägen lange Zeit unmöglich und damit als Drohung unwahrscheinlich. Ferner stand die UNO, etwa vertreten durch den Generalsekretär und seinen Sonderbeauftragten Yasushi Akashi, aber auch durch die UNPROFOR-Kommandanten, Luftangriffen ablehnend gegenüber. Diese Ablehnung wurde von vielen Ländern, die Truppen für die UNPROFOR-Mission bereitgestellt hatten, geteilt. Dadurch entstand das Dilemma, daß Luftschläge, die den NATO-Beitrag zum Schutz des UN-Personals darstellten, aus Sicht der UNO nicht ausgeführt werden sollten, eben um den Schutz des UN-Personals nicht zu gefährden.[49] Eine ernstzunehmende Androhung von Luftschlägen, um die Zivilbevölkerung in den Sicherheitszonen vor Angriffen zu schützen, war damit unmöglich.

---

47 Zu dem Beschluß, nach Beurteilung des Einzelfalls *peacekeeping*-Missionen militärisch zu unterstützen vgl. Kommuniqué des Ministertreffens des Nordatlantikrats in Oslo, 4.6.1992 und Kommuniqué des Ministertreffens des Nordatlantikrates in Brüssel, 17.12.1992.
48 Vgl. Atlantic News, Nr. 2533 (11.6.1993). Die getrennten Operationen hießen *Operation Maritime Monitor* und *Operation Sharp Fence*.
49 Ein Beispiel für dieses Dilemma sind die Bemühungen des UNPROFOR-Kommandanten General Rose im Frühjahr 1994 das NATO-Ultimatum und die Ausführung von Luftschlägen zu verhindern, die als Antwort auf die Explosion einer Granate auf dem Marktplatz von Sarajewo diskutiert wurden. NATO und UNO versuchten auf getrenntem Wege eine Antwort auf die Sarajewo-Krise zu finden. Das NATO-Ultimatum wurde ohne Unterrichtung der UNO direkt an die bosnisch-serbische Führung weitergeleitet. Vgl. hierzu Laura *Silber*/Allan *Little*, The Death of Yugoslavia. London: BBC Books 1995, S. 245-253.

UNO und NATO hatten sich auf eine gemeinsame Befehlskette zur Anordnung von Luftschlägen geeinigt. Das sogenannte *dual-key*-Prinzip, nach dem sowohl NATO als auch UNO der Anforderung von Luftschlägen zustimmen mußten, hatte einen äußerst langsamen Entscheidungsprozeß zur Folge und führte in der Regel dazu, daß es zu keiner Einigung kam. Erst als die Blauhelme im Sommer 1995 aus den Schutzzonen im Osten Bosniens abgezogen wurden und damit nicht mehr gefährdet waren, wandte die internationale Staatengemeinschaft Luftschläge gegen die bosnischen Serben an und zwang sie auf diese Weise in Dayton an den Verhandlungstisch.

Die Hintergründe für die Verzögerung oder Ablehnung von Luftschlägen, als eine Schutzzone nach der anderen fiel, sind im einzelnen nicht geklärt. Es gibt jedoch Vermutungen, daß die UNO in einigen Fällen den bosnischen Serben versprochen habe, daß es keine Luftschläge geben werde, wenn die bosnischen Serben im Austausch dafür als Geiseln genommene Blauhelmsoldaten freiließen.[50] Es war eine gängige Taktik der bosnischen Serben, im Falle der Androhung von Luftschlägen die Geiselnahme von Blauhelmen anzudrohen, wozu es auch mehrmals kam. Unter diesen Bedingungen war es weder der UNO noch der NATO möglich, die ihnen gestellten Aufgaben zu erfüllen.

4. Funktion und Form

Die Aufgaben, die sich die Hauptakteure mit der Regelung der Konflikte im ehemaligen Jugoslawien stellten, lassen sich unter fünf Punkten zusammenfassen: Das multilaterale Eingreifen der internationalen Staatengemeinschaft umfaßte humanitäre Intervention, Friedenserhaltung (*peacekeeping*), den Schutz von Menschen- und Minderheitenrechten, Friedensschaffung bzw. Friedenserzwingung (*peacemaking* und *peaceenforcement*) in Bürgerkriegen sowie die Implementierung eines Friedensabkommens. Um diese Aufgaben in angemessener Art und Weise zu erfüllen, wäre eine militärische Intervention notwendig gewesen. Stattdessen entstand das Konzept des *humanitarian enforcement*, ohne daß jedoch die Anwendung offensiver Maßnahmen autorisiert wurde.

Hinsichtlich der Form der hier besprochenen Institutionen lassen sich einige Aspekte zusammenfassen, die vor allem der EU und UNO ein Hindernis bei der Erfüllung ihrer Aufgaben waren und in begrenztem Maße auch für die NATO zutreffen. Alle Aktionen im Rahmen internationalen Konfliktmanagements wurden mit der Helsinki Schlußakte, der Charta von Paris und den Kapiteln VI und VII der UN-Charta gerechtfertigt. Die wesentlichen Prinzipien dieser Dokumente waren im Falle des ehemaligen Jugoslawien der Schutz von Menschen- und Minderheitenrechten, sowie die widerstreitenden Prinzipien des Selbstbestimmungsrechts und des Nichteingreifens in innere Angelegenheiten. Während Slowenien, Kroatien und Bosnien-Herzegowina sich auf das Selbstbestimmungsrecht der Völker beriefen, warf Serbien der internationalen Staatengemeinschaft den Eingriff in innere Angelegenheiten vor.

---

50 Vgl. Patrick *Moore*, Bosnian Government turns out Akashi, in: OMRI Daily Digest, Bd. 1, Nr. 128 (3.7.1995); *ders.*, Can the UN recover credibility? In: OMRI Daily Digest, Bd. 1, Nr. 133 (11.7.1995).

Weitere Faktoren, die die Erfüllung der gestellten Aufgaben erschwerten, war das Konsens- und Einstimmigkeitsprinzip, mit dem in der UNO und der EU Entscheidungen getroffen werden. Angesichts divergierender staatlicher Interessen und fehlender Verhandlungsbereitschaft seitens der Konfliktparteien war das Prinzip der Einstimmigkeit, mit der alle Entscheidungen getroffen werden mußten, ein Hindernis für eine angemessene Aufgabenerfüllung.

Die allgemeine Funktion von EU, UNO und NATO ist es, die Kooperation unter ihren jeweiligen Mitgliedstaaten zu fördern und zu erleichtern. Die Tatsache, daß diese und andere Organisationen zur Regelung des Jugoslawienkonfliktes eingesetzt wurden, ist ein Indiz dafür, daß Staaten eine multilaterale Zusammenarbeit im Rahmen der Regeln und Verfahren der verschiedenen Organisationen einem unilateralen Handeln vorzogen. Die Bildung der Kontaktgruppe ebenso wie die gemeinsame Implementierung des Friedensabkommens von Dayton können als Formen institutioneller Ad-hoc-Kooperation verstanden werden. In einer Krisensituation, als Meinungsverschiedenheiten und divergierende Präferenzen die Kooperation unter den betroffenen Staaten erheblich erschwerten, wurden neue Formen der Zusammenarbeit gefunden, die auf den Erfahrungen mit anderen Institutionen basierten. Da die existierenden Institutionen angesichts neuer Herausforderungen Aufgaben übernehmen mußten, auf die sie nicht vorbereitet waren, bildeten sich neue Koalitionen, um auf die Krisensituation zu reagieren.[51]

In einem allgemeinen Sinne haben die hier untersuchten Organisationen ihre Funktion erfüllt, Kooperation herbeizuführen. Die besprochenen Beispiele zeigen aber, daß Kooperation zwischen Staaten unter Umständen lediglich einen Konsens auf kleinstem gemeinsamen Nenner hervorbringen kann. Dieser kleinste gemeinsame Nenner beinhaltete das Einverständnis Westeuropas, der USA und Rußlands, daß der Konflikt im ehemaligen Jugoslawien mit Hilfe von Institutionen und ohne eine massive militärische Intervention geregelt werden sollte. D. h. man konnte sich darauf einigen, daß den Menschen in Kroatien und Bosnien-Herzegowina geholfen werde, aber nicht darauf, entschiedene Mittel anzuwenden, um die Kriege zu verhindern oder zu beenden. Vor allem bei der UNO zeigt das Mißverhältnis zwischen der großen Anzahl der vom Sicherheitsrat beschlossenen Resolutionen und ihrer tatsächlichen Implementierung eine geringe Effektivität.

Die spezifische Funktion der EG/EU ist es, im Rahmen der Europäischen Politischen Zusammenarbeit bzw. der Gemeinsamen Außen- und Sicherheitspolitik die Sicherheit in Europa zu fördern und die Außenpolitik ihrer Mitglieder zu koordinieren, während die NATO im Rahmen ihrer neuen spezifischen Funktion durch selektives Kisenmanagement die OSZE oder UNO bei der Wahrung des Friedens in Europa unterstützt. Die spezifische Funktion der UNO ist es, den internationalen Frieden und die internationale Sicherheit durch das kollektive Management internationaler Konflikte zu wahren oder wiederherzustellen. Aufgrund ihrer Form war die UNO im Falle des ehemaligen Jugoslawiens jedoch nicht in der Lage, diese Funktion zu erfüllen. Beispiele wie das Dilemma der Blauhelme in den Schutzzonen zeigen, daß das vorliegende Problem eine Vorgehensweise erforderte, die die UNO aufgrund ihrer Regeln und Verfahren nicht übernehmen

---

51 Vgl. Lori *Fisler Damrosch* (Hrsg.), Enforcing Restraint. Introduction, S. 13.

konnte. Vor allem die Auflagen der Zustimmung der Konfliktparteien sowie die Wahrung der Neutralität in einem Konflikt, der einen eindeutigen Aggressor hatte, verhinderten einen effektiven Einsatz von UNPROFOR.

5. Die Wirkung von Präferenzen auf institutionelle Leistungsfähigkeit

Wenn die UNO aufgrund ihrer Form zur Bearbeitung des spezifischen Problems nicht geeignet war, ist zu fragen, warum diese Organisation eingesetzt wurde. Dies läßt sich mit der Präferenzstruktur der mächtigen Staaten erklären. Aus unterschiedlichen Gründen, die hier im einzelnen nicht erklärt werden können, hielten Frankreich und Rußland beispielsweise an der UNO als Hauptverantwortungsträger und durchführende Institution fest, während die USA nur im Rahmen der NATO bereit waren, zu einem massiveren Eingreifen beizutragen. Da sie aber lange Zeit nicht wirklich zu einem Eingreifen bereit waren, bot die UNO auch für die USA einen Rahmen, hinter dem sich fehlende Handlungsbereitschaft verstecken ließ.

Die USA, die als einziger Staat zu einem massiveren militärischen Eingreifen, das von den Konfliktparteien akzeptiert worden wäre, in der Lage gewesen wären, lehnten es strikt ab, ihre Truppen unter UN-Mandat zu stellen. Zudem wandten sie sich gegen ein gemeinsames UN-NATO-Kommandosystem im Zusammenhang mit Luftangriffen.[52] Frankreich hingegen wollte an diesem System festhalten, da es nicht in die NATO-Kommandostruktur integriert war. Rußland bestand auf der Durchführung aller Aktionen unter UN-Mandat und nach Konsultation mit dem Sicherheitsrat[53], da es durch seine Mitgliedschaft im Sicherheitsrat Einfluß ausüben konnte. Die Favorisierung der UNO war für Rußland außerdem ein Weg, ein Eingreifen der NATO zu verhindern. Diese Favorisierung der einen oder anderen Institution hatte für die jeweiligen Staaten nichts damit zu tun, ob die eine oder andere Institution besser zur Bewältigung des vorliegenden Problems geeignet war.

6. Schluß

Die Analyse der Bedingungen institutioneller Leistungsfähigkeit am Beispiel des Konfliktes im ehemaligen Jugoslawien ergibt ein zwiespältiges Bild. Einerseits kam es zu einer Kooperation einer größeren Anzahl von Staaten, die bewirkte, daß der Balkan nicht erneut zum Schauplatz europäischer Großmachtkonflikte wurde. Eine Ausweitung des Konfliktes auf Nachbarländer Jugoslawiens konnte dadurch verhindert werden.[54] In die-

---

52 Vgl. Patrick *Moore*, Washington, London block Paris's plan to halt Serbs, in: OMRI Daily Digest, Bd. 1, Nr. 138 (18.7.1995).
53 Vgl. David *Owen*, Balkan Odyssey, S. 248.
54 Vgl. Harald *Müller*, Europäische Sicherheit durch Machtgleichgewicht oder kooperative Institutionen? Eine Zwischenbilanz, in: Erhard Forndran/Dieter Lemke (Hrsg.), Sicherheitspolitik für Europa zwischen Konsens und Konflikt: Analysen und Optionen. Baden-Baden: Nomos 1995, S. 257-276. Im Sinne der allgemeinen Funktion beurteilt Müller die Wirkung internationaler Institutionen im Jugoslawienkonflikt als Erfolg.

sem Sinne haben sich die beteiligten Institutionen als leistungsfähig erwiesen und ihre allgemeine Funktion erfüllt. Um den Konflikt jedoch frühzeitig zu beenden, wäre nach Ansicht der Autorin eine glaubhafte Androhung und eventuelle Anwendung militärischer Mittel zur Friedenserzwingung erforderlich gewesen. Insoweit gelangte die Kooperation der betreffenden Staaten (insbesondere der Mitglieder der Kontaktgruppe) jedoch nur zu einer Einigung auf dem kleinsten gemeinsamen Nenner. Bezüglich der untersuchten Institutionen (EU, UNO und NATO) läßt sich als Konstante feststellen, daß diesen internationalen Organisationen jeweils weite und anspruchsvolle Zielvorgaben gemacht wurden, die sie aufgrund ihrer Form oder der von den Mitgliedstaaten eingeräumten Mittel jedoch nur ganz unzulänglich erfüllen konnten. Nicht selten behinderten sich die eingeschalteten Institutionen auch untereinander. Insoweit traten im Rahmen des Jugoslawienkonfliktes schwerwiegende Defizite hinsichtlich der Leistungsfähigkeit der beteiligten Institutionen zu Tage.

Die EU (damals noch EG) wurde bereits frühzeitig in einer Vermittler- und später auch Beobachterrolle zur Einhaltung der verschiedenen Waffenstillstandsabkommen tätig. Sie versuchte den Konflikt auf diplomatischem Wege zu beenden. Von Anfang an mußte die EU jedoch hinnehmen, daß ihre Prämissen, wonach ein Waffenstillstandsabkommen inakzeptabel sei, wenn es gewaltsam geschaffene Gebietsveränderungen festschreibt und wonach die Anerkennung neuer Staaten von der Beachtung der Menschen- und Minderheitenrechte abhängen sollte, nicht eingehalten wurden. Aufgrund des Einstimmigkeitsprinzips in außenpolitischen Fragen und des Fehlens eigener militärischer Ressourcen konnte die EU keinen glaubwürdigen Druck auf die Konfliktparteien ausüben. Zu einem Einsatz der WEU, die als verlängerter militärischer Arm der EU hätte fungieren können, kam es wegen Meinungsverschiedenheiten im Verhältnis zwischen WEU und NATO nicht. Auch fehlte die Bereitschaft zu einem militärischen Eingreifen.

Auch bei der UNO traten große Diskrepanzen hinsichtlich der gesteckten Ziele und der verfügbaren Mittel auf. Die UNO verfolgte im wesentlichen drei Ziele: die Friedensbemühungen der EU zu unterstützen, humanitäre Hilfe zu leisten und das Übergreifen des Konfliktes auf angrenzende Regionen zu vermeiden. Lediglich in letzterem Punkt erwiesen sich die UNO-Bemühungen zusammen mit amerikanischer Hilfe als erfolgreich. Im Rahmen der humanitären Hilfe und der Verteidigung der Schutzzonen erweiterte die UNO schrittweise ihr Mandat in Richtung auf ein *humanitarian enforcement*. Zwar verfügt die UNO aufgrund der Kapitel VI und VII der UN-Charta grundsätzlich auch über militärische Eingreifmöglichkeiten. Diese Mittel wurden jedoch aus verschiedenen Gründen nicht effizient eingesetzt. So wurde bis zuletzt an dem Grundsatz festgehalten, wonach Blauhelmtruppen unparteiisch sind, grundsätzlich nur mit dem Einverständnis der Konfliktparteien eingesetzt werden und Waffengewalt nur zur Selbstverteidigung einsetzen. Aufgrund dieser Vorgaben kam es nicht nur dazu, daß unzählige Hilfstransporte überfallen wurden und die humanitäre Hilfe für die eingeschlossenen Enklaven über weite Strecken zum Erliegen kam, ohne daß die Blauhelme eingegriffen hätten (oder hätten eingreifen können). Darüber hinaus führte die Anwesenheit der Blauhelme zu einer *hostage-situation*, welche NATO-Luftangriffe lange Zeit unmöglich machte.

Im Rahmen der NATO erwiesen sich die fehlenden Verfahrensregeln zur interinstitutionellen Zusammenarbeit als schwerwiegendes Problem. Als nach dem Abzug der Blauhelmtruppen Luftangriffe erstmals möglich wurden, verzögerte das sogenannte *dual-key* Prinzip - im Ergebnis nichts anderes als ein weiteres Einstimmigkeitserfordernis zwischen der NATO und verschiedenen UN-Organen - den Entscheidungsprozeß beträchtlich.

Das allgegenwärtige Konsens- und Einstimmigkeitsprinzip führte angesichts der unterschiedlichen und widersprüchlichen Interessen der internationalen Staatengemeinschaft dazu, daß rasche Erfolge nur dort erzielt wurden, wo mehr oder weniger vollständige Interessenübereinstimmung bestand, nämlich darin, eine Ausweitung des Konfliktes auf andere Staaten zu verhindern. Im übrigen wurde der Jugoslawienkonflikt durch die eingesetzten Institutionen über lange Zeit hinweg nur 'verwaltet' anstatt gelöst. Dies entsprach der Tatsache, daß die Konflikte im ehemaligen Jugoslawien lange Zeit nicht als Sicherheitsproblem angesehen wurden.

An den drei Fallbeispielen wurden die Bedingungen und Grenzen institutioneller Leistungsfähigkeit erkennbar. Die Leistungsfähigkeit einer Institution ergibt sich aus dem Zusammenwirken endogener und exogener Faktoren. Zu den spezifisch institutionellen Faktoren gehören die allgemeine und spezifische Funktion sowie die jeweilige Form einer Institution. Zu den von der Institution unabhängigen äußeren Faktoren gehören staatliche Interessen und Präferenzen, die die Wahl von Institutionen und damit deren Wirkung beeinflussen. Auch die Wahrnehmung eines Problems seitens der entscheidenden Akteure ist für den Einsatz und die Wirkung von Institutionen von Bedeutung.

Sicherheitsinstitutionen und der Wandel des internationalen Systems

Otto Keck[1]

1. Die Transformation der europäisch-atlantischen Sicherheitsinstitutionen nach dem Ende des Kalten Krieges

Der Ausgangspunkt für das Projekt, aus dem der vorliegende Band entstanden ist, war die Beobachtung, daß die europäisch-atlantischen Sicherheitsinstitutionen nach dem Ende des Kalten Krieges ihre Aufgaben und ihr Instrumentarium erweitert haben, obwohl die Furcht vor einem gewaltsamen Konflikt zwischen den Großmächten abgenommen hat. Aus der Sicht des Realismus ist dieses Phänomen ein Paradox.[2] Da sich mit dem Ende des Kalten Krieges die grundlegenden Machtverhältnisse geändert haben, waren auch entsprechende Änderungen der aus realistischer Perspektive von diesen Machtverhältnissen abhängigen Institutionen zu erwarten. Daß der Machtverlust der Sowjetunion zur Auflösung der von ihr dominierten Institutionen, zum Beispiel des Warschauer Pakts oder des Rats für gegenseitige Wirtschaftshilfe, führte, entspricht zum Beispiel voll den Erwartungen der Realistischen Schule.

Analog dazu wäre auch für westliche Institutionen wie etwa die NATO zu erwarten gewesen, daß sie an Bedeutung verlieren und eine Umorientierung der großen Staaten in Westeuropa zu einer unabhängigeren Politik oder gar zur Bildung eines neuen, mit der einzigen verbleibenden Supermacht rivalisierenden, Machtblocks führen würde.[3] Dies ist bisher nicht geschehen. Die NATO wurde der neuen Situation angepaßt, es wurden ihr neue Aufgaben übertragen, und viele Staaten in Mittel- und Osteuropa streben danach, ihr als Mitglied beizutreten. Daß die Einigung Westeuropas vorangetrieben wurde, mit dem Beitritt weiterer Staaten und der Weiterentwicklung zur Europäischen Union, könnte man mit viel gutem Willen noch in die realistische Perspektive einordnen als Stufe zur Entwicklung eines neuen, mit den Vereinigten Staaten rivalisierenden Machtpols. Doch daß diese Entwicklung mit Zustimmung und ohne Widerstand der Vereinigten Staaten geschieht, das war aus dieser Perspektive nicht zu erwarten.

Wenn wir uns nicht darauf beschränken wollen, diese Entwicklungen als eine aus realistischer Sicht unerklärliche Anomalie zu konstatieren, müssen wir eine institutionalisti-

---

1   Der Verfasser dankt Helga Haftendorn und Henning Riecke für hilfreiche Kommentare.
2   Siehe dazu Helga *Haftendorn*, Sicherheitsinstitutionen in den internationalen Beziehungen, in diesem Band, 11-34.
3   Vgl. John *Mearsheimer*, Back to the Future. Instability in Europe After the Cold War, in: International Security, Bd. 15, Nr. 1 (Sommer 1990), S. 5-56 (5); Kenneth N. *Waltz*, The Emerging Structure of International Politics, in: International Security, Bd. 18, Nr. 2 (Herbst 1993), S. 44-79 (76). Eine ausführlichere Darstellung der realistischen Position zur Zukunft der NATO findet sich bei Gunther *Hellmann*/Reinhard *Wolf*, Neorealism, Neoliberal Institutionalism, and the Future of NATO, in: Security Studies, Bd. 3, Nr. 1 (Herbst 1993), S. 3-43.

sche Erklärung entwerfen. Nach Auffassung des Institutionalismus haben internationale Institutionen als Sätze von Regeln eine Wirkung auf das Verhalten von Staaten, indem sie die Situation transformieren, in der die Staaten agieren.[4] Sie verändern die Anreizstruktur, in deren Rahmen sich das Handeln von Staaten vollzieht, und damit auch den Kosten-Nutzen-Kalkül, der ihren Entscheidungen zugrunde liegt. Institutionen beseitigen nicht die Machtpolitik der großen Staaten, sondern beschränken und kanalisieren sie in einer Weise, daß die beteiligten Staaten vor den schädlichen Wirkungen einer regellosen Interaktion bewahrt werden. Aus der Sicht des Institutionalismus haben Sicherheitsregime einen wesentlichen Beitrag zur Kriegsverhütung während des Kalten Krieges geleistet. Auch nach dem Ende des Kalten Krieges hängt der Friede in entscheidender Weise davon ab, daß die internationalen Institutionen in angemessener Weise an die neue Situation angepaßt werden.[5]

Die folgenden Ausführungen sollen nicht die Ergebnisse der vorangehenden Beiträge rekapitulieren, sondern Verbindungslinien zwischen einigen wichtigen Ergebnissen aufzeigen und entlang einiger Fragedimensionen den damit erreichten Forschungsstand beschreiben. Im ersten Abschnitt soll dargestellt werden, was der in den Beiträgen dieses Bandes im Vordergrund stehende Theorieansatz des neoliberalen (oder rationalen) Institutionalismus bei der empirischen Analyse von Sicherheitsinstitutionen leistet und was er zur Lösung des beschriebenen Paradoxes beiträgt. Sodann werden einige Punkte beschrieben, in denen die Beiträge dieses Bandes den institutionalistischen Ansatz weiterführen. Dabei sollen auch die Beschränkungen diskutiert werden, denen dieser Ansatz beim gegenwärtigen Forschungsstand unterliegt, und einige Punkte genannt werden, an denen die Weiterentwicklung der Theorie der Sicherheitsinstitutionen ansetzen kann.

2. Kooperationsprobleme und Institutionen

Kernpunkt einer institutionalistischen Erklärung ist die Identifizierung von Kooperationsproblemen und von Regelsystemen (d. h.: Institutionen), die diese Kooperationsprobleme lösen oder mildern. In Situationen, in denen kein Kooperationsproblem besteht, sind Institutionen funktionslos.[6] Institutionen sind kein Selbstzweck, sondern sie dienen

---

4   Eine Charakterisierung des Institutionalismus wird gegeben in Helga *Haftendorn*, Sicherheitsinstitutionen in den internationalen Beziehungen, in diesem Band, ferner in Otto *Keck*, Der Neue Institutionalismus in der Theorie der Internationalen Politik, in: Politische Vierteljahresschrift, Bd. 32 (1991), Nr. 4, S. 635-653 und ders., Der Beitrag rationaler Theorieansätze zur Analyse von Sicherheitsinstitutionen, in diesem Band, S. 35-56.
5   Darstellungen der institutionalistischen Position zum „langen Frieden" geben Volker *Rittberger*/ Michael *Zürn*, Transformation der Konflikte in den Ost-West-Beziehungen. Versuch einer institutionalistischen Bestandsaufnahme, in: Politische Vierteljahresschrift, Bd. 32 (1991), Nr. 3, S. 399-424; John S. *Duffield*, Explaining the Long Peace in Europe. The Contribution of Regional Security Regimes, in: Review of International Studies, Bd. 20 (1994), Nr. 4, S. 369-388.
6   „Rationalistic research in international institutions ... begins with the premise that if there were no potential gains from agreements to be captured in world politics - that is, if no agreements among actors could be mutually beneficial - there would be no need for specific international institutions." Robert O. Keohane, International Institutions. Two Approaches, in: International Studies Quarterly, Bd. 32 (1988), Nr. 4, S. 379-396, zit. nach dem Wiederabdruck in ders., International Institutions and State

den Interessen der beteiligten Staaten. Ihre Errichtung geschieht im wohlverstandenen langfristigen Interesse der beteiligten Staaten, nicht gegen dieses. Die Regeln, die eine Institution konstituieren, sind dann angemessen, wenn der potentielle Kooperationsgewinn realisiert wird und jeder der beteiligten Staaten am Kooperationsgewinn partizipiert. Die entscheidende Variable für die Bewertung von Institutionen ist also der Kooperationsgewinn, präziser: das Verhältnis des tatsächlich realisierten Kooperationsgewinns zu dem potentiell realisierbaren Kooperationsgewinn. Diese Variable ist schwer zu operationalisieren, weil der potentielle Kooperationsgewinn eine kontrafaktische Größe darstellt und deshalb nicht beobachtbar ist.[7] Deshalb ist es verständlich, daß manche Autoren internationale Institutionen danach beurteilen, in welchem Ausmaß die beteiligten Akteure die Regeln dieser Institution einhalten. Dabei wird jedoch leicht vergessen, daß es im konkreten Fall nicht auf die Regelverletzung als solche ankommt, sondern auf die Nachteile, die durch die Regelverletzung und durch eventuell durch sie ausgelöste Reaktionen anderer Staaten für die an der betreffenden Institution beteiligten Akteure entstehen.

Auch aus institutionalistischer Sicht können Veränderungen im internationalen System dazu führen, daß eine Institution funktionslos wird, nämlich dann, wenn die Kooperationsprobleme, zu deren Bearbeitung sie geschaffen wurde, verschwinden und nicht gleichzeitig andere Kooperationsprobleme entstehen, deren Bearbeitung dieser Institution zugewiesen werden kann. Institutionen haben keinen Wert an sich. Wenn das ihnen zugrundeliegende Kooperationsproblem verschwindet, gibt es keinen Grund, an ihnen festzuhalten.[8] Ob eine Institution dann formell aufgelöst wird oder ob sie nur bedeutungslos wird, das hängt davon ab, welche Kosten die Fortführung der Institution verursacht im Vergleich zu ihrer formellen Beendigung. Wenn die Möglichkeit besteht, daß in der Zukunft wieder eine Situation entsteht, in der die Institution gebraucht wird, dann kann es rational sein, auch eine bedeutungslos gewordene Institution nur ruhen zu lassen, statt sie formell aufzulösen. Die Westeuropäische Union in den Jahren 1973 bis 1984 ist ein Beispiel für eine inaktive internationale Institution.[9]

Ein Beharrungsvermögen von Institutionen gegenüber kleineren Veränderungen im internationalen System ist rational, sofern die Anpassung von Institutionen Kosten verursacht. Grundsätzlich stehen dem aufgrund der Beharrung entgangenen Kooperationsgewinn die Kosten der Anpassung gegenüber. Rational ist eine Anpassung erst dann, wenn die Kosten der Anpassung geringer sind als der durch die Anpassung erreichte Zuwachs des Kooperationsgewinns. Manche Autoren scheinen die Bedeutung von Trans-

---

Power. Essays in International Relations Theory. Boulder, CO u. a.: Westview 1989, S. 158-179 (166).

[7] James D. *Fearon*, Counterfactuals and Hypothesistesting in Political Science, in: World Politics, Bd. 43, Nr. 2 (Januar 1991), S. 169-195; Thomas J. *Biersteker*, Constructing Historical Counterfactuals to Assess the Consequences of International Regimes. The Global Debt Regime and the Course of the Debt Crisis of the 1980s, in: Volker Rittberger (Hrsg.), Regime Theory and International Relations, Oxford 1993, S. 315-338.

[8] „Institutions should persist as long as, but *only so long as*, their members have incentives to maintain them." *Keohane*, International Institutions, S. 168 (Hervorhebung O.K.).

[9] Siehe den Beitrag von Peter *Barschdorff,* Die Westeuropäische Union nach ihrer Aufwertung: Zahnloser Tiger oder Zentrum eines Netzwerks von Institutionen? In diesem Band, S. 137-164.

aktionskosten bei der Errichtung, Aufrechterhaltung, Anpassung und Auflösung von internationalen Institutionen zu überschätzen.[10] Sicher ist es richtig, daß die Errichtung einer Institution normalerweise mehr Kosten verursacht als deren Aufrechterhaltung oder Anpassung.[11] Aber die Kosten der Errichtung einer internationalen Institution müssen immer in Relation gesetzt werden zu den durch diese Institution realisierten Kooperationsgewinnen. In aller Regel sind die Kosten der Konsultations-, Entscheidungs- und Überwachungsprozesse in einer Institution sehr gering im Vergleich zu den Vorteilen, die die beteiligten Staaten durch ihre Beteiligung an dieser Institution haben, und die Unterschiede zwischen den Phasen der Errichtung, der Aufrechterhaltung und der Anpassung einer Institutionen fallen demgegenüber kaum ins Gewicht.[12] In den empirischen Fallstudien dieses Bandes findet sich kein einziger Vorgang, bei dem Transaktionskosten ein entscheidender Gesichtspunkt gewesen wären.

Wenn internationale Institutionen mit internationalen Organisationen verbunden sind, die über ein eigenes Budget oder ständiges Personal verfügen, dann kann es durchaus vorkommen, daß sich die Eigeninteressen der in diesen Organisationen arbeitenden Personen dahingehend auswirken, daß sie nach neuen Funktionen für ihre Organisation suchen. Soweit diese neuen Funktionen in der effizienten Bearbeitung tatsächlich vorhandener Kooperationsprobleme bestehen, wird man diese Folgen des Eigeninteresses positiv sehen. Wenn aber sich dieses Eigeninteresse dahingehend auswirkt, daß eine Institution, deren Aufrechterhaltung mit Kosten verbunden ist, trotz des Wegfalls ihrer Aufgaben weitergeführt wird, dann wird diese Institution selbst zum Kooperationsproblem.[13] Das Ziel der Erhaltung der Organisation, genauer: der mit dieser Organisation verbundenen Posten oder Privilegien, gewinnt dann die Oberhand über das Ziel, Kooperationsprobleme zwischen den beteiligten Staaten zu lösen.

---

10 Vgl. z.B. Robert O. *Keohane*, After Hegemony. Cooperation and Discord in the World Economy, Princeton, NJ: Princeton University Press, 1984, S. 89-95.
11 Celeste A. *Wallander*/Robert O. *Keohane* sprechen deshalb von einem Sperrklinkeneffekt (ratchet effect), siehe dies., Why Does NATO Persist? An Institutional Approach, unver. Manuskript, Februar 1996. Vgl. hierzu auch *Haftendorn*, Sicherheitsinstitutionen in den internationalen Beziehungen, S. 18.
12 Unter Transaktionskosten versteht man in der Wirtschaftswissenschaft die Kosten, die bei der Durchführung von Transaktionen entstehen, insbesondere die Kosten der Suche nach Tauschpartnern, der Kommunikation und des Verhandelns mit möglichen Tauschpartnern, des Aufsetzens von Verträgen, der Überprüfung ihrer Einhaltung und von Gegenmaßnahmen bei vertragswidrigem Verhalten. Es fehlt an einem Konsens darüber, was Transaktionskosten sind, vgl. Carl J. *Dahlmann*, The Problem of Externality, in: Journal of Law and Economics, Bd. 22 (1979), Nr. 1, S. 141-162. Einige Autoren fassen den Begriff der Transaktionskosten so weit, daß jede Ineffizienz zu den Transaktionskosten zählt und damit jede Realisierung eines Kooperationsgewinns *eo ipso* eine Reduktion von Transaktionskosten darstellt, vgl. Thrainn *Eggertsson*, Economic Behavior and Institutions. Cambridge, England/New York: Cambridge University Press 1990.
13 Der in solchen Fällen bestehende Interessenkonflikt zwischen den in der Organisation tätigen Menschen und den Interessen der an der entsprechenden Institution beteiligten Staaten wird aus organisationstheoretischer Perspektive beschrieben von Robert B. *McCalla*, NATO's persistence after the cold war, in: International Organization, Bd. 50, Nr. 3 (Sommer 1996), S. 445-475, insbes. 456-461.

3. Militärbündnisse als Sicherheitsinstitutionen

Aus realistischer Sicht sind Militärbündnisse die wichtigste Art von Sicherheitsinstitutionen. Sie sind ein wesentlicher Faktor bei der Ausbildung von Machtgleichgewichten. Allerdings interessiert den Realismus bei Militärbündnissen nur die Frage, wer mit wem gegen wen koaliert. Er postuliert, daß Staaten, sofern sie überhaupt eine Wahl haben, mit der schwächeren Seite koalieren. *Balancing*, nicht *Bandwaggoning*, sei das Regelverhalten.[14] Der Grund liegt darin, daß von der stärkeren Seite die größere Bedrohung ausgeht. Einige realistische Autoren sehen die Bedrohung nicht allein in der Verteilung der Machtmittel begründet, sondern auch in anderen Faktoren wie zum Beispiel aggressiven Absichten.[15] Zusammengehalten wird eine Allianz durch die äußere Bedrohung. Mit dem Verschwinden der spezifischen Bedrohung fällt die Motivation zur Bildung der Allianz weg, und diese löst sich auf oder hat nur noch eine marginale Bedeutung.

Der Hauptunterschied zwischen der realistischen und der institutionalistischen Analyse von Militärbündnissen liegt darin, daß aus realistischer Sicht nur eine der Funktionen von Bündnissen zählt, die Abwehr einer äußeren Bedrohung, aus institutionalistischer Sicht jedoch jeder Beitrag, den das Bündnis zur Lösung eines Kooperationsproblems leistet. Auch aus institutionalistischer Sicht war die Abwehr einer äußeren Bedrohung eine wichtige Funktion der NATO. Aber bereits zur Zeit des Kalten Krieges hatte die NATO, wie *Olaf Theiler* in seinem Beitrag herausarbeitet, wichtige zusätzliche Funktionen, nämlich die Sicherheit der Mitgliedsländer untereinander zu gewährleisten, insbesondere die wiederbewaffnete Bundesrepublik in einer Weise in das Bündnis und seine Institutionen einzubinden, daß von ihr keine militärische Bedrohung ausging. Eine weitere Funktion bestand in der außenpolitischen Konsultation und Koordination zwischen den Mitgliedstaaten, deren wichtigster Zweck darin bestand, das Risiko zu reduzieren, daß einzelne Mitgliedstaaten durch einseitige außenpolitische Aktionen riskieren, das Bündnis in einen Konflikt zu verwickeln.

Während der Realismus die NATO nur als Instrument des Macht- oder Bedrohungsgleichgewichts sieht und dabei die bündnisinternen Institutionen ignoriert, mit denen die Beziehungen zwischen den Mitgliedstaaten verregelt wurden, wird aus der Perspektive des Institutionalismus die NATO in erster Linie als ein Geflecht von Regeln gesehen, mit denen die Mitgliedstaaten Kooperationsprobleme untereinander lösen oder reduzieren. Die Gewähr, daß das Beistandsversprechen im Bündnisfall eingehalten wird, ist ein zentrales Kooperationsproblem, aber nicht das einzige; dazu kommen als weitere Kooperationsprobleme die kollektive Sicherheit zwischen den Bündnismitgliedern selbst und die Vermeidung des Verwickeltwerdens in unnötige Konflikte.

Wie der Beitrag von Olaf Theiler zeigt, gab es bei der Bearbeitung der einzelnen Kooperationsprobleme innerhalb der NATO einen beträchtlichen *Spill-over*: die integrierte Militärstruktur leistete zum Beispiel einen Beitrag sowohl zur Sicherstellung der

---

14 Vgl. Kenneth N. *Waltz*, Theory of International Politics, New York: Random House 1979, S. 127.
15 Vgl. Stephen M. *Walt*, The Origins of Alliances, Ithaca, NY: Cornell University Press, 1990 (1. Aufl. 1987).

Einhaltung des Bündnisversprechens als auch zur kollektiven Sicherheit. Ferner fand eine Evolution informeller Praktiken, Verfahrensregeln und distributiver Normen statt, durch welche die Transparenz und Erwartungssicherheit innerhalb des Bündnisses verstärkt wurden und die es erleichterten, den für alle wesentlichen Beschlüsse erforderlichen Konsens zu finden und insbesondere auch bei Veränderungen in seinem Umfeld seine Strategie und seine Institutionen anzupassen.

Bei einer solchen Evolution von Praktiken, Verfahrensregeln und distributiven Normen vollzieht sich ein Lernprozeß. Nicht alle Regeln zeigen die erwartete Wirkung auf ein bestimmtes Kooperationsproblem, sondern bei manchen bleibt die tatsächliche Wirkung hinter der intendierten zurück. Es kommt auch vor, daß Regeln unerwartete positive Nebenwirkungen zeigen, die dann nachträglich in den Kosten-Nutzen-Kalkül der Akteure eingehen und damit zu erwarteten Wirkungen werden.

Realismus und Institutionalismus stimmen darin überein, daß in dem Maß, in dem die spezifische Bedrohung für die Mitgliedstaaten der NATO weggefallen ist, die Bündnisfunktion der NATO an Relevanz verloren hat. Sie unterscheiden sich jedoch in der Beurteilung der Konsequenzen einer abnehmenden Relevanz der Bündnisfunktion. Für den Realismus bedeutet ein jedes Bündnis, ob institutionalisiert oder nicht, einen Verlust an Autonomie. Darum muß die Abnahme der Relevanz der Bündnisfunktion früher oder später zu dem Punkt führen, an dem wichtige Mitgliedstaaten die Sicherheitsvorteile, die ihnen das Bündnis gewährt, geringer schätzen als den Verlust an Autonomie, der mit der Mitgliedschaft im Bündnis verbunden ist. Alle Mitgliedstaaten müssen darum auf der Hut sein, daß keiner der bisherigen Bündnispartner zum Gegner mutiert. Wie die Entstehung des Kalten Krieges zeigt, kann dann der Verbündete von heute der Gegner von morgen sein. In solchen Situationen kann die mißliche Dynamik des Sicherheitsdilemmas zwischen Bündnispartnern entstehen. Deshalb bewerten Realisten die Abhängigkeit, in die Staaten durch die Kooperation mit anderen geraten, grundsätzlich negativ. Waltz schreibt:

„A state ... worries lest it become dependent on others through cooperative endeavors and exchanges of goods and services... States that are heavily dependent, or closely interdependent, worry about securing that which they depend on... Like other organizations, states seek to control what they depend on or to lessen the extent of their dependency."[16]

Aus der Sicht des Institutionalismus haben dagegen Staaten keinen Grund, Autonomie als Selbstwert zu betrachten. Was zählt, ist der Vorteil einer Mitgliedschaft im Vergleich zur Nichtmitgliedschaft. In einer Situation des diffusen Sicherheitsrisikos ist die Bündnisfunktion nicht irrelevant geworden. Durch die Zusicherung des gegenseitigen Beistands angesichts unspezifischer Risiken können die Mitgliedstaaten sozusagen eine Versicherung gegen diese Risiken zu günstigeren Konditionen kaufen, als wenn jeder Mitgliedstaat für sich selbst Maßnahmen zur Vorsorge gegen diese Risiken ergreifen würde. Obwohl die Bedeutung des Schutzes nach außen mit der Abnahme der äußeren Bedrohung geringer wird, ziehen die Mitgliedstaaten nach wie vor aus dem Bündnis einen Kooperationsgewinn, denn sie stellen sich durch die Kooperation bei der Versicherung gegen eine

---

16 *Waltz*, Theory of International Politics, S. 106.

diffuse Bedrohung besser, als wenn jeder Mitgliedstaat unilateral damit fertig zu werden versuchte.

Wenn das Bündnis institutionelle Regeln zur Gewährleistung der Sicherheit der Mitgliedstaaten voreinander entwickelt hat, behalten diese Regeln auch bei abnehmender äußerer Bedrohung einen Wert, denn sie helfen den Mitgliedstaaten, der Zwickmühle des Sicherheitsdilemmas zu entkommen. Im Fall der NATO hat die Funktion der kollektiven Sicherheit eine große Bedeutung. Die Sorge, daß ein souveränes Deutschland, das nicht in die NATO eingebunden ist, eines Tages in alte Formen der Machtpolitik zurückfallen könnte, gab der Funktion der kollektiven Sicherheit nach dem Ende des Kalten Krieges sogar ein neues Gewicht. Aus realistischer Sicht muß eine solche Sorge berechtigt erscheinen. Aus institutionalistischer Sicht dagegen zeigt sich an dieser Sorge die Ambivalenz der Autonomie von Staaten. In dem Maße wie ein Bündnis dazu beiträgt, die Sicherheit der Mitgliedstaaten voreinander zu gewährleisten, reduziert es die Motivation der Mitgliedstaaten, eine autonome Sicherheitspolitik anzustreben, sobald es die Abnahme der äußeren Bedrohung ohne Kosten für die Sicherheit erlaubt. Realismus und Institutionalismus sehen beide, daß zwischen den Mitgliedstaaten in einem Bündnis ein Sicherheitsdilemma entstehen kann, aber Realisten übersehen, daß das interne Sicherheitsdilemma durch institutionelle Regeln (wie etwa die integrierte Militärstruktur der NATO) bewältigt werden kann, während für Institutionalisten in der Bewältigung des internen Sicherheitsdilemmas ein wesentlicher Kooperationsgewinn des Bündnisses besteht.

Die Auffassung, daß das vereinte Deutschland für seine Nachbarstaaten ein Sicherheitsdilemma darstellt, stützt sich nicht darauf, daß politisch relevante Akteure im gegenwärtigen Deutschland aggressive Absichten hegen, sondern darauf, daß in den Nachbarstaaten eine solche Sorge besteht. Aus deutscher Sicht mag dieses Sicherheitsdilemma kein wirkliches Dilemma sein, denn Deutschland hat keinen Anreiz, seine Sicherheit dadurch zu erhöhen, daß es sein Militärpotential verstärkt. Auch für einen Nachbarstaat gibt es aus deutscher Sicht keinen Grund, aus Besorgnis über das Potential eines vereinten Deutschland seine Rüstung zu erhöhen. Deshalb kann man die Situation aus deutscher Sicht als ein degeneriertes Sicherheitsdilemma wie in Schaubild 1 beschreiben.

		Staat B	
		Status Quo	rüstet auf
Staat A	Status Quo	3,3	3,2
	rüstet auf	2,3	2,2

Schaubild 1: Das degenerierte Sicherheitsdilemma

Auch wenn dieses Modell das Problem aus deutscher Sicht korrekt wiedergibt, wird damit die Sorge der Nachbarstaaten nicht adäquat wiedergeben. Diese bezieht sich ja weniger auf das gegenwärtige Deutschland, sondern auf mögliche Entwicklungen, die für die Zukunft nicht mit Sicherheit ausgeschlossen werden können. Noch präziser wäre diese Sorge als eine Sequenz von Spielen zu beschreiben, die mit einem degenerierten Sicherheitsdilemma beginnt, und wobei nicht mit Sicherheit ausgeschlossen werden kann, daß sich eines Tages ein aktuelles Sicherheitsdilemma entwickelt.

Aus institutionalistischer Sicht läßt sich der Fortbestand der NATO nach dem Ende einer spezifischen Bedrohung dadurch erklären, daß die NATO den Mitgliedstaaten sowohl bei der Funktion des Schutzes gegenüber einer diffusen äußeren Bedrohung als auch bei der Funktion der kollektiven Sicherheit nach wie vor einen Kooperationsgewinn bietet. Ferner kann man aus institutionalistischer Sicht verständlich machen, daß nach dem Ende des Kalten Krieges für die Funktionen des kollektiven Managements der Sicherheitsbeziehungen zu den mittel- und osteuropäischen Staaten und des Krisenmanagements keine separaten Institutionen geschaffen wurden, sondern diese Funktionen der NATO übertragen wurden. Wie Olaf Theiler schreibt, ist das kollektive Management der Sicherheitsbeziehungen zu den mittel- und osteuropäischen Staaten als eine Fortsetzung der früheren Funktion der Außenpolitikkoordination gegenüber dem Gegner zu sehen, und insoweit ist diese Funktion nicht neu. Wenn es Gründe für die Mitgliedsländer gibt, am Fortbestand der NATO festzuhalten, dann liegt es nahe, in dieser auch die Außenpolitikkoordination für die Sicherheitsbeziehungen zu den mittel- und osteuropäischen Ländern vorzunehmen. Man mag im einzelnen mit dem gegenwärtigen Stand der Sicherheitsbeziehungen zwischen den NATO-Mitgliedstaaten einerseits und den mittel- und osteuropäischen Ländern andererseits unzufrieden sein, aber es ist nicht zu sehen, daß die Zuweisung der außen- und sicherheitspolitischen Koordination zwischen den Mitgliedstaaten der NATO an eine separate Institution besser geeignet wäre, die bestehenden Defizite zu beseitigen.

Aus der Beibehaltung der integrierten Militärstruktur (in modifizierter Form) folgt, daß die Zusammenarbeit beim militärischen Krisenmanagement nicht in einer besonderen Institution organisiert werden kann, ohne daß dies beträchtliche negative Rückwirkungen auf das Bündnis hätte. Wenn einzelne Mitgliedsstaaten der NATO für die Aufgaben des Krisenmanagements beträchtliche Truppenteile aus der integrierten Militärstruktur herauslösten, ohne sie gleichzeitig in andere, unter einem gemeinsamen Kommando stehende Strukturen zu integrieren (wie dies bei IFOR und SFOR auf dem Balkan geschieht), würde das möglicherweise die Bündnisfunktion der kollektiven Sicherheit beeinträchtigen.

4. Sicherheitsregime als Sicherheitsinstitutionen

So wie für das Sicherheitsdilemma, das aus der Sicht der Nachbarstaaten Deutschlands mit der Vereinigung verbunden war, in einer bestehenden Institution eine Lösung gefunden wurde, so werden die Sicherheitsdilemmata zwischen den postsozialistischen Staaten durch das Regelwerk einer bestehenden Institution bearbeitet. Das Regelwerk der KSZE war ein Kind des Ost-West-Konfliktes und hatte die Funktion, in den Bereichen Sicherheit und wirtschaftliche Zusammenarbeit einige Kooperationsprobleme zwischen den beiden Blöcken zu bearbeiten (siehe den Beitrag von *Ingo Peters*). Es war jedoch nicht als Regelwerk für die Beziehung zwischen zwei antagonistischen Blöcken formuliert worden, sondern als Regelwerk für die Beziehungen zwischen den formal souveränen Staaten in diesen beiden Blöcken, und es enthielt auch einige Regeln für innerstaatliche Angelegenheiten, insbesondere im Bereich der Menschenrechte und des Minderheitenschutzes. Zu der Zeit, als diese Regeln fixiert wurden, war ein Auseinanderbrechen des einen oder des anderen Blockes unvorstellbar. Weil diese Regeln aber als Regeln zwischen Staaten (und nicht zwischen Blöcken) formuliert wurden, entfalteten sie in der Zeit des Zusammenbruchs der sozialistischen Staatsform und der Auflösung der Sowjetunion eine Wirkung auf das Handeln von Staaten, als sich das Problem stellte, daß die (oft mit sozialen und wirtschaftlichen Faktoren aufgeladenen) ethnischen Konflikte zum Ausbruch gewaltsamer Territorialkonflikte führten oder zu führen drohten. Nicht alle postsozialistischen Staaten waren bestrebt, Territorialkonflikte zu vermeiden, sondern manche Regierungen suchten den Konflikt, sei es um ihre eigene innenpolitische Machtposition zu stabilisieren, sei es um ihr Territorium zu vergrößern. In diesen Fällen, wie etwa im ehemaligen Jugoslawien, konnte die KSZE den Ausbruch von gewaltsamen Konflikten nicht verhindern. Wohl aber hat sie in anderen Fällen dazu beigetragen, daß ethnische Konflikte nicht zu gewaltsamen Territorialkonflikten eskalierten. Dies war zunächst ein unvorhergesehener Beitrag zur Lösung oder Milderung von unvorhergesehenen Kooperationsproblemen. Später wurde es dann explizit als deklarierte Funktion formuliert, und deren Erfüllung wurde dann durch die institutionelle Anpassung der KSZE/OSZE verstärkt.

Auch für einige wichtige Sicherheitsregime in den Ost-West-Beziehungen, etwa die Regime zur Begrenzung und Verringerung der nuklearen und der konventionellen Waffen, ist zu beobachten, daß beim Verschwinden einer spezifischen Bedrohung das zugrunde liegende Kooperationsproblem nicht gegenstandslos wurde. Es änderte sich zwar, aber nicht in dem Maß, daß diese Regime keine Wirkung mehr gehabt hätten. Diese Regime leisteten einen Beitrag dazu, daß es bei der Auflösung des sowjetischen Imperiums und der Sowjetunion zu keinem größeren zwischennationalen Konflikt kam. Auch unter veränderten Bedrohungsperzeptionen verschwand das Sicherheitsdilemma nicht ganz. Als sich in der Zeit des Übergangs die innenpolitische Ordnung in vielen Staaten radikal änderte und die Umwälzungen in einigen Staaten zum bewaffneten Konflikt im Innern führten, ermöglichten diese Sicherheitsregime den meisten Mitgliedstaaten, durch explizites Festhalten an den wichtigsten Verhaltensregeln Erwartungsstabilität in den zwischenstaatlichen Beziehungen zu bewahren und eine erneute Verschärfung des Sicherheitsdilemmas auf der zwischenstaatlichen Ebene zu verhindern.

Darüber hinaus entwickelten sowohl das Regime über konventionelle Waffen als auch das über strategische Nuklearwaffen in der neuen Situation Wirkungen, an die bei den Verhandlungen zu ihrer Errichtung niemand denken konnte. Das auf den KSE-Vertrag gegründete Regime zur Beschränkung der schweren konventionellen Waffen war zu dem Zweck geschaffen worden, durch kooperative Abrüstung das Sicherheitsdilemma zwischen den beiden Machtblöcken zu reduzieren. Bei und nach der Auflösung des sowjetischen Imperiums hatte es den unerwarteten Nutzen, auch das Sicherheitsdilemma zwischen den postsozialistischen Staaten in Mittel- und Osteuropa zu begrenzen. Dies zeigt sich zum Beispiel daran, daß die im Rahmen dieses Regimes durchgeführten Inspektionen zu einem großen Teil nicht von einem westlichen Land in einem Land des früheren Ostblocks oder umgekehrt von einem Land des früheren Ostblocks in einem westlichen Land durchgeführt wurden, sondern von den Ländern des früheren Ostblocks untereinander.[17] Auch das Regime zur Reduzierung und Begrenzung der strategischen Nuklearwaffen zeigte in einer Situation, die bei den Verhandlungen über den START I Vertrag niemand erwarten konnte, eine Wirkung. Das Festhalten an diesem Vertrag trotz der Auflösung der Sowjetunion war die Grundlage, auf der die Verhandlungen mit Rußland über weitere Reduzierungen der strategischen Nuklearwaffen geführt wurden, die dann zum START II Vertrag führten. Ohne diese Verträge wäre es sehr schwer, wenn nicht unmöglich gewesen, mit der Ukraine und mit Weißrußland über den Verzicht der auf ihrem Territorium verbliebenen strategischen Nuklearwaffen zu verhandeln. In diesem Fall ergab sich die Wirkung nicht direkt, sondern indirekt, indem das Regime eine Basis darstellte, von der aus über die Modifikation verhandelt wurde.

5. Neue Kooperationsprobleme und bestehende Institutionen

Mit Analyse der Anpassung der NATO und der Sicherheitsregime haben wir die erste Dimensionen einer institutionalistischen Erklärung der Entwicklung der Sicherheitsinstitutionen nach dem Ende des Kalten Krieges beschrieben: in der Umbruchsituation der Jahre 1989/90 und danach existierten Kooperationsprobleme, die mit Hilfe des Regelwerks vorhandener Institutionen gelöst oder wenigstens gemildert werden konnten. Ein Teil dieser Kooperationsprobleme bestand fort aus der Zeit des Kalten Krieges, wenn auch in abgeschwächter Form; ein anderer Teil war zwar unvorhergesehen, aber er war den früher existierenden Kooperationsproblemen so ähnlich, daß die bestehenden Regeln geeignet waren, diese unvorhergesehenen Kooperationsprobleme zu lösen oder wenigstens zu mildern, ohne daß eine Modifikation der entsprechenden Sicherheitsinstitution erforderlich war. Ein Teil der unvorhergesehenen Kooperationsprobleme war ohne eine Modifikation der Institutionen nicht zu bewältigen. Aber auch hier waren die entsprechenden Sicherheitsinstitutionen nicht ohne Wirkung, da sie als Grundlage und Orientierung bei den entsprechenden Verhandlungen dienten.

Für die Diskussion zwischen Realismus und Institutionalismus ergeben sich aus diesen Beobachtungen einige interessante Konsequenzen. Die realistische Auffassung, nach der Staaten ihre Autonomie als einen Wert an sich betrachten, ist eine logische Prämisse für die These, daß mit abnehmender externer Bedrohung die Konflikte innerhalb eines Militärbündnisses zunehmen und die Bündniskohäsion abnimmt. Damit wird ein kontinuierlicher Zusammenhang[18] postuliert: je größer die externe Bedrohung, desto stärker die

---

17 Vgl. Heinz *Kluss*, Die Abrüstung konventioneller Streitkräfte und ihre Kontrolle: Erste praktische Erfahrungen, in: Europa-Archiv, Bd. 48 (1993), S. 167-178.
18 Mathematisch würde man von einem Zusammenhang sprechen, der durch eine strikt monoton steigende Funktion dargestellt werden kann.

Kohäsion im Bündnis, und je kleiner die externe Bedrohung, desto geringer die Kohäsion. Nach institutionalistischer Auffassung wird dieser Zusammenhang durch mehrere Faktoren gebrochen. Erstens treten die bündnisinternen Institutionen als sogenannte intervenierende Variablen zwischen die unabhängige Variable der äußeren Bedrohung und die abhängige Variable der Bündniskohäsion. Letztere hängt eben nicht nur von der Stärke der äußeren Bedrohung ab, sondern auch davon, in welchem Maß die bündnisinternen Kooperationsprobleme durch institutionelle Verregelung gelöst oder gemildert werden. Zweitens ist die Autonomie nach Auffassung des Institutionalismus kein Selbstwert. Bei der Bearbeitung des Sicherheitsdilemmas haben Staaten gelernt, daß die Selbstbindung durch institutionelle Regeln zur Stabilisierung der Erwartung kooperativen Verhaltens führt. In dem Maße, wie Sicherheitsinstitutionen erfolgreich sind und die Sicherheit der beteiligten Staaten gewährleisten, verliert die Autonomie an Bedeutung für die nationale Sicherheit. Drittens hängt der Bestand einer Institution davon ab, daß sie für alle beteiligten Staaten einen Kooperationsgewinn gewährleistet. Aus institutionalistischer Sicht geht in die Kalkulation des Kooperationsgewinns nicht nur der Beitrag des Bündnisses zur Gewährleistung der Sicherheit der Mitgliedstaaten ein, sondern auch der Nutzen, den andere Bündnisfunktionen wie kollektive Sicherheit oder außen- und sicherheitspolitische Koordinierung vermitteln. Aus realistischer wie aus institutionalistischer Sicht reduziert sich der Kooperationsgewinn in einem Bündnis *ceteris paribus* mit einer Abnahme der äußeren Bedrohung. Aber die Annahme, daß die übrigen Faktoren gleich bleiben, ist hier unrealistisch, denn in aller Regel werden die Bündnismitglieder ihre Rüstung und damit die Kosten ihrer Mitgliedschaft reduzieren (und Sicherheitsinstitution wie Abrüstungsregime sind dabei ein förderlicher Faktor). Aus diesen Gründen ist aus institutionalistischer Sicht zu unterscheiden, ob ein Bündnis auf die Abnahme der äußeren Bedrohung regelkonform reagiert (etwa durch die Anpassung seines Rüstungsniveaus) oder ob die Abnahme der äußeren Bedrohung die Kooperationsprobleme, die mit den Bündnisinstitutionen bearbeitet werden, so stark verändert, daß ohne eine Anpassung der institutionellen Regeln kein Kooperationsgewinn realisiert werden kann. Für den Fortbestand des Bündnisses kommt es also weniger darauf an, ob sich die Intensität der zugrundeliegenden Kooperationsprobleme ändert, sondern eher darauf, ob sich die Art dieser Kooperationsprobleme ändert.

Dies gilt auch für andere Sicherheitsinstitutionen wie zum Beispiel Sicherheitsregime. Wenn die akute Bedrohung zwischen zwei Militärblöcken abnimmt, verringert sich der Kooperationsgewinn, den die beteiligten Staaten von Regimen zur Rüstungsbegrenzung erwarten. Aber angesichts der geringen Transaktionskosten, welche die Aufrechterhaltung solcher Sicherheitsregime verursacht, ist der Kooperationsgewinn auch bei einer diffusen Bedrohung noch vorhanden. Eine Reduktion des Kooperationsgewinns führt nach institutionalistischer Auffassung nicht zu einer Gefährdung des Fortbestands der Sicherheitsregime, sondern entscheidend ist, ob der reduzierte Kooperationsgewinn für jeden der beteiligten Staaten größer ist als sein Anteil an den Kosten der Aufrechterhaltung und gegebenenfalls Anpassung des Regimes. Deshalb kommt es bei Veränderungen weniger darauf an, ob die Intensität der einem Sicherheitsregime zugrundeliegenden Kooperationsprobleme abnimmt, sondern ob deren Art sich in einer Weise ändert, daß die relevanten Mitgliedstaaten ohne eine Modifikation der institutionellen Regeln in diesem Sicherheitsregime keinen Koooperationsgewinn mehr haben. Dann erst stellt sich die Frage, ob das Sicherheitsregime in einer Weise angepaßt wird, daß es wieder einen Kooperationsgewinn bereitstellt, oder ob es durch eine andere Institution ersetzt oder ergänzt wird.

6. Die Zuordnung von Kooperationsproblemen und Institutionen

Bei der Anwendung rationalistischer Theorieansätze auf reale Sicherheitsinstitutionen erweist es sich als erforderlich, über die direkte Zuordnung von einfachen Kooperationsproblemen, wie sie mit Hilfe von Zwei-mal-zwei-Spielen modelliert werden, einerseits und die institutionellen Regeln zu ihrer Lösung andererseits hinauszugehen.[19] Einer der Gründe liegt darin, daß konkrete Sicherheitsinstitutionen wie etwa die NATO, die OSZE oder die WEU komplexe Institutionen sind, in denen viele Kooperationsprobleme bearbeitet werden, die miteinander zusammenhängen. Über diese Komplexität legen die Beiträge dieses Bandes ein analytisches Raster, indem sie nach den (deklarierten und nichtdeklarierten) Aufgaben der Institution fragen sowie nach den Instrumenten, mit denen diese Aufgaben angegangen werden, und dann herausarbeiten, welche Kooperationsprobleme mit welchen institutionellen Regeln bearbeitet werden. Mit der Bestimmung der Aufgaben (oder spezifischen Funktionen) einer Institution legen die Mitgliedstaaten fest, welche der zwischen ihnen bestehenden Kooperationsprobleme mit dieser Institution bearbeitet werden sollen (und welche nicht). Damit stellt sich das Problem der Entscheidung über die Zuordnung von Aufgaben zu Institutionen, das hier als Problem der Institutionenwahl (*institutional choice*) bezeichnet werden soll. Hier liegt die zweite Dimension der institutionalistischen Erklärung des Wandels von Sicherheitsinstitutionen nach dem Ende des Kalten Krieges.

Der Beitrag von *Ingo Peters* zeigt am Beispiel der OSZE, daß die Institutionenwahl Gegenstand von Machtpolitik ist. Es geht dabei einmal um die Frage, in welchem Maß Staaten bei der Herstellung einer gemeinsamen Situationsdefinition ihre eigene Auffassung durchsetzen können, ferner darum, welchen Einfluß einzelne Mitgliedstaaten auf Entscheidungen innerhalb der Institution haben, und schließlich darum, daß große Staaten eher als kleine über die Ressourcen verfügen, die sie zu Nutzentransfers (*side payments*) einsetzen können, um andere Staaten als Mitglieder für eine Institution zu gewinnen, oder daß große Staaten in Verhandlungen durch *issue-linkage* eine größere Hebelwirkung entfalten können als kleinere. Daß es bei der Institutionenwahl um Machtpolitik geht, stimmt mit den Annahmen des Institutionalismus überein, denn für jedes Kooperationsproblem gibt es in aller Regel verschiedene mögliche institutionelle Lösungen, und bei verschiedenen Lösungen wird der Kooperationsgewinn in unterschiedlicher Weise verteilt.[20] In der abstrakten Aussage, daß internationale Institutionen Resultate von

---

19 Vgl. Otto *Keck*, Der Beitrag rationalistischer Ansätze zur Analyse von Sicherheitsinstitutionen, S. 3-5.
20 Vgl. Stephen D. *Krasner*, Global Communications and National Power. Life on the Pareto Frontier, in: World Politics, Bd. 43, Nr. 3 (April 1991), S. 226-366.

Machtpolitik sind und insofern auf der Macht der großen Mitgliedstaaten beruhen, stimmen also Realismus und Institutionalismus überein. Ein Unterschied zwischen diesen beiden Positionen liegt jedoch darin, daß nach Auffassung des Institutionalismus Machtpolitik, die sich auf die Institutionenwahl bezieht, eine andere ist als traditionelle Machtpolitik im Rahmen der Selbsthilfe. Die Errichtung von internationalen Institutionen sowie deren Modifikation geschieht normalerweise im Konsens der beteiligten Staaten. Staaten, die von einer Institution keinen Kooperationsgewinn erwarten können, der sie besser stellt als unkoordiniertes einseitiges Handeln, haben keinen Anreiz, dieser Institution beizutreten oder in ihr zu bleiben. Das Erfordernis des Konsenses ist eine wichtige Begrenzung der Machtpolitik, obschon damit die Machtpolitik als solche nicht aufgehoben wird.

Wie *Olaf Theiler* am Beispiel der NATO zeigt, ergibt sich bei wiederholten Verhandlungen über die Ergänzung und Anpassung von institutionellen Regeln eine Evolution von Praktiken, Verfahrensregeln und distributiver Normen, die die Entscheidungsprozesse innerhalb einer komplexen Institution erleichtern können. Positive Erfahrungen, die bei einer solchen Evolution gemacht werden, spielen auch eine wichtige Rolle bei Entscheidungen darüber, welche Kooperationsprobleme welcher Institution zur Bearbeitung zugewiesen werden.

Wenn Veränderungen des internationalen Systems zu neuartigen Kooperationsproblemen führen, dann ist es also nicht selbstverständlich, welchen Institutionen sie zur Bearbeitung zugewiesen werden. Inhaltliche Zusammenhänge zwischen einzelnen Problemen können ein wichtiger Faktor bei solchen Entscheidungen sein, aber es können auch andere Faktoren ins Spiel kommen, etwa die erwartete Verteilung des Kooperationsgewinns, der bei der institutionellen Bearbeitung des Kooperationsproblems entsteht, oder das in den bestehenden Institutionen vorhandene 'Kapital' an Praktiken, Verfahrensregeln und distributiven Normen.

7. *Verknüpfungen und Wechselwirkungen zwischen Sicherheitsinstitutionen*

Bei näherer Betrachtung zeigt sich, daß bei der Institutionenwahl oft nur einzelne Aspekte eines konkreten Politikproblems einer bestimmten Institution zur Bearbeitung zugewiesen werden, nicht das ganze Politikproblem. Ein gutes Beispiel dafür stellt das im Beitrag von *Henning Riecke* analysierte Problem der Nichtverbreitung von Kernwaffen dar. An der Bearbeitung dieses Problems sind mehrere komplexe Institutionen beteiligt, nicht nur das durch den Nichtverbreitungsvertrag konstituierte Sicherheitsregime, sondern auch der Klub der nuklearen Lieferländer und die Institution der Gemeinsamen Außen- und Sicherheitspolitik der Europäischen Union. Diese Aufteilung verschiedener Aspekte eines konkreten Politikproblems auf mehrere Institutionen kann in der Logik der Kooperationsprobleme liegen, die zu bearbeiten sind. Bestimmte Probleme der Politikkoordination können zum Beispiel leichter bearbeitet werden, wenn der Kreis der nuklearen Lieferländer unter sich bleibt.

Doch gleichzeitig stellt sich das Problem, daß beim Design der institutionellen Lösung von bestimmten konkreten Politikproblemen neben dem Politikproblem selbst auch die

Rückwirkung möglicher institutioneller Regeln auf andere Institutionen ein wichtiger Faktor wird. Ein Beispiel dafür ist die Gefährdung, die von den nuklearen Exportbeschränkungen für den gemeinsamen europäischen Markt ausging und deren Bewältigung zusätzliche institutionelle Lösungen innerhalb der Europäischen Integration erforderte. Neben die sachliche Verknüpfung von verschiedenen Aspekten eines konkreten Politikproblems oder von verschiedenen konkreten Politikproblemen tritt also die institutionelle Verknüpfung (*institutional linkage*) von Politikproblemen. Diese institutionelle Verknüpfung kommt zustande durch die Wechselwirkung (man kann auch *Spill-overs* sagen) zwischen den institutionellen Regeln, mit denen verschiedene Politikprobleme bearbeitet werden. Die Beeinträchtigung der Wirksamkeit eines bestehenden institutionellen Regelsatzes (hier des gemeinsamen europäischen Marktes) durch die institutionellen Regeln zur Lösung eines konkreten Politikproblems (hier nukleare Exportbeschränkungen zur Verhinderung der Proliferation von Atomwaffen) kann ein wichtiger Gesichtspunkt beim Design dieser Regeln und bei der Institutionenwahl sein. Dieses *institutional linkage* stellt die dritte Dimension der institutionalistischen Erklärung der Entwicklung der Sicherheitsinstitutionen nach dem Ende des Kalten Krieges dar.

Wie der Beitrag über den Balkan-Konflikt von *Vera Klauer* zeigt, kann das *institutional linkage* die Sicherheitspolitik auf eine subtile Weise verändern. Bei einer institutionell vermittelten Bearbeitung eines konkreten Politikproblems steht neben der Lösung des Problems immer zugleich auch die Rückwirkung auf das Funktionieren von Institutionen auf der Tagesordnung. Sicherheitsinteressen standen bei diesem Konflikt für die direkt beteiligten Länder nur insoweit auf dem Spiel, als es galt, die Ausbreitung des Konfliktes zu verhindern. Insoweit haben die Sicherheitsinstitutionen bei der Bearbeitung dieses Konfliktes wirksam funktioniert. Darüber hinaus hatten die nicht direkt beteiligten Staaten ein sehr geringes Interesse daran, in den Konflikt regulierend einzugreifen. Es ist darum nicht verwunderlich, daß die Weise, in der zunächst eingegriffen wurde, von geringer Wirksamkeit war, und daß es beim Zusammenwirken der verschiedenen internationalen Institutionen Schwierigkeiten gab. Die Wende in der Balkan-Krise kam erst dann, als sich durch diese Schwierigkeiten die Meinungsverschiedenheiten unter den NATO-Mitgliedstaaten verschärften, die Glaubwürdigkeit der westlichen Sicherheitsinstitutionen herausgefordert wurde und die Blauhelmtruppen in Gefahr gerieten, als Kombattanten in den Konflikt hineingezogen zu werden. Damit wurden neue Elemente in die Kosten-Nutzen-Kalkulation der Mitgliedstaaten einbezogen, durch die diese verändert wurden. Aufgrund dieses veränderten Nutzenkalküls kam es im August 1995 schließlich zu Luftangriffen auf serbische Stellungen, die eine Wende in diesem Krieg brachten.

Eine andere Form der *institutional linkage* finden wir bei der europäischen Integration. Sowohl bei der von *Michael Kreft* untersuchten Gemeinsamen Außen- und Sicherheitspolitik als auch bei der von *Peter Barschdorff* analysierten Stärkung der WEU nach 1990 gingen die Hauptimpulse nicht von konkreten außen- oder sicherheitspolitischen Problemen aus, sondern von der Absicht der an der europäischen Integration beteiligten Staaten, die Integration zu vertiefen. Hinter dieser Absicht stand neben anderen Faktoren auch eine gewisse sicherheitspolitische Motivation, die Einbindung des vereinten Deutschland. Dieser sicherheitspolitische Zusammenhang war aber nur indirekt wirksam, so daß das normale Analyseschema des Institutionalismus nicht greift, nach dem die Art der bei der Bearbeitung eines konkreten Politikproblems bestehenden Kooperationsprobleme die Optionen für die institutionelle Verregelung dieser Kooperationsprobleme bestimmt.

Bei der Gemeinsamen Außen- und Sicherheitspolitik und auch bei der WEU wird der Zusammenhang von Kooperationsproblem und institutioneller Verregelung genau umgekehrt, und damit wird eine besondere Form der *institutional linkage* geschaffen: um das Ziel einer Vertiefung der europäischen Integration zu erreichen, werden bestimmte institutionelle Instrumente und Verfahren eingerichtet, wobei es weiteren Entscheidungen der beteiligten Staaten überlassen bleibt, welche konkreten Politikprobleme und welche der mit diesen verbundenen Kooperationsprobleme damit bearbeitet werden. Es handelt sich sozusagen um institutionelle Lösungen, die darauf warten, daß ihnen konkrete Probleme zur Bearbeitung zugewiesen werden.[21]

8. Operative Sicherheitszusammenarbeit

Die vierte Dimension der institutionalistischen Erklärung der Entwicklung der Sicherheitsinstitutionen nach dem Ende des Kalten Krieges kann beschrieben werden als operative Sicherheitszusammenarbeit zwischen Staaten, zwischen denen kein (oder nur ein degeneriertes) Sicherheitsdilemma besteht oder zwischen denen das Sicherheitsdilemma mit Hilfe entsprechender Institutionen beherrscht wird.[22] Staaten, die in der Weise zusammenarbeiten, daß sie zu gemeinsamem militärischen Handeln in der Lage sind, ziehen daraus eine Reihe von militärischen, ökonomischen und politischen Vorteilen. Militärische Vorteile liegen zum Beispiel darin, daß sie gemeinsam Aktionen ausführen können, zu denen sie einzeln nicht in der Lage wären. Spieltheoretisch gesprochen: Sicherheitszusammenarbeit erweitert den Strategieraum der beteiligten Staaten. Ökonomische Vorteile bestehen für sie darin, daß sie ein gemeinsames Ziel mit geringeren Kosten für jeden Beteiligten erreichen können. Zum Beispiel können die Mitgliedstaaten der NATO ihren Schutz gegen die nach dem Ende des Kalten Krieges verbliebenen Restrisiken gemeinsam zu viel geringeren Kosten bewerkstelligen als durch unkoordiniertes isoliertes Handeln. Politische Vorteile liegen darin, daß sie durch die Sicherheitszusammenarbeit an einen Konsens unter den Kernländern gebunden sind und dadurch gemeinsames militärisches Handeln stärker regelgebunden ist als isoliertes einseitiges Handeln. In einer Situation,

---

21 Das Phänomen, daß bestehende institutionelle Lösungen auf Probleme warten, die sie bearbeiten können, ist aus der Organisationstheorie bekannt, vgl. Michael D. *Cohen*/James G. *March*/Johan P. *Olsen*, „A Garbage Can Model of Organizational Choice", Administrative Science Quarterly 17 (1972) S. 1-25, James G. *March*/Johan P. *Olsen*, Rediscovering Institutions. The Organizational Basis of Politics, New York: Free Press 1989.

22 Den Ausdruck „operative Zusammenarbeit" übernehme ich von Ingo *Peters* (siehe seinen Beitrag in diesem Band, Von der KSZE zur OSZE: Überleben in der Nische kooperativer Sicherheit, S. 57-100 [60]). Dieser Ausdruck ermöglicht es, die Unterscheidung von Sicherheitskooperation (als regelgeleitetes Verhalten von Staaten zur Erhöhung ihrer Sicherheit) und Sicherheitszusammenarbeit (als gemeinsames Handeln von Staaten mit militärischen Mitteln oder gemeinsames Handeln zur Erhöhung ihrer Sicherheit) zu verdeutlichen.

wie sie heute auf dem Balkan besteht, können Staaten gemeinsam viel glaubwürdiger handeln als ein Staat allein. Ferner entstehen politische Vorteile auch dadurch, daß Staaten, die als Gruppe gemeinsam handeln, mit politischen oder ökonomischen Reaktionen, die ihre Aktion bei Dritten hervorruft, besser umgehen können als ein Staat, der isoliert handelt.

Im Konflikt im ehemaligen Jugoslawien zeigen sich die Vorteile einer neuen generalisierten Sicherheitszusammenarbeit sehr deutlich, obwohl bei der konkreten Form dieser Sicherheitszusammenarbeit viele Fehler gemacht worden sind und auch die gegenwärtige Form noch viele Schwächen hat (siehe den Beitrag von Vera Klauer). Trotzdem braucht man sich nur vorzustellen, wie die Situation heute aussehen würde, hätte ein Staat allein den Versuch gewagt, den Frieden in Bosnien zu sichern. Dies hätte auch bei den besten Intentionen seitens eines solchen Staates tiefes Mißtrauen bei den Konfliktparteien in Bosnien und bei den anderen europäischen Staaten hervorgerufen. Möglicherweise hätte es zu neuen Koalitionsbildungen zwischen einzelnen Konfliktparteien und dritten Staaten und schließlich zur Eskalation des Konfliktes statt zu seiner Befriedung geführt.

9. Sicherheitsinstitutionen und der demokratische Frieden

Bei der bisherigen Diskussion der verschiedenen Dimensionen, in denen der Wandel von Sicherheitsinstitutionen analysiert werden kann, haben wir uns auf der zwischenstaatlichen Analyseebene bewegt. Realismus und Institutionalismus teilen die methodische Position, daß Prozesse auf der zwischenstaatlichen Ebene zunächst einmal für sich, ohne Rücksicht auf die innerstaatlichen Strukturen und Prozesse analysiert werden sollten. Bei der Analyse realer internationaler Prozesse gibt es jedoch wichtige Zusammenhänge zwischen der innerstaatlichen und der zwischenstaatlichen Ebene.[23] Beide Ebenen sind für die Analyse realer Sicherheitsinstitutionen wichtig. In den Beiträgen dieses Bandes stehen zurecht die zwischenstaatlichen Prozesse im Vordergrund. Darin liegt eine sinnvolle Begrenzung des Arbeitsprogramms. Zum Schluß erscheint es aber sinnvoll, auf diese Begrenzung explizit hinzuweisen.

Wie wir gesehen haben, ist ein entscheidender Punkt bei der Errichtung, Aufrechterhaltung und Anpassung von Sicherheitsinstitutionen an veränderte Bedingungen der Verhandlungsprozeß, in dem um eine gemeinsame Situationsdefinition, um die Zuweisung von Problemen (oder bestimmten Aspekten von Problemen) an Institutionen und um die Verteilung des Kooperationsgewinns gerungen wird. Aus institutionalistischer Sicht ist es keineswegs selbstverständlich, daß bei diesen Verhandlungen ein möglicher Konsens tatsächlich erreicht wird. Innerstaatliche Prozesse sind für diesen Verhandlungsprozeß sehr wichtig, da die Präferenzen und Interessen von Staaten durch innerstaatliche Prozesse bestimmt oder zumindest beeinflußt werden.

---

23 Für die Regimetheorie vgl. Michael *Zürn*, Bringing the Second Image (Back) In. About the Domestic Sources of Regime Formation, in: Volker Rittberger (Hrsg.), Regime Theory and International Relations, Oxford 1993, S. 282-311.

Die Relevanz der innerstaatlichen Prozesse zeigt sich in besonders eindrücklicher Weise in der Diskussion über den sogenannten demokratischen Frieden.[24] Damit bezeichnet man das Phänomen, daß seit der Mitte des neunzehnten Jahrhunderts kein eindeutiger Fall bekannt ist, in dem demokratisch verfaßte Staaten gegeneinander Krieg geführt hätten. Die bisherigen Erklärungen für dieses Phänomen sind für die Analyse von Sicherheitsinstitutionen in zweierlei Hinsicht wichtig: zum einen ist zu vermuten, daß die Interessen von Demokratien weniger konfliktträchtig sind, wenn nur Demokratien an den Verhandlungen über die Errichtung, Aufrechterhaltung oder Anpassung von internationalen Institutionen beteiligt sind. Zum andern ist anzunehmen, daß das Sicherheitsdilemma zwischen Demokratien nicht oder nur in einer stark reduzierten Form (wie etwa der des oben beschriebenen degenerierten Sicherheitsdilemmas) besteht. Das würde bedeuten, daß Demokratien sich leichter in Sicherheitsinstitutionen binden können als nichtdemokratische Staaten und daß sie leichter zu einer operativen Sicherheitszusammenarbeit finden.

In diesem Licht zeigt sich eine zusätzliche Quelle des Wandels von Sicherheitsinstitutionen, denn damit bekommt die Umwandlung der früheren Staaten des Ostblocks in Demokratien ein sicherheitspolitisches Gewicht, auch wenn in einzelnen Fällen diese Umwandlung noch der Konsolidierung bedarf. Ferner ergeben sich aus der Perspektive des demokratischen Friedens einige Orientierungslinien für die Zukunft ergeben. Miteinander verknüpfte Sicherheitsinstitutionen demokratischer Staaten, wie die NATO oder die WEU, erscheinen dann als Instrument zur Sicherheitskooperation einer Gruppe von demokratischen Staaten, um die herum sich entsprechend der Kantschen Vision der demokratische Frieden kristallisiert.[25] Wie die empirischen Beiträge dieses Bandes gezeigt haben, liegt ein Hauptgrund für die Fortexistenz dieser Sicherheitsinstitutionen nach dem Ende des Kalten Krieges und für ihre Anpassungsfähigkeit an die veränderte Situation darin, daß sie keine reine militärischen Bündnisse sind, sondern komplexe Sicherheitsinstitutionen, die neben der Aufgabe der Gewährleistung von Schutz gegen eine äußere Bedrohung noch andere Funktionen wahrnehmen. Es erscheint darum wahrscheinlich, daß solche Institutionen auf absehbare Zukunft bestehen bleiben und immer neu an Veränderungen des internationalen Systems angepaßt werden.

---

24 Ein Überblick über die Literatur ist zu finden bei Bruce M. *Russett*, Grasping the Democratic Peace. Principles for a Post-Cold War World, Princeton, NJ 1993; Thomas *Risse-Kappen*, Wie weiter mit dem „demokratischen Frieden"?, in: Zeitschrift für Internationale Beziehungen, Bd. 1 (1994), Nr. 2, S. 658-698; Randolph M. *Siverson*, Democraicies and War Participation. In Defense of the Institutional Constraints Argument, in: European Journal of International Relations, Bd. 1 (1995) Nr. 4, S. 481-489, Ernst-Otto *Czempiel*, Kants Theorem. Oder: Warum sind die Demokratien (noch immer) nicht friedlich?, in: Zeitschrift für Internationale Beziehungen, Bd. 3 (1996), Nr. 1, S. 79-101.

25 Kant begründet die Ausführbarkeit eines Bundes demokratischer Staaten zur Gewährleistung des Friedens durchaus machtpolitisch mit dem Hinweis darauf, daß sich eine föderative Vereinigung von Staaten um einen mächtigen Staat herum gruppieren kann. Siehe Immanuel Kant, Zum ewigen Frieden. Ein philosophischer Entwurf (1795), in: ders., Werke, hrsg. von Wilhelm Weischedel, Bd. 9), Darmstadt, 1968, 191-251, hier S.211-212.

10. Schlußbemerkung

Die gegenwärtige Sicherheitsarchitektur in Europa hat noch viele Schwachstellen. Das Hauptproblem, die Sicherheit der mittel- und osteuropäischen Staaten zu gewährleisten, ohne die Sicherheit Rußlands zu beeinträchtigen, ist noch weit von einer Lösung entfernt. Die europäischen Sicherheitsinstitutionen sind noch in der Entwicklung begriffen. Ein weiterer Ausbau und weitere Anpassungen werden notwendig sein, um Regelsysteme für die Lösung oder Milderung der noch bestehenden Kooperationsprobleme auf dem Gebiet der Sicherheit zu errichten. Die weiteren Schritte auf diesem Gebiet werden wahrscheinlich kein geradliniger Prozeß sein, denn Verhandlungen sind auch aus institutionalistischer Sicht immer mit dem Problem des Scheiterns behaftet. Ferner sind die demokratischen Systeme in den europäischen Ländern noch lange nicht gefestigt, und das Risiko, daß Staaten unfähig zu rationalem Handeln sind oder daß sie aufgrund von inkonsistenten Situationsdefinitionen handeln, ist noch lange nicht verschwunden. Trotzdem geben die Ergebnisse dieses Bandes, der hier entworfene theoretische Ansatz wie auch der empirische Befund zu den einzelnen Sicherheitsinstitutionen genügend Grund zu der Annahme, daß der Weg zur Europäischen Sicherheit im Ausbau und der Anpassung der Sicherheitsinstitutionen liegt und nicht in einem Rückfall in eine traditionelle Politik des Machtgleichgewichts nach realistischem Muster.

Autoren

Peter Barschdorff (geb. 1968), Dipl. Pol., Forschungsassistent im Internationalen Sekretariat der Nordatlantischen Versammlung. Dissertationsvorhaben über die deutschamerikanischen Beziehungen nach dem Ende des Ost-West-Konfliktes. Studium der Politikwissenschaft in Bamberg, an der FU Berlin und an der London School of Economics. Trainee in der Delegation der Europäischen Kommission bei den Vereinten Nationen (1995), Visiting Research Associate an der Paul H. Nitze-School of Advanced International Studies, Johns Hopkins University, Washington DC (1996).

Helga Haftendorn (geb. 1933), Dr. phil., Universitätsprofessor für Politische Wissenschaft unter besonderer Berücksichtigung der Theorie, Empirie und Geschichte der Auswärtigen und Internationalen Politik an der FU Berlin, Leiterin der Arbeitsstelle Transatlantische Außen- und Sicherheitspolitik. Studium der Geschichte, Politikwissenschaft und Philosophie in Frankfurt a. Main, Heidelberg, Münster und Arkansas, Wissenschaftliche Referentin im Forschungsinstitut der Deutschen Gesellschaft für Auswärtige Politik in Bonn, Akademische Rätin/Oberrätin an der Universität Hamburg und Professor an der Hochschule der Bundeswehr Hamburg. Diverse Gastprofessuren in den USA, u. a. an der Stanford University (1982-83) und an der Georgetown University (1977-78). Zahlreiche Publikationen zu Fragen der Außen- und Sicherheitspolitik, der deutsch-amerikanischen Beziehungen und der Theorie der Internationalen Beziehungen, u. a. Sicherheit und Entspannung. Zur Außenpolitik der Bundesrepublik Deutschland 1955-1982. Baden-Baden 1986 (2. Aufl.); Sicherheit und Stabilität. Außenbeziehungen der Bundesrepublik zwischen Ölkrise und NATO-Doppelbeschluß. München 1986; Kernwaffen und die Glaubwürdigkeit der Allianz. Die NATO-Krise von 1966/67. Baden-Baden 1994; „...die volle Macht eines souveränen Staates..." Die Alliierten Vorbehaltsrechte als Rahmenbedingung westdeutscher Außenpolitik, 1949 - 1990. Baden-Baden 1996 (hrsg. zusammen mit Henning Riecke).

Otto Keck (geb. 1944), Dr. phil., Professor für Politikwissenschaft an der Fachhochschule Darmstadt. Studium der Evangelischen Theologie, Philosophie, Wirtschaftswissenschaft an den Universitäten Tübingen, Heidelberg und Postgraduiertenstudium der interdisziplinären Sozialwissenschaft der Technik sowie Promotion an der University of Sussex. (1977), Habilitation für das Fach Politikwissenschaft an der FU Berlin (1990). Berufliche Tätigkeit an der Universität Ulm, am Wissenschaftszentrum Berlin, an der FU Berlin und an der Universität Potsdam. Stipendiat an der Harvard Universität (1980/81) und am Europäischen Hochschulinstitut Florenz (1990/91). Buchveröffentlichungen: Der Schnelle Brüter. Eine Fallstudie über Entscheidungsprozesse in der Großtechnik, Frankfurt 1984; Information, Macht und gesellschaftliche Rationalität, Baden-Baden 1993. Zahlreiche Aufsätze zu den Themenbereichen Kernenergiepolitik, Technologiepolitik, Umweltpolitik, Internationale Politik und politische Theorie.

Vera Klauer (geb. 1968), Stipendiatin im Graduiertenkolleg "Das Neue Europa. Nationale und internationale Dimensionen institutionellen Wandels" der FU Berlin. Dissertationsprojekt über die Rolle der europäischen Institutionen, insbesondere der EU, im Konflikt im ehemaligen Jugoslawien. Studium der Politikwissenschaft, Geschichte und Romanistik an der Ruprecht-Karls Universität Heidelberg. Visiting Fellow am Center for International Affairs (CFIA), Harvard University (1996).

Michael Kreft (geb. 1968), Dipl. Pol., Wissenschaftlicher Mitarbeiter an der Arbeitsstelle Transatlantische Außen- und Sicherheitspolitik am Fachbereich Politische Wissenschaft der FU Berlin. Dissertationsprojekt über die Europäische Union als Sicherheitsinstitution. Studium der Politik- und Sozialwissenschaften an der FU Berlin und dem Institut d'Etudes Politiques de Paris. Visiting Fellow am Center for International Affairs der Harvard University (1996).

Ingo Peters (geb 1955), Dr. phil., Akademischer Rat am Fachbereich Politische Wissenschaft der FU Berlin und Geschäftsführender Direktor der Arbeitsstelle Transatlantische Außen- und Sicherheitspolitik. Studium der Politischen Wissenschaft an der FU Berlin und an der Universität Lancaster (UK). Zahlreiche Publikationen zur europäischen Sicherheitspolitik, vor allem aus der Sicht der deutschen Außenpolitik; zu Sicherheitsinstitutionen, Rüstungskontrollpolitik und Vertrauens- und Sicherheitsbildenden Maßnahmen, zuletzt (Hrsg.) New Security Challenges: the Adaptation of International Institutions. Reforming the UN, NATO, EU and CSCE since 1989. Münster 1996/New York 1996.

Henning Riecke (geb. 1966), Dipl. Pol., Wissenschaftlicher Mitarbeiter an der Arbeitsstelle Transatlantische Außen- und Sicherheitspolitik am Fachbereich Politische Wissenschaft der FU Berlin. Dissertationsprojekt zur Bedeutung von Institutionen für die amerikanischen Nichtverbreitungspolitik. Studium der Politikwissenschaft, Geschichte und Volkswirtschaft an der Johann-Wolfgang Goethe Universität, Frankfurt a. M., und der Politischen Wissenschaft an der FU Berlin, Visiting Fellow am Center for Science and International Affairs (CSIA), Harvard University (1995). Jüngste Publikation: „...die volle Macht eines souveränen Staates..." Die Alliierten Vorbehaltsrechte als Rahmenbedingung westdeutscher Außenpolitik. 1949-1990, Baden-Baden 1996 (hrsg. zusammen mit Helga Haftendorn).

Olaf Theiler (geb. 1963), M.A., Wissenschaftlicher Mitarbeiter an der Arbeitsstelle Transatlantische Außen- und Sicherheitspolitik am Fachbereich Politische Wissenschaft der FU Berlin. Dissertationsprojekt über Anpassungsprozesse in der NATO nach dem Ende des Ost-West-Konfliktes. Studium der Geschichte, Politik und Philosophie an der FU Berlin und der Humboldt-Universität Berlin. Visiting Fellow am Institute for Foreign Policy Analysis (IFPA) in Cambridge, MA/Washington und der Fletcher School of Law and Diplomacy, Tuffts-University, Medford, MA (1996). Publikation: Die Rezeption der NATO-Nuklearstrategie durch die Bundeswehr 1954-1956, in: Militärgeschichtliche Mitteilungen (MGM), Jg.54 (1995) Heft 2, S. 451-512.